Sam Deep/Lyle Sussman
Die 116 besten Checklisten Verkauf

Sam Deep/Lyle Sussman

Die 116 besten Checklisten Verkauf

Aus dem Amerikanischen von
Karin Miedler und Markus Schurr

Die Deutsche Bibliothek – CIP-Einheitsaufnahme

Deep, Sam:
Die 116 besten Checklisten Verkauf / Sam Deep/Lyle Sussman. Aus dem Amerikan. übers. von Karin Miedler und Markus Schurr. - Lansberg/Lech : mi, Verl. Moderne Industrie, 1999
   Einheitssacht.: Close the deal <dt.>
   ISBN 3-478-24500-1

© 1999 verlag moderne industrie, 86895 Landsberg/Lech
   internet: http://www.mi-verlag.de

Alle Rechte, insbesondere das Recht der Vervielfältigung und Verbreitung sowie der Übersetzung, vorbehalten. Kein Teil des Werkes darf in irgendeiner Form (durch Fotokopie, Mikrofilm oder ein anderes Verfahren) ohne schriftliche Genehmigung des Verlages reproduziert oder unter Verwendung elektronischer Systeme gespeichert, verarbeitet, vervielfältigt oder verbreitet werden.
Satz: abc Media-Services, Buchloe
Druck: Himmer, Augsburg
Bindearbeiten: Thomas, Augsburg
Printed in Germany 240500/109901
ISBN 3-478-24500-1

Inhaltsverzeichnis

Danksagung 11

Weniger Mühe, mehr Gewinn 13

I. Bereiten Sie sich auf den Erfolg vor 19
1 *Checkliste:* 11 Vorteile einer Karriere im Verkauf 20
2 *Checkliste:* 14 Tips für ein professionelles Image 23
3 *Checkliste:* 9 Schritte zu einem guten ersten Eindruck 27
4 *Checkliste:* 19 Schritte, wie Sie am meisten von einer Verkaufsfachtagung profitieren 30
5 *Checkliste:* 7 Methoden, wie Sie sich selbst so sehen können, wie andere Sie sehen 35
6 *Checkliste:* 15 Grundsätze, die Ihnen durch einen schweren Tag helfen 38
7 *Checkliste:* 11 Tips zur Steigerung Ihrer Energie 40
8 *Checkliste:* 10 Tips, wie Sie das Hinausschieben bestimmter Aufgaben vermeiden können 43
9 *Checkliste:* 20 Lebensbereiche, in denen Ihre Handlungen mit Ihren Grundwerten übereinstimmen sollten 46
10 *Checkliste:* 10 Kommunikationsstrategien erfolgreicher Verkäufer 48
11 *Checkliste:* 10 Tips, wie Sie fachlich up to date bleiben 51

II. Meistertips 55
12 *Checkliste:* 13 Tips für das Zeitmanagement 56
13 *Checkliste:* 9 Methoden, wie Sie die „Zeit, die sich auszahlt", maximieren und die „Zeit, die sich nicht auszahlt", minimieren können 60
14 *Checkliste:* 11 Spezifika eines erfolgreichen Absatzplans 63
15 *Checkliste:* 13 Strategien, wie Sie große Gebiete abdecken können 66
16 *Checkliste:* 13 Möglichkeiten, wie Sie bei einem Meeting wertvolle Beiträge einbringen 70
17 *Checkliste:* 13 Richtlinien für die Zusammenarbeit mit schwierigen Kollegen 73
18 *Checkliste:* 17 Ratschläge für die Zusammenarbeit mit schwierigen Vorgesetzten . 79
19 *Checkliste:* 17 Fragen, die Ihnen helfen, beim Verkauf Integrität zu bewahren 86
20 *Checkliste:* 13 Tips zum Erhalt Ihrer persönlichen Ausgeglichenheit 88
21 *Checkliste:* 12 Mutmacher bei Schwierigkeiten 92
22 *Checkliste:* 14 Mittel gegen Streß 95
23 *Checkliste:* 16 Ziele, die erfolgreiche Verkäufer erreichen 100

III. Sie sollten Ihren Markt kennen 103
24 *Checkliste:* 10 Methoden, wie Sie Trends am Markt aufspüren 104

25	*Checkliste:* 10 Techniken für eine Konkurrenzanalyse	107
26	*Checkliste:* 14 Informationsquellen über Markt und Kunden	110
27	*Checkliste:* 10 Dimensionen, die Ihren Markt bestimmen	114
28	*Checkliste:* 11 Richtlinien zur Gründung eines Kundenbeirats	117
29	*Checkliste:* 13 schlaue Strategien zur Preisgestaltung	120
30	*Checkliste:* 12 Eigenschaften attraktiver Prämien	124
31	*Checkliste:* 6 Methoden zur Entwicklung einer Absatzprognose	127
32	*Checkliste:* 25 strategische Fragen, mit denen Sie die Wirkung von Verkaufs- und Werbekampagnen verbessern können	129
IV.	**So finden Sie Käufer**	133
33	*Checkliste:* 40 Ausgangspunkte für Leads	134
34	*Checkliste:* 13 Tips, wie Sie Ihre Nettoeinnahmen durch Vernetzung steigern	137
35	*Checkliste:* 8 Strategien, damit Sie am Telefon an der Empfangsdame vorbeikommen	142
36	*Checkliste:* 16 Strategien, mit denen Sie telefonisch mehr Termine mit Einkäufern vereinbaren können	146
37	*Checkliste:* 9 kreative Wege, die zu einem Termin führen	154
38	*Checkliste:* 7 Regeln, wie Sie sich den Namen eines Kunden merken	157
39	*Checkliste:* 15 Möglichkeiten, sich auf die Kaltakquisition vorzubereiten	160
40	*Checkliste:* 14 Methoden, um mit einer Absage fertigzuwerden	164
41	*Checkliste:* 10 Möglichkeiten, damit Sie mit einem Messestand ein optimales Ergebnis erzielen	168
42	*Checkliste:* 21 Möglichkeiten, wie Sie und Ihre Firma auf einer Messe Aufsehen erregen können	175
43	*Checkliste:* 10 Tips für die Arbeit auf einer Messe	177
44	*Checkliste:* 17 Bestandteile einer erfolgreichen Marketingkampagne im Bereich Direct-Mailing	180
45	*Checkliste:* 16 Tips, damit Ihre Briefe gelesen werden	186
V.	**Eine Analyse des Käufers**	189
46	*Checkliste:* 10 psychologische Prinzipien, die Sie kennen müssen	190
47	*Checkliste:* 4 Kategorien für Persönlichkeitstypen	194
48	*Checkliste:* 10 Hinweise auf den interpersonellen Stil des Käufers	196
49	*Checkliste:* 12 Möglichkeiten, wie Sie Ihre Verkaufspräsentation auf die Weltsicht des Käufers abstimmen	199
50	*Checkliste:* Die 7 Ängste von Käufern	203
51	*Checkliste:* 11 negative Auffassungen, die die meisten Käufer über Sie und das Verkaufen haben	206

52	*Checkliste:* 7 Hinweise, wie Sie dafür sorgen können, daß der Käufer Sie mit Respekt behandelt	209
53	*Checkliste:* 10 Hinweise, mit denen Sie schrittweise das Budget des Käufers feststellen können	212
54	*Checkliste:* 27 Fakten, die Sie über den Einkäufer wissen müssen	216
55	*Checkliste:* 21 Fragen zur Entscheidungsfindung an den Käufer	218

VI. Der Aufbau einer guten Beziehung zum Einkäufer ... 221

56	*Checkliste:* 10 Gründe, warum Vorabsprachen für Sie und den Einkäufer von Vorteil sind	222
57	*Checkliste:* 10 Möglichkeiten, Verkaufsgespräche durch Artikulation effektiver zu machen	227
58	*Checkliste:* 15 Möglichkeiten, Verkaufsgespräche durch Körpersprache effektiver zu machen	231
59	*Checkliste:* 14 Aussagen, die dem Einkäufer helfen, seine Selbstachtung zu wahren	235
60	*Checkliste:* 10 Vorschläge, wie Sie an den „dominanten" Typ verkaufen	237
61	*Checkliste:* 8 Vorschläge, wie Sie an den „Beeinflusser" verkaufen	240
62	*Checkliste:* 6 Vorschläge, wie Sie an den „beziehungsorientierten" Typ verkaufen	243
63	*Checkliste:* 8 Vorschläge, wie Sie an einen „nachgiebigen" Kunden verkaufen	245
64	*Checkliste:* 12 Vorschläge, wie Sie einen „visuellen" Einkäufer erkennen und an ihn verkaufen	248
65	*Checkliste:* 12 Vorschläge, wie Sie einen „auditiven" Einkäufer erkennen und an ihn verkaufen	252
66	*Checkliste:* 12 Vorschläge, wie Sie einen „kinästhetischen" Einkäufer erkennen und an ihn verkaufen	256

VII. Die Problemanalyse ... 261

67	*Checkliste:* 7 mögliche Motive des Einkäufers	262
68	*Checkliste:* 9 Gründe, warum Fragen die wirkungsvollsten Verkaufswerkzeuge sind	264
69	*Checkliste:* 8 Fragetypen und wann Sie sie stellen müssen	266
70	*Checkliste:* 9 Möglichkeiten, Fragen zu stellen, ohne Argwohn zu erregen oder manipulativ zu sein	269
71	*Checkliste:* 15 Schritte, wie Sie ein aufmerksamer Zuhörer werden	272
72	*Checkliste:* 34 Probleme, für die Ihr Produkt oder Ihre Dienstleistung Abhilfe schaffen könnten	277
73	*Checkliste:* 30 Fragen für eine Sondierung von Problemen	279
74	*Checkliste:* 19 Bumerangfragen, um die Position des Käufers klarzustellen	281

75	*Checkliste:* 15 Bumerangfragen, damit Sie die Fäden in der Hand behalten	287
76	*Checkliste:* 9 Möglichkeiten, bei einem Verkaufsbesuch die Perspektive eines Außenstehenden einzunehmen	291
77	*Checkliste:* 14 immaterielle Produktmerkmale, auf die Einkäufer anspringen	294

VIII. Der Geschäftsabschluß 297

78	*Checkliste:* 13 Möglichkeiten, mit der Pendeltechnik zu verkaufen	298
79	*Checkliste:* 16 unangenehme Fragen, um sich Produktkenntnisse zu verschaffen	305
80	*Checkliste:* 8 Möglichkeiten, Produktkenntnisse zu kommunizieren	307
81	*Checkliste:* 7 Tips, wie Sie Ihren Jargon verständlich machen	310
82	*Checkliste:* 14 Strategien, wie Sie den Zuschlag bekommen	313
83	*Checkliste:* 14 Grundsätze für erfolgreiche Präsentationen vor Ausschüssen und Teams	317
84	*Checkliste:* 20 Schritte zu einer erfolgreichen Präsentation vor großem Publikum	323
85	*Checkliste:* 8 Fragen an den Einkäufer, wenn er das Angebot eines anderen Verkäufers in Betracht zieht	329
86	*Checkliste:* 8 Fragen zu einem unmöglichen Liefertermin oder einem inakzeptablen Dumpingpreis	331
87	*Checkliste:* 11 Fragen, wenn der Einkäufer Sie vor die Alternative stellt, entweder anzunehmen oder abzulehnen	334
88	*Checkliste:* 14 Win-Win-Strategien für Verhandlungen	338
89	*Checkliste:* 8 Situationen, in denen Sie die Finger von einem Geschäft lassen sollten	343

IX. Die Kundenbetreuung 345

90	*Checkliste:* 20 Fragen, mit denen Sie ein Resümee Ihres Verkaufsbesuchs ziehen	346
91	*Checkliste:* 6 Möglichkeiten, um den Wert eines Kundengeschäfts zu erhöhen	348
92	*Checkliste:* 5 Gründe, warum der Kunde Interesse an Ihrem Produkt oder Ihrer Dienstleistung hat	351
93	*Checkliste:* 15 Fragen, durch die Sie alles über Ihre wichtigsten Kunden erfahren	353
94	*Checkliste:* 15 Visionen für den Kundendienst	357
95	*Checkliste:* 18 Fragen zur Qualität Ihres Kundenservices	359
96	*Checkliste:* 10 Gebote für einen außergewöhnlichen Kundenservice	364
97	*Checkliste:* 14 Schritte zu einer Umfrage über Kundenzufriedenheit	367
98	*Checkliste:* 17 Begegnungen mit Kunden, die nach einer freundlichen Reaktion verlangen	371
99	*Checkliste:* 9 Strategien, um einen Rückzieher des Käufers zu verhindern	376

100	*Checkliste:* 11 Antworten, falls der Kunde glaubt, er sei betrogen worden	379
101	*Checkliste:* 12 Strategien, um Ihre Kunden zu halten	385
102	*Checkliste:* 6 Schritte, damit Sie keinen gefährdeten Kunden verlieren	389

X. Verkaufsstrategien für das nächste Jahrtausend ... 393

103	*Checkliste:* 10 Eigenschaften, die Verkäufer im nächsten Jahrtausend benötigen	394
104	*Checkliste:* 9 Möglichkeiten, um Zeiten der Veränderung besser zu überstehen	397
105	*Checkliste:* 15 Anregungen, wie Sie Informations-technologie besser nutzen können	401
106	*Checkliste:* 11 Hinweise für die Verwendung einer Präsentationssoftware	406
107	*Checkliste:* 18 Tips für den Verkauf im Internet	409
108	*Checkliste:* 11 Prinzipien der E-Mail-Etikette	415
109	*Checkliste:* 14 Tips für einen erfolgreichen Teamverkauf	419
110	*Checkliste:* 13 Regeln für multikulturelles Verkaufen	424
111	*Checkliste:* 9 Tips, wie Sie mit Hilfe eines Dolmetschers verkaufen	429
112	*Checkliste:* 10 Möglichkeiten, um den Kundenanteil zu erhöhen	432
113	*Checkliste:* 14 Bereiche, die für Sie als Chef eines Verkäuferteams wichtig sind	435
114	*Checkliste:* 9 Richtlinien für ein Vergütungssystem für Verkäufer	439
115	*Checkliste:* 10 Aussichten, falls Ihre Firma fusioniert	443
116	*Checkliste:* 10 Regeln, um nicht mit dem Gesetz in Konflikt zu geraten	447

XI. Stichwortverzeichnis ... 453

Danksagung

Wir danken den vielen, die wichtige Beiträge zur Entstehung dieses Buches geleistet haben.

Das Sandler-Verkaufssystem brachte in den 180 Franchise-Unternehmen des Sandler Sales Institute solche Erfolge, daß wir es in unser Buch über den Verkauf unbedingt aufnehmen wollten.

Edna Sandler und Jim Martin, ebenfalls vom Sandler-Institut, halfen uns an einem nebligen, regnerischen Tag in den Laurel Mountains, die Checklisten für den Verkauf zusammenzustellen. Im weiteren Verlauf stießen Bruce Seidman und Al Lucco zu unserem Team, sie stellten einige Listen zusammen und sorgten so für eine originalgetreue Wiedergabe von David Sandlers Vorstellungen.

Mark Elfstrand schrieb die Checkliste Nr. 30.

Raymond „Buddy" LaForge lieferte die Grundlagen für Checkliste 32.

Lisa Ivancic beriet uns bei der Zusammenstellung von Checkliste 116. Wir fanden dazu Bestätigung bei Dick Joseph, der uns Ärger ersparte durch das Texten der Checkliste „10 Regeln, um nicht mit dem Gesetz in Konflikt zu geraten".

Mit Hilfe von Lloyd Corder konnten wir das Buch mit den Augen der Leser sehen.

Der beste Herausgeber der Welt, John Bell, hatte recht mit seiner Behauptung, daß noch ein Checklistenbuch geschrieben werden müsse. Und wie üblich wird John durch seinen Beitrag ebenso zum Mitautor wie zum Herausgeber.

Unsere lieben Ehefrauen Di und Suzy mußten in den Monaten, als das Manuskript entstand, unsere Zerstreutheit und unsere langen Abende am Computer ertragen.

Weniger Mühe, mehr Gewinn

Wenn Sie keine eigene Verkaufsstrategie haben, wird Ihnen der Kunde seine eigene Strategie überstülpen.

David Sandler

Sehen wir den Tatsachen ins Gesicht. Wenn Verkaufen einfach wäre, würden alle im Verkauf Beschäftigten ihre Umsatzziele erreichen oder übertreffen, Fluktuation wäre ein Fremdwort, und Verkaufsleiter würden wünschen, daß ihre Kinder und Kindeskinder in ihre Fußstapfen treten.

Aber es ist nicht so einfach. Man bemüht sich um Empfehlungen, man wartet oft vergeblich auf den Rückruf eines Einkäufers: Das entmutigt und frustriert. Im Kampf um die langfristige Bindung von Kunden, die ständig von der Konkurrenz umworben werden, fragt sich auch der optimistischste Verkäufer manchmal, ob er sein Geld nicht auch anders verdienen kann. Aber Sie müssen sich nicht Ihrem Kummer ergeben. Sie müssen sich den Erfolg nicht nur wünschen und Talismane mit sich herumtragen. Sie können den Aufwand reduzieren und den Umsatz erhöhen. Sie können es, weil David Sandler es konnte und weil er sein berühmtes Verkaufstrainingsprogramm entwickelt hat, das Tausenden zu finanziellem Erfolg verholfen hat.

Mit Sandlers Zitat beginnt unser Buch, und damit bekommen wir den ersten Hinweis darauf, wie wir den Aufwand reduzieren können. Obwohl Einkäufer sicher kein Training mit dem Titel „Wie geht man mit Verkäufern um?" erhalten, scheinen sie doch alle mehr oder weniger nach demselben System zu verfahren. Der Käufer scheint wenig bis gar kein schlechtes Gewissen zu haben, wenn er Ihre Anrufe ignoriert, um Informationen vom freien Markt bittet, Ihren Zeitplan beherrscht und Ihre Energie verbraucht. Wenn Sie nicht eigene Prinzipien und Regeln aufstellen, werden Sie unwesentlich Opfer seiner Strategie, und Sie werden sich garantiert überarbeitet, nicht anerkannt und unterbezahlt fühlen.

Meister im Verkauf sind weder Glückspilze noch besondere Begabungen. Sie träumen nicht vom Sieg oder wünschen ihn herbei oder hoffen darauf. Sie gehen einfach los und machen ihn wahr. Der Möchtegern-Verkäufer hofft auf Glück, der Profi verläßt sich auf ein bewährtes System. Sie können der Profi sein – wenn Sie die Sandler-Prinzipien anwenden, die in diesem Buch vorgestellt werden.

Warum Checklisten?

Aus unserer mehr als 50jährigen Berufserfahrung als Berater, Ausbilder, Trainer für Führungskräfte und Sprecher hat sich eine grundlegende Erkenntnis ergeben: Die besten Prinzipien der Welt sind bedeutungslos, wenn sie nicht gelesen, verstanden und angewendet werden. Auf dieser Erkenntnis beruht das einfache, aber wirkungsvolle Prinzip der *Checklisten*: Listen mit Querverweisen, mit praktischen, bewährten Ratschlägen. Zwei unserer erfolgreichsten Bücher basieren auf dieser Grundlage: *Smart Moves* und *Smart Moves for People in Charge*. Diese beiden Bücher sind zusammen in einer Auflage von 250000 Exemplaren in 13 Sprachen erschienen.

Warum das Checklisten-Format funktioniert

Der praxisnahe Aufbau macht die Checklisten so beliebt. Diese Listen erfüllen fünf Funktionen für den Leser:

1. Sie liefern wertvolle Informationen in wenigen Worten.

2. Sie bieten umfassende Behandlung eines Themas in wenigen Worten.
3. Sie geben Ihnen die Option, abschnittsweise, beliebig oder zweckorientiert vorzugehen.
4. Sie kommen dem Bedürfnis nach Ordnung und logischer Struktur entgegen.
5. Sie stellen komplexe theoretische Themenbereiche einfach und praxisnah dar.

Das Sandler-Verkaufssystem

In den beiden vorangegangenen Checklisten-Büchern griffen wir auf unsere persönlichen Kenntnisse und Erfahrungen zurück. Die Empfehlungen basierten auf unserem Fachwissen in Kommunikation und Management. Bei der Entstehung dieses Buches brauchten wir die Spezialkenntnisse von Fachleuten im Verkaufstraining. Dieses Fachwissen fanden wir beim Sandler Sales Institute. Die Partnerschaft mit dem SSI existiert aus einem simplen Grunde: Das System funktioniert. Seit 30 Jahren am Markt, Tausende zufriedener Kunden und Aufträge von einigen Top-Firmen der Welt bestätigen die Wirksamkeit.

Warum das Sandler-System funktioniert

Das Sandler-System basiert auf zwei einfachen Zielsetzungen. Erstens: Wer sich schlecht behandelt fühlt und unter Druck steht, macht Fehler. Nach der Lektüre dieses Buches werden Sie sich fragen, warum Sie soviel Mühe auf Empfehlungen verwendet haben, die zum Scheitern verurteilt waren. Mit Vorabsprachen, Offenheit und Bumerangfragen können Sie die Oberhand gewinnen, ohne gierig, aufdringlich oder arrogant zu wirken.

Zweitens: Der Käufer wird den Kaufvertrag unterschreiben. Kein Rätselraten, Hoffen oder Manipulieren. Sie müssen nur das Problem, das Budget und den Entscheidungsprozeß des Käufers prüfen. Wenn Sie diese drei wichtigsten Elemente testen, werden Sie erleben, wie der Käufer wunderbarerweise das Skript schreibt, das er hören möchte. So ist es. Mit dem Sandler-Verkaufssystem helfen Sie einfach dem Käufer, sich selbst zu verkaufen.

Diese Ziele sind in den acht Charakteristika wiederzufinden, die dieses System von anderen Verkaufstrainingsprogrammen unterscheiden:

1. Es ist ein System, nicht nur eine Sammlung von Skripten, Gesprächseröffnungen, Methoden oder Sprüchen. Viele Verkaufstrainingsprogramme basieren auf einer bestimmten Taktik, zum Beispiel dem Auswendiglernen von bestimmten Schlußsätzen. Bei der Sandler-Methode wird der Verkauf als Prozeß gesehen, der mit dem Aufbau einer Bindung beginnt und mit dem Kundenservice aufhört.
2. Die Prinzipien und Strategien sollen dazu beitragen, ein wichtiges Ziel zu erreichen: das Problem des Käufers zu lösen, die Barrieren und die Frustrationen zu reduzieren, die dem persönlichen Erfolg und dem des Unternehmens im Weg stehen.
3. Anders als bei anderen Verkaufstrainingsprogrammen müssen Sie beim Sandler-System weder ein Skript noch irgendwelche Gesprächsaufhänger oder Schlußsätze auswendig lernen. Wenn Sie die Bedürfnisse des Käufers prüfen, haben Sie schon Ihr Skript.
4. Der Käufer fühlt sich nicht manipuliert oder psychologisch übervorteilt. Ihr Ziel ist, das Problem des Käufers und die von Ihnen vorgeschlagene Lösung in Einklang zu bringen.

5. Dank der Vorabsprachen entwickeln Sie mit dem Käufer zusammen eine klare Vorstellung von den Erwartungen und Verpflichtungen. Keiner muß sich bedroht, im unklaren gelassen oder ausgenutzt fühlen.
6. Die meisten Käufer gehen mit Vermutungen, Vorurteilen und vielleicht abwegigen Taktiken auf die Verkäufer zu. Mit diesem System sind Sie dagegen gewappnet.
7. Die Prinzipien und Strategien basieren auf den wesentlichen Elementen effektiver Kommunikation: Einfühlen, Zuhören und Anpassen.
8. Schließlich schafft dieses System Ergebnisse, bei denen beide gewinnen: Sowohl Sie wie auch der Käufer müssen eine Beziehung entwickeln, die auf Offenheit und Vertrauen aufbaut und Ihnen beiden Vorteile bringt.

In 40 der 116 Listen in diesem Buch wird direkt das Sandler-Verkaufssystem gelehrt. Diese Listen konzentrieren sich hauptsächlich in den Kapiteln IV bis VIII. Von „So finden Sie den Käufer" bis „Der Geschäftsabschluß" werden Sie lernen, wie Sie den Überblick behalten, während Sie den Käufer zu der Entscheidung führen, die er treffen möchte.

Wie Sie das Buch am besten nutzen

Sorgen Sie dafür, daß Ihre Investition in dieses Buch lebenslange Dividende bringt.

- ☐ **Wählen Sie die Lesestrategie, die am besten für Sie ist.** Lesen Sie es von vorn bis hinten, picken Sie sich die „Rosinen" aus beliebig ausgewählten Listen oder konzentrieren Sie sich auf die Kapitel und Listen, die Sie genau jetzt brauchen.
- ☐ **Halten Sie dieses Buch stets zur Hand.** Ein Buch wie dieses nutzt Ihnen nichts, wenn es nur im Regal steht. Lassen Sie es auf Ihrem Schreibtisch, wenn Sie im Büro sind, und in Ihrem Aktenkoffer, wenn Sie unterwegs sind. Prüfen Sie damit Ihre Optionen in jeder Phase des Verkaufs.
- ☐ **Nutzen Sie die Querverweise.** Eine Zahl in Klammern nach bestimmten Punkten in einer Checkliste weist auf eine andere Liste mit zusätzlicher Information hin. Gehen Sie den Querverweisen nach, wenn Sie den soeben gelesenen Rat vertiefen wollen.
- ☐ **Bauen Sie Ihre eigenen Erfahrungen ein.** Ein sehr beliebtes Zitat von David Sandler war, daß man einem Kind das Fahrradfahren nicht in einem Seminar beibringen kann. Dasselbe hätte er über Bücher sagen können. Sie können effektives Verkaufen nicht allein dadurch lernen, daß Sie dieses Buch lesen. Sie müssen es immer wieder lesen, die Empfehlungen anwenden, aus den Ergebnissen lernen, sie wieder anwenden, wieder aus den Ergebnissen lernen und weitermachen.
- ☑ **Machen Sie sich reichlich Notizen.** Hoffentlich macht es Ihnen nichts aus, in Bücher zu schreiben, denn in diesem sollten Sie sich viele Notizen machen. Halten Sie Ihre Erfolge und Mißerfolge mit jeder Checkliste fest. Schreiben Sie in Ihre eigenen Skripten, um die Ideen im Kapitel über den persönlichen Verkauf festzuhalten. Fügen Sie den vorgeschlagenen Handlungsweisen Ihre eigenen hinzu.
- ☑ **Sagen Sie sie weiter.** Seien Sie nicht geizig. Sie haben Kollegen und Freunde, die von diesen Listen profitieren könnten. Weisen Sie sie auf dieses Buch hin, aber wenn Sie es ausleihen, stellen Sie sich darauf ein, daß Sie es nie mehr zurückbekommen. Wenn Sie glauben, im Bereich von ein oder zwei Checklisten einen echten Durchbruch erzielt zu haben, teilen Sie Ihre neuen Erkenntnisse Ihren Kollegen in

einem informellen Seminar in der Mittagspause mit.

☑ **Probieren Sie alles aus, was Sie lesen.** Glauben Sie uns nicht alles, was Sie in diesem Buch lesen. Wenn Ihnen irgend etwas, was wir vorschlagen, nicht richtig erscheint, ignorieren Sie es. Verwenden Sie das, was zu Ihrem persönlichen Stil und dem jeweiligen Käufer paßt.

☑ **Suchen Sie sich aus dem Sandler-System das Beste aus, und schaffen Sie Ihr persönliches Verkaufssystem.** Das Sandler-Verkaufssystem funktioniert wirklich. Fragen Sie Verkäufer, die damit mehr Umsatz machen und mehr Geld verdienen, als sie je für möglich gehalten hätten. Aber von all diesen Menschen hat jeder seine eigene Geschichte. Jeder hat das System auf seine Persönlichkeit, seine Produkte und seine Käufer zugeschnitten. Wenn Sie die Checklisten lesen, werden Sie verstehen, welche Optionen Sie für Ihre persönliche Anpassung haben. Erfahren Sie vorher bei der Lektüre der überzeugenden Bonmots von David Sandler noch etwas über die Besonderheit des Systems. Vielen konkreten Ratschlägen in diesem Buch liegen diese Aussagen zugrunde.

Die besten Bonmots von David Sandler

Als Verkaufstrainer war David Sandler eine Mischung aus Therapeut, Lehrer, Komiker und Trainer. Wenn seine Energie und Spontaneität im gedruckten Text auch nicht wiedergegeben werden können, können wir doch das Wesentliche seiner Einstellung und seiner Methode im Verkaufstraining erfassen. Wir beschließen diese Einführung mit 22 Bonmots von David Sandler. Sie sollen einen Einblick in das Sandler-Verkaufssystem geben und auf die nachfolgenden Checklisten einstimmen.

1. Im Verkauf werden nicht Ihre Bedürfnisse befriedigt. Vom Verkauf aus gehen Sie zur Bank.

Der Zweck des Verkaufens ist Geldverdienen. Diesen Zweck erfüllen Sie, wenn Sie Ihr Ego beiseite legen und Ihre Energie auf das konzentrieren, was zum Verkaufsabschluß notwendig ist.

2. Wenn Ihnen das keinen Spaß macht, wechseln Sie die Branche.

Wenn Sie das Sandler-Verkaufssystem anwenden, werden Sie sich manchmal kaum das Lachen verkneifen können.

3. Verkaufen ist eine Broadway-Show mit einem Psychiater in der Hauptrolle.

Kaufen ist für den potentiellen Kunden eine emotionale Erfahrung. Für den Verkäufer sollte es das nicht sein. Wenn Sie sich bei einem Verkaufsgespräch gefühlsmäßig engagieren, wird es schwieriger für Sie, zu einem Abschluß zu gelangen. Bewahren Sie Haltung und Objektivität wie ein Psychiater. Der Käufer und der Verkäufer (Sie) sind die Spieler. Als Psychiater sollten Sie auch der Regisseur sein.

4. Sie müssen eingeladen werden. Betteln Sie nicht.

Mit dem System bringen Sie den Käufer dazu, Sie um einen Termin zu bitten.

5. Planen Sie nichts für den ersten Besuch.

Kommen Sie einfach vorbei, und warten Sie ab, wie der Kunde reagiert.

6. Sie müssen beim Verkaufsereignis unbeteiligter Dritter sein.

Die beste Perspektive ist die unbeteiligte von oben – Sie beobachten den Verkäufer (sich selbst) und den Käufer.

7. Das Problem, das der Kunde mitbringt, ist nie das Problem.

Ihre Kunden haben im Laufe der Jahre gelernt, ihre Verletzlichkeit zu kaschieren und niemals freiwillig ihre tatsächlichen Probleme offenzulegen.

8. Eine Bombe werden Sie los, indem Sie sie entschärfen, ehe sie hochgeht.

Sie haben ein immer wieder auftretendes Problem mit Ihrer Dienstleistung oder Ihrem Produkt. Anstatt abzuwarten, bis Ihr Kunde explodiert, sollten Sie die Sache selbst zur Sprache bringen, damit Sie sie zu Ihren eigenen Bedingungen entschärfen können. Bei einer Lawinenwarnung werden kleinere Lawinen absichtlich ausgelöst, damit größere überraschende Katastrophen weniger wahrscheinlich werden.

9. Wenn Ihre Konkurrenz dasselbe tut wie Sie, hören Sie sofort damit auf.

Wenn Sie dasselbe tun wie die Konkurrenz, wo ist dann Ihr Vorsprung? Seien Sie einzigartig in der Präsentation Ihres Produkts und Ihrer Person.

10. Wenn Sie der Fuß schmerzt, stehen Sie sich wahrscheinlich selbst auf den Zehen.

Übernehmen Sie die Verantwortung dafür, wie sich Ihr Kunde benimmt oder eben nicht benimmt, indem Sie feste, direkte Absprachen treffen, was als nächstes geschehen soll.

11. Sie können nicht jedem alles verkaufen. Der Kunde muß erst entdecken, daß er etwas braucht.

Wenn Sie versuchen, die Menschen zu überzeugen, dann gehen sie in die Defensive. Verhelfen Sie ihnen lieber dazu, ihr Problem deutlich zu sehen. Lassen Sie sie entdecken, wie Sie diesen Schmerz lindern können.

12. Verteilen Sie die Bonbons nicht gleich am Eingang.

Zeigen Sie nicht allzu früh Ihre Produktkenntnis. Warten Sie, bis Sie das Problem des Kunden kennen. Dann zeigen Sie nur das Produkt, das Abhilfe schaffen kann. Verderben Sie sich nichts, indem Sie zu viel reden.

13. Verkäufer werden nicht hinausgeworfen, sie „kaufen sich frei".

Unter dem Druck des Kunden beenden die meisten herkömmlichen Verkäufer das Verkaufsgespräch von sich aus – ohne Hilfe des Kunden. Bemühen Sie sich noch einmal, das Problem des Kunden kennenzulernen, ehe Sie gehen.

14. Ihnen gebührt Dank für alles, was Sie tun.

Stehen Sie zu Diensten. Lächeln Sie lieber einmal mehr. Tun Sie, was notwendig ist, um Ihre Kunden zufriedenzustellen. Die Kunden dürfen bei Ihnen etwas loswerden, sollen Ihnen aber dankbar dafür sein. Sonst lernen Ihre Kunden, das als selbstverständlich hinzunehmen.

15. Helfen Sie dem Kunden immer, seine Würde zu bewahren.

Auch wenn ein Käufer sich selbst lächerlich macht (wissentlich oder nicht), helfen Sie ihm heraus. Tragen Sie dazu bei, daß andere sich in ihrer Haut wohl fühlen.

16. Sie verdienen genauso viel, wie Sie wert sind – keinen Pfennig mehr und keinen weniger.

Der Verkauf ist der klassische Fall der Selffulfilling prophecy.

17. Durch ein Ja lernen Sie nicht, wie man im Verkauf weiterkommt.

Das lernen Sie jedesmal, wenn Sie ein Nein hören. Freuen Sie sich über jedes Nein. Lernen Sie daraus.

18. Machen Sie keinen professionellen Eindruck: kämpfen, kämpfen, kämpfen.

Damit sich die Menschen in Ihrer Gegenwart wohl fühlen, sollten Sie nicht zu perfekt wirken und auf alles eine Antwort parat haben. Lernen Sie, Ihre Bemühungen auf natürliche Weise zu zeigen, und die Leute werden den Wunsch haben, Sie freizukaufen. Seien Sie absichtlich nicht makellos.

19. Die Leute haben ihre eigenen Gründe für einen Kauf. Sie brauchen keine Begründung von Ihnen.

Preisen Sie die Eigenschaften und Vorzüge Ihres Produkts nicht zu sehr an. Interessieren Sie sich für die Gründe des Problems beim Käufer.

20. Vermeiden Sie überflüssige Argumente.

Jeder Vorzug, den Sie der Liste der Argumente für einen Kauf hinzufügen, könnte ein zusätzlicher Grund für eine Ablehnung werden. Vielleicht mag der Kunde Ihre Argumente nicht.

21. Es ist in Ordnung, wenn Sie deprimiert sind.

Um ein guter Verkäufer zu sein, brauchen Sie keine positive Grundeinstellung. Verkäufer, die ständig begeistert herumhüpfen und auf jede Frage mit „Super" antworten, wirken einschüchternd auf andere. Im Berufsleben steckt man nicht seinen Arm in den Fleischwolf und sagt: „Das ist super, das gefällt mir."

22. Ab dem Augenblick, in dem Sie ärgerlich werden, werden Sie im Verkauf erfolgreicher werden.

Diesen Punkt erreichen die meisten im Verkauf – von da an gibt es kein Zurück: der Punkt, an dem Sie so verärgert sind, daß Sie sich nicht mehr mit dem Geschwafel abfinden, das Ihnen die Kunden jahrelang geboten haben. Zu diesem Zeitpunkt beschließen Sie, im Verkaufsprozeß mit Hilfe des Sandler-Verkaufssystems die Kontrolle zu übernehmen.

I. Bereiten Sie sich auf den Erfolg vor

Ohne ein solides Fundament kann kein Haus einem Sturm standhalten. Es würde bald einstürzen. Auch der Beruf im Verkauf baut auf einem Fundament auf. Das sind Wertvorstellungen über Familie, Integrität, Arbeitsmoral und persönliche Verantwortung. Diese Werte spiegeln sich auch in Fertigkeiten und Verhaltensweisen wider, mit deren Hilfe Sie persönliche und berufliche Stürme überstehen. In diesem Kapitel lernen Sie, wie Sie im privaten und beruflichen Bereich eine Basis schaffen und auch eventuell auftretende Risse darin feststellen können.

1 Checkliste

11 Vorteile einer Karriere im Verkauf

Mein Vater hat immer gesagt: „Such dir eine Arbeit, die dir gefällt, und du mußt keinen Tag in deinem Leben arbeiten."

Jim Fox

Rodney Dangerfield baute seine Laufbahn als Komiker auf seiner für ihn typischen Schlußzeile auf: „Man respektiert mich nicht." Leider gibt es zu viele Beschäftigte im Verkauf mit dem Dangerfield-Syndrom – sie haben entweder das Gefühl, man respektiert sie nicht, oder noch schlimmer, sie verhalten sich so. Sie laufen mit mürrischem Gesicht und einer Leidensmiene herum. Sie verkaufen eher Mitleid als Lösungen. Wenn wir damit Sie beschrieben haben, dann studieren Sie die folgende Checkliste eingehend. Nehmen Sie den Kopf hoch, und zeigen Sie Stolz auf Ihren Beruf. Die Arbeit im Verkauf ist gut und bietet Vorteile, wie nur wenige andere Berufszweige sie bieten können.

	☑	*Anmerkungen*

1. **Verkaufen löst Probleme und befriedigt Bedürfnisse.** ☑

   Was Sie verkaufen, wird entweder eine Schwierigkeit beseitigen oder Vergnügen bereiten. Je nachdem, was Sie verkaufen, werden die Kunden damit Probleme besser lösen können, mehr Geld verdienen, anderen besser dienen können, ihr Selbstbewußtsein steigern, ihr Wissen vermehren oder sich einen Herzenswunsch erfüllen. Wenn Sie Ihre Arbeit machen, helfen Sie anderen, das zu bekommen, was sie vom Leben erwarten.

2. **Ihr Potential findet seine Grenzen nur in Ihren Bemühungen und in Ihrer Kreativität.** ☑

   Verkaufen ist das klassische Beispiel für eine Leistung, die sich direkt auszahlt. Das erklärt auch, warum sich im Verkauf so viele äußerst tatkräftige und zielstrebige Menschen finden. Ihre Leistungsbereitschaft und damit ihr Einkommen kennen nach oben keine Grenzen.

3. **Verkaufen bietet Gelegenheit, mit Menschen zu arbeiten.** ☑

   Können Menschen Sie zur Verzweiflung bringen? Natürlich. Werden Sie Ihnen Herzschmerz, Kopfschmerzen und Bauchschmerzen bereiten? Zweifel-

Checkliste 1

11 Vorteile einer Karriere im Verkauf

☑ *Anmerkungen*

los. Aber es macht auch Spaß, es ist auch eine Provokation, mit Menschen zu arbeiten. Als Verkäufer spüren Sie diese Herausforderung jedesmal, wenn Sie zur Arbeit gehen. (CL 17, 18)

4. **Verkaufen kann Empowerment in seiner reinsten Form sein.** ☑

   Wenn Sie verkaufen, müssen Sie Probleme sofort lösen. Es liegt an Ihnen, daß das Problem des Kunden hier und jetzt gelöst wird. Während die anderen in Ihrem Unternehmen über das Für und Wider von Empowerment diskutieren, leben Sie es.

5. **Verkaufen kann Sie in Hochstimmung versetzen.** ☑

   Stellen Sie sich vor eine Fabrik, und sehen Sie sich die Gesichter der Arbeiter an, wenn sie von der Schicht kommen. Sehen Sie „Freude des Siegers" oder „Leid der Niederlage"? Jetzt schauen Sie einen Verkäufer an, der gerade einen wichtigen Abschluß getätigt, einen neuen Kunden gewonnen oder das Problem eines Kunden gelöst hat. Dann sehen Sie einen Sieger.

6. **Im Verkauf werden Sie täglich wieder auf die Probe gestellt.** ☑

   Jedesmal, wenn ein Sportler auf das Spielfeld kommt, muß er sich beweisen. Er ist immer so gut wie seine nächste Leistung. Verkaufen bietet Ihnen die Gelegenheit zu zeigen, was in Ihnen steckt.

7. **Im Verkauf erhalten Sie sofortige Rückmeldung über Ihre Leistung.** ☑

   Das ist unmißverständlich. Die Reaktionen von Käufern und Kunden lassen keinen Zweifel über Ihre Leistung zu. Sie können dieses Feedback nutzen, um sich fortlaufend weiterzuentwickeln. Jedesmal, wenn Sie sich selbst und Ihr Produkt präsentieren, haben Sie die Chance, Ihre Fähigkeiten zu verbessern.

I. Bereiten Sie sich auf den Erfolg vor

1 Checkliste

11 Vorteile einer Karriere im Verkauf

☑ *Anmerkungen*

8. Verkauf schafft Gewinn. ☑

Ein Unternehmen macht nur Gewinn, wenn ein Kunde sich entschließt, sein Produkt zu kaufen. Sie helfen dem Kunden bei dieser Entscheidung. So lange Sie Umsatz machen, haben Sie wenig Anlaß, sich um die Sicherheit Ihres Arbeitsplatzes zu sorgen.

9. Der Verkauf ist das direkte Bindeglied in der Kommunikation zwischen dem Kunden und dem Unternehmen. ☑

Mitarbeiter im Verkauf können die Trends am Markt am besten beobachten. Ihre Kunden sagen Ihnen genau, was an Ihrem Produkt gut oder schlecht ist, was verbessert werden muß und was bleiben soll. Sie erfahren von Problemen und Enttäuschungen der Kunden und welche Träume und Wünsche sie haben. Im Verkauf sind Sie die „Augen und Ohren" des Unternehmens. Wenn Sie sprechen, geht es um die Zukunft des Unternehmens.

10. Der Verkauf öffnet Türen für den Weg nach oben. ☑

Die Verkaufszahlen sind in den meisten Unternehmen kein Geheimnis. Wenn Sie erfolgreich sind, werden alle in Ihrem Unternehmen und auch Ihre Konkurrenten das wissen. Ihre Chancen für einen Aufstieg steigen proportional mit Ihrem Erfolg im Verkauf.

11. Der Verkauf ist eine Vorbereitung für andere Berufswege. ☑

Das Training on the job im Verkauf ist unvergleichlich. Im Verkauf sind Sie nur erfolgreich, wenn Sie wirksam präsentieren können, ein guter Psychologe und Soziologe sind, gut planen können, vermitteln, verhandeln, beraten, führen, nachvollziehen können, gut mit Finanzen umgehen und organisieren können.

Checkliste **2**

14 Tips für ein professionelles Image

Nichts ist so erfolgreich wie das, was nach Erfolg aussieht.

Christopher Lasch

Wenn Ihnen ein Geschäft durch die Lappen geht, weil Sie das Problem des Kunden nicht lösen können, ist das eine Sache. Etwas anderes ist es, wenn Sie versagen, weil der Käufer entschieden hat, nicht mit jemandem Geschäfte zu machen, der nicht dem Bild eines professionellen Verkäufers entspricht. Welches ist das richtige Image? Sie müssen nicht wie ein professionelles Model aussehen, Anzüge von Ermengildo Zegna tragen oder sich einer Schönheitsoperation unterziehen. Beachten Sie einfach die folgenden Schritte, damit die Einkäufer gerne mit Ihnen verhandeln.

	☑	*Anmerkungen*

1. **Wählen Sie Kleidung, die in Farbe, Form und Größe vorteilhaft für Sie ist.**

   Zwar wird Kleidung in Standardgrößen verkauft, doch niemals sind zwei Menschen genau gleich. Manche wirken besser in gedeckten Farben, manche in kräftigen Mustern. Wenn Sie im Zweifel darüber sind, was Ihnen am besten steht, sollten Sie einen professionellen Modeberater zu Rate ziehen, einen Imageberater oder einen Freund mit einem Gespür für Mode.

2. **Suchen Sie sich ein Einzelhandelsgeschäft, und bauen Sie, wenn möglich, eine Beziehung zu einem Verkäufer auf.**

   Suchen Sie jemanden wie Sie selbst. Einen professionellen Verkäufer, der sich bemüht, das Problem eines Kunden zu lösen. Versichern Sie sich, daß er weiß, was Sie brauchen und was es gibt, um dieses Bedürfnis zu befriedigen. Er sollte Ihnen nur die Kleidungsstücke verkaufen, die am besten für Sie und die Kunden, die Sie besuchen, geeignet sind.

3. **Sie sollten Kleidung nicht kaufen, sondern in sie investieren.**

   Betrachten Sie Ihren Kleiderschrank als Teil Ihres Werkzeugkastens. Wer professionell arbeitet, knausert nicht bei den Dingen, die den Lebensunterhalt sichern. Aber denken Sie daran, Sie brauchen die

I. Bereiten Sie sich auf den Erfolg vor

2 Checkliste
14 Tips für ein professionelles Image

☑ *Anmerkungen*

besten Werkzeuge für Ihre Bedürfnisse, nicht notwendigerweise die teuersten. Wie bei jeder Investition sollten Sie darauf achten, daß Sie beste Qualität für Ihr Geld bekommen.

4. Pflegen Sie Ihre Garderobe. ☑

Halten Sie Ihre Kleidung sauber, und behandeln Sie sie sorgsam. Achten Sie darauf, daß keine Essensflecken auf Ihre Kleidung gelangen. Lassen Sie Ihre Kleidung regelmäßig reinigen. Nehmen Sie bei unfreundlichem Wetter einen Regenmantel und einen Schirm mit. Schützen Sie Ihre Garderobe vor Staub und Sonnenlicht.

5. Kleiden Sie sich geschmackvoll. ☑

Bei der täglichen Zusammenstellung Ihrer Garderobe sollten Sie die erworbenen Kleidungsstücke so kombinieren und ergänzen, daß Sie gut aussehen und sich darin wohl fühlen.

6. Achten Sie auf Ihre Schuhe. ☑

Einer von vier Kunden wird bei Ihrem Verkaufsbesuch besonders auf den Zustand Ihrer Schuhe achten. Was wird er sehen? Abgelaufene Absätze und Sohlen? Nur vage Anzeichen von Schuhcreme? Abgenutzte oder gerissene Schnürsenkel? Risse im Leder? Salzflecken vom Schneematsch? Da könnten Zweifel aufkommen, daß Sie bei einem Auftrag den Details genügend Aufmerksamkeit widmen. (CL 58)

7. Kleiden Sie sich dem Anlaß und der Wetterlage entsprechend. ☑

Je nachdem, wo und zu welcher Jahreszeit Sie arbeiten, brauchen Sie unterschiedliche Garderobe für die jeweiligen Jahreszeiten. Wenn Sie im Land herumreisen, orientierten Sie sich in Ihrer Kleidung an den Menschen am Zielort.

Checkliste **2**

14 Tips für ein professionelles Image

Anmerkungen

8. **Kleiden Sie sich dem Anlaß entsprechend.**

   Wählen Sie Ihre Garderobe für die Stadt aus, in der Sie sich gerade befinden, und für den Kunden, den Sie besuchen werden. Sie werden für einen Besuch bei einem Betriebsleiter nicht den zweireihigen Anzug wählen, eine Fortune-500-Firma werden Sie nicht im Sportsakko besuchen.

9. **Wählen Sie für lange Flugreisen (oder Wartezeiten im Flughafen) knitterfreie Stoffe.**

   Sie können beim Betreten eines Flughafens noch wie ein Millionär aussehen und beim Verlassen nicht mal mehr wie jemand, der 50 DM in der Tasche hat. Planen Sie bei Ihrer täglichen Garderobe die Beanspruchung mit ein.

10. **Verpacken Sie Ihre Kleidung für die Reise sorgfältig.**

    Besorgen Sie sich einen Kleidersack und einen Koffer, damit Ihre Kleidung am Ankunftsort noch so gepflegt aussieht, wie Sie sie eingepackt haben. Experimentieren Sie beim Verstauen von Hemden, Blusen, Kleidern oder Anzügen so lange, bis Sie die Geheimnisse des knitterfreien Transports ergründet haben. Packen Sie auch ein Reisebügeleisen ein.

11. **Seien Sie gründlich in der Körperpflege.**

    Sie können nicht Qualität und vorzügliche Leistungen verkaufen, wenn sich diese Werte nicht in Ihrer persönlichen Erscheinung widerspiegeln. Sprechen Sie mit Personen Ihres Vertrauens über Körperpflegeprobleme wie Mundgeruch, Schuppen oder Körpergeruch. Wenn eines dieser Probleme bei Ihnen vorliegt, wechseln Sie das Mundwasser, das Shampoo oder die Badeseife. Wenn es andauert, gehen Sie zum Arzt.

I. Bereiten Sie sich auf den Erfolg vor

2 *Checkliste*
14 Tips für ein professionelles Image

Anmerkungen

12. Konsultieren Sie einen Spezialisten für Make-up.

Das betrifft häufiger Frauen, aber auch für Männer gibt es kleine Tips, wie sie Schwächen verbergen und Vorzüge betonen können.

13. Strahlen Sie Selbstvertrauen aus.

Sie können keinen Kavallerieangriff anführen, wenn Sie der Meinung sind, Sie sehen auf einem Pferd komisch aus. Ihr Selbstvertrauen, Ihr Vertrauen in Ihr Produkt und Ihre Überzeugung von Ihren Fähigkeiten zur Problemlösung tragen einen großen Teil dazu bei, daß Sie einen guten Eindruck machen. Wenn Sie sich innerlich gut fühlen, sehen Sie äußerlich auch eher gut aus. Alles an Ihrer Person sollte eine klare Botschaft aussenden: Ich bin der Mensch, der Ihnen helfen wird, Ihr Problem zu lösen. (CL 6, 12).

14. Keinesfalls sollten Sie ...

⇨ zu viel Parfüm oder zu viel parfümiertes Haarspray auftragen.
⇨ sich durch das Haar streichen oder damit herumspielen.
⇨ zu enge oder zu weite Kleidung tragen.
⇨ denken, Sie kämen mit schwarzen Joggingschuhen noch durch.
⇨ mit Ihren Designermarken, Ihrer Rolex oder Ihrem Mercedes prahlen.
⇨ Socken tragen, die Ihre Waden freilassen (Männer).
⇨ Kleidung oder Make-up tragen, das eher für den Abend geeignet wäre (Frauen).
⇨ einen zweireihigen Anzug aufknöpfen.
⇨ unter dem Jackett kurzärmelige Hemden tragen.
⇨ schmutzige oder zu lange Fingernägel haben.
⇨ das Haus verlassen, ohne vorher einen Kontrollblick in einen Ganzkörperspiegel zu werfen.

Checkliste **3**

9 Schritte zu einem guten ersten Eindruck

Lächle, und du hast Freunde. Blicke finster drein, und du hast Falten.

George Eliot

Ganz gleich, was Sie verkaufen, Sie konkurrieren um das Geschäft des Kunden. Warum sollten Sie es sich unnötig schwermachen und einen negativen ersten Eindruck ausbügeln müssen? Warum sollten Sie Ihren Konkurrenten einen Vorsprung geben, weil Sie sich selbst nicht im besten Licht präsentieren? Bedenken Sie: Für einen ersten Eindruck gibt es nie eine zweite Chance. Machen Sie es gleich beim ersten Mal richtig.

	☑	*Anmerkungen*
1. **Sorgen Sie dafür, daß alle Briefe, die Sie vor dem ersten Zusammentreffen abschicken, grammatikalisch korrekt sind.** Alles, was Ihren Namen oder den Ihrer Firma trägt, ist ein Aushängeschild. Was steht auf Ihrem? Prüfen Sie Ihre Briefe mit dem Rechtschreibprogramm Ihrer Computersoftware. Versichern Sie sich hundertprozentig, daß der Name des Empfängers richtig geschrieben ist.	☑	
2. **Wenn der Kunde einen ungewöhnlichen Namen trägt, lernen Sie die korrekte Aussprache vor dem Treffen.** Bringen Sie von der Firma Ihres Kunden oder vom Kunden direkt in Erfahrung, wie der Name korrekt ausgesprochen wird. Zögern Sie nicht, den Kunden anzusprechen. Er wird beeindruckt sein, weil Sie Höflichkeit und Respekt zeigen. Wenn der Name schwer auszusprechen ist, üben Sie ihn einige Male. (CL 38)	☑	
3. **Kommen Sie pünktlich.** Planen Sie Baustellen, Verkehrslage und schlechtes Wetter ein. Kommen Sie etwa 15 Minuten vor dem verabredeten Termin an. Wenn Sie sich beim Empfang melden, sagen Sie: „Mein Name ist .... Ich bin ... Minuten zu früh für meinen Termin mit ...."	☑	

I. Bereiten Sie sich auf den Erfolg vor

3 *Checkliste*

9 Schritte zu einem guten ersten Eindruck

☑ *Anmerkungen*

4. **Wenn Sie zum ersten Termin fliegen müssen, bitten Sie Ihr Reisebüro, Verspätungen und eventuelle Ausfälle einzukalkulieren.** ☑

   Versichern Sie sich, daß es noch einen späteren Flug gibt, falls Ihr Flug gestrichen wird. Seien Sie wenigstens eine Stunde vor dem Abflug am Flughafen. Rechnen Sie noch eine halbe Stunde zum Einchecken dazu. Planen Sie Aufenthalte von mindestens einer halben Stunde auf Anschlußflughäfen. Zählen Sie noch eine halbe Stunde dazu, wenn Ihr Anschlußflug nicht bei derselben Fluggesellschaft gebucht ist. Rechnen Sie die doppelte Zeit, die man Ihnen für den Weg vom Flughafen zum Büro des Kunden angegeben hat. Sie wollen nicht gestreßt, außer Atem und zerzaust ankommen.

5. **Prüfen Sie Ihre Erscheinung im Spiegel, ehe Sie einen Kunden treffen.** ☑

   Am besten sind Spiegel, in denen Sie sich ganz betrachten können. Wenn die Zeit drängt, kann es auch ein Schaufenster sein. Korrigieren Sie, wo es nötig ist.

6. **Prüfen Sie Ihre Zähne, Ihren Atem.** ☑

   Mit Mundspülungen, Pfefferminzbonbons oder Atemsprays 30 Minuten vor einem Treffen können Sie die Zusammenkunft für Ihren Kunden angenehmer gestalten. Stellen Sie sicher, daß Sie lächeln und sprechen können, ohne Anstoß zu erregen.

7. **Begrüßen Sie Ihren Kunden mit einem Lächeln und direktem Blickkontakt.** ☑

   Sam Walton brachte seinen Mitarbeitern bei Wal-Mart die „Drei-Meter-Regel" bei. Sobald sie sich einem Kunden auf drei Meter näherten, sollten sie lächeln, Blickkontakt aufnehmen und sich auf eine freundliche Begrüßung einstellen. Vermitteln Sie Ihrem Kunden, daß Sie wirklich froh sind, dort zu sein.

Checkliste 3

9 Schritte zu einem guten ersten Eindruck

Anmerkungen

8. **Strecken Sie die Hand zu einem verbindlichen Händedruck aus.**

   Der Händedruck ist eine der ersten Gelegenheiten, mit dem Einkäufer in Kontakt zu treten. Machen Sie hier keinen Fehler. Lassen Sie Ihre Hand vollständig in die des Kunden gleiten, und nehmen Sie mit der *ganzen* Handfläche Kontakt auf – die Handfläche darf nicht gewölbt sein. Sobald Sie diese entscheidende Verbindung aufgenommen haben, drücken Sie die Hand ein- oder zweimal, das genügt. Drücken Sie nicht zu stark, drehen Sie das Handgelenk dabei nicht. Bedenken Sie, Sie müssen weder den Blutdruck Ihres Kunden messen noch Ihre Fähigkeiten als Gewichtheber beweisen.

9. **Sorgen Sie dafür, daß das Informationsmaterial, das Sie für den Kunden mitbringen, leicht zugänglich, ansprechend und funktional ist.**

   Wenn Sie erst einen Aktenkoffer voller Prospekte durchwühlen müssen und dann einen abgegriffenen Ordner herausholen oder einen Laptop einschalten, der ewig braucht, um das Programm zu laden, stellen Sie sowohl die Geduld Ihres Kunden als auch die Wirksamkeit Ihres Deodorants auf eine harte Probe.

4 Checkliste
19 Schritte, wie Sie am meisten von einer Verkaufsfachtagung profitieren

Ausbildung kostet Geld, Unwissenheit aber auch.

Sir Claus Moser

Als professioneller Verkäufer sind Sie ständig auf der Suche nach Möglichkeiten, wie Sie für Ihre Kunden und Ihr Unternehmen Wert schöpfen können. Ebenso wichtig ist, daß Sie jede Gelegenheit nutzen, sich *selbst* aufzuwerten. Ein Weg dorthin ist die Teilnahme an einer Fachtagung, die vielleicht von Ihrem Arbeitgeber oder eher noch von einem Fachverband oder anderen Organisationen veranstaltet wird. Überlegen Sie gut, ehe Sie sich zur Teilnahme an einer solchen Veranstaltung entscheiden. Es kann ein erheblicher Teilnehmerbeitrag anfallen, dazu können weitere Auslagen entstehen. Noch wichtiger sind die hierdurch entgangenen Gewinne – jede Stunde, die Sie einem Redner zuhören oder sich Schaubilder ansehen, ist eine Stunde, in der Sie keine Kunden besuchen. Versichern Sie sich anhand der folgenden Checkliste, daß Sie aus den Fortbildungsmöglichkeiten das beste Angebot auswählen und den größtmöglichen Nutzen daraus ziehen können.

	✓	Anmerkungen

Wählen Sie für sich die beste Tagung aus.

1. **Was erwarten Sie von der Tagung?** ☑

    Was macht eine Verkaufstagung wertvoll für Sie? Welche Art des Lernens suchen Sie? Welche Kontakte erhoffen Sie sich? Welche Erkenntnisse brauchen Sie für den Wettbewerb?

2. **Was halten Sie vom Veranstalter?** ☑

    Vertrauen Sie ihm? Glauben Sie, er ist in der Lage, die Art von Tagung zu organisieren, die Sie wünschen? Hat er Erfahrung in diesen Dingen, oder ist es der erste Versuch?

3. **Was sagt der Prospekt aus?** ☑

    Haben Sie das Gefühl, man hat sich der Qualität, Integrität und Professionalität verpflichtet? Man kann nicht immer nach dem Äußeren gehen, aber Programmprospekte können auf ihre Art verläßliche Auskunft geben.

4. **An wen richtet sich das Programm?** ☑

    Scheint es für Ihren Wissensstand, Ihr Unternehmen, Ihre Branche, Ihre Interessen, Ihre Werte, Ihre Erfah-

Checkliste **4**

19 Schritte, wie Sie am meisten von einer Verkaufsfachtagung profitieren

☑ *Anmerkungen*

rung und Ihren Kundenstamm geeignet? Das sollten Sie dem Prospekt entnehmen können. Auch der Tagungsort wird Ihnen Anhaltspunkte geben, ob das Programm Ihrer Stellung im Vertrieb angemessen ist.

5. **Wer sind die Referenten, und welche Themen behandeln sie?** ☑

   Kennen Sie die Namen ihrer Unternehmen? Ist ihre Erfahrung relevant für Ihre Bedürfnisse? Sind die in ihrer Einführung genannten Lernziele sinnvoll für Sie?

6. **Welche Form hat das Angebot?** ☑

   Wie viele Plenumssitzungen wird es geben? Wie viele Sitzungen stehen auf dem Plan, sind es Vorlesungen oder Workshops? Was geschieht in der Mittagspause? Sind Empfänge geplant? Wirkt der Stundenplan zu voll oder zu spärlich?

7. **Wer wird wohl teilnehmen?** ☑

   Werden genügend Leute dort sein, daß Sie Kontakte knüpfen können? Werden zu viele in den Kleingruppen sein? Sind persönliche Beratung und ein Eingehen auf Ihre Bedürfnisse und Fragen möglich? Werden die meisten Teilnehmer dieselben Interessen haben wie Sie?

8. **Welche Materialien werden zur Verfügung gestellt?** ☑

   Erhalten Sie ein umfassendes Arbeitsbuch zur Konferenz? Wie ausführlich sind die Unterlagen der Redner? Gibt es Ton- oder Videokassetten von den Sitzungen? Erhalten Sie einen Bericht von der Veranstaltung? Gibt es nach der Veranstaltung irgendeine Form von Nachbereitung?

9. **Wie sieht es mit dem Teilnehmerbeitrag aus?** ☐

   Steht der Kostenbeitrag in einem vernünftigen Verhältnis zur Qualität des Programms? Scheint er eher

I. Bereiten Sie sich auf den Erfolg vor

4 Checkliste

19 Schritte, wie Sie am meisten von einer Verkaufsfachtagung profitieren

zu hoch oder zu niedrig? Werden Ermäßigungen für Voranmeldungen geboten? Gibt es eine Geld-zurück-Garantie, wenn Sie nicht zufrieden sind? Erhalten Sie vollen Ersatz, wenn Sie in letzter Minute absagen?

Sobald Sie ausgewählt haben:

10. Setzen Sie sich Ziele.

Je nach Länge und Umfang der Veranstaltung sollten Sie sich drei bis sechs Ziele stecken. In welchem Bereich des Vertriebs wollen Sie sich weiterentwickeln? An welchen Fortbildungsveranstaltungen wollen Sie teilnehmen, um Ihre Ziele zu erreichen? Stellen Sie eine Liste mit 20 klaren Fragen zusammen, die Sie auf dem Seminar beantwortet haben möchten.

11. Erstellen Sie einen Aktionsplan im Notizbuchformat.

Bereiten Sie ein Loseblatt-Notizbuch mit vielen leeren Seiten vor. Auf einem Blatt sollten Ihre 20 Fragen stehen. Bereiten Sie für jedes Ziel ein leeres Blatt vor. Ziehen Sie eine Linie in der Mitte jedes „Ziel-"Blattes. Auf der linken Seite listen Sie die Kräfte auf, die Ihrer Meinung nach diesem Ziel im Weg stehen. Einige dieser Hindernisse werden Einschränkungen von seiten Ihres Arbeitgebers, Ihrer Kunden oder Ihrer Umgebung sein. Die meisten dieser negativen Kräfte sind Beschränkungen, die Sie sich selbst auferlegen. Zählen Sie alle auf.

12. Nehmen Sie mit einzelnen Referenten Kontakt auf.

Besorgen Sie sich die Namen und Adressen von den Referenten der Veranstaltung, die Ihnen gut erscheinen. Schreiben Sie einen Brief, eine E-Mail, oder rufen Sie an, um zu erfahren, was Sie von den Veranstaltungen zu erwarten haben. Durch diese Kommunikation können Sie Kontakte zu den Referenten aufbauen und auf der Tagung verstärken.

Checkliste 4

19 Schritte, wie Sie am meisten von einer Verkaufsfachtagung profitieren

☑ *Anmerkungen*

Auf der Tagung:

13. Suchen Sie Kontakte. ☑

Laden Sie Referenten zum Frühstück, Mittagessen oder Abendessen ein. Lernen Sie alle Teilnehmer der Tagung kennen. Sprechen Sie mit möglichst vielen Leuten. Sammeln Sie Visitenkarten, und machen Sie sich Notizen über Spezialkenntnisse, Interessen und potentielle Empfehlungen auf der Rückseite. (CL 34)

14. Nehmen Sie aktiv an den Sitzungen teil. ☑

Stellen Sie Fragen, bringen Sie Beiträge, das hält Ihren Geist wach und fördert das Lernen. Achten Sie aber darauf, daß Sie beim Thema bleiben und keine Zeit verschwenden.

15. Machen Sie sich ausführliche Notizen. ☑

Nehmen Sie dazu die leeren Blätter in Ihrem Notizbuch. Immer wenn Sie etwas erfahren, was für Ihre Ziele wichtig ist, halten Sie es auf dem entsprechenden Ziel-Blatt direkt neben den Kräften fest, die Sie von diesem Ziel fernhalten. (Wenn der neue Gesichtspunkt nicht gegen diese Kräfte wirkt, ist er entweder nicht wirklich hilfreich, oder Sie haben noch nicht alle hinderlichen Kräfte aufgeschrieben.) Wenn Sie ausführlich mitschreiben, fällt es Ihnen leichter, Ihre Gedanken zu ordnen und sich auf das Lernen zu konzentrieren.

16. Arbeiten Sie Ihr Notizbuch mit dem Aktionsplan durch. ☐

Innerhalb von 48 Stunden nach der Tagung sollten Sie sich mit Ihrem Notizbuch hinsetzen und die wichtigsten Erkenntnisse prüfen. Halten Sie in Ihrem Notizbuch drei Dinge fest, die Sie sofort unternehmen wollen, um Ihre Effektivität im Vertrieb zu steigern.

I. Bereiten Sie sich auf den Erfolg vor

4 *Checkliste*

19 Schritte, wie Sie am meisten von einer Verkaufsfachtagung profitieren

Anmerkungen

17. Berichten Sie Ihrem Chef.

Zeigen Sie Ihr Notizbuch und die drei geplanten Vorgehensweisen Ihrem Vorgesetzten. Lassen Sie sich die nötige Unterstützung zusichern, damit Sie von dem Gelernten profitieren.

18. Schreiben Sie einen Bericht.

Erstellen Sie eine ein- bis dreiseitige Zusammenfassung über die wichtigsten nützlichen Erfahrungen von der Tagung. Leiten Sie diese Ihrem Vorgesetzten, Ihren Kollegen und allen, die das sonst noch interessieren könnte, zu.

19. Berichten Sie den anderen Mitarbeitern.

Teilen Sie Ihre Erfahrungen von der Tagung Ihren Kollegen mit – vielleicht in der Mittagspause.

Checkliste **5**

7 Methoden, wie Sie sich selbst so sehen können, wie andere Sie sehen

Menschen, die ihre Augen vor der Realität verschließen, rennen in ihr eigenes Verderben.

James Baldwin

In *Der Scharlachrote Buchstabe* mußte Hester Prynne als Zeichen für den Ehebruch den Buchstaben A auf ihrer Brust tragen. Wir kennen viele Vertriebsleute, die den Buchstaben A für Ablehnung tragen sollten. Diese Leute leiden unter Realitätsverlust. Sie sehen sich nur durch die eigene Brille, nicht mit den Augen ihres Chefs, ihrer Kollegen oder Kunden. Aber Sie müssen sich selbst so sehen, wie die anderen Sie sehen. Erst dann können Sie darauf hinarbeiten, daß andere lieber mit Ihnen zusammenarbeiten.

☑ *Anmerkungen*

1. **Studieren Sie Ihr Verhalten auf Video.**

   Verkaufen Sie einmal vor der Kamera. Versuchen Sie, ganz natürlich zu bleiben, tun Sie so, als sei die Kamera ein echter Kunde. Spielen Sie das Band ab, und beobachten Sie sorgfältig. Finden Sie drei Verhaltensweisen, die bei Ihren Präsentationen verbesserungswürdig sind.

2. **Bitten Sie einen Kollegen Ihres Vertrauens, die Videoaufnahme mit Ihnen zusammen anzusehen und Ihnen sachkundige Tips zu geben.**

   Ein objektiver Dritter wird auf der Aufnahme Dinge sehen, die Ihnen nicht aufgefallen sind. Vielleicht ergibt sich auch, daß das, was Sie als Problem gesehen hatten, in Wahrheit gar keines ist. Wenn Ihr Kollege sich schwertut, offen Kritik zu üben, bitten Sie ihn: „Nenne mir *drei* Dinge, die ich bei meiner nächsten Präsentation besser machen sollte."

3. **Wenn Sie es sich leisten können, engagieren Sie einen persönlichen Trainer.**

   Ein professioneller Verkaufstrainer ist durch seine Ausbildung in der Lage, Kleinigkeiten und Nuancen in Ihrer Darbietung zu entdecken, die andere übersehen oder auf die Sie sie nur ungern aufmerksam machen.

I. Bereiten Sie sich auf den Erfolg vor

5 Checkliste

7 Methoden, wie Sie sich selbst so sehen können, wie andere Sie sehen

☑ *Anmerkungen*

4. Wenn Sie eine Leistungsbeurteilung erhalten, hören Sie aufmerksam zu, ehe Sie etwas leugnen oder sich verteidigen. ☐

Wenn auch manche Beobachtungen durchaus kritisch gesehen werden können, sollten Sie doch nach dem Fünkchen Wahrheit darin suchen. Selbst wenn die Beobachtungen Ihrer Meinung nach unzutreffend sind, so ist das der *Eindruck,* den Sie hinterlassen. Versichern Sie sich, daß Sie die Wahrnehmungen verstanden haben, ehe Sie Ihr Verhalten verteidigen oder versuchen, es zu verbessern.

5. Bitten Sie Kunden um Rückmeldung, und werten Sie diese aus. ☑

Versuchen Sie, mit schriftlichen oder Telefonumfragen herauszufinden, was Ihren Kunden an Ihrem Image, Ihrem Präsentationsstil und an Ihrer Person am besten und was ihnen daran am wenigsten gefällt.

6. Bitten Sie um Rückmeldung von den Einkäufern, die Ihre Angebote abgelehnt haben, und untersuchen Sie die Ergebnisse. ☑

Vielleicht erhalten Sie von den Einkäufern, die abgesagt haben, eine ehrlichere Antwort als von Ihren Stammkunden. Erstere werden zwar wenig geneigt sein, einen Fragebogen auszufüllen, und sie sind vielleicht schwer ans Telefon zu bekommen, aber ihre Auskunft ist viel wert. Die sollten Sie sich holen.

7. Bitten Sie um eine Rückmeldung in „einem Punkt". ☑

Wie haben Sie das letzte Mal beim Bezahlen im Restaurant reagiert, als man Sie fragte: „War alles in Ordnung?" Vielleicht haben Sie einfach „Ja" gesagt, auch wenn das Brot schon etwas altbacken war. Warum waren Sie nicht ehrlicher und hilfreicher? Man hat Ihnen die falsche Frage gestellt! Es war zu leicht für Sie, sich höflich herauszuwinden. Hätte der Ober beim Kassieren gefragt: „Nennen Sie eine Sa-

Checkliste 5

7 Methoden, wie Sie sich selbst so sehen können, wie andere Sie sehen

☑ *Anmerkungen*

che, die Ihnen Ihre Mahlzeit angenehmer gemacht hätte", dann hätten Sie geantwortet: „Etwas frischeres Brot." Genauso erhalten Sie eine ehrlichere Rückmeldung, wenn Sie fragen: „Nennen Sie einen Punkt, wie ich mein ... verbessern könnte!"

Checkliste 6

15 Grundsätze, die Ihnen durch einen schweren Tag helfen

*Wenn Sie stillstehen, werden Sie sich niemals den großen Zeh anstoßen.
Je schneller Sie gehen, desto größer ist die Chance, anzustoßen.
Aber es wächst auch Ihre Chance, irgendwohin zu kommen.*

Charles Kettering

Es wird Tage geben, an denen Ihr Zahn schmerzt, Ihr Auto nicht anspringt und Ihr letzter Kundenbesuch eine Katastrophe ist. Sie brauchen eine Aufwachspritze, ein Schulterklopfen oder einen Tritt. Einer der folgenden Gedankengänge wird der richtige sein, um den nächsten Kundenbesuch zum besten Ihrer Laufbahn zu machen.

	✓	Anmerkungen
1. Erfolg ist eine Sache der Entscheidung. – Rick Pitino	☑	
2. Erfolg im Leben kommt nicht daher, daß man gute Karten hat, sondern daß man mit schlechten Karten gut spielt. – Warren Lester	☐	
3. Ich erzähle dir ein großes Geheimnis, mein Freund. Warte nicht auf das letzte Gericht. Es findet täglich statt. – Albert Camus	☑	
4. Wer nicht von Begeisterung entflammt ist, wird mit Begeisterung gefeuert. – Vince Lombardi	☐	
5. Es gibt keine Sicherheit auf dieser Erde, es gibt nur Gelegenheiten. – Douglas MacArthur	☑	
6. Der gestrige Tag ist Vergangenheit, und morgen ist die Zukunft. Heute ist ein Geschenk. – Bill Keane	☑	
7. Zeige mir einen durch und durch zufriedenen Menschen, und ich sage dir, er ist ein Versager. – Thomas Edison	☐	
8. Wenn du in den Seilen hängst, mach einen Knoten und bleib dran. – Franklin D. Roosevelt	☐	
9. Der beste Weg, die Zukunft vorherzusagen, ist, sie zu gestalten. – Autor unbekannt	☑	
10. Eine Grabinschrift auf einem Friedhof in Tombstone in Arizona werde ich nie vergessen: „Hier liegt Jack Williams. Er hat sich alle Mühe gegeben." Ich finde, das ist die beste Grabinschrift, die ein Mensch sich wünschen kann. – Harry S. Truman	☑	

Checkliste **6**

15 Grundsätze, die Ihnen durch einen schweren Tag helfen

☑ *Anmerkungen*

11. Vor den Erfolg haben die Götter den Schweiß gesetzt. ☐

12. Volltreffer landet man nicht durch Zufall, sondern durch gute Vorbereitung. – Roger Maris ☐

13. Wer sich zum Esel macht, dem will jeder seine Säcke aufladen. – Deutsches Sprichwort ☐

14. Meine Mutter hat mir früh beigebracht, daß ich alles erreichen kann, was ich will. Als erstes lernte ich, ohne Laufgurt zu laufen. – Wilma Rudolph ☐

15. Man muß einen Kampf manchmal mehr als einmal führen, um ihn zu gewinnen. – Margaret Thatcher ☐

I. Bereiten Sie sich auf den Erfolg vor

7 Checkliste
11 Tips zur Steigerung Ihrer Energie

Man soll mich in Erinnerung behalten als den Spieler, der alles gegeben hat.

Roberto Clemente

Verkaufen ist ein stressiger Beruf. Er fordert Sie physisch heraus. Er fordert jedes Gramm Ihrer Lebenskraft, Ihrer Ausdauer und Vitalität, das Sie aufbieten können. So können Sie der Herausforderung begegnen.

	✓	Anmerkungen

1. Essen Sie das Richtige. ☐

Fetthaltige Nahrung, sehr eiweißreiche Speisen sowie sehr Zuckerhaltiges sind schwer zu verdauen und machen Sie müde. Bevorzugen Sie komplexe Kohlenhydrate in Getreide, Obst und Gemüse. Wenn am Nachmittag der Blutzuckerspiegel im Körper abrupt abfällt, können Sie sich mit Süßigkeiten darüber weghelfen.

2. Treiben Sie regelmäßig Sport. ☐

Durch leichtes Training werden die Blutgefäße erweitert, das Herz gestärkt, das Gehirn besser mit Sauerstoff versorgt, und Sie werden besser schlafen. Sie sollten wandern, laufen, klettern, schwimmen, Fahrrad fahren, langlaufen oder auf einem Heimtrainer trainieren.

3. Atmen Sie tief. ☐

Wenn Sie sich erschöpft fühlen, atmen Sie einige Male tief durch die Nase, halten die Luft für einige Sekunden an und atmen dann langsam durch den Mund aus. Zur Unterstützung der Atmung sollten Sie sich um eine aufrechte Haltung bemühen. Heben Sie die Schlüsselbeine um zwei Zentimeter an.

4. Schlafen Sie ausreichend. ☐

Vielleicht leiden Sie unter Schlafmangel. Vielleicht haben Sie Ihren Körper darauf trainiert, daß er mit fünf oder sechs Stunden Schlaf auskommt, aber vielleicht braucht er eher acht Stunden. Damit Sie mehr Schlaf bekommen, sollten Sie in der nächsten Woche

Checkliste **7**

11 Tips zur Steigerung Ihrer Energie

☑ *Anmerkungen*

jeden Abend 15 Minuten früher zu Bett gehen. In jeder folgenden Woche steigern Sie das wieder um 15 Minuten, bis Sie sich beim Aufstehen ausgeruht fühlen. Damit Sie tiefer schlafen, sollten Sie vier Stunden vor dem Zubettgehen Alkohol, Nikotin, Koffein und schwere Speisen meiden. Eine Stunde vor dem Zubettgehen sollten Sie körperliche und geistige Anstrengung meiden. Halten Sie Ihr Schlafzimmer kühler als die restliche Wohnung.

5. **Trinken Sie viel Wasser.** ☐

   Schon leichter Flüssigkeitsmangel führt zu Müdigkeit. Trinken Sie morgens, abends und zu jeder Mahlzeit ein Glas Wasser. Meiden Sie stark koffeinierte Getränke. Sie trocknen den Körper aus.

6. **Bleiben Sie positiv gestimmt und optimistisch.** ☑

   Halten Sie sich von negativ eingestellten Menschen fern. Lassen Sie sich nicht in deren Lethargie und Depression hineinziehen. Konzentrieren Sie sich auf die Segnungen und Erfolge in Ihrem Leben. Unerklärliche Müdigkeit, Abgeschlagenheit und außerordentlich hohes Schlafbedürfnis sind potentielle Anzeichen einer Depression. Wenn Sie Anzeichen für eine echte Depression bei sich feststellen, suchen Sie sofort einen Arzt auf. Wenn Sie in den nördlicheren Klimazonen leben, nehmen Sie sich vor, in den Wintermonaten Sonne zu tanken, um der Winterdepression zu entgehen.

7. **Lassen Sie sich gründlich untersuchen.** ☑

   Schließen Sie aus, daß Ihnen Krankheiten die Energie rauben.

8. **Streßmanagement.** ☐

   Streß durch schlechte Organisation kann Ihnen Energie und Lebenskraft rauben. Schalten Sie einige Streßquellen in Ihrem Leben aus, dann haben Sie mehr Kraft für das übrige. Versteckte Ressentiments, unbewältigter Ärger und alter Groll mindern Ihre

I. Bereiten Sie sich auf den Erfolg vor

41

7 Checkliste
11 Tips zur Steigerung Ihrer Energie

☑ *Anmerkungen*

Lebensfreude. Sprechen Sie mit den betreffenden Personen, und bringen Sie Ihre gestörten Beziehungen in Ordnung. (CL 21, 22)

9. **Überprüfen Sie Ihren Medikamentenkonsum.**

   Viele verschreibungspflichtige und rezeptfreie Medikamente verursachen Müdigkeit. Sprechen Sie mit Ihrem Arzt, und lesen Sie die Packungsbeilage, welche Nebenwirkungen zu erwarten sind. Fragen Sie Ihren Apotheker nach Alternativen zu Ihren gewohnten Antihistaminen, Schmerzmitteln und Hustenmedikamenten, die Sie eventuell müde machen.

10. **Gehen Sie sparsam mit den legalen Drogen um.**

    Koffein, Nikotin und Alkohol entziehen Ihnen Energie. Kaffee kann Sie am Morgen in die Gänge bringen, aber wenn Sie zu viel trinken, finden Sie abends keinen tiefen Schlaf. Zigarettenrauch beeinträchtigt die Lungenfunktion, Sie werden schlechter mit Sauerstoff versorgt, die Blutgefäße werden verengt, und der Fluß von energiereichem Blut wird gedrosselt. Alkohol verursacht Depressionen, wenn er im Übermaß getrunken wird, und dämpft das Zentralnervensystem.

11. **Lassen Sie andere ihren Teil beitragen.**

    Erschöpfen Sie sich nicht im Versuch, für jeden alles zu sein. Sie können nicht alles tun, weder zu Hause noch bei der Arbeit. Lernen Sie zu delegieren, lassen Sie andere mehr Verantwortung übernehmen und ihren Teil an der Arbeit tun. (CL 17, 109, 113)

Checkliste **8**

10 Tips, wie Sie das Hinausschieben bestimmter Aufgaben vermeiden können

In Wahrheit weiß man immer genau, was das Richtige ist. Die Schwierigkeit liegt darin, es zu tun.

General H. Norman Schwarzkopf

Ihre Arbeit im Verkauf kann in zwei Kategorien aufgeteilt werden: das, was Spaß macht, und das, was keinen Spaß macht. Die angenehmen Aufgaben werden sofort erledigt, sogar früher als notwendig. Das Unangenehme wird zur Seite gelegt, und oft vergessen wir es ganz. Mit anderen Worten, wir verschieben die Dinge, manchmal endlos. Was können Sie dagegen tun?

Anmerkungen

1. **Tun Sie das Unangenehme zuerst.**

   Beginnen Sie Ihren Arbeitstag mit der Aufgabe, vor der Ihnen am meisten graut. Planen Sie die am wenigsten angenehmen Aufgaben für die Tageszeit ein, in der Sie die meiste Energie haben. Verschieben Sie sie nie auf den Abend. Es ist so leicht, um fünf Uhr abends zu sagen: „Na ja, das kann ich immer noch morgen erledigen." Setzen Sie auf Ihrem Tourenplan den Kunden ganz an den Anfang, den Sie am liebsten nicht besuchen würden. Dann belohnen Sie sich für Ihre Disziplin und gehen zum angenehmen Teil Ihres Tagesplans über. (CL 12)

2. **Schließen Sie einen Vertrag zur gegenseitigen Überprüfung.**

   Suchen Sie sich einen Freund, der mitmacht, bis Sie beide von der Verschleppungstaktik geheilt sind. Jeden Morgen ruft einer den anderen an. Sie nennen beide das, was Sie an diesem Tag am wenigsten tun wollen. Ehe der Tag um ist, müssen Sie Rückmeldung geben, daß Sie diese Aufgabe erledigt haben.

3. **Die 24-Stunden-Regel**

   Innerhalb von einem Tag nach Eingang einer Nachricht, die ein Handeln erfordert, – per Post, E-Mail, Telefon, Anfragen und so weiter –, sollten Sie wenigstens einen Schritt unternehmen, um darauf zu reagieren. Am besten tun Sie einen Schritt für jede neue Aufgabe in dem Augenblick, in dem Sie davon

I. Bereiten Sie sich auf den Erfolg vor

8 Checkliste
10 Tips, wie Sie das Hinausschieben bestimmter Aufgaben vermeiden können

	Anmerkungen
☑	

erfahren. Das verhindert, daß unangenehme Aufgaben unüberwindbar scheinen.

4. Stellen Sie sich den Abschluß vor. ☑

Anstatt daran zu denken, wie schlecht es Ihnen geht, weil Sie etwas erledigen müssen, denken Sie lieber daran, wie gut Sie sich fühlen werden, wenn Sie es geschafft haben. Je realer Sie sich das Gefühl der Vollendung vorstellen können, desto schneller werden Sie sich daran machen, es zu verwirklichen.

5. Nennen Sie Ihre Endtermine. ☑

Verkünden Sie öffentlich, wann Sie unangenehme Aufgaben angehen und erledigen wollen. Sie werden sich wahrscheinlich nicht vor den anderen blamieren wollen, wenn Sie sich selbst aus der Verpflichtung entlassen. Sagen Sie Ihrem Chef zum Beispiel jeden Morgen, wie viele Besuche Sie planen.

6. Teilen und siegen. ☑

Besonders schwierige oder komplexe Arbeiten sollten Sie in machbare Teile aufteilen. Erledigen Sie jeden Tag einen Teil.

7. Bitten Sie um Klärung. ☑

Wenn Sie eine Aufgabe für Ihren Chef oder einen Kunden immer weiter aufschieben, kann das auch daran liegen, daß es ein Informationsdefizit gibt. Brauchen Sie mehr Erklärung zur Aufgabe oder über den Hintergrund? Fragen Sie nach.

8. Stellen Sie sich Ihren Ängsten. ☑

Ein weiterer Grund für den Aufschub kann sein, daß Sie die vor Ihnen liegende Aufgabe fürchten. Zum Beispiel: Sie drücken sich davor, eine bestimmten Kunden aufzusuchen, weil Sie ihm einen Fehler Ihrerseits eingestehen müßten. Bedenken Sie, daß Sie jedesmal, wenn Sie Ihre Ängste überwinden, auch etwas für Ihre Persönlichkeit gewinnen. In die-

Checkliste **8**

10 Tips, wie Sie das Hinausschieben bestimmter Aufgaben vermeiden können

Anmerkungen

sem Fall könnten Sie auch die Beziehung zu Ihrem Kunden stärken. Er wird Ihre Ehrlichkeit bewundern. (CL 6, 21, 99)

9. **Betrachten Sie es als Spiel.**

   Stellen Sie sich vor, Sie müßten Kaltakquisition betreiben. Geben Sie sich selbst einen, zwei oder drei Punkte für jeden Anruf. Für die schwierigsten Anrufe gibt es die meisten Punkte. Setzen Sie sich ein Ziel. Wenn Sie 50 Anrufe machen müssen, sollten Sie im Schnitt 100 Punkte am Tag gewinnen. Belohnen Sie sich für jeden Tag, der über 110 Punkte gebracht hat, mit etwas, das Ihnen wirklich gefällt, einem neuen Putter zum Beispiel.

10. **Hören Sie auf, dieses Buch zu lesen.**

    Legen Sie es gleich weg. Nehmen Sie es erst wieder zur Hand, wenn Sie bei der lästigsten Aufgabe in Ihrem Überhang bedeutende Fortschritte erzielt haben.

I. Bereiten Sie sich auf den Erfolg vor

9 Checkliste

20 Lebensbereiche, in denen Ihre Handlungen mit Ihren Grundwerten übereinstimmen sollten

Es gibt nur einen Erfolg: wenn man in der Lage ist, sein Leben auf seine Art zu leben.

Christopher Morley

Ihre Grundwerte und -überzeugungen sind einzigartig. Niemand hat sie mit Ihnen gemeinsam. Wenn Sie Ihr Leben so leben, daß sich diese Grundwerte in Ihren täglichen Handlungen und Entscheidungen widerspiegeln, werden Sie ungewöhnliche Erfolge und große Zufriedenheit erzielen. Und so wird das gemacht: Zuerst schreiben Sie auf, was für Sie wichtig ist: Ihre Grundwerte, Ansichten und Wünsche in den Lebensbereichen, die Ihnen am meisten bedeuten. (Vielleicht müssen Sie ähnliche Werte und Ansichten in einzelnen Feststellungen zusammenfassen, damit eine überschaubare Liste mit 10 bis 20 Punkten herauskommt. Zweitens sollten Sie auf der Liste Schwerpunkte bilden. Vergleichen Sie drittens die Schwerpunktliste (Ihre Rede) damit, wie Sie Ihr Leben leben (Ihre Taten). Viertens: Reagieren Sie auf den Vergleich. Verändern Sie Ihre Prioritäten so – wo Ihre Zeit und Energie hinfließt –, daß sie zu Ihren Grundwerten und Ansichten passen. Sie werden noch mehr von dieser Übung haben, wenn Sie Ihren Lebenspartner an Schritt vier beteiligen, an der Reaktion auf den Vergleich zwischen Rede und Handeln. Hier sind die Kategorien, mit deren Hilfe Sie Ihre Grundwerte, Ansichten und Wünsche niederschreiben können.

		✓	Anmerkungen
1.	Glaube/Kirche/Religion/Spiritualität	☐	
2.	Partner/Ihnen nahestehender Mensch	☐	
3.	Familie/Kinder/Eltern	☐	
4.	Freunde/Verwandtschaft	☐	
5.	Bündnisse/Teamwork/Teilhaberschaften	☐	
6.	Finanzen/Wohlstand/Besitz	☐	
7.	Gesundheit/Fitneß/Lebensfreude	☐	
8.	Hobbys/Erholung/Vergnügen/Entspannung	☐	
9.	Leistung/Kreativität/Karriere/Berufsleben	☐	
10.	Herausragende Fähigkeiten/Schönheit/Perfektion/Genauigkeit	☐	
11.	Ausdauer/Engagement/Durchhaltevermögen	☐	
12.	Mut/Risikobereitschaft/Eintreten für die eigenen Ansichten	☐	
13.	Aufmerksamkeit/Rücksicht auf andere	☐	
14.	Hilfsbereitschaft/Großzügigkeit/Wohltätigkeit/Opferbereitschaft	☐	

Checkliste **9**

20 Lebensbereiche, in denen Ihre Handlungen mit Ihren Grundwerten übereinstimmen sollten

☑   *Anmerkungen*

15. Integrität/Ehrlichkeit/Moral/Gesetz ☐
16. Lernen/Ausbildung/Wissen/Intellekt ☐
17. Verantwortung/Verläßlichkeit/Loyalität ☐
18. Führung/Förderung anderer/Rollenmodell ☐
19. Glück/Zufriedenheit/positive Einstellung ☐
20 Toleranz/Versöhnlichkeit/Anerkennung ☐

Checkliste 10

10 Kommunikationsstrategien erfolgreicher Verkäufer

Der Mensch lebt nicht allein vom Wort, wenn er auch manches schlucken muß.

Adlai Stevenson

Man braucht nicht redegewandt zu sein, um im Verkauf Erfolg zu haben. Sie sollten aber auch kein so schlechter Redner sein, daß der Kunde den Eindruck erhält, Sie wüßten nicht, wovon Sie sprechen. Gute Vertriebsleute wissen, daß sie durch ihre Erziehung und Schulbildung ein bestimmtes Maß an Kommunikationsfähigkeit mitbekommen haben und daß sie weiter daran arbeiten können. Dies geschieht in mehreren Schritten.

Anmerkungen

1. **Stellen Sie sich Ihr Kommunikationsziel vor.**

   Was wollen Sie bei dieser Person, mit der Sie gleich sprechen werden, erreichen? Wie soll die Person aussehen, sich fühlen und was soll sie tun, nachdem Sie mit ihr gesprochen haben? Setzen Sie sich ein klares Ziel, in welchen Zustand Sie diese Person nach dem Gespräch versetzt haben wollen. Dann steigt die Wahrscheinlichkeit, daß Sie das auch erreichen.

2. **Konzentrieren Sie sich weniger darauf, sich deutlich auszudrücken, als darauf, verstanden zu werden.**

   Wenn Sie sich bemühen, deutlich zu sein, sind Sie auf sich selbst konzentriert. Wer sich in der Kommunikation auf sich selbst und sein Bedürfnis beim Sprechen konzentriert, wird oft scheitern. Wenn Sie sich bemühen, verstanden zu werden, ist Ihre Aufmerksamkeit auf Ihre Zuhörer gerichtet, wo sie auch hingehört.

3. **Sie müssen wissen, wer Ihre Zuhörer sind.**
   (CL 47, 51, 68)

   Ehe Sie sprechen, fragen Sie sich, wie die anderen Ihnen zuhören werden.

   ⇨ Was halten sie von Ihnen?
   ⇨ Was erwarten sie von Ihnen?
   ⇨ Was werden Sie ihrer Meinung nach sagen?

Checkliste **10**

10 Kommunikationsstrategien erfolgreicher Verkäufer

Anmerkungen

⇨ Wieviel wissen sie bereits?
⇨ Welche Schulbildung haben sie?
⇨ Welchen Beruf und welche Position haben sie?
⇨ Welches sind ihre Grundwerte und Ansichten?
⇨ Welche Sorgen haben sie?
⇨ Wie sehen ihre Ziele und Wünsche, ihre Hoffnungen und Träume aus?
⇨ Wie schätzen sie sich selbst ein?
⇨ Welche Sprache sprechen sie?
⇨ Wieviel Zeit haben sie, um Ihnen zuzuhören?

4. **Sie müssen sich selbst kennen.**

   Welche Probleme haben Sie persönlich in der Kommunikation? Welche Wörter sprechen Sie oft falsch aus oder verwenden sie falsch? Wo liegen Ihre kommunikativen Stärken und Schwächen? Welchen unverwechselbaren Eindruck machen Sie beim Sprechen, weil Sie eben sind, wie Sie sind, und wie wirken Sie? Wenn Sie diese Fragen nicht beantworten können, finden Sie es heraus. Bitten Sie andere um Feedback. Sehen und hören Sie sich selbst in Videoaufnahmen. (CL 5)

5. **Schaffen Sie mit Ihren Worten Bilder.**

   Jemand hat einmal gesagt, daß die besten Redner die Menschen dazu bringen, mit ihren Ohren zu sehen. Wählen Sie Worte, die präzise, anschaulich, abwechslungsreich, einprägsam oder malerisch sind. Fragen Sie zum Beispiel nicht: „Brauchen Ihre Angestellten ein Produkt, mit dem sie effizienter und effektiver arbeiten können?" Fragen Sie statt dessen: „Könnte Ihre Buchhaltung ein Kreditorenprogramm gebrauchen, mit dem die Verarbeitungszeit halbiert und die Fehlerquote um 70 Prozent reduziert werden kann?"

6. **Befreien Sie Ihre Sprache von Klischees.**

   Kaum ein Käufer wird sich von solchen Redensarten beeindrucken lassen: „Man kann ein Pferd zum Wasser führen, aber man kann es nicht zum Trinken

I. Bereiten Sie sich auf den Erfolg vor

10 *Checkliste*

10 Kommunikationsstrategien erfolgreicher Verkäufer

Anmerkungen

zwingen." Vergessen Sie alle abgedroschenen Phrasen, die Sie gehört haben.

7. **Bleiben Sie optimistisch im Tonfall.**

   Vermeiden Sie negative Formulierungen, wenn Sie dasselbe positiv ausdrücken können. Anstatt: „Ich kann Ihnen die Lieferung aus dem neuen Angebot nicht vor Juni versprechen", sagen Sie: „Ich werde Ihnen die Lieferung aus dem neuen Angebot im Juni zukommen lassen." Anstatt: „Das kann ich nicht", sagen Sie: „Ich will Ihnen sagen, was ich tun kann."

8. **Verstärken Sie das Gesagte mit den Mitteln der nonverbalen Kommunikation.**

   Ihre Stimme und Ihre Körpersprache machen zusammen 93 Prozent dessen aus, was bei den anderen ankommt. Stimmen Ihre 93 Prozent mit den 7 Prozent (den tatsächlich gewählten Worten) überein? Mit anderen Worten: Ihre Stimme und Körpersprache sollten das mit Worten Gesagte verstärken und ihm nicht widersprechen.

9. **Reden Sie weniger, hören Sie mehr zu.**

   Die Kunden, die Sie besuchen, sollten das Gespräch beherrschen. Je mehr sie sprechen, desto günstiger sind sie Ihnen gesonnen und desto mehr erfahren Sie, was zum Abschluß des Verkaufs notwendig ist. Sprechen Sie nicht mehr als 30 Prozent der Zeit. (CL 71)

10. **Wachsen und lernen Sie.**

    Lernen Sie aus jeder erfolglosen Kommunikationssituation. Wenn Sie Fehler machen, sollten Sie nicht in die Defensive gehen und Ihren Fehler verleugnen, auch nicht ins andere Extrem verfallen und sich für Ihre Ungeschicklichkeit bestrafen. Sagen Sie sich statt dessen jedesmal, wenn die Kommunikation nicht geklappt hat: „Ich habe gerade wieder gelernt, wie man mit jemandem in dieser Situation nicht sprechen sollte."

Checkliste **11**

10 Tips, wie Sie fachlich up to date bleiben

Der Wille zum Erfolg ist wichtig, aber noch wichtiger ist der Wille, sich vorzubereiten.

Bobby Knight

Eine Säge, die nie geschliffen wird, wird schließlich stumpf und nutzlos. Genauso werden Verkaufstechniken wirkungslos, wenn sie ihren Schliff verlieren. Wenn Sie nicht ständig an der Verbesserung Ihrer Fähigkeiten und Techniken arbeiten, werden Sie von den Konkurrenten überholt, die das tun. Mit den folgenden Tips werden Sie besser sein, ganz gleich, wie gut Ihre Konkurrenten sind.

☑ *Anmerkungen*

1. **Stellen Sie sich Ihre persönliche Bibliothek zusammen.** ☐

    Dieses Buch ist ein guter Anfang für den Aufbau Ihrer Bibliothek. Suchen Sie in Bestsellerlisten, fragen Sie Freunde nach Empfehlungen, notieren Sie sich die Titel von Büchern und Autoren, über die Ihre Freunde sprechen.

2. **Abonnieren Sie wenigstens eine angesehene allgemeine Wirtschaftszeitschrift sowie die wichtigste Zeitschrift Ihrer Branche.** ☐

    Mit den aktuellen Berichten in der *Wirtschaftswoche* und *Handelsblatt* bleiben Sie in der ständig sich verändernden Geschäftswelt auf dem laufenden. Lesen Sie die Fachzeitschrift Ihrer Branche, damit Sie dort die neuesten Entwicklungen verfolgen können, die Ihr Unternehmen betreffen.

3. **Reservieren Sie sich drei Stunden pro Woche für die Lektüre.** ☐

    Wenn Sie eine Bibliothek und Abonnements haben und nichts lesen, dann ist das, als besäßen Sie eine eigene Kunstgalerie und schauten keines der Bilder an. Halten Sie sich an Ihren wöchentlichen Leseplan.

4. **Hören Sie im Auto Kassetten.** ☐

    Immer mehr Bücher gibt es als Audiokassette. Schieben Sie bei der Fahrt auf der Autobahn eine Kassette ein, konzentrieren Sie sich auf die Straße, und bei

I. Bereiten Sie sich auf den Erfolg vor

11 *Checkliste*
10 Tips, wie Sie fachlich up to date bleiben

☑ *Anmerkungen*

der Ankunft an Ihrem Bestimmungsort sind Sie ein bißchen schlauer geworden.

5. Tragen Sie Ihr Lesematerial in Ihrem Aktenkoffer bei sich. ☐

Überlegen Sie einmal, wie viel Zeit Sie im Wartezimmer beim Arzt, in den Warteräumen auf dem Flughafen und vor den Büros der Kunden verschwenden. Diese Zeit könnten Sie zur eigenen Weiterbildung nutzen. Nehmen Sie Ihre Zeitung, Zeitschrift, Ihr Buch oder Ihren Kassettenrecorder mit.

6. Wenn Sie technische Geräte oder Dienstleistungen verkaufen, sollten Sie von den entsprechenden Lieferanten regelmäßige Weiterbildungen bekommen. ☐

Bieten Ihre Lieferanten solche Programme nicht regelmäßig an, dann sollten Sie sich erkundigen, wer so etwas bietet.

7. Bilden Sie eine „Expertengruppe". ☐

Ernsthafte Vertriebsleute schließen sich mit anderen Experten aus dem Vertrieb zusammen. Hier finden Sie ein Forum, wo Sie knifflige Fragen stellen oder Ihr größtes Problem darlegen können und ehrliche Antworten erhalten. Fragen Sie bei Ihrem örtlichen Berufsverband nach, um eine solche Gruppe ausfindig zu machen oder eine zu gründen.

8. Bleiben Sie offen. ☐

Ihr Abstieg beginnt an dem Tag, an dem Sie glauben, alles zu wissen. Dann hören Sie auf zu lernen und beginnen zu verlieren. Ihre Konkurrenten werden aufholen, und Ihre Kunden werden das Gefühl bekommen, Sie sind nicht mehr der Lieferant, der Sie einmal waren. Bedenken Sie: Alles, was Sie nicht wissen, bietet Ihnen Gelegenheit zum Wachstum.

Checkliste **11**

10 Tips, wie Sie fachlich up to date bleiben

☑ *Anmerkungen*

9. Engagieren Sie einen persönlichen Trainer. ☐

Suchen Sie professionelle Hilfe, um das gewünschte Image zu erreichen.

10. Besuchen Sie jährlich mindestens ein Seminar zur persönlichen Weiterbildung. ☐

Rufen Sie die Universität, Fachhochschule oder Handelskammer vor Ort an. Prüfen Sie alle ernstzunehmenden Seminaranbieter in Ihrer Gegend. Besuchen Sie Fortbildungen, die von Berufsverbänden veranstaltet werden. Fragen Sie sich nach jedem Seminar, ob das Gelernte Verbesserungen für Ihren nächsten Besuch bei einem Einkäufer oder Kunden bringen wird. (CL 4)

II. Meistertips

Erfolgreiche Vertriebsleute wissen, daß Voraussetzung für den Umsatz eine Zielsetzung sowie Pläne zu deren Realisierung sind. Sie machen das Beste aus der Zeit, die sie am Telefon, im Auto, auf Flughäfen und in Vorzimmern verbringen. Sie wissen, daß Streß zu ihrem Beruf gehört, und haben Strategien entwickelt, wie sie damit umgehen. Sie wachen kaum einmal morgens auf, ohne zu wissen, was sie an diesem Tag tun werden. Sie gehen kaum einmal abends zu Bett und klagen, wie wenig sie getan haben. Sie wünschen sich nicht, einmal Glück zu haben, denn sie wissen, daß sie ihr Glück selbst in der Hand haben, wenn sie die Tips in diesem Kapitel befolgen.

12 Checkliste
13 Tips für das Zeitmanagement

Der gestrige Tag ist ein annullierter Scheck. Der morgige Tag ist ein Schuldschein.
Der heutige Tag ist das einzige Bargeld, das du hast, also lege es gut an.

Kay Lyons

Bestimmte Bedingungen können Ihnen Vorteile oder Nachteile gegenüber Ihren Konkurrenten bringen. Zum Beispiel, wie hilfsbereit Ihr Innendienst ist, wie viele Einkäufer es in Ihrem Markt gibt und wie gut Ihre Produkte sind. All das kann Ihnen die Präsentation jeweils erschweren oder erleichtern. Eine Sache sorgt jedoch für Gerechtigkeit: Weder Sie noch Ihre Konkurrenten haben mehr als 60 Minuten pro Stunde, 24 Stunden am Tag oder sieben Tage pro Woche zur Verfügung. Zeit ist der große Gleichmacher.

Anmerkungen

1. **Verändern Sie Ihre Einstellung – betrachten Sie Zeit von nun an als wertvolle, endliche Ressource.**

   Vergangene Zeit ist unersetzbar. Sie können Zeit nicht ausdehnen, herstellen oder „ansparen". Sie werden zum Beispiel niemals die Möglichkeit bekommen, die vergangenen zehn Sekunden, in denen Sie diesen Punkt gelesen haben, besser zu verbringen.

2. **Machen Sie das Optimale aus jedem Augenblick Ihres Verkaufstages.**

   Stellen Sie sich immer wieder die Frage: Mache ich jetzt das Beste aus meiner Zeit?

3. **Stecken Sie sich Ziele.**

   Sie werden staunen, wie effizient und erfolgreich Sie Ihre Zeit verwalten, sobald Sie einmal entschieden haben, was in der Zeit herauskommen soll. Entwickeln Sie berufliche (Umsatzquoten, Kaufverträge) und persönliche Zielsetzungen (beispielsweise Sport, Familienleben).

4. **Besorgen Sie sich ein umfassendes Termin- und Zeitplansystem.**

   Es gibt mehrere auf dem Markt. Manche sind Lowtech, manche High-tech. Wichtig ist nicht, ob das System elektronisch ist, sondern daß Sie es optimal

Checkliste **12**

13 Tips für das Zeitmanagement

☑ *Anmerkungen*

nutzen und auch mit Disziplin dabeibleiben. Ein Zeitplansystem ist unbedingte Voraussetzung, damit Sie Ihre Ziele erreichen.

5. **Planen Sie Ihren Tag so, daß die schwierigsten und lohnendsten Herausforderungen mit Ihrem Leistungshoch zusammenfallen.** ☐

    Oft bestimmen Verfügbarkeit und Bedürfnisse von Einkäufern und Kunden Ihren Terminplan. Wenn Sie jedoch Ihre Zeit selbst einteilen können, legen Sie die schwierigsten Aufgaben in die Tageszeit, in der Sie körperlich und geistig am leistungsfähigsten sind. (CL 8)

6. **Verbringen Sie weniger Zeit mit Routineaufgaben, den nicht wertschöpfenden Tätigkeiten.** ☐

    Ihre drei am höchsten zu bewertenden beruflichen Aufgaben sind erstens Planung Ihrer Verkaufsbesuche, zweitens die Besuche selbst und drittens die Betreuung Ihrer laufenden Stammkunden. Alle anderen Aktivitäten sind von sekundärer Bedeutung. Setzen Sie auf Ihrer Pflichtenliste diese drei Aufgaben an die *oberste* Stelle. *Delegieren* Sie Büroarbeiten an andere. Automatisieren Sie möglichst viele Vorgänge, finden Sie heraus, was Ihr meistbenutztes Softwareprogramm dazu anbietet. *Eliminieren* Sie die nicht wesentlichen Aufgaben.

7. **Nehmen Sie jedes Stück Papier nur einmal in die Hand.** ☐

    Beantworten Sie es, leiten Sie es weiter, oder werfen Sie es weg. Legen Sie es nicht auf den ständig wachsenden Stapel „Noch zu erledigen."

8. **Sehen Sie elektronische Post nur einmal an.** ☐

    Oft wird man mit E-Mails und Anrufen überhäuft. Sobald Sie eine Nachricht gehört oder gelesen haben, unternehmen Sie eine der vier Aktionen: Beantworten, Löschen, Weiterleiten oder Ausdrucken. Wenn Sie sie ausdrucken, siehe Tip Nr. 7.

II. Meistertips

12 *Checkliste*

13 Tips für das Zeitmanagement

☑ *Anmerkungen*

9. **Beseitigen Sie Unordnung in Ihrem Auto, auf Ihrem Schreibtisch, in Ihrem Büro und in Ihren Computerdateien.**

   Unordnung untergräbt Ihre Disziplin, raubt Ihnen Zeit und Energie: Unterlagen, die Sie im letzten Jahr nicht angesehen haben, die schon die Farbe verändert haben und ausbleichen, Stapel, über die sich Ihre Kollegen lustig machen, oder Dinge, von denen Sie nicht mehr wissen, warum Sie sie aufgehoben haben, verursachen Unordnung.

10. **Bitten Sie die erfolgreichsten Verkäufer in Ihrem Bekanntenkreis, Ihnen die Technik im Zeitmanagement zu nennen, die ihnen am meisten geholfen hat.**

    Niemand kommt effizient auf die Welt. Die Menschen entwickeln Gewohnheiten und Strategien im Laufe der Zeit. Finden Sie heraus, welche das sind. Wenn Sie das nächste Mal mit einem Kollegen am Getränkeautomaten, in der Kneipe oder auf dem Golfplatz sind, tauschen Sie Tips zum Zeitmanagement aus.

11. **Planen Sie in Ihrem Kalender Zeit für Persönliches und für die Familie ein.**

    Ziel des Zeitmanagements ist es *nicht*, Sie in eine effiziente Verkaufsmaschine zu verwandeln. Ziel ist, Ihre Arbeitszeit so produktiv wie möglich zu gestalten, damit Sie alle Vorzüge Ihres Erfolgs im Verkauf genießen können. Sie wollen nicht heute in 20 Jahren mit Bedauern auf Ihr Leben zurückblicken, weil Sie nicht mehr Zeit mit Ihrer Familie verbracht haben. (CL 9, 20)

12. **Achten Sie auf Ihre Gesundheit.**

    Die Zeit, die Sie Ihrem geistigen und körperlichen Wohlbefinden widmen, ist gut angelegt. Sie können keine Energie aufbringen, wenn Sie keine Reserven haben, auf die Sie zurückgreifen können. (CL 7, 9)

Checkliste **12**

13 Tips für das Zeitmanagement

☑ *Anmerkungen*

13. Lassen Sie nicht mehr zu, daß man Ihre wertvolle Zeit stiehlt.

Winden Sie sich elegant aus Gesprächen, die Ihre Zeit verschwenden. Halten Sie sich von Kollegen fern, die Ihre Produktivität mit ihrer eigenen Ineffektivität behindern könnten. (CL 17, 18)

13 *Checkliste*

9 Methoden, wie Sie die „Zeit, die sich auszahlt", maximieren und die „Zeit, die sich nicht auszahlt", minimieren können

Zeit ist das einzige Kapital, das jedem menschlichen Wesen zur Verfügung steht, und das einzige, dessen Verlust er sich nicht leisten kann.

Thomas Edison

Je mehr Sie Ihren Tag mit Aktivitäten füllen, die Geld einbringen, desto erfolgreicher werden Sie. Überlegen Sie einmal, was Sie täglich tun. Wie viele Ihrer Bemühungen schaffen Einkommen („Zeit, die sich auszahlt") und welche unterstützen nur die Schaffung von Einkommen („Zeit, die sich nicht auszahlt")? Hier erfahren Sie, wie Sie diese beiden Bereiche unter Kontrolle behalten.

☑ *Anmerkungen*

1. Beobachten Sie sich. ☐

Zu den einträglichen Aktivitäten gehört, Kunden zu akquirieren, Terminabsprachen zu treffen, Verkaufsbesuche zu machen, Nachfaßanrufe zu tätigen sowie Dienstleistungen zu erbringen für Ihre Kunden. Die Zeit, die sich auszahlt, liegt üblicherweise zwischen 8 Uhr und 17 Uhr oder auch nach 17 Uhr. Die meisten nicht einträglichen Aktivitäten verlegt man auf die Zeit vor 8 Uhr oder nach 17 Uhr. Dazu gehören das Schreiben von Angeboten, die Pflege Ihrer Kunden- und Interessentendatei, Briefe oder E-Mails an Einkäufer und Kunden, die Suche im Internet nach weiteren Kunden, die Prüfung der Web-Seiten der Konkurrenz, der Entwurf eines speziellen Mailings für eine besondere Adressenliste, die Arbeitsablaufplanung und so weiter. Führen Sie Tagebuch, welcher Prozentsatz Ihrer Zeit am Tag mit welchen Aktivitäten ausgefüllt ist. Organisieren Sie Ihren Tag so lange um, bis 90 Prozent Ihrer Zeit mit einträglichen Beschäftigungen ausgefüllt sind.

2. Arbeiten Sie zielorientiert, nicht nach der Uhrzeit. ☐

Sie wollen Ziele erreichen, ob das nun eine oder acht Stunden dauert. Sagen Sie sich zu Beginn des Tages: „Das will ich heute erreichen." (Zum Beispiel fünf Verabredungen mit neuen Kunden.) Wenn Sie dieses Ziel erreicht haben, hören Sie für diesen Tag auf zu arbeiten. Gehen Sie nach Hause zu Ehepartner und Kindern, spielen Sie Golf, tun Sie, was Sie wollen, um sich für den Erfolg zu belohnen.

Checkliste **13**

9 Methoden, wie Sie die „Zeit, die sich auszahlt", maximieren und die „Zeit, die sich nicht auszahlt", minimieren können

☑   *Anmerkungen*

3. **Führen Sie ein „Kochbuch", und halten Sie sich genau daran.** ☐

    Arbeiten Sie präzise aus, welche Zutaten Sie für Ihren Tag brauchen. Planen Sie, welches besondere Verhalten nötig ist, um Ihre täglichen Ziele zu erreichen, und zeichnen Sie Ihren Fortschritt im Laufe des Tages auf. Die meisten Terminplansysteme ermöglichen die Aufzeichnung und Auswertung der täglichen Leistung.

4. **Konzentrieren Sie sich auf den Augenblick.** ☐

    Bleiben Sie geistig hundertprozentig konzentriert auf das, was Sie tun. Stehen Sie nicht mit einem Fuß im Kochbuch von heute und mit dem anderen in irgendeiner Angelegenheit für einen anderen Tag. Das führt zu „geistiger Verunreinigung" und verwischt Ihren Schwerpunkt.

5. **Erhalten Sie sich ein gesundes Selbstbewußtsein.** ☐

    Ihr emotionales Wohlbefinden ist der Schlüssel zur optimalen Nutzung Ihrer Zeit. Sie müssen wissen, wie Sie mit der Ablehnung in den Absagen, die Sie im Laufe des Tages einfangen, umgehen. Denken Sie nicht an sich, sondern an Ihre lohnenden Ziele.
    (CL 20, 21, 40)

6. **Gründen Sie eine Interessengemeinschaft mit Kollegen.** ☐

    Sie können sich dem Verkaufsberuf allein stellen, oder Sie können Ihre Erfahrungen mit anderen teilen, in der sicheren Umgebung einer Gruppe von Kollegen. Bringen Sie in Erfahrung, wie andere ihren Tag organisieren und die nicht einträgliche Zeit auf einem Minimum halten.

7. **Führen Sie ein Tagebuch.** ☐

    Es genügt nicht, wenn Sie Ihr tägliches Verhalten nur in Ihrem Kochbuch oder Terminplaner notieren. Sie müssen auch ein persönliches Tagebuch führen, um

II. Meistertips

13 Checkliste

9 Methoden, wie Sie die „Zeit, die sich auszahlt", maximieren und die „Zeit, die sich nicht auszahlt", minimieren können

Anmerkungen

festzuhalten, was Sie gelernt haben, Ihre Tricks, Ihre persönlichen Einschätzungen und Ihr Verhalten gegenüber anderen. Lernen Sie, wie diese Faktoren zur Aufteilung Ihrer Zeit in einträglich und nicht einträglich beitragen. Entwickeln Sie Ideen für Veränderungen.

8. Entwickeln Sie ein System zur Suche nach potentiellen Kunden.

Entwickeln Sie eine Methode, die Sie zwingt, systematisch die unangenehmen Arbeiten zu tun, die zur Absatzplanung gehören. Sorgen Sie dafür, daß damit auch Empfehlungen und Vorstellungen zustande kommen, daß Adressen aus Werbeaktivitäten, Anschlußaufträgen, Direktmailing, Faxversandaktionen, Verbundaktionen oder Kaltakquisitionen mit dem Telefonbuch abgearbeitet werden. Setzen Sie diese Methode ein, um die Zeit, die sich bezahlt macht, zu maximieren.

9. Entwickeln Sie ein Verkaufssystem.

Wer keinen eigenen Plan hat, wird Teil im Plan eines anderen. Wenn Sie kein eigenes Verkaufssystem haben, werden Sie Gefangener im System des Käufers und tun ständig Uneinträgliches: Sie geben Ihr Fachwissen gratis weiter. Dieses Buch soll Ihnen ein System an die Hand geben, wie Sie Ihre Zeit einträglich verbringen und bei Ihren Verkaufsbesuchen die Kontrolle behalten.

Checkliste **14**

11 Spezifika eines erfolgreichen Absatzplans

Ein Buch lesen Sie von Anfang bis zum Ende. Ein Unternehmen führen Sie andersherum: Sie beginnen mit dem Ende, dann tun Sie alles, um dorthin zu gelangen.

Harold Geneen

Arbeiten Sie rückwärts? Oder streben Sie systematisch auf erwünschte Ziele zu? Sie brauchen einen Absatzplan, auf dem Ziele, Prioritäten, Zeitpläne und die nötigen Ressourcen festgehalten sind. Ein Absatzplan, der Sie ans Ziel bringt, sieht folgendermaßen aus:

☑ *Anmerkungen*

1. **Er setzt spezifische, meßbare, konkrete und motivierende Ziele.** ☐

    Wo wollen Sie in einem Jahr stehen? Woran werden Sie Ihre Leistungen messen: an der Anzahl der Einkäufer, mit denen Sie Kontakt aufgenommen haben, am Umsatzanteil bestimmter Kundentypen, am Umsatzvolumen, am Gewinn oder an der Stellung unter Ihren Kollegen?

2. **Er stellt fest, welche Ziele notwendig sind, um die ultimativen Zielsetzungen zu erfüllen.** ☐

    Wenn Sie sich zum Ziel gesetzt haben, in Ihrer Firma Verkäufer des Jahres zu werden, welche Ziele müssen Sie auf dem Weg dorthin erreichen? Wie viele neue Kunden müssen Sie kontaktieren? Welche Strategien werden Sie bei den bestehenden Kunden verfolgen? Was müssen Sie sich bei der Arbeit neu angewöhnen, welche alten Gewohnheiten müssen Sie aufgeben? Welche Werte müssen Sie vertreten? Welche internationalen Beziehungen werden Sie pflegen? Hürdenläufer kommen nur ins Ziel, wenn sie die dazwischenliegenden Hindernisse überwunden haben. Welches sind Ihre Hürden?

3. **Er zeichnet eine logische Ordnung bei den Zwischenschritten auf.** ☐

    In welcher logischen Folge müssen Sie auf Ihr ultimatives Ziel zugehen? Was muß als erstes, zweites, drittes und so weiter geschehen?

II. Meistertips

14 *Checkliste*
11 Spezifika eines erfolgreichen Absatzplans

☑ *Anmerkungen*

4. **Er setzt einen vernünftigen, aber engen Zeitrahmen.** ☐

   Wann werden Sie Ihr ulitmatives Ziel erreichen? Wann werden Sie die Zwischenhürden überwinden?

5. **Er legt die Hindernisse zwischen Ihnen und Ihren Zielen offen.** ☐

   Warum haben Sie Ihre Ziele noch nicht erreicht? Welche Kräfte in Ihnen selbst oder in Ihrer Umgebung hindern Sie daran? In welchem Maße hat das mit mangelnder Begabung, fehlenden Fertigkeiten oder falscher Einstellung zu tun? Inwieweit liegt es an Ihrer Auswahl von Einkäufern? In welchem Maße haben andere die Grenzen zu verantworten, die Ihnen auferlegt sind? Was stand sonst noch im Weg?

6. **Er geht genau auf Strategie, Abläufe und die Taktik ein.** ☐

   Ein Ziel ohne entsprechendes Handeln bleibt ein Wunsch. Ziele mit Handlungsanweisungen sind Vorlagen für den Erfolg. Mit welchen Handlungen wollen Sie die Barrieren überwinden, die Sie von der Erreichung Ihrer Ziele abhalten?

7. **Er faßt die erforderlichen Ressourcen zusammen.** ☐

   Was brauchen Sie an Geld, Material, Vorrat, Ausrüstung, Einrichtungen, Information, Weiterbildung, Training, Unterstützung, Beratung oder Personal?

8. **Er schafft Verbindlichkeit.** ☐

   Wenn es Ihr persönlicher Plan ist, dann sind Sie allein dafür verantwortlich. Was werden Sie tun, um sich unter Druck zu setzen? Wenn der Plan auch andere betrifft, wer ist dann verantwortlich für die Erreichung genau welcher Ziele zu genau welchem Zeitpunkt?

Checkliste **14**

11 Spezifika eines erfolgreichen Absatzplans

☑   *Anmerkungen*

9. **Er ist schriftlich niedergelegt.** ☐

    Ungeschriebene Pläne sind Träume. Ein schriftlich festgehaltener Traum wird zum Schwur. Träumen Sie nicht nur vom Erfolg, schwören Sie, daß Sie Erfolg haben werden.

10. **Er wird denen mitgeteilt, die für die Durchführung mitverantwortlich sind.** ☐

    Je mehr Leute Ihren Plan kennen, desto stärker wird der Druck für Sie, ihn auch durchzuführen. Je mehr Leute ihn gesehen haben, desto mehr werden Ihnen bei der Verwirklichung helfen. Je mehr Sie andere bei der Entwicklung Ihres Plans einbeziehen, desto größer wird ihr Interesse an der Mitwirkung.

11. **Er bedeutet eine Verpflichtung.** ☐

    Beginnen Sie mit der Verwirklichung Ihres Plans erst, wenn Sie völlig zuversichtlich sind und sich ihm wirklich verpflichtet haben. Sorgen Sie dafür, daß alle, die von diesem Plan betroffen sind, ebenso zuversichtlich und engagiert sind. Verschreiben Sie sich diesem Plan, ehe Sie ihn absegnen.

II. Meistertips

15 Checkliste
13 Strategien, wie Sie große Gebiete abdecken können

Von nun an will ich nicht mehr klagen, nichts mehr verschieben, nichts mehr brauchen, Schluß mit den Klagen im Haus, mit lästiger Kritik, stark und zufrieden reise ich auf offener Straße.

Walt Whitman

Verkaufen von Tür zu Tür kann ein sehr harter Broterwerb sein. Noch schlimmer ist es, wenn die Türen Hunderte Kilometer voneinander entfernt liegen. Wenn Sie viel Zeit im Auto oder im Flugzeug verbringen müssen, um zu Ihren Kunden zu gelangen, dann wird Ihnen die folgende Checkliste helfen, Ihre Gesundheit und Ihre Ausgeglichenheit zu bewahren und die Kosten in Grenzen zu halten.

✓ | Anmerkungen

1. **Planen Sie Ihre Route so, daß sie maximalen Ertrag einbringt.**

   Ihr Weg sollte so logisch geplant sein, daß Sie Zeit, Aufwand und Energie sparen. Suchen Sie nach Möglichkeiten, wie Sie die wichtigsten Kunden in der kürzesten Zeit und mit den geringsten Kosten besuchen können.

2. **Wenn Ihr Markt besonders groß oder unübersichtlich ist, planen Sie Ihre Reiseroute mit Hilfe eines Softwareprogramms.**

   Softwareprogramme können Ihnen helfen, Ihren Reiseweg effizient zu planen. Fragen Sie Ihre Kollegen, welche Programme sie benutzen.

3. **Halten Sie sich an Ihren Reiseplan.**

   Seien Sie diszipliniert. Halten Sie sich an Ihren geplanten Reiseweg, wenn keine unvorhergesehenen Ereignisse eintreten.

4. **Rufen Sie Einkäufer oder Kunden von unterwegs 24 Stunden vor dem vereinbarten Termin an, um sie an die Verabredung zu erinnern.**

   Noch schlimmer als ein geplatztes Geschäft ist, wenn Sie Stunden mit der Anreise zu einem Termin verbringen und dann feststellen müssen, daß der Kunde die Verabredung vergessen hat.

Checkliste **15**

13 Strategien, wie Sie große Gebiete abdecken können

Anmerkungen

5. **Wenn Ihr Reiseweg viele Flüge vorsieht, brauchen Sie eine Reiseagentur, die Sie sehr gut kennt.**

   Sorgen Sie dafür, daß Ihre Reiseagentur Ihre Ansprüche kennt:

   ⇨ kleine Pendelflugzeuge
   ⇨ Fenster-, Mittel- oder Gangplatz, vorn, in der Mitte oder hinten im Flugzeug
   ⇨ nur die besten oder nur die billigsten Fluggesellschaften
   ⇨ Ihre Präferenzen bei Städten mit mehreren Flughäfen
   ⇨ die mindestens benötigte Umsteigezeit zwischen zwei Flügen
   ⇨ die besten Autovermieter oder die billigsten
   ⇨ die besten oder die billigsten Hotelketten
   ⇨ besondere Wünsche bei den Hotels (zum Beispiel Nichtraucherzimmer)

6. **Wenn Sie auf Ihrer Reise viel fahren müssen, sollten Sie sich ein größeres Auto mit einigen Extras gönnen.**

   Sie werden viel Zeit in Ihrem Auto verbringen. Es sollte so sicher, bequem und luxuriös wie möglich sein. Leisten Sie sich eine Klimaanlage, ein Autotelefon mit Freisprechanlage und so weiter.

7. **Planen Sie bei Interkontinentalflügen Zeit ein, damit Sie sich vom Jetlag erholen können.**

   Manche Menschen brauchen 24 Stunden, bis sie sich erholt haben, manche nur sechs bis acht Stunden. Die meisten empfinden den Jetlag auf einer Reise Richtung Osten schlimmer, als wenn sie nach Westen reisen. Planen Sie Ihre Reise nicht so, daß Sie vom Gepäckband zum Taxi und von dort zu Ihrem Termin hetzen müssen.

15 Checkliste

13 Strategien, wie Sie große Gebiete abdecken können

☑ *Anmerkungen*

8. Tragen Sie auf der Reise legere Kleidung. ☐

Wenn Sie nicht gerade dem Flugkapitän oder dem Tankwart unterwegs etwas verkaufen wollen, sollten Sie auf der Fahrt bequeme Kleidung tragen.

9. Nehmen Sie etwas zur angenehmen Ablenkung mit. ☐

Lesen Sie im Flugzeug einen Roman. Nehmen Sie für Autofahrten Kassetten oder CDs mit Ihrer Lieblingsmusik mit, laden Sie Spiele auf Ihren Laptop. Suchen Sie Möglichkeiten, sich auf der Reise zu entspannen.

10. Wenn Sie einen Laptop oder ein elektronisches Notebook oder einen Taschencomputer dabeihaben, behalten Sie das Gerät in Sichtweite. ☐

Schon mancher Reisende ist Computerdieben zum Opfer gefallen. Seien Sie besonders vorsichtig, wenn Sie Ihre Computertasche am Flughafen durch die Metalldetektoren schicken.

11. Packen Sie sparsam, aber vernünftig. ☐

Geben Sie Ihr Gepäck nur auf, wenn das unbedingt notwendig ist. So sparen Sie sich Verzögerungen und unliebsame Überraschungen am Gepäckband. Schonen Sie Ihren Rücken, nehmen Sie wenig mit, und benutzen Sie Koffer mit Rädern. Nehmen Sie Kleidung mit, in der Sie auf jeden Fall gut aussehen und die Sie auch tragen werden. Ihre Toilettenartikel sollten Sie alle doppelt besitzen, so daß Sie zu Hause packen können, ohne sich hinterher sorgen müssen, ob Sie Ihr Deodorant vergessen haben.

12. Essen Sie Leichtes, und ernähren Sie sich vernünftig. ☐

Nehmen Sie weniger Fett und Kalorien und mehr Wasser, Säfte, Obst und Gemüse zu sich. Essen Sie zu Mittag proteinreich, damit Sie nachmittags genü-

Checkliste 15

13 Strategien, wie Sie große Gebiete abdecken können

☑ *Anmerkungen*

gend Energie haben. Trinken Sie Alkohol nur abends und nur in Maßen. Wenn Sie im Ausland sind, essen Sie nichts, was Ihnen nicht geheuer ist, es sei denn, Sie würden sonst den Gastgeber beleidigen.

13. **Wenn Sie oft im selben Hotel in derselben Stadt wohnen, sollten Sie den Empfangschef, den Leiter des Hotelpagendienstes, das Bedienungspersonal und die Leitung kennen.** ☐

   Diese Menschen sind unterwegs Ihre Ersatzfamilie. Sie kennen Ihre Bedürfnisse und machen Ihnen das Leben etwas leichter. Betrachten Sie die Trinkgelder als Investition in Ihr physisches und psychisches Wohlergehen und in Ihre verkäuferischen Fähigkeiten.

16 Checkliste

13 Möglichkeiten, wie Sie bei einem Meeting wertvolle Beiträge einbringen

Keine große Idee wurde je auf einer Konferenz geboren, aber viele törichte Ideen wurden dort begraben.

F. Scott Fitzgerald

Wenn Sie nicht allein arbeiten, werden Sie von Zeit zu Zeit an Meetings teilnehmen müssen. Sie werden von Ihrem Verkaufsleiter oder Ihrem Verkaufsteam einberufen. Meetings gelten als Instrument zur Entscheidungsfindung. Leider wird diese Erwartung nur allzuselten erfüllt. Folgendes können Sie tun, damit die Meetings, an denen Sie teilnehmen, effektiver werden und Sie selbst mehr zur Arbeit im Team beitragen können.

Anmerkungen

1. **Lesen Sie die Tagesordnung.**

   Machen Sie sich im voraus kundig, damit Sie auf dem laufenden sind und zum Ziel des Meetings beitragen können.

2. **Kommen Sie rechtzeitig.**

   Wenn Sie zu spät oder überhaupt nicht kommen, benachrichtigen Sie den Leiter. Nehmen Sie sich etwas zum Arbeiten mit, damit Sie die Zeit nutzen können, bis das Meeting wirklich anfängt. Legen Sie die Arbeit zur Seite, sobald das Meeting beginnt.

3. **Setzen Sie sich so, daß Sie Beiträge einbringen können.**

   Wählen Sie Ihren Platz so, daß Sie mit möglichst vielen Leuten Blickkontakt aufnehmen können.

4. **Fragen Sie nach, wenn Sie etwas nicht verstehen.**

   Wenn Ihnen die Ziele des Treffens nicht klar sind, fragen Sie zu Beginn danach. Wenn jemand einen Begriff gebraucht, den Sie nicht verstehen, oder ein Projekt erwähnt, das Sie nicht kennen, bitten Sie höflich um eine Erläuterung.

5. **Nehmen Sie aktiv teil.**

   Bringen Sie sich ein, melden Sie sich zu Wort, und seien Sie offen. Lassen Sie der Gruppe Ihr Wissen

Checkliste **16**

13 Möglichkeiten, wie Sie bei einem Meeting wertvolle Beiträge einbringen

☑ *Anmerkungen*

zuteil werden. Halten Sie Bemerkungen nicht zurück, um sie dann später im privaten Kreis zu äußern.

6. Seien Sie präzise. ☐

Dominieren Sie nicht die Diskussion, und sprechen Sie nicht zu ausführlich. Wenn Sie sprechen, dann zum Thema. Fassen Sie sich möglichst kurz, wählen Sie Ihre Worte sorgfältig.

7. Halten Sie sich an die Tagesordnung. ☐

Schweifen Sie nicht ab. Eilen Sie dem Plan nicht voraus. Wechseln Sie nicht das Thema, um eigene Interessen zu verfolgen.

8. Beziehen Sie sich auf die gegenwärtige Diskussion. ☐

Machen Sie Anmerkungen möglichst nur zu dem eben Gesagten. Lassen Sie wichtige Gedanken nicht unerwidert untergehen.

9. Kümmern Sie sich um die Zukunft, nicht um die Vergangenheit. ☐

Tragen Sie dazu bei, daß man sich im Team nicht mit Schuldzuweisungen und Angelegenheiten aus der Vergangenheit aufhält. Ihre Beiträge sollten sich auf zukünftige Verbesserungen konzentrieren und andere ermutigen, dasselbe zu tun.

10. Hinterfragen Sie falsche Gedankengänge. ☐

Stellen Sie scheinbar bestechende Annahmen in Frage. Gehen Sie gegen schlechte Ideen vor, ohne deren Urheber anzugreifen. Sagen Sie etwa: „Ich finde das problematisch, wenn wir die Sache so angehen." Sagen Sie nicht: „Ich bin mit Ihrer Idee nicht einverstanden." Entpersonalisieren Sie die Auseinandersetzung.

II. Meistertips 71

16 Checkliste

13 Möglichkeiten, wie Sie bei einem Meeting wertvolle Beiträge einbringen

Anmerkungen

11. Bleiben Sie ruhig, wenn Sie angegriffen werden.

Behalten Sie Ruhe, wenn man Ihre Ideen und Vorschläge angreift. Wenn Ihnen jemand einen Seitenhieb versetzt, sagen Sie der entsprechenden Person, wie unpassend Sie die Bemerkungen fanden, aber schießen Sie nicht zurück.

12. Tun Sie auch zwischen den Meetings etwas.

Erstellen Sie die versprochene Nachbereitung – möglichst innerhalb von 24 Stunden.

13. Vermeiden Sie die sieben Todsünden in Meetings.

Vermeiden Sie die folgenden Punkte bei den Meetings. Erstens blockieren Sie damit ein Weiterkommen für die Gruppe, zweitens machen Sie sich sowohl beim Gruppenleiter als auch bei den meisten Mitgliedern unbeliebt:

⇨ Mißbrauch des Meetings als Forum für persönliche oder nicht offengelegte Angelegenheiten
⇨ absichtliches Zurückhalten von Informationen, die das Team braucht
⇨ Ausplaudern vertraulicher Informationen
⇨ Besprechen von Angelegenheiten, die nur zwei Personen angehen
⇨ Kritik an Gruppenmitgliedern oder Meetings nach außen, anstatt die Kritik innerhalb der Gruppe zu diskutieren
⇨ jede Form destruktiven, nachtragenden oder beleidigenden Verhaltens
⇨ Nicht-Mittragen von Gruppenentscheidungen, die demokratisch beschlossen wurden

Checkliste **17**

13 Richtlinien für die Zusammenarbeit mit schwierigen Kollegen

Die beste Möglichkeit, einen Feind loszuwerden, ist, ihn zum Freund zu machen.

Abraham Lincoln

Die Arbeit in einem Vertriebsteam kann den Himmel oder die Hölle bedeuten. Idealerweise ist ein Verkaufsteam eine fest zusammengeschweißte Crew, in der man sich gegenseitig unterstützt, in der man jeweils das Beste vom anderen erwartet und in ihm fördert. Schlimmstenfalls ist ein Verkaufsteam eine zersplitterte Ansammlung von Individuen, die sich gegenseitig behindern. Die Ratschläge in der folgenden Checkliste sollen Ihnen helfen, wenn eines oder mehrere Teammitglieder Sie behindern.

☑ *Anmerkungen*

Allgemeine Ratschläge:

1. **Analysieren Sie die Situation.** ☐

    Wo liegt das Problem? Die meisten anstrengenden Kollegen lassen sich in eine oder mehrere der ab Punkt 5 aufgeführten Kategorien einteilen. Mit welchen haben Sie zu tun?

2. **Fühlen Sie sich ein.** ☐

    Versetzen Sie sich in die Lage Ihres Kollegen, um die Gründe – seien sie nun berechtigt oder nicht – für das störende Verhalten festzustellen. Ist Ihr Kollege im Augenblick außerordentlichem Druck ausgesetzt? Ist seine Stelle weniger sicher als im letzten Jahr? Hat er persönliche Probleme? Keine dieser Erklärungen rechtfertigt das Verhalten, unter dem Sie leiden, aber sie erklären das Problem oder die Befürchtungen, die dem Verhalten zugrunde liegen. Mit diesen Erkenntnissen können Sie weniger emotional und damit wirksamer in der Situation reagieren. (CL 47)

3. **Sprechen Sie mit Kollegen, denen Sie vertrauen.** ☐

    Machen Ihre Freunde ähnliche Erfahrungen mit dieser Person? Wenn ja, lesen Sie die folgenden Ratschläge in dieser Checkliste. Wenn nicht, dann könnten *Sie* das Problem sein. Versuchen Sie herauszufinden, warum andere nicht dieselben Schwierigkeiten haben wie Sie. Fragen Sie Ihre Freunde,

II. Meistertips

17 *Checkliste*

13 Richtlinien für die Zusammenarbeit mit schwierigen Kollegen

Anmerkungen

was Sie selbst in deren Augen zu den bestehenden Schwierigkeiten beitragen, unabhängig davon, wen sie als Schuldigen ausmachen. Vermeiden Sie, Negatives über Ihre Kollegen hinter deren Rücken zu verbreiten.

4. Gehen Sie umsichtig vor.

Sie haben nur begrenzten Einfluß auf Ihre Kollegen. Wenn Sie kein selbstverwaltetes Team sind, wird kaum jemand das Gefühl haben, Ihnen Rechenschaft zu schulden. Wenn Sie Kollegen auf Fehlverhalten hinweisen, werden sie vielleicht schnell zur Verteidigung übergehen.

Ratschläge für den Umgang mit neun unterschiedlichen Typen schwieriger Kollegen:

5. Der Drückeberger trägt keinen gerechten Anteil an der Last, meidet schwierige Aufgaben und hält Versprechen zur Unterstützung und Zusammenarbeit mit Ihnen kaum jemals ein.

⇨ Beleuchten Sie Ihre eigenen Vorurteile kritisch. Könnte Ihre Reaktion von Rassismus, Sexismus, Lokalpatriotismus, unterschiedlichem Lebensstil, religiöser Intoleranz oder anderen Formen der Selbstgerechtigkeit beeinflußt sein?
⇨ Seien Sie großzügig mit Dankesbezeugungen, wenn der Drückeberger Ihnen hilft. Loben Sie das gewünschte Verhalten.
⇨ Ziehen Sie eine Konfrontation in Betracht. Spielen Sie Reporter. Beschreiben Sie das Verhalten, das Sie sehen, und warum es ein Problem ist. Unterstellen Sie keine Absicht. Sprechen Sie statt dessen die Konsequenzen dieses Verhaltens für Kollegen, das Unternehmen, Kunden, Einkäufer, für Sie und das Team an. Bitten Sie um Hilfe, um diese Konsequenzen abzuwenden.

Checkliste **17**

13 Richtlinien für die Zusammenarbeit mit schwierigen Kollegen

☑   *Anmerkungen*

☐

6. Der Gerüchtekoch klatscht über andere und verbreitet gern schlechte Nachrichten.

⇨ Meiden Sie den Gerüchtekoch, soweit Ihre Arbeit das zuläßt.

⇨ Stellen Sie verzerrte Darstellungen und Unwahrheiten so oft wie möglich richtig, wenn Sie Ihnen zu Ohren kommen. („Das ist nicht ganz richtig. Ich war dabei – ich sage, was genau gesprochen wurde.")

⇨ Rechnen Sie mit Ablehnung, wenn Sie den Gerüchtekoch auf sein Verhalten ansprechen. Sie brauchen so schlagende Beweise, daß er keine Ausflüchte findet.

☐

7. Der Vielredner raubt Ihnen wertvolle Arbeitszeit, indem er über ein Dutzend Themen quasselt, die nichts mit Verkaufen zu tun haben, braucht unendlich lange, bis er zur Sache kommt, wenn es um Berufliches geht, oder er sucht Rat in einem Ausmaß, das Ihre Zeit und Ihre Fähigkeiten übersteigt.

⇨ Achten Sie darauf, daß Sie Personen, die wirklich ein offenes Ohr brauchen, nicht vorschnell abweisen.

⇨ Wenn der Vielredner sagt: „Hast du ein paar Minuten Zeit?", sagen Sie: „Ja, etwa um halb vier. Worum geht es?" Wenn es wirklich wichtig ist, wird er um halb vier wiederkommen, wenn nicht, haben Sie kostbare Zeit gespart.

⇨ Wenn alles andere nicht hilft, schließen Sie Ihre Zimmertür, oder stapeln Sie Papiere auf Ihren Stühlen und auf dem Boden. Sie können auch Ihren Schreibtisch so stellen, daß Vorübergehende nicht leicht Ihre Aufmerksamkeit erregen. Wenn Sie in einem Großraumbüro arbeiten,

II. Meistertips

17 Checkliste

13 Richtlinien für die Zusammenarbeit mit schwierigen Kollegen

☑ *Anmerkungen*

wenden Sie nur den Kopf weg, wenn der Vielredner kommt.

8. **Der Scheinheilige streicht das Lob für Ihre Leistungen ein, flüstert dem Chef kleine Gemeinheiten über Sie ins Ohr, sagt Ihnen das eine und tut hinter Ihrem Rücken das Gegenteil.** ☐

   ⇨ Handeln Sie. Von allen unangenehmen Mitarbeitern auf dieser Liste können Sie es sich am wenigsten leisten, diesen zu tolerieren.
   ⇨ Überdenken Sie Ihre Interpretation seiner Handlungsweise. Ist es möglich, daß Sie die Motive dieser Person falsch deuten, weil Sie unsicher oder voreingenommen sind oder weil Sie nicht die ganze Wahrheit wissen?
   ⇨ Ehe Sie es auf eine Konfrontation mit dem Scheinheiligen anlegen, sollten Sie sorgfältig Beweise sammeln. Bleiben Sie ruhig. Unterstellen Sie ihm keine Absicht. Beschreiben Sie das Verhalten, das Sie abstellen wollen. Fragen Sie, was Sie tun können, um sicherzustellen, daß es aufhört. Beschreiben Sie ohne Drohungen, welche Folgen es hat, wenn dieses unannehmbare Verhalten nicht aufhört.

9. **Der Ellenbogenmensch ist weitaus mehr an seiner Karriere als am Wohlergehen des Unternehmens interessiert. Er kämpft ohne Rücksicht auf die anderen um den maximalen Anteil an den Ressourcen des Unternehmens und nutzt jede Gelegenheit, um im Rampenlicht zu stehen.** ☐

   ⇨ Seien Sie ehrlich zu sich selbst. Ein Kollege, der hohe Leistungen im Vertrieb erbringt, wird oft von weniger erfolgreichen für ein Ellenbogenmenschen gehalten. Wir hoffen, Sie gehören nicht zu denen.
   ⇨ Liefern Sie Ihrem Chef rationale, durch Statistiken belegte und gut dokumentierte Argumente, warum Sie die Ressourcen brauchen, um die sich der Ellenbogentyp bemüht.

Checkliste **17**

13 Richtlinien für die Zusammenarbeit mit schwierigen Kollegen

Anmerkungen

⇨ Gehen Sie auf Konfrontation mit ihm, wenn das notwendig wird. Seien Sie direkt, konkret, und zeigen Sie, daß Sie sich nicht einschüchtern lassen. Wenn das nicht funktioniert, ist es vielleicht ratsam, eine dritte Partei als Mediator einzuschalten – vielleicht einen gemeinsamen Vorgesetzten.

10. **Der Schwätzer rührt unter dem Vorwand gutmütiger Neckerei an Ihren empfindlichen Punkten, bringt Sie in Gegenwart anderer in Verlegenheit und spielt gerne Streiche.**

    ⇨ Der erste Schritt zum Selbstschutz ist die Feststellung, daß das Problem nicht auf eine Schwäche von Ihrer Seite zurückzuführen ist. Der Schwätzer ist ein kleiner Mensch, der Sie auf seine Größe zurechtstutzen will.

    ⇨ Seien Sie vorbereitet, wenn er Sie oder andere das nächste Mal in Verlegenheit bringt. Reagieren Sie sofort, dann können Sie den Überraschungseffekt nutzen. Wiederholen Sie, was der Schwätzer gesagt hat. Unterstellen Sie ihm keine Absicht. Beschreiben Sie die verheerenden Auswirkungen, die sein Verhalten Ihrer Meinung nach hat. Stellen Sie klar, daß das aufhören muß.

    ⇨ Nehmen Sie von chronischen Schwätzern keine Entschuldigungen an. Sagen Sie: „Diese Entschuldigung ist vielleicht echt für Sie, für mich aber nicht. Das einzige, was für mich zählt, ist, daß ich das nie wieder erlebe."

11. **Der Allwissende besitzt eine überhöhte Selbsteinschätzung, bietet unerbetene Informationen und Ratschläge und ist der erste, der Ihnen beim kleinsten Rückschlag sagt: „Das habe ich dir gleich gesagt."**

    ⇨ Wenn Sie der Ansicht sind, Sie arbeiten mit mehreren Allwissenden zusammen, kann das auch daran liegen, daß Sie übermäßig empfindlich auf vernünftige Vorschläge Ihrer Kollegen reagieren, wie Sie Ihre Effektivität steigern können.

II. Meistertips

17 *Checkliste*

13 Richtlinien für die Zusammenarbeit mit schwierigen Kollegen

☑ *Anmerkungen*

⇨ Sagen Sie dem Allwissenden, daß Ratschläge besser ankommen, wenn sie erbeten worden sind.

⇨ Wenn der Allwissende darauf besteht, Ihnen zu sagen, wie Sie Ihre Arbeit zu machen haben, können Sie auch einfach „Danke" sagen und den Ratschlag ignorieren.

12. Der Nörgler leistet Widerstand gegen Veränderungen, erwartet das Schlimmste und beklagt sich über den Innendienst, die Mitarbeiter, die Führung, die Einkäufer und die Kunden.

⇨ Vermeiden Sie möglichst jede Verbindung mit dem Nörgler.

⇨ Lassen Sie sich nicht von der negativen Einstellung des Nörglers anstecken. Bestätigen Sie sich selbst in Ihrem realistischen Optimismus. Halten Sie den Beschwerden des Nörglers Fakten entgegen.

⇨ Schildern Sie dem Nörgler alle Vorteile einer möglichen Veränderung, die er befürworten soll.

13. Das Pulverfaß geht bei der leichtesten Provokation in die Luft, fällt ein strenges Urteil über andere und geht mit anderen unprofessionell um. Das kann bis hin zum Anschreien, Beschimpfen, Beschuldigen, Aufstampfen mit dem Fuß und sogar Fluchen gehen.

⇨ Erlauben Sie dem Pulverfaß, erst einmal Dampf abzulassen. Wenn möglich, hören Sie ihm zu, bis der Zorn verraucht ist.

⇨ Sobald sich der Kollege beruhigt hat, antworten Sie langsam und ruhig, aber bestätigend, damit er auf Ihre emotionale Ebene herunterkommt.

⇨ Suchen Sie nach einer Möglichkeit für eine spezielle Rückmeldung an das Pulverfaß, in der die negativen Auswirkungen des „Explodierens" angesprochen werden. „Wenn Sie so reagieren, will keiner in Ihrer Nähe sein, auch ich nicht."

Checkliste **18**

17 Ratschläge für die Zusammenarbeit mit schwierigen Vorgesetzten

Ein Chef ist jemand, der früh da ist, wenn man zu spät kommt, und der zu spät kommt, wenn man früh da ist.

Unbekannter Autor

Vielleicht haben Sie schon mit Führungskräften zusammengearbeitet, die gerne hätten ewig bleiben können. Vielleicht haben Sie auch schon solche erlebt, von denen Sie hofften, sie wären verschwunden, ehe Sie am Morgen wieder zur Arbeit kämen. Falls Ihr Verkaufsleiter zur letzteren Kategorie gehört, sehen Sie sich die Ratschläge auf unserer Liste an.

☑ *Anmerkungen*

Allgemeine Ratschläge:

1. **Analysieren Sie die Situation.**

   Wo liegt das Problem? Die meisten Vorgesetzten, die zu Beschwerden Anlaß geben, lassen sich einer oder mehreren der ab Punkt 6 aufgeführten Kategorien zuordnen. Wozu gehört Ihrer?

2. **Fühlen Sie sich ein.**

   Versetzen Sie sich an die Stelle Ihres Vorgesetzten, um die Gründe für das Verhalten – berechtigt oder unberechtigt – herauszufinden, das Sie zum Wahnsinn treibt. Ist Ihr Chef im Augenblick ungewöhnlichen Belastungen ausgesetzt? Hat er Probleme mit der obersten Führung? Ist seine Stellung im Unternehmen weniger sicher, als sie es einmal war? Es ist eine befreiende Erkenntnis, wenn Sie sagen können, Sie würden sich an seiner Stelle ebenso verhalten. Dieses Verständnis ermöglicht es Ihnen, wirkungsvoller und weniger emotional zu reagieren. (CL 46)

3. **Sprechen Sie mit Ihren Kollegen.**

   Finden Sie heraus, ob Ihre Kollegen ähnliche Probleme haben. Ist das nicht der Fall, dann gehen Sie davon aus, daß eher Ihre Leistungen anstatt das Verhalten des Vorgesetzten das Problem sind. Wenn Ihre Kollegen Ihre Not teilen, gründen Sie eine informelle Hilfsgruppe, die innerhalb des Systems auf eine Veränderung hinarbeitet. Zum Beispiel

II. Meistertips

18 Checkliste

17 Ratschläge für die Zusammenarbeit mit schwierigen Vorgesetzten

Anmerkungen

könnte die gesamte Gruppe den Vorgesetzten bitten, sein Verhalten zu verändern.

4. Schlagen Sie nicht zurück.

Wenn jemand seine Macht mißbraucht, ist die Versuchung groß, das rachsüchtige Opfer zu spielen. Anstatt auf Rache zu sinnen, folgen Sie besser unseren Vorschlägen ab Punkt 6.

5. Lassen Sie sich das Leben nicht vermiesen!

Wenn die folgenden konkreten Vorschläge nicht funktionieren, dann unternehmen Sie die notwendigen Schritte, damit Sie weniger Zeit mit Ihrem Vorgesetzten verbringen. Sorgen Sie dafür, daß die Verletzungen und die Frustrationen, die Sie erfahren, nicht zu Ihren Kunden durchdringen. Lassen Sie nicht zu, daß dadurch Ihr Selbstbewußtsein und Ihre Fähigkeiten im Verkauf beeinträchtigt werden. Was Sie auch tun, beschäftigen Sie sich nach der Arbeitszeit nicht mit den Problemen in bezug auf Ihren Vorgesetzten.

Ratschläge für den Umgang mit 12 verschiedenen schwierigen Typen von Vorgesetzten:

6. Der Rätselhafte formuliert kaum einmal konkrete Erwartungen, gibt unvollständige Anweisungen und bietet wenig oder gar keine Rückmeldung über Ihre Leistungen.

⇨ Warten Sie nicht auf Anforderungen. Stellen Sie fest, welche das Ihrer Meinung nach sind, und lassen Sie diese bestätigen oder ablehnen.

⇨ Wenn Sie eine Aufgabe erhalten, teilen Sie dem Rätselhaften genau mit, wie Sie sie anpacken werden und welche Ergebnisse Sie erzielen wollen. Lassen Sie sich Ihr Vorgehen bestätigen, ehe Sie damit beginnen.

⇨ Überreichen Sie Ihrem Vorgesetzten ein leeres Blatt zur Leistungsbeurteilung, und schlagen Sie einen Termin für ein Treffen vor, an dem sie besprochen werden soll.

Checkliste **18**

17 Ratschläge für die Zusammenarbeit mit schwierigen Vorgesetzten

☑ *Anmerkungen*

7. **Der Tyrann gibt Befehle, anstatt um etwas zu bitten, führt durch Einschüchterung und fragt nur selten einmal nach Ihren Ideen oder Vorstellungen.**

   ⇨ Versuchen Sie bei nächster Gelegenheit, anhand von Belegen aufzuzeigen, welche Auswirkungen dieses Verhalten auf das Betriebsergebnis hat.
   ⇨ Stellen Sie dar, daß eine Veränderung dieses Verhaltens im Interesse Ihres Chefs liegt. Zeigen Sie auf, welche Probleme dieses Verhalten Ihrem Vorgesetzten bereitet und daß ein Ende dieses Verhaltens die Probleme lösen wird.
   ⇨ Schicken Sie den Kollegen, dem Ihr Vorgesetzter am meisten vertraut, zu einem Gespräch unter vier Augen mit dem Chef.

8. **Der Turbochef hat unvernünftig hohe Erwartungen, geht davon aus, daß Sie alles stehen und liegen lassen, um seine Bedürfnisse zu erfüllen, setzt sich selbst erbarmungslos unter Druck und erwartet dasselbe von Ihnen.**

   ⇨ Zeigen Sie Ihrem Chef, daß der starke Druck Ihrer Fähigkeit schadet, dem Unternehmen gut zu dienen.
   ⇨ Noch besser ist, Sie machen ihm klar, daß eine Verminderung des Drucks Ihnen ermöglicht, einen größeren Beitrag zum Betriebsergebnis zu leisten.
   ⇨ Wenn Ihr Vorgesetzter Ihnen wieder in letzter Minute eine Aufgabe aufträgt, sagen Sie ihm, wie sich das auf Ihre im Augenblick vordringlichen Aufgaben auswirkt, und machen Sie einen Vorschlag, wie alles besser erledigt werden kann.

9. **Der Theatralische steht gern im Rampenlicht, schmückt sich mit Ihren Erfolgen, hält sich aus riskanten Unternehmungen so lange heraus, bis sie beginnen, sich auszuzahlen.**

   ⇨ Das klügste Vorgehen mag sein, Sie helfen Ihrem Chef, weiterhin gut dazustehen, lassen

II. Meistertips

18 Checkliste

17 Ratschläge für die Zusammenarbeit mit schwierigen Vorgesetzten

☑ *Anmerkungen*

      aber die wichtigen Leute wissen, inwiefern Sie zum Gelingen des Projekts beigetragen haben.

⇨ Suchen Sie selbst nach Möglichkeiten, wie Sie Ihre Arbeit im Unternehmen besser publik machen können.

⇨ Wenn Sie sich für die Konfrontation entscheiden, beginnen Sie so: „Ich mache mir Sorgen, weil der Wert meiner Arbeit nicht immer mit der Anerkennung übereinstimmt." Bitten Sie dann um die spezielle Anerkennung, die Ihnen gerechtfertigt erscheint, ohne das eigene Bedürfnis Ihres Vorgesetzten nach Ruhm zu übernehmen.

10. Der Vogel Strauß meidet die Konfrontation, will keine schlechten Nachrichten hören und ignoriert Hinweise auf schlechte Leistung. ☐

⇨ Lösen Sie Ihre Meinungsverschiedenheiten mit anderen, ehe sie Ihrem Chef zu Ohren kommen.

⇨ Betonen Sie die positiven Aspekte, ehe Sie das Gespräch auf Probleme lenken, die gelöst werden müssen.

⇨ Bieten Sie alternative Lösungen für jedes Problem, das Sie aufzeigen.

11. Der Arbeitsvermeider gibt Ihnen die schmutzige Arbeit, beschäftigt sich selbst mit leichten und angenehmen Aufgaben und gehört zu der seltenen Art von Vorgesetzten, die zuviel delegieren. ☐

⇨ Bemühen Sie sich, effizienter zu arbeiten, damit Sie all die Arbeit bewältigen können, die auf Ihnen abgeladen wird.

⇨ Delegieren Sie selbst mehr, lassen Sie nicht zu, daß Ihr Schreibtisch zum Engpaß wird.

⇨ Stellen Sie sich darauf ein, früh in Verhandlungen zu treten, nämlich direkt, wenn Ihr Vorgesetzter die Arbeit bei Ihnen ablädt. Geben Sie Hinweise, wie die Arbeit besser getan werden kann. Das wird er sicher anerkennen.

Checkliste **18**

17 Ratschläge für die Zusammenarbeit mit schwierigen Vorgesetzten

☑   *Anmerkungen*

12. **Der Verschlossene trifft einsame Entscheidungen, gibt Ihnen kaum jemals ausreichende Informationen über Ihre Arbeit. Er mag Aufgaben delegieren, aber selten mit den notwendigen Befugnissen.**

    ⇨ Wenn etwas an Sie delegiert wurde, überlegen Sie, welche Informationen Sie benötigen werden, und fragen Sie sofort danach.

    ⇨ Zeigen Sie Ihrem Vorgesetzten, wieviel effektiver er arbeiten könnte, wenn er bestimmte Verantwortlichkeiten loslassen könnte.

    ⇨ Zeigen Sie Ihrem Vorgesetzten, wie schlecht vieles läuft, weil Sie nicht die Befugnisse haben, ihn bei den Ihnen anvertrauten Aufgaben angemessen zu vertreten.

13. **Der Kleintierhalter gibt seinen Lieblingen die besten Aufgaben, die besten Leistungsbeurteilungen und die besten Gehaltserhöhungen.**

    ⇨ Überlegen Sie, ob Ihnen vielleicht die Grundlagen der Büropolitik fehlen, nämlich wie man sich beim Chef in einem günstigen Licht präsentiert.

    ⇨ Überlegen Sie, ob Sie nach Ansicht Ihres Vorgesetzten vielleicht nicht so hochwertige Arbeit leisten, wie Sie denken. Fragen Sie Ihren Chef und andere, deren Urteil Ihnen wichtig ist.

    ⇨ Fragen Sie sich selbst: „Was kann ich tun, damit mein Chef mich in ähnlich günstigem Licht sieht wie die anderen?"

14. **Der Angsthase traut sich nicht, sich für Sie und Ihre Kollegen einzusetzen, kann bei der obersten Führung nichts für Sie erreichen und fällt nicht gern Entscheidungen.**

    ⇨ Machen Sie Ihrem Chef Mut. Tun Sie Ihr Möglichstes, um sein Selbstbewußtsein aufzubauen, ohne zum unangenehmen Schmeichler zu werden.

18 Checkliste

17 Ratschläge für die Zusammenarbeit mit schwierigen Vorgesetzten

☑ *Anmerkungen*

⇨ Bewahren Sie sich Ihren realistischen Optimismus in Situationen, wo Ihr Vorgesetzter Furcht entwickeln könnte.

⇨ Bieten Sie Ihrem Vorgesetzten an, ihn in Situationen zu vertreten, denen er sich vielleicht nicht stellen will.

15. Der Heuchler bleibt unberührt von Opfern, die Ihnen abverlangt werden, sagt zu Ihnen das eine und hinter Ihrem Rücken etwas anderes und fühlt sich in keiner Weise aufgefordert, sich an die Regeln zu halten.

⇨ Wenn Sie jemanden mit seinem heuchlerischen Verhalten konfrontieren, unterstellen Sie keine Absicht, äußern Sie keine Anschuldigungen, und beschweren Sie sich nicht über unfaires Verhalten.

⇨ Konzentrieren Sie sich auf die Diskrepanz zwischen dem, was Ihr Vorgesetzter glaubt, und dem, wie andere Ihrer Meinung nach sein Verhalten einschätzen.

⇨ Machen Sie einen Vorschlag, wie Ihr Vorgesetzter mit diesen negativen Wahrnehmungen umgehen könnte, die andere – nicht unbedingt Sie – haben.

16. Der Taube hat kaum jemals Zeit und zeigt keine Bereitschaft, Ihre Probleme anzuhören. Er spricht Ihre Sätze für Sie zu Ende und ist geistig abwesend, wenn Sie etwas sagen. Es ist schwer, an ihn heranzukommen.

⇨ Fragen Sie sich selbst, welches Verhalten von Ihrer Seite Ihren Vorgesetzten davon abhalten könnte, Ihnen zuzuhören. Sprechen Sie konzentriert und klar auf ein Thema bezogen, oder schweifen Sie ab und reden um den heißen Brei herum? Schätzt Ihr Vorgesetzter Ihre Arbeit und daher auch Ihre Worte gering ein?

⇨ Achten Sie darauf, daß Sie Ihren Vorgesetzten zu der Zeit, an dem Ort und in der Form anspre-

Checkliste **18**

17 Ratschläge für die Zusammenarbeit mit schwierigen Vorgesetzten

☑ *Anmerkungen*

  chen, die Ihrer Erfahrung nach die besten Reaktionen versprechen.

⇨ Konzentrieren Sie sich bei den Mitteilungen auf die Eigeninteressen Ihres Vorgesetzten. Bitten Sie ihn, alles zur Seite zu legen und die wichtige Information anzuhören, die Sie ihm bringen.

17. Der Perfektionist will alles genau in seinem Sinne erledigt wissen, findet die Resultate niemals gut genug und ist großzügig in seiner Kritik, während er nur selten oder gar nicht lobt.

⇨ Setzen Sie sich für absolute Qualität und fortlaufende Verbesserungen ein, wie man es von Ihnen erwartet. Vielleicht arbeiten Sie auch nicht für einen Perfektionisten, sondern Ihr Chef überwacht jemanden, der mittelmäßige Leistung bringt.

⇨ Wiederholen Sie die unvernünftigsten Forderungen Ihres Chefs, damit er hören kann, wie lächerlich sie sind.

⇨ Lassen Sie Ihren Vorgesetzten wissen, wie wichtig ein Lob für die Mitarbeiter ist, auch für Sie. Fragen Sie, was Sie tun können, um Lob zu ernten.

Checkliste 19

17 Fragen, die Ihnen helfen, beim Verkauf Integrität zu bewahren

Wenn man ein Lügner ist, muß man ein hervorragendes Gedächtnis haben.

Mark Twain

Wir alle kennen Verkäufer, die es wunderbar verstehen, die Wahrheit zu schönen und auch noch zu behalten, wem sie was gesagt haben. Aber der Betrug wird den Betrüger immer einholen. Ihr Ziel ist, die Bedürfnisse des Kunden mit den Lösungen zusammenzubringen, die Sie anbieten können – nicht, um jeden Preis einen Verkauf abzuschließen. Die Fragen in der folgenden Checkliste helfen Ihnen, nicht vom geraden Weg abzukommen. So werden Sie sowohl beim Verkauf Ihre Integrität bewahren als auch finanzielle Erfolge zu verzeichnen haben. Können Sie für die Abschlüsse, die Sie tätigen, jede Frage mit einem klaren Ja beantworten?

	✓	Anmerkungen
1. Bin ich ohne Lügen oder Schummeln an den Termin zur Präsentation gekommen?	☐	
2. Habe ich während der Präsentation sorgfältig auf die Bedürfnisse der Kunden gehört, und bin ich mit meinen Lösungen darauf eingegangen?	☐	
3. Habe ich während der Präsentation darauf geachtet, nicht zu lügen, die Wahrheit verzerrt darzustellen oder die Vorzüge meines Produkts oder meiner Dienstleistung zu übertreiben?	☐	
4. Habe ich während der Präsentation keine Informationen zurückgehalten, die der Kunde für die richtige Entscheidung brauchte?	☐	
5. Habe ich alle Fragen bei der Präsentation direkt und aufrichtig beantwortet?	☐	
6. Entsprach alles der Wahrheit, was ich während der Präsentation über die Konkurrenz und deren Produkte gesagt habe?	☐	
7. Habe ich während der Präsentation eher überlegt, wie ich diesem Kunden helfen kann, anstatt wie groß wohl der Auftrag sein wird, den ich bekomme?	☐	
8. Kann ich mein Verhalten während dieses Verkaufsgesprächs meinen Eltern, meinem Ehepartner oder meinen Kindern mit Stolz schildern?	☐	
9. Wenn ich in den Spiegel schaue, kann ich dann sagen: „Du hast dein Möglichstes getan, um die	☐	

Checkliste **19**

17 Fragen, die Ihnen helfen, beim Verkauf Integrität zu bewahren

☑︎ *Anmerkungen*

Bedürfnisse des Kunden innerhalb seines finanziellen Rahmens zu befriedigen"? ☐

10. Wenn eine Jury aus unabhängigen Experten im Verkauf meine gesamte Präsentation gehört und gesehen hätte, würde sie zu dem Schluß kommen, daß ich mich ehrlich und moralisch einwandfrei verhalten habe? ☐

11. Habe ich mich nach dem Verkaufsabschluß versichert, daß der Kunde das erhalten hat, was ich ihm verkauft habe? ☐

12. Als ich das letzte Mal nach einem Verkauf gehört habe, daß ein Kunde mißverstanden wurde, habe ich ihn sofort angerufen und die Sache klargestellt? ☐

13. Habe ich, als ein Kunde das letzte Mal anrief und sich beschwerte, dafür gesorgt, daß die Sache schnell, zuvorkommend und großzügig wieder eingerenkt wurde? ☐

14. Werde ich von meinen Kunden an andere Einkäufer weiterempfohlen? ☐

15. Erhalte ich Dankschreiben von meinen Kunden? ☐

16. Könnte ich mir vorstellen, meinen Lebenslauf an eine beliebige Auswahl meiner Kunden zu schicken, wenn ich eine neue Stelle suchte? ☐

17. Bin ich stolz auf meine Arbeit? ☐

II. Meistertips

20 Checkliste
13 Tips zum Erhalt Ihrer persönlichen Ausgeglichenheit

Ständige Hingabe an das, was man sein Geschäft nennt, kann man nur aufrechterhalten, wenn man ständig andere Dinge vernachlässigt.

Robert Louis Stevenson

Was ist es wert, der beste Verkäufer im Hause zu sein, aber der schlechteste Vater, der schlechteste Ehepartner? Wie befriedigend ist ein dicker Bonus, wenn Sie keine Zeit haben, das Geld auszugeben? Wären Sie gücklich, wenn Sie zum Verkäufer des Jahres gewählt würden und dabei schon flachlägen?

Anmerkungen

Finanzieller Erfolg ohne persönliches Glück ist ein Pyrrhussieg. Beruflicher Ruhm ohne Gesundheit ist ein zu teuer erkaufter Erfolg. Welche Tips in der folgenden Checkliste werden Sie nutzen, um ein ausgewogenes Verhältnis zwischen Lebenqualität und Arbeit zu finden?

1. **Ihr Verhalten sollte mit Ihren Werten im Einklang stehen.**

    Welches sind Ihre Werte? Wie wichtig sind Ihnen Familie, Religion und Gesundheit? Wie wichtig sind Dienstbereitschaft, Integrität und Verantwortung? Wie steht es mit Wohlstand, Besitz und Ruhm? Ganz gleich, welches Ihre Wertvorstellungen sind, handeln Sie auch danach? Wenn Sie Ihr Leben so leben, Ihre Zeit so verbringen und Prioritäten so setzen, daß sie im Einklang mit den Werten stehen, die Ihnen am wichtigsten sind, dann werden Sie eine Balance von Lebensqualität und Arbeit finden.

2. **Fragen Sie Ihre Freunde oder Ihre Lieben, ob ihrer Meinung nach Ihre Arbeit zuviel von Ihrem Leben auffrißt.**

    Wenn die Antwort Ja lautet, bitten Sie um konkrete Beispiele, wie das geschieht. Hören Sie gut zu, was sie Ihnen sagen, verteidigen Sie sich nicht. Leugnen wäre hier das Schlimmste. Um das zu vermeiden, bitten Sie um positive Anregungen, was Sie ab sofort besser machen können, um die Arbeit in die richtige Perspektive zu rücken. Sie könnten zum Beispiel von

Checkliste **20**

13 Tips zum Erhalt Ihrer persönlichen Ausgeglichenheit

☑︎ *Anmerkungen*

nun an eine halbe Stunde früher von der Arbeit nach Hause kommen oder sich in der Mitte Ihrer Arbeitswoche mit Ihrem Lebenspartner zum Mittagessen verabreden. (CL 9)

3. **Wenn Sie jedes Jahr mehr Gehalt haben wollen, müssen Sie wissen, wozu.**

   Geld an sich ist kein Ziel. Was wollen Sie mit dem Geld? Ist es eine Art, Erfolge festzuhalten? Stellt es eine Wertschätzung Ihrer Person dar? Wollen Sie jemandem etwas beweisen? Wollen Sie mit jemandem mithalten? Brauchen Sie zu viele Dinge in Ihrem Leben? Oder wollen Sie eine finanzielle Basis aufbauen, damit Sie Ihre Familie absichern und Notleidenden helfen können? Seien Sie ehrlich!

4. **Wenn Sie seit mehr als einem Monat deprimiert oder verzweifelt sind, suchen Sie professionelle Hilfe.**

   Sprechen Sie mit Ihrem Geistlichen, Ihrem Arzt oder Psychologen. Vertrauen Sie nicht auf Do-it-yourself-Heilmittel, wenn Sie sich von ernsten Angstzuständen befreien müssen.

5. **Wenn Ihre Ehe unter Ihrer Arbeit leidet, suchen Sie professionelle Hilfe.**

   Ihre Kirche oder Ihr Gemeindezentrum bieten vielleicht Eheseminare an. Die meisten Paare kehren von diesen Seminaren mit neuem Engagement für eine ausgeglichene Beziehung zwischen Privat- und Berufsleben zurück.

6. **Arbeiten Sie nicht mehr, sondern intelligenter.**

   Die Zeit, die Sie im Büro verbringen, ist nicht notwendigerweise mit zielgerichteten Aktivitäten angefüllt. Wenn mehr Arbeit getan werden muß, als Ihre Zeit es zuläßt, suchen Sie nach Möglichkeiten, wie sie besser erledigt werden kann. Planen Sie nicht einfach mehr Zeit ein, um die Arbeit auf die bisherige und vielleicht ineffektive Art und Weise zu

20 Checkliste
13 Tips zum Erhalt Ihrer persönlichen Ausgeglichenheit

☑ *Anmerkungen*

erledigen. Lassen Sie sich in Zeitmanagement schulen. Lernen Sie, mit Ihrem Computerprogramm, mit Ihrem Terminplansystem und anderen Zeitsparhilfen besser umzugehen. (CL 12, 13, 105)

7. **Wählen Sie als Rollenmodelle Personen, die glücklicher sind als Sie, nicht solche, die nur mehr Provision bekommen.**

   Sie haben sicher Freunde und Kollegen, die mehr Geld verdienen als Sie, die aber nicht viel Befriedigung im Leben gefunden haben. Sie kennen aber auch Menschen, die glücklicher und zufriedener sind als Sie, unabhängig davon, wieviel Geld sie verdienen. Tun Sie sich mit letzteren zusammen. Verbringen Sie mehr Zeit mit ihnen. Ergründen Sie deren Geheimnisse. Nehmen Sie sich diese Menschen zum Vorbild.

8. **Schaffen Sie ein Hilfssystem.**

   Pflegen Sie Ihren Kreis vertrauter Freunde, hilfreicher Kollegen und geliebter Familienmitglieder. Hören Sie darauf, wie sie Ihren Balanceakt zwischen Beruf und Leben beurteilen. Seien Sie für sie da, wenn sie Sie brauchen, und nehmen Sie deren Hilfe an, wenn Sie welche benötigen.

9. **Wenn Sie sich ausgebrannt fühlen, nehmen Sie Urlaub.**

   Wenn Sie der Alltagsroutine für einige Zeit entkommen, kann das Ihrem Leben neuen Auftrieb verleihen. Sie können physisch und psychisch wieder auftanken, neue Lebensperspektiven entwickeln, und Sie finden Antworten auf Fragen wie die in den Nummern 1 und 3 in dieser Checkliste.

10. **Planen Sie einen längeren Urlaub.**

    Um das Burnout-Syndrom zu vermeiden, sollten Sie Ihren gesamten Urlaub in längeren Zeitabschnitten nehmen. Wenn Sie zum Beispiel vier Wochen Urlaub haben, sollten Sie zweimal zwei Wochen einplanen

Checkliste 20

13 Tips zum Erhalt Ihrer persönlichen Ausgeglichenheit

☑ *Anmerkungen*

anstatt zehn Zweitagespausen. Denn Menschen, die beruflich stark eingespannt sind, brauchen in der Regel zwei bis drei Tage zum Abschalten, ehe die wirkliche Erholung beginnt und sie von einem Urlaub profitieren.

11. Widmen Sie Ihre Zeit den Hilfsbedürftigen, Kranken, Obdachlosen oder Hungernden.

Spenden Sie nicht einfach Geld, sondern Zeit. Viele ausgebrannte und deprimierte Verkäufer haben erfahren, daß karitative Arbeit einen größeren therapeutischen Nutzen bringt als viele Monate Behandlung bei einem Psychologen.

12. Hören Sie Ihrem Ehepartner und Ihren Kindern zu.

Wir haben nicht gesagt, „sprechen" Sie mit ihnen. Verwenden Sie einen ganzen Abend darauf, die Bindung zu den Menschen, die Ihnen in Ihrem Leben am wichtigsten sind, zu stärken. Fragen Sie sie, was sie am liebsten tun und was ihnen in ihrem Leben am meisten fehlt.

13. Konzentrieren Sie sich immer nur auf eine Sache.

Wenn Sie arbeiten, konzentrieren Sie sich auf die Arbeit. Wenn Sie Geld verdienen, dann soviel wie möglich. Wenn Sie etwas tun, tun Sie es mit ganzem Herzen. Wenn Sie spielen, spielen Sie richtig. Wenn Sie im Urlaub sind, sollten Sie Spaß haben. Wenn Sie mit Ihrer Familie zusammen sind, zeigen Sie ihr, daß Sie sie lieben. Versuchen Sie, zwischen Ihrer Arbeit und Ihrem restlichen Leben so sauber wie möglich zu trennen.

21 Checkliste

12 Mutmacher bei Schwierigkeiten

Wenn eine Tür zufällt, öffnet sich eine andere.

Miguel de Cervantes

Ihr bester Kunde wechselt zur Konkurrenz. Sie verlieren Ihre Stellung. Die Bank ruft an und teilt Ihnen mit, daß Ihr Auto gepfändet wird. Ihre Ehe kriselt. Der Arzt hat schlechte Nachrichten für Sie. Ihr bester Freund zieht weg. Ihr Vater ist soeben gestorben. Wenn auch nur eines dieser Ereignisse Sie in der letzten Zeit getroffen hat, ist diese Checkliste wichtig für Sie. Suchen Sie vier Betrachtungsweisen aus, die Sie wieder ins Lot bringen könnten.

	☑	Anmerkungen

1. **Betrachten Sie die Dinge in der richtigen Perspektive.**

   Ihnen ist gerade etwas Schreckliches passiert, aber Ihre Welt bricht nicht zusammen. Wenn Sie das nicht glauben, denken Sie an vergangene Notzeiten, und Sie werden feststellen, daß Ihre Welt noch intakt ist. (CL 20)

2. **Trauern Sie in angemessener Weise.**

   Es ist in Ordnung, daß Sie traurig sind. Im Gegenteil, wenn Sie Ihre Gefühle leugnen, behindern Sie nur die Rückkehr zur Normalität. Stellen Sie sich darauf ein, daß Sie die Trauerphasen von Ungläubigkeit, Leugnen, Ärger, Handeln, Selbstmitleid, Depression und Akzeptanz durchleben werden. Verweilen Sie nicht in einem der Stadien. Wenn Sie nicht zur Akzeptanz finden, suchen Sie Hilfe.

3. **Erhalten Sie sich Ihr Vertrauen in Ihre Regenerationsfähigkeit.**

   Unterschätzen Sie nicht Ihre Fähigkeit, sich wieder aufzurichten. Nehmen Sie dieses schreckliche Ereignis zum Anlaß, zu beweisen, aus welchem Holz Sie geschnitzt sind. Erkennen Sie, daß Sie sich die größten Beschränkungen selbst auferlegt haben. Sie können fast jeden Verlust aus der Vergangenheit überwinden, wenn Sie sich das schwören. (CL 105)

Checkliste **21**

12 Mutmacher bei Schwierigkeiten

☑ *Anmerkungen*

4. Passen Sie auf sich auf. ☐

Tun Sie weiterhin alles, was Sie bisher getan haben, um gesund und tatkräftig zu bleiben. Erhöhen Sie Ihr Trainingspensum. Schaffen Sie sich Reserven für die Zeiten, wenn Sie welche brauchen werden. (CL 7, 9)

5. Lenken Sie sich ab. ☐

Immer wenn Sie sich ertappen, wie Sie klagen, sich Sorgen machen oder die Hoffnung aufgeben, hören Sie auf damit. Beschäftigen Sie sich schnell mit etwas, das Sie auf erbaulichere Gedanken bringt.

6. Suchen Sie nach der Chance. ☐

Jede Widrigkeit ist eine Veränderung des Status quo. Jede Veränderung des Status quo bietet irgendwo eine neue Chance in Ihrem Leben. Richten Sie die Energie, die manche Menschen in Ärger und Verzweiflung stecken, auf die Suche nach neuen Möglichkeiten.

7. Riskieren Sie etwas. ☐

Solange alles glattief, hatten Sie wenig Veranlassung, etwas zu verändern. Es gab kaum Gründe, ein Risiko einzugehen. Ein Unglück verleiht oft den Mut, etwas zu wagen, um vielleicht etwas Besseres zu erreichen. Wenn Sie zum Beispiel einen bequemen Job im Verkauf verlieren, wagen Sie dann vielleicht, es mit dem Beratungsunternehmen zu versuchen. Davon hatten Sie zwar immer geträumt, waren aber zu ängstlich gewesen.

8. Nehmen Sie Hilfe an. ☐

Vielleicht haben Sie Verwandte, Freunde und Kollegen, die Ihnen moralische Unterstützung in Ihrer Verzweiflung bieten können. Ziehen Sie sich nicht zurück, um Ihre Wunden zu lecken. In der Menge ist man sicherer.

II. Meistertips

21 Checkliste

12 Mutmacher bei Schwierigkeiten

☑ *Anmerkungen*

9. Lernen Sie aus Ihren Fehlern.

Lernen Sie. Sagen Sie nie: „Mann, das habe ich aber ordentlich vermasselt!", wenn Sie auch sagen könnten: „Ich habe nur einmal mehr gelernt, wie man das nicht …"

10. Seien Sie nicht nachtragend.

Verschwenden Sie keine Zeit mit Schuldzuweisungen oder Grübeln: „Warum ist mir das passiert?" Erkennen Sie, daß es Sie in den Augen anderer erniedrigt, wenn Sie nachtragend sind, daß es Sie unglücklich macht und Sie in Ihren Möglichkeiten einschränkt.

11. Schreiben Sie darüber.

Schreiben Sie die ganze Geschichte auf, die Ihnen widerfahren ist. Halten Sie jedes Detail fest. Entwickeln Sie einen Dialog. Schreiben Sie auch, was Sie fühlen. Lesen Sie die Geschichte am nächsten Tag. Fügen Sie ein Happy-End an. Halten Sie fest, was Sie unternehmen wollen, damit es auch eintritt.

12. Setzen Sie sich ein hohes Ziel für die Zeit nach der Krise.

Beschließen Sie genau jetzt, daß Sie aus diesen Schwierigkeiten stärker, glücklicher hervorgehen werden und daß Sie mehr für Ihre Familie und für Ihre Kunden tun wollen als zuvor.

Checkliste **22**

14 Mittel gegen Streß

> *Wenn du es in der Küche vor Hitze nicht aushältst, geh' raus.*
>
> Harry S. Truman

Streß ist nicht unbedingt etwas Schlechtes. Streß gibt es in einem gewissen Ausmaß in jedem Leben. Richard A. Swenson geht in seinem Buch *Margin* davon aus, daß es eigentlich nicht um Streß, sondern um Spielraum geht. Er nennt folgende Formel:

Anmerkungen

Energie – Last = Spielraum

Energie ist die Kraft, die Vitalität und Stärke, die uns zur Verfügung steht, um unser Leben zu leben. Die Last besteht aus den physischen, emotionalen und psychologischen Anforderungen, die im Leben an uns gestellt werden. Spielraum ist die Reserve, die wir haben, um mit den Herausforderungen, mit denen die schwierige Welt uns konfrontiert, fertigzuwerden. Es ist die Energiereserve, mit der Sie einen Verkaufsbesuch nach dem anderen machen können. Es ist die Widerstandskraft, die Sie haben, um sich von der Enttäuschung mit einem schwierigen Kunden zu erholen. Es sind die Kapazitäten, mit denen Sie trotz großer Schwierigkeiten weitermachen. Wenn Sie übermäßigen Streß erleiden (zuwenig Spielraum), wo liegt die Wurzel des Problems? Haben Sie zuwenig Kraft, oder haben Sie sich zuviel aufgeladen? Diese Checkliste konzentriert sich auf Strategien, wie Sie Ihre Kraft vermehren und Ihre Last reduzieren können.

Ideen, wie Sie Ihre Kraft steigern können:

1. **Folgen Sie den Tips zum Aufbau Ihrer Energie in den Checklisten in diesem Buch.**

   Die Mehrzahl der Checklisten in diesem Buch haben zum Ziel, Ihre Energie zu steigern. Besonders hilfreich sind folgende:

   ⇨ Nr. 6   15 Grundsätze, die Ihnen durch einen schweren Tag helfe
   ⇨ Nr. 7   11 Tips zur Steigerung Ihrer Energie

II. Meistertips

22 Checkliste

14 Mittel gegen Streß

☑ *Anmerkungen*

⇨ Nr. 9   20 Lebensbereiche, in denen Ihre Handlungen mit Ihren Grundwerten übereinstimmen sollten
⇨ Nr. 11   10 Tips, wie Sie fachlich up to date bleiben
⇨ Nr. 12   13 Tips für das Zeitmanagement
⇨ Nr. 20   13 Tips zum Erhalt Ihrer persönlichen Ausgeglichenheit
⇨ Nr. 21   12 Mutmacher bei Schwierigkeiten
⇨ Nr. 104   9 Möglichkeiten, um Zeiten der Veränderung besser zu überstehen
⇨ Nr. 105   15 Anregungen, wie Sie Informationstechnologie besser nutzen können

2. Bleiben Sie aktiv. ☐

Stehen Sie vom Sofa auf, und ziehen Sie Ihre Wanderschuhe an. Legen Sie den Game Boy weg, und gehen Sie zum Tennisplatz. Machen Sie Ihr Kaminfeuer aus, und schnallen Sie die Langlaufskier an. Lassen Sie das Grillen, und springen Sie in den Swimmingpool.

3. Suchen Sie sich ein Hobby. ☐

Finden Sie eine Rückzugsmöglichkeit aus der Arena des Berufslebens, die Ihren Geist sowohl übt als auch entspannt. Sammeln Sie Münzen, verlieben Sie sich in Antiquitäten, spielen Sie ein Musikinstrument, bauen Sie Schiffsmodelle, lernen Sie ein Handwerk, nehmen Sie Malstunden, nähen Sie Kleider, beschäftigen Sie sich mit Golf, studieren Sie alte Kulturen.

4. Machen Sie oft kurze Pausen. ☐

Gönnen Sie sich zwischen den Verkaufsbesuchen einige Minuten der Entspannung oder des Vergnügens.

Checkliste **22**

14 Mittel gegen Streß

☑   *Anmerkungen*

5. Machen Sie erholsamen Urlaub. ☐

Nehmen Sie möglichst viel Urlaub auf einmal. Wenn Sie immer nur zwei Tage nehmen, und Sie brauchen zwei Tage, um von der Arbeit abzuschalten, dann haben Sie nicht viel von Ihrer freien Zeit.

6. Planen Sie 30 Minuten ein, die nur Ihnen gehören. ☐

Reservieren Sie 30 Minuten bis eine Stunde am Tag für sich. Am besten zu Beginn des Tages oder am Ende. Tun Sie in dieser Zeit, was Sie wollen. Erhalten Sie sich dieses Ritual. (CL 12)

Ideen, wie Sie Ihre Last erleichtern können:

7. Beachten Sie die Ratschläge zu Ihrer Entlastung in diesem Buch. ☐

Einige Checklisten in diesem Buch enthalten Ratschläge zur Entlastung. Sehen Sie die folgenden zuerst an:

⇨   Nr. 8   10 Tips, wie Sie das Hinausschieben bestimmter Aufgaben vermeiden können
⇨   Nr. 17   13 Richtlinien für die Zusammenarbeit mit schwierigen Kollegen
⇨   Nr. 18   17 Vorschläge für die Zusammenarbeit mit schwierigen Vorgesetzten
⇨   Nr. 99   9 Strategien, um einen Rückzieher von seiten des Käufers zu verhindern
⇨   Nr. 100   11 Antworten, falls der Kunde glaubt, er sei betrogen worden
⇨   Nr. 115   10 Aussichten, falls Ihre Firma fusioniert

8. Machen Sie Ihr Leben einfacher. ☐

Erkennen Sie den Unterschied zwischen Bedürfnissen und Wünschen. Reduzieren Sie Ausgaben, und gestalten Sie Ihr Leben weniger kompliziert. Kaufen Sie weniger Sachen und technische Spielereien. Kaufen Sie weniger Apparate mit Stecker oder Batterie.

22 Checkliste
14 Mittel gegen Streß

☑ *Anmerkungen*

9. Lassen Sie den Arbeitsstreß hinter sich. ☐

Lassen Sie Ihre Schuhe an der Eingangstür stehen, wenn Sie abends nach Hause kommen, als Symbol für die Trennung von den Streßfaktoren in Ihrem Beruf. Ziehen Sie Ihre Berufs-„Uniform" sofort aus. Schreiben Sie am Abend etwas über die Härten Ihres Tages in Ihr Tagebuch.

10. Stellen Sie Leute, die die Atmosphäre vergiften. ☐

Vielleicht haben Sie einen Kollegen oder einen Kunden, der Sie herausfordert. Dieser Mensch verlangt vielleicht zuviel von Ihnen, stiehlt Ihnen Zeit, bekämpft Sie, beschwert sich fortlaufend, beutet Sie emotional aus oder verhält sich auf andere Weise nervtötend. Vielleicht ist es an der Zeit, dieser Person zu sagen: „Ändere dich oder verschwinde!" Je nach Person wird der genaue Wortlaut variieren, mit dem Sie Ihre Botschaft übermitteln. Ihr Ziel ist jedoch immer dasselbe: Diese Person soll das unangenehme Verhalten aufgeben oder aus Ihrem Leben verschwinden. (CL 17, 18, 89)

11. Delegieren Sie. ☐

Nur wenige professionelle Verkäufer setzen ihre Assistenten richtig ein. Wenn Sie einen haben, erörtern Sie, wie Sie effektiver delegieren könnten. Beginnen Sie das Meeting mit dieser Frage: „Haben Sie Ideen, wie Sie mir helfen könnten, effektiver und effizienter zu werden?" Delegieren funktioniert auch zu Hause. Wenn Sie Kinder haben, tragen diese auch ihren Teil bei? Für größere Renovierungsarbeiten sollten Sie professionelle Hilfe holen, anstatt alles in Eigenregie zu machen. (CL 100, 113)

12. Automatisieren Sie. ☐

Nutzen Sie jede Möglichkeit moderner Technik, um Ihre Arbeit in kürzerer Zeit zu erledigen. Lassen Sie sich zum Beispiel erklären, wie Sie zeitsparende Einrichtungen Ihres Computers und der Software nutzen können. Die meisten Leute beherrschen weni-

Checkliste **22**

14 Mittel gegen Streß

Anmerkungen

ger als 25 Prozent der Funktionen bei ihrem Computer. (CL 105, 107, 108)

13. Verhandeln Sie.

Sprechen Sie mit Ihrem Chef über Ihren Arbeitsanfall. Können Sie triftige Gründe vorlegen, warum etwas davon auf andere verteilt werden sollte, damit im Team bessere Ergebnisse erzielt werden? Verhandeln Sie mit sich selbst über Ihre Karriere. Könnten Sie sich vorstellen, Ihre Karriereziele etwas tiefer anzusetzen, damit Ihnen der Druck genommen wird? (CL 88)

14. Abschaffen!

Jeder Verkäufer findet wenigstens eine Tätigkeit, deren Abschaffung seiner Produktivität nicht im geringsten schaden würde. Das könnte eine überflüssige Angewohnheit oder ein Ritual sein, das Zeit frißt, ohne etwas einzubringen. Fragen Sie Ihre Kollegen, ob ihnen in Ihrem Verhalten etwas auffällt, das in diese Kategorie paßt. Bieten Sie an, Ihnen denselben Dienst zu erweisen.

23 Checkliste
16 Ziele, die erfolgreiche Verkäufer erreichen

Jede Berufung ist gut, wenn sie gut befolgt wird.
Oliver Wendell Hilmes Jr.

Die restlichen Kapitel in diesem Buch zeigen Ihnen Vorgehensweisen, mit denen Sie sich von einem Amateur absetzen. Die nachfolgende Checkliste bereitet Sie darauf vor. Sie nennt die wichtigsten Ziele von Menschen, die im Verkauf erfolgreich sind. Wenn Sie noch nicht alle diese Ziele erreicht haben, so halten Sie das richtige Buch in der Hand. An diesem Punkt sollten Sie abwägen: Entweder lesen Sie den Rest dieses Buches Kapitel für Kapitel durch und lernen, wie Sie diese und andere wichtige Ziele im Verkauf erreichen können. Oder Sie gehen zuerst über Querverweise zu den Listen, die Sie genau jetzt brauchen.

☑ *Anmerkungen*

1. **Sie sollten den Markt besser kennen als die Konkurrenz.**

   Seien Sie informiert, was die Kunden brauchen und was sie in Zukunft brauchen werden. (CL 24, 26 – 28)

2. **Sie sollten öfter am Vorzimmer vorbeikommen.**

   Um an den Türhütern vorbeizukommen, brauchen Sie mehr als ein paar alte Tricks. Die Türhüter kennen selbst einige Tricks. (CL 35)

3. **Sie sollten mehr Kunden zu einem persönlichen Treffen überreden.**

   Sobald Sie am Türhüter vorbeigekommen sind, gilt es, den Entscheidungsträger zu einer Terminvereinbarung zu bewegen. (CL 36)

4. **Verschwenden Sie nicht mehr Zeit und Geld an Menschen, die nicht kaufen wollen.**

   Wenn Sie Informationen an ewige Nörgler schicken, so ist das eine Verschwendung von Papier und Porto. Ist Ihnen aufgefallen, wie wenige dieser teuren Päckchen, die Sie verschicken, sich in Umsätze verwandeln? Und Sie sollten von nun an nur noch ernsthaften Interessenten Präsentationen anbieten. (CL 56, 74)

Checkliste **23**

16 Ziele, die erfolgreiche Verkäufer erreichen

☑︎   *Anmerkungen*

5. **Fesseln Sie die Aufmerksamkeit der Einkäufer während Ihrer gesamten Präsentation.** ☐

    Vermeiden Sie, daß die Kunden auf die Uhr sehen und sagen: „Sie haben noch zwei Minuten." (CL 49, 80, 83, 84, 106)

6. **Sie sollten von den Gremien, vor denen Sie präsentieren, wieder hören.** ☐

    Geben Sie sich nicht zufrieden mit einem „Wir melden uns dann". (CL 56, 83)

7. **Schreiben Sie nach jedem Verkaufsgespräch sofort einen Bericht.** ☐

    Sie sollten den persönlichen Stil eines jeden Käufers untersuchen und sich ihm anpassen. (CL 57 – 66)

8. **Bringen Sie die Kunden dazu, zu sagen: „Ich bin so froh, daß Sie gekommen sind!"** ☐

    Lösen Sie ihre größten Probleme. (CL 67 – 77)

9. **Haben Sie keine Angst, nach dem Auftrag zu fragen.** ☐

    Das Geheimnis ist, nicht zu fragen.

10. **Vermeiden Sie, daß der Preis jemals wieder zum Thema wird.** ☐

    Wie können Sie aus einem hohen Preis Nutzen ziehen? (CL 74, 75)

11. **Profitieren Sie von den Absagen, die Sie bekommen.** ☐

    Auf lange Sicht lernen Sie daraus mehr als aus den Zusagen. (CL 89, 90)

12. **Bringen Sie die Einkäufer dazu, ehrlich zu Ihnen zu sein.** ☐

    Einkäufer sind aufs Lügen konditioniert. (CL 56, 74 – 75)

II. Meistertips

23 *Checkliste*
16 Ziele, die erfolgreiche Verkäufer erreichen

☑︎   *Anmerkungen*

13. Verhindern Sie, daß Ihre Kunden Ihre Ideen an die Konkurrenz weitergeben.

Vermeiden Sie, daß Ihre Lösungen in deren Angeboten auftauchen. (CL 56)

14. Sie sollten von Ihren Kunden jedesmal Anerkennung bekommen, wenn Sie sich für sie abplagen.

Sie brauchen jede Anerkennung, die Sie bekommen können. (CL 101)

15. Motivieren Sie die anderen Kollegen aus Ihrem Team zur Zusammenarbeit.

Sie können zum besseren Teamwork beitragen. (CL 109)

16. Schützen Sie Ihre besten Kunden vor der Konkurrenz, und versuchen Sie, mehr Aufträge von ihnen zu bekommen.

Sie sollten nicht herumsitzen und warten, bis sie weglaufen. (CL 91 – 102, 112)

III. Sie sollten Ihren Markt kennen

Das Idealziel eines jeden Herstellers ist, eine Anlage mit maximaler Auslastung und minimalen Lagerbeständen zu betreiben. Unter diesen Bedingungen würde das Produkt unmittelbar nach der letzten Produktionsphase auf einen Lastwagen verladen und an einen Kunden ausgeliefert. Eine notwendige Vorbedingung für eine solche Arbeitsweise ist eine Vorhersage der Marktbedingungen mit der Exaktheit eines Laserstrahls. Auch professionelle Verkäufer beherrschen den „Just-in-time-Verkauf". Sie wissen, welche Käufer was brauchen, fast noch ehe die Kunden selbst das erkennen. Sie kennen den Markt.

24 Checkliste

10 Methoden, wie Sie Trends am Markt aufspüren

Ich mache die Trends nicht. Ich erkenne sie nur und nutze sie aus.

Dick Clark

Wenn Sie annehmen, daß die Kunden morgen dasselbe wollen wie heute, dann werden Sie im Verkauf nie Erfolg haben. Eines Tages wird es keinen Markt mehr für das heiße Produkt oder die Dienstleistung geben, die Sie heute verkaufen. Werden Sie als erster diese Veränderung erkennen? Eines Tages könnte ein neuer Markt entstehen, und Ihr überholtes Angebot wird geschluckt, oder die altmodische Dienstleistung, die Sie aufgeben wollten, wird plötzlich hochgeschätzt. Werden Sie diese Trends als erster erkennen? Mit den Anregungen in dieser Checkliste bleiben Sie führend in Ihrem Markt und ermitteln Ihren eigenen „Marktquotienten".

☑ *Anmerkungen*

1. **Verwenden Sie mindestens drei Stunden in der Woche auf die Lektüre von Zeitschriften und Journalen, die über allgemeine Trends auf dem Markt berichten.**

   Lesen Sie beispielsweise:

   ⇨ *Handelsblatt*
   ⇨ *Spiegel*
   ⇨ *Focus*
   ⇨ *Wirtschaftswoche*
   ⇨ *Capital*
   ⇨ *Manager Magazin*

2. **Wenn Sie an eine spezielle Branche verkaufen, lesen Sie die entsprechenden Fachzeitschriften.**

   Entdecken Sie aufkommende Trends, noch ehe die Kunden davon erfahren.

3. **Melden Sie sich bei Internetdiensten an, die Ihnen über Ihren Computer Marktinformationen liefern.**

   Das sind normalerweise Gratisangebote und sind für Sie der schnellste Weg, um an neueste Nachrichten über Ihre Kunden und Ihre Branche zu kommen. Sie können entscheiden, welche Kategorie von Informationen Sie brauchen, und innerhalb dieser Kategorien wiederum nach speziellen Bedürfnissen auswählen.

Checkliste **24**

10 Methoden, wie Sie Trends am Markt aufspüren

☑ *Anmerkungen*

4. Abonnieren Sie Mitteilungsblätter aus Ihrem Gebiet. ☐

Die meisten Mitteilungsblätter bezahlen ihre Mitarbeiter dafür, daß sie Trends aufspüren. Lassen Sie die Leute etwas verdienen.

5. Richten Sie eine monatliche Trendbeobachtungssitzung in der Mittagspause ein. ☐

Setzen Sie sich einmal im Monat mit Kollegen zusammen, und schildern Sie sich gegenseitig Ihre Eindrücke, besprechen Sie Ihre Vermutungen, ziehen Sie daraus Schlüsse, tauschen Sie Informationen über den Markt aus, und vergleichen Sie Ihre Einschätzung der Marktlage.

6. Gehen Sie zu den Treffen Ihres Fachverbands. ☐

Gehen Sie dorthin wie ein trockener Schwamm. Saugen Sie Informationen aus so vielen Quellen wie möglich auf. Gehen Sie zu Sitzungen, nehmen Sie an Round-table-Konferenzen teil, knüpfen Sie Verbindungen beim Essen.

7. Abonnieren Sie Informationsdienste für branchen- oder marktspezifische Umfrageergebnisse. ☐

Wenn Sie in einer großen Branche oder auf einem großen Markt tätig sind, dann gibt es irgendwo ein Unternehmen, das Daten aus dieser Branche oder diesem Markt sammelt und sie an Leute wie Sie verkauft.

8. Sprechen Sie mit Vertriebsleuten außerhalb Ihrer Branche. ☐

Das Aufspüren von Trends ist nichts anderes als die Aneignung wettbewerbsentscheidender Erkenntnisse. Verkäufer, die täglich mit der Öffentlichkeit zu tun haben, sind wertvolle Informationsquellen, auch wenn sie nicht in Ihrem Markt tätig sind. Laden Sie sie zu Ihren Trendbeobachtungstreffen ein.

III. Sie sollten Ihren Markt kennen

24 Checkliste

10 Methoden, wie Sie Trends am Markt aufspüren

☑ *Anmerkungen*

9. Sprechen Sie mit Ihren Kunden. ☐

Fragen Sie die Kunden, wie sie ihre Zukunft sehen. Aus deren Hoffnungen, Unsicherheiten und Befürchtungen können Sie die zukünftige Lage einschätzen. Ihre Sorgen und Erwartungen könnten Ihnen den Weg zu neuen Möglichkeiten weisen.

10. Gehen Sie mit offenen Augen und Ohren durch die Welt. ☐

Auf dem Nachhauseweg vom Krankenhaus vertraut eine besorgte junge Mutter ihrer Mutter an, sie habe keine Ahnung, wie sie ihren Säugling versorgen solle. Der Rat der Mutter war einfach: „Beobachte deine Tochter. *Sie* wird dir zeigen, was du tun mußt." Das ist auch der beste Rat für Trendbeobachter. Beobachten Sie Ihren Markt. *Er* wird Ihnen zeigen, was Sie tun müssen.

Checkliste 25

10 Techniken für eine Konkurrenzanalyse

Wenn Sie so tun, als existiere eine Marke der Konkurrenz gar nicht, bedeutet das nicht, daß Ihre Kunden das auch tun werden.

Margie Smith

Sportmannschaften müssen soviel wie möglich über ihre Gegner wissen. Welches sind die Stärken und Schwächen der anderen Mannschaft? Wo sind wir am verletzlichsten und wo sie? Wie können wir sie am besten besiegen? Ebenso bemühen sich erfolgreiche Vertriebsleute um strategisch wichtige Informationen über die Konkurrenz.

☑ *Anmerkungen*

1. **Fragen Sie nach grundlegenden Informationen.** ☐

   Hier sind die wichtigsten Fragen für Ihre Konkurrenzanalyse:

   ⇨ Welches sind ihre Stärken auf dem Markt?
   ⇨ Welches sind ihre Schwächen auf dem Markt?
   ⇨ Welche Hauptbedrohung stellen sie für unser Überleben dar?
   ⇨ Wo haben wir die besten Chancen, sie zu übertreffen?

   Je nachdem, wer Ihre Konkurrenz ist, in welcher Branche Sie tätig sind und in welcher Beziehung Sie zu Ihren Konkurrenten stehen, werden sich aus diesen vier Grundfragen weitere, spezifischere Fragen ergeben. Zum Beispiel: „Welche Art von Ausbildung erhält deren Verkaufsstab?"

2. **Wenn das Unternehmen an der Börse gehandelt wird, kaufen Sie dessen Aktien.** ☐

   Aktionäre erhalten Berichte, in denen die Strategien, Aufträge, finanziellen Ergebnisse und langfristigen Ziele erörtert werden. Sollte das Unternehmen zu einer größeren Holding gehören, die an der Börse gehandelt wird, kaufen Sie Aktien der Holding. Vielleicht sehen Sie es mit gemischten Gefühlen, wenn Sie bei dieser Investition Geld verdienen, aber so gehen Sie auf originelle Art auf Nummer Sicher.

III. Sie sollten Ihren Markt kennen

25 Checkliste
10 Techniken für eine Konkurrenzanalyse

☑ *Anmerkungen*

3. Bitten Sie um Erlaubnis, das Unternehmen zu besuchen, damit Sie Vergleiche anstellen können. ☐

Das mag verrückt klingen, und viele Konkurrenzfirmen werden das glatt ablehnen, aber manche auch nicht. Ein paar werden Sie sogar zum Essen einladen! Bitten Sie, die „Spezialverfahren" im Unternehmen Ihres Konkurrenten in Funktion sehen zu dürfen, von denen Sie am meisten lernen können. Holen Sie sich Wissen, das Sie wettbewerbsfähiger macht, und kopieren Sie die guten Ideen, die für Sie in Frage kommen.

4. Legen Sie einen Ordner mit den Inseraten und Werbeprospekten Ihrer Konkurrenten an. ☐

Studieren Sie die Preise, besondere Merkmale ihrer Werbung, Werbetexte. Konzentriert sich ein Konkurrent besonders auf betrieblich hervorragende Leistungen (niedrige Preise, Effizienz, Verläßlichkeit), Führung bei den Produkten (Neuerungen, Produktentwicklung, führende Techologien) oder besonders enge Kundenbindung (völlig auf den einzelnen Kunden zugeschnittene und personalisierte Lösungen)? (CL 94)

5. Sehen Sie sich die Web-Sites im Internet an. ☐

Welche Werbedienste bietet die Site? Was steht auf der Site über das Unternehmen? Schauen Sie einmal pro Woche auf die Internetseiten Ihrer Konkurrenz.

6. Beauftragen Sie einen Ausschnittdienst. ☐

Diese Dienste durchsuchen Veröffentlichungen und sammeln Berichte über die Unternehmen, die Sie ihnen nennen. Sie durchforsten Hunderte von Zeitungen und Zeitschriften, die Sie in Ihrer begrenzten Zeit nie lesen könnten.

Checkliste **25**

10 Techniken für eine Konkurrenzanalyse

☑   *Anmerkungen*

7. Kaufen Sie Produkte der Konkurrenz, und untersuchen Sie sie im Detail. ☐

Die chinesische Regierung möchte gerne eine Geheimwaffe kaufen. Automobilhersteller, Haushaltsgerätehersteller und Computerhersteller kaufen gegenseitig ihre Produkte. Sie wollen sehen, wie sie gemacht sind, wie sie sich von ihren eigenen Produkten unterscheiden und was sie legal nachbauen können. (China kümmert sich vielleicht nicht so sehr um Legalität.)

8. Hören Sie sorgfältig zu, was Ihre Kunden über Ihre Konkurrenz sagen. ☐

Ihre Kunden liefern Ihnen viele strategische Daten über Ihre Konkurrenz. Fragen Sie, welche Unterschiede sie zwischen Ihren Produkten und Dienstleistungen und denen Ihrer Konkurrenz feststellen. Entwickeln Sie mit dieser Information bessere Produkte, bessere Dienstleistungen und auch bessere Verkaufsstrategien. (CL 28, 97, 101, 102)

9. Fragen Sie Ihre Angestellten, Ihre Kollegen und Familienmitglieder nach ihrer Meinung über Ihren Markt im allgemeinen und Ihre Konkurrenz im besonderen. ☐

Ihre Familie, Kollegen und Angestellten haben ein berechtigtes Interesse an Ihrem Erfolg. Bitten Sie sie, die Anzeigen, Produkte und Verkaufsförderungsmaßnahmen Ihrer Konkurrenz auf sich wirken zu lassen. Werten Sie die Reaktionen aus.

10. Hüten Sie sich vor Strategien, von denen Sie nicht wollten, daß Ihre Konkurrenten sie bei Ihnen anwendeten. ☐

Die Strategien in dieser Checkliste sind moralisch einwandfrei. Sie schaden Ihrem Konkurrenten nicht. Wenn man etwas über die Konkurrenz herausfinden will, bedeutet das nicht, daß man lügen, betrügen oder stehlen muß. (CL 19)

III. Sie sollten Ihren Markt kennen

26 Checkliste
14 Informationsquellen über Markt und Kunden

Ehe man eine bessere Mausefalle baut, sollte man wissen, wie viele Mäuse es da draußen gibt.

Mortimer Zuckerman

Marktforschung ist schon immer der Schlüssel für das langfristige Überleben eines Unternehmens gewesen und wird es auch in Zukunft bleiben. Sie müssen wissen, wer die Einkäufer sind, wo sie sind, wieviel Geld sie zur Verfügung haben *und* wie viele es gibt. Die folgende Checkliste führt Sie zu den entsprechenden Informationsquellen.

	✓	Anmerkungen

Lokale Marktanalysen:

1. **Handelskammer** ☐

   Studieren Sie die Liste der Mitglieder. Welche Neugründungen sind in letzter Zeit dazugekommen? Welche Unternehmen gehören nicht mehr dazu? Was ergibt sich daraus für Sie? Wenn Ihre Kammer eine Website hat, schauen Sie sie an. Ist die Handelskammer selbst ein potentieller Kunde?

2. **Kongreßzentren** ☐

   Für welche Organisationen ist Ihre Region als Versammlungsort interessant? Welche Produkte und Dienstleistungen brauchen deren Mitglieder während ihrer Aufenthalte in der Stadt? Wenn das Zentrum eine Website hat, schauen Sie sie an. Ist das Zentrum selbst ein potentieller Kunde?

3. **Programme zur Wirtschaftsförderung** ☐

   Veranlassen Sie, daß Sie in deren Verteiler kommen, damit Sie die Veröffentlichungen und Berichte erhalten. Welche neuen Initiativen sind hilfreich für Ihr Produkt oder Ihre Dienstleistung? Welche Firmen kommen in Ihre Region? Welche nationalen oder internationalen Unternehmen haben Zweigstellen vor Ort eröffnet? Wenn diese Niederlassungen Websites haben, besuchen Sie sie.

Checkliste 26

14 Informationsquellen über Markt und Kunden

☑ *Anmerkungen*

4. Lokalzeitungen ☐

Lesen Sie sie täglich. Wer schlägt was vor? Wer tut was? Sehen Sie in den Kleinanzeigen nach, wer Leute einstellt und daher Wachstum zu verzeichnen hat.

5. Lokales Handelsblatt ☐

Vielleicht gibt es in Ihrer Stadt eine Zeitung, die sich allein Wirtschaftsnachrichten widmet. Aus solchen Wirtschaftszeitungen erhalten Sie Informationen über den Handel in Ihrer Region. Etwa, welche Unternehmen gute Geschäfte machen oder größere Expansionen planen und wer in letzter Zeit auf welchen Posten befördert wurde.

6. Das Wirtschaftsförderungsbüro Ihrer Universität oder Fachhochschule ☐

Viele Fachhochschulen und Universitäten haben Büros zur Förderung von Jungunternehmen eingerichtet. Nehmen Sie Kontakt zu diesen Büros auf, und finden Sie heraus, wer was tut. Sie können auch selbst einer der Jungunternehmer sein, denen geholfen wird.

7. Die Gelben Seiten für Ihre Region ☐

Wie präsentieren sich die großen Unternehmen ihren Kunden? Können Sie daraus Anregungen ziehen, wie Sie diesen Unternehmen dienen könnten, oder gar mit ihnen in Wettbewerb treten?

8. Jahresberichte ☐

Suchen Sie im Internet oder in Ihrer Stadtbücherei nach den neuesten Jahresberichten der 12 nächstgelegenen Unternehmen, mit denen Sie gern Geschäftsbeziehungen aufnehmen wollen.

III. Sie sollten Ihren Markt kennen

26 *Checkliste*

14 Informationsquellen über Markt und Kunden

☑ *Anmerkungen*

Analyse des nationalen Marktes:

9. Handelsblatt ☐

Besonders interessant sind in diesem Zusammenhang die Rubriken „Unternehmen und Märkte" und „Amtliche Bekanntmachungen".

10. Wirtschaftswoche ☐

Wenn Sie sechs Monate lang diese Zeitschrift von vorn bis hinten lesen, ist das, als hätten Sie ein hochrangiges und teures Marketingseminar besucht. Die wichtigsten Rubriken für Sie: „Unternehmen & Märkte", „Beruf & Erfolg", „Technik & Innovation".

11. Berichte der Bundesregierung ☐

Sie zahlen Steuern. Warum sollten Sie nicht die riesigen Datenbanken nutzen, die der steuerzahlenden Öffentlichkeit zur Verfügung stehen? Beginnen Sie mit Ihrer Suche bei der Website der Bundesregierung, oder kontaktieren Sie das Büro Ihres Bundestagsabgeordneten.

12. Die bundesweiten Gelben Seiten ☐

Die gibt es auf CD-ROM. Fragen Sie bei Ihrer örtlichen Telekom nach den Modalitäten der Bestellung.

13. Branchenpublikationen ☐

Lesen Sie die Fachpublikationen für Ihren Markt. Werden Sie Mitglied bei Organisationen, die nützliche Mitteilungsblätter herausgeben und gute Fachkonferenzen organisieren, bei denen Markttrends aufgezeigt werden. Suchen Sie nicht nur nach Informationen für Ihren primären Markt (zum Beispiel Frühstückszerealien), sondern auch für verwandte Märkte („Alles rund ums Frühstück").

Checkliste **26**

14 Informationsquellen über Markt und Kunden

☑ *Anmerkungen*

14. Eine unternehmenseigene Datenbank mit allen „heißen Informationen", die Ihren Kollegen zu Ohren gekommen sind

Kollegen hören manches über Trends in einer Branche oder auf dem Markt, wenn sie bei den Kunden sind, mit Lieferanten sprechen oder mit Kollegen auf dem Golfplatz plaudern. Richten Sie eine zentralisierte Datenbank ein, wo solche Informationen festgehalten werden können.

27 Checkliste
10 Dimensionen, die Ihren Markt bestimmen

Es ist zwar möglich, in Alaska Kühlschränke zu verkaufen oder Heizgeräte in der Sahara, aber vielleicht gibt es bessere Märkte für Kühlschränke und Heizgeräte. Manche Käufer passen hervorragend zu Ihrem Produkt und sind hochinteressiert daran, anderen können Sie nicht so leicht etwas verkaufen. Welches ist das ideale Profil der Käufer, die Sie ansprechen wollen? Wer wird Ihr Produkt oder Ihre Dienstleistung am ehesten brauchbar und ansprechend finden? Wo sind die besten Märkte für Sie, und auf welchen verschwenden Sie nur Ihre Zeit? Studieren Sie die Dimensionen in dieser Checkliste, und suchen Sie die Faktoren, die Ihre Zielmärkte am besten beschreiben. Seien Sie kreativ. Beziehen Sie andere in Ihr Brainstorming mit ein, damit Sie herausfinden, wo Sie die besten Chancen haben.

Anmerkungen

Wenn Sie an kommerzielle Kunden verkaufen, lesen Sie ...

1. **Das Branchenverzeichnis**

   Gehen Sie in Ihre Bücherei, oder suchen Sie im Internet nach einem Branchenverzeichnis, zum Beispiel von Hoppenstedt das *Handbuch der Großunternehmen* oder die Firmeninfobank von AZ Bertelsmann, das Handelsregister von Ecodata.

2. **Steuerstatus, Rechtsstellung, Eigentumsverhältnisse**

   Welche der folgenden Eigenschaften beschreiben Ihren Markt am besten?

   ⇨ Gemeinnützig oder gewinnorientiert?
   ⇨ Öffentliches Eigentum oder Privatbesitz?
   ⇨ Staatlicher oder privater Sektor?

3. **Alter und Lebenszyklus des Unternehmens**

   Hat das Alter des Kundenbestands Einfluß auf Ihren Erfolg?

   ⇨ Neues oder etabliertes Unternehmen?
   ⇨ In einem entstehenden oder in einem etablierten Gewerbe?
   ⇨ Wachsende, stagnierende oder sinkende Einkünfte?

Checkliste **27**

10 Dimensionen, die Ihren Markt bestimmen

☑   *Anmerkungen*

4. Größe, Konzentration und Reichweite ☐

Welchen Einfluß haben Größenverhältnisse auf Ihre Produkte?

⇨ Kleine, mittlere oder große Mitarbeiterbasis, Kapitalaufwendungen und Einkünfte?
⇨ An wenigen Orten oder über ein großes Gebiet verteilt?
⇨ Lokal, regional, landesweit oder global?

5. Anteil der Kunden am Profit ☐

Wollen Sie einige wenige Kunden, die jeweils einen großen Anteil Ihrer Einkünfte hervorbringen, oder ist es besser für Sie, wenn Sie viele Kunden haben, die jeweils einen kleineren Anteil Ihres Gewinns ausmachen? Diese Analyse kann auch auf Privatkunden angewendet werden.

Wenn Sie an Privatkunden verkaufen, lesen Sie …

6. Demographische Untersuchungen

Welche leicht feststellbaren Angaben bestimmen Ihr Zielpublikum?

⇨ Alter
⇨ Ort
⇨ Beruf
⇨ Geschlecht
⇨ ethnische Zugehörigkeit
⇨ Religionszugehörigkeit
⇨ Gesundheitszustand
⇨ Familienstand
⇨ bedürftige Angehörige

7. Psychologische Untersuchungen ☐

Welchen Einfluß haben die geistigen Voraussetzungen der Konsumenten auf ihr Interesse an Ihrem Produkt oder Ihrer Dienstleistung?

27 *Checkliste*

10 Dimensionen, die Ihren Markt bestimmen

☑ *Anmerkungen*

⇨ Einstellung
⇨ Meinung
⇨ Wertvorstellungen
⇨ Überzeugungen
⇨ Lebensstil

8. Sozioökonomische Einordnung ☐

Wer kann es sich am ehesten leisten, bei Ihnen abzuschließen?

⇨ Einkommen
⇨ Schuldenhöhe
⇨ Kreditwürdigkeit
⇨ Ersparnisse
⇨ Aktien- und Fondsanteile
⇨ Hausbesitzer
⇨ Summe der Aktiva

Unabhängig davon, wo Sie verkaufen, sollten Sie untersuchen …

9. Ihre Beziehung zu den Kunden ☐

Wie nahe müssen die Kunden Ihnen schon sein, ehe Sie ihnen etwas verkaufen können?

⇨ Befreundet, neutral oder distanziert?
⇨ Wissen sie schon, daß es Sie gibt, oder nicht?
⇨ Stimmen sie in ihrer grundsätzlichen Lebenseinstellung mit Ihnen überein oder nicht?

10. Loyalität ☐

Die Erfahrung hat gezeigt, daß man fünfmal mehr Zeit braucht, um einen neuen Kunden zu finden, als einem alten Kunden mehr zu verkaufen. Stimmt dieses Verhältnis auch in Ihrer Branche? Wie groß sollte in Ihren Marketingaktionen der Aufwand für die Suche nach neuen Kunden sein, und wieviel investieren Sie in die Verbesserung der bereits bestehenden Geschäftsbeziehungen?

Checkliste 28

11 Richtlinien zur Gründung eines Kundenbeirats

Profit entsteht durch Kunden, die das Produkt oder die Dienstleistung loben.

W. Edwards Deming

Ganz gleich, wie sehr sich die Geschäftswelt verändern mag, ein Faktor wird immer gleich bleiben: Die wertvollste Informationsquelle sind Ihre Kunden. Sie werden Ihnen sagen, was Sie richtig machen, was Sie falsch machen und was Sie sofort ändern müssen, damit Sie wettbewerbsfähig bleiben. Im Kundenbeirat sind vielleicht die besten Berater, die Sie bekommen können. Mit den folgenden Ratschlägen nutzen Sie sie optimal.

☑ *Anmerkungen*

1. **Stellen Sie die Gruppe als Chance dar, bei der beide Seiten gewinnen.**

    Wenn die Kunden glauben, sie tun nur Ihnen einen Gefallen, dann wird es schwierig, sie zur Teilnahme zu bewegen. Potentielle Mitglieder einer solchen Gruppe sollten wissen, daß sie damit sowohl zur Verbesserung ihres eigenen Unternehmens wie auch zur Neugestaltung Ihres Unternehmens beitragen.

2. **Wählen Sie Mitglieder aus den richtigen Gründen aus.**

    Wählen Sie Personen mit guter Auffassungsgabe, die sich gerne äußern und motiviert sind für eine Teilnahme. Mitglieder, die nur wegen ihrer Bekanntheit oder ihrer Stellung ausgewählt wurden und nicht zu den Beiratstreffen kommen oder keine Nachbereitung leisten, nutzen Ihnen nicht viel.

3. **Nutzen Sie den Kundenbeirat nur zur Beratung, nicht als Gelegenheit, um weitere Verkäufe abzuschließen.**

    Zeigen Sie den Teilnehmern, daß Sie ihren Rat brauchen, damit Sie ihnen besser dienen können. Bestätigen Sie diese Botschaft durch Ihr Handeln.

28 *Checkliste*
11 Richtlinien zur Gründung eines Kundenbeirats

☑ *Anmerkungen*

4. **Wenn Sie unterschiedliche Produktlinien an unterschiedliche Kunden verkaufen, organisieren Sie die Kundenbeiratsgruppen nach allgemeinen Gesichtspunkten.** ☐

   Zum Beispiel könnten Sie folgende Kriterien anwenden:

   ⇨ große Einzelhändler
   ⇨ kleine Einzelhändler
   ⇨ große Großhändler
   ⇨ kleine Großhändler
   ⇨ inländischer Markt
   ⇨ Ausland
   ⇨ neue Kunden
   ⇨ Stammkunden (CL 27)

5. **Vermitteln Sie den Mitgliedern das Gefühl, daß sie etwas Besonderes sind.** ☐

   Die Mitgliedschaft sollte eine Auszeichnung und ein Privileg sein. Die Mitglieder sollen Ihnen gerne behilflich sein. Sorgen Sie für beste Bedingungen bei der Anfahrt, bei den Parkmöglichkeiten, Treffpunkten, Erfrischungen und Mahlzeiten. Sorgen Sie dafür, daß jemand von der Geschäftsleitung Ihnen den Auftrag erteilt und sich ab und zu bei den Treffen zeigt. Halten Sie die Empfehlungen in prestigeträchtigen Unternehmensveröffentlichungen fest. Bedanken Sie sich öffentlich.

6. **Belohnen Sie die Teilnahme.** ☐

   Bedanken Sie sich mit Dingen, auf die die Mitglieder Wert legen. Das können Discounts bei Ihren Produkten sein, Restaurantgutscheine, Karten fürs Theater, für Sportveranstaltungen, begehrte Clubmitgliedschaften oder andere attraktive Geschenke. (CL 30)

7. **Wenn Sie ein wichtiger Lieferant in einer Branche sind, lassen Sie die Kunden ihre eigenen Vertreter wählen.** ☐

   Mitglieder in Kundenbeiräten größerer Unternehmen werden oft von Vertretern der Branche selbst ausge-

Checkliste **28**

11 Richtlinien zur Gründung eines Kundenbeirats

☑ *Anmerkungen*

wählt. Manche Verbände im Automobilhandel haben eine solche Vereinbarung mit den Automobilherstellern.

8. **Setzen Sie nicht mehr als zwei Zusammenkünfte pro Jahr an, wenn es keine größeren Schwierigkeiten gibt.** ☐

   Häufigere Treffen werden als zu große Last und unnötige Bürde empfunden.

9. **Nutzen Sie die Informationstechnologie für virtuelle Treffen.** ☐

   Ziehen Sie folgende Optionen für Treffen in Erwägung, bei denen keine Fahrten und persönlichen Begegnungen stattfinden:

   ⇒ Chat-Rooms im Internet
   ⇒ Videokonferenzen
   ⇒ Fragebogen, die per E-Mail oder Fax verschickt und ebenso an Sie zurückgesandt werden. (CL 107, 108)

10. **Ernennen Sie einen Gruppenleiter.** ☐

    Den Kundenbeirat sollte jemand führen, der Meetings effektiv leiten kann und der Ihr Geschäft kennt. Sie müssen sich darauf verlassen können, daß die Empfehlungen der Gruppe kreativ und gut durchdacht und die Ideen für Ihren Aufgabenbereich geeignet sind.

11. **Handeln Sie nach den Empfehlungen.** ☐

    Wenn Sie den Ratschlägen in dieser Checkliste folgen, werden Sie mit den Empfehlungen Ihres Kundenbeirats Ihr Geschäft voranbringen. Verwirklichen Sie die Vorschläge, die brauchbar aussehen. Sagen Sie der Gruppe, daß Sie andere vielleicht nicht umsetzen werden. Wenn Sie ihre Vorschläge ignorieren oder nur schleppend umsetzen, werden Sie keine Kunden mehr für Ihren Kundenbeirat finden.

29 Checkliste
13 schlaue Strategien zur Preisgestaltung

Was anderes ist ein Mensch als ein Dieb, der offen soviel wie möglich für das verlangt, was er verkauft?

Mohandas K. Gandhi

Was wir zu billig bekommen, schätzen wir zuwenig.

Thomas Paine

Das ist sicher die quälendste Frage für Marketing- und Vertriebsleute: Welcher Preis wird mein Einkommen aus meinen Verkäufen maximieren? Experten, die diese Frage untersucht haben, antworten üblicherweise: Das kommt darauf an. Denn es gibt keine Zauberformel, die mit absoluter Sicherheit für jede Preissituation paßt. Doch gewitzte Verkäufer haben da einige Methoden bei der Preisgestaltung.

☑ *Anmerkungen*

1. **Schenken Sie ohne Hintergedanken.** ☐

   Viele Unternehmen geben Ideen weiter und bieten sogar Gratisleistungen über ihre Internetseiten an. Sie gehen davon aus, daß sie damit genügend zahlende Kundschaft anziehen, so daß sich die Gratisdienstleistungen rechnen.

2. **Schenken Sie für eine begrenzte Zeit.** ☐

   Telefongesellschaften haben für Ferngespräche und Mobiltelefon mit dieser Taktik Kunden zum Wechsel von der Konkurrenz angelockt, damit sie als Erstkunden bei ihnen einen Vertrag abschließen. Diese und die vorher genannte Herangehensweise sind sinnvoll, wenn Ihre Produktionskosten niedrig sind, der wahrgenommene Wert und die Gewinnspannen hoch sind und Sie auf einen noch jungen Markt drängen.

3. **Verkaufen Sie zum Anschaffungspreis oder darunter.** ☐

   Die Lockvogelstrategie kann angewendet werden, wenn Sie einen beliebten Artikel verkaufen, der weitere Käufe von Artikeln bringen wird, von denen die Kunden, angelockt durch Ihren niedrigen Preis, erfahren werden. Supermärkte locken Kunden in ihre

Checkliste **29**

13 schlaue Strategien zur Preisgestaltung

☑ *Anmerkungen*

Geschäfte mit Sonderangeboten, bei deren Kauf ein Artikel gratis dazugegeben wird.

4. **Bieten Sie Zusatzprodukte gratis oder zum ermäßigten Preis.** ☐

   Wenn Sie den Grundpreis Ihres wichtigsten Produkts oder Ihrer Dienstleistung beibehalten, vermitteln Sie damit, daß es/sie qualitativ hochwertig ist. Gleichzeitig ermuntern stark herabgesetzte attraktive Zusatzprodukte die Konsumenten zum Kauf des Hauptprodukts. In der Fernsehwerbung werden oft gratis eine Videokassette mit einer Gebrauchsanweisung des Produkts sowie ein Monatsvorrat von Verbrauchsgütern angeboten, wenn Sie ein Produkt bis zu einem bestimmten Zeitpunkt bestellen.

5. **Zeichnen Sie bei Preispaketen die Produkte einzeln aus.** ☐

   Eine Motivationstrainerin, die den Unternehmen 5000 Dollar für ein Ganztagesprogramm berechnete, stieß auf geringeren Widerstand bei ihren Forderungen, als sie begann, ihren Kunden die Kosten pro Teilnehmer zu berechnen. Ihre neuen Gebühren von 95 Dollar pro Kopf bis zu 50 Teilnehmern plus 50 Dollar für jeden zusätzlichen Teilnehmer fanden mehr Zustimmung und sicherten ihr auf lange Sicht höhere Einkünfte.

6. **Bündeln Sie den Preis.** ☐

   Die umgekehrte Herangehensweise zu Nr. 5 ist das Angebot eines einzigen Preises für die Kombination eines Produkts mit einer Dienstleistung. Sie können auch die Artikel jeweils einzeln verkaufen und eine Ermäßigung für das gesamte Bündel anbieten. Das Bündeln funktioniert dann, wenn das Produkt oder die Dienstleitung viele Optionen oder zusätzliche Leistungen bietet. Die Hersteller von Computerhardware bündeln oft ihre Preise.

29 Checkliste
13 schlaue Strategien zur Preisgestaltung

☑ *Anmerkungen*

7. Sie sollten mit dem niedrigsten Preis Ihrer Konkurrenz mithalten. ☐

Das ist eine gängige Strategie in der Preisgestaltung, besonders im harten Preiskampf unter den Einzelhändlern.

8. Kalkulieren Sie zu den Anschaffungskosten einen Aufschlag dazu. ☐

Bei der Kalkulation der Kosten sollten Sie einen Standardaufschlag hinzurechnen, mit dem noch genügend von dem Produkt verkauft wird, damit Sie ein angepeiltes Ziel erreichen können. Das ist die traditionelle Form der Preisgestaltung.

9. Vereinbaren Sie Zusatzkosten. ☐

Die Zusatzkosten sind ein berechtigter Kostenaufschlag, der mit dem Kunden ausgehandelt oder je nach Marktbedingungen verändert wird. Manche Hersteller arbeiten nur mit ausgewählten Lieferanten zusammen, die bereit sind, dieser Strategie in der Preisgestaltung zu folgen. Rechnen Sie damit, daß die Kunden Rechnungen für Ihre Kosten sehen wollen.

10. Bieten Sie Ermäßigungen an. ☐

Bei gewerblichen Verkäufen sind Ermäßigungen für größere Aufträge oder für sofortige Zahlung üblich. Ermäßigungen für einzelne Kunden können in unterschiedlichen Formen gewährt werden. Etwa ein „Kalender"-Discount, um in Flautezeiten das Geschäft anzukurbeln: Zum Beispiel bietet eine Tankstelle an Dienstagen die Autowäsche um 50% billiger an. Beliebt sind auch Gutscheine für ermäßigte Angebote.

11. Orientieren Sie sich am Markt. ☐

Die „Nachfragestrategie" ist weitverbreitet bei Fluggesellschaften und Hotels. Zwei Passagiere fliegen mit derselben Fluggesellschaft am selben Tag ab und

Checkliste **29**

13 schlaue Strategien zur Preisgestaltung

Anmerkungen

kehren auch an diesem Tag wieder zurück. Einer braucht zwei Flüge, um zu einem 1000 Kilometer entfernten Ort zu gelangen. Der andere braucht nur ein Flugzeug, um 700 Kilometer zu fliegen, zahlt aber mehr als der erste. Warum diese scheinbare Unstimmigkeit? Einer bewegt sich auf einem Markt, wo die Kunden nach Entscheidung der Fluggesellschaft mehr zahlen müssen, um auf dem Luftweg zu reisen.

12. Verlangen Sie Prestigepreise.

Wenn Ihr Produkt oder Ihre Dienstleistung als angesehen und qualitativ hochwertig gilt, können Sie diesen Ruf vielleicht noch unterstreichen und verbessern, wenn Sie einen höheren Preis als Ihre Konkurrenz verlangen. Denken Sie daran, was Sie für Designerkleidung zahlen.

13. Sahnen Sie ab bei Produkteinführungen.

Manche Unternehmen verlangen einen übermäßig hohen Preis, wenn ein Produkt oder eine Dienstleistung erstmals eingeführt wird. Wenn das Produkt gut angenommen wird, werden sie so lange „absahnen", bis die Konkurrenz auf den Markt drängt und sie zwingt, die Preise zu senken. Die ersten Provider von Internetzugängen verlangten hohe monatliche Gebühren, bis andere Anbieter zur Verfügung standen.

30 *Checkliste*
12 Eigenschaften attraktiver Prämien

Ein kleines Geschenk ist besser als ein großes Versprechen.

Deutsches Sprichwort

Prämien sind Geschenke, die Verkäufer als Kaufanreiz bieten. Auch Stammkunden kann man als Ausdruck der Dankbarkeit etwas schenken. Ein gut überlegtes Geschenk ist keine Bestechung, die eine Entscheidung beeinflussen soll, sondern ein Marketingwerkzeug, um beim Käufer Interesse zu wecken und die aufrichtige Wertschätzung des Kunden zum Ausdruck zu bringen. Von den allerkleinsten bis hin zu den größten Unternehmen werden attraktive Prämien eingesetzt. Sie öffnen Türen und festigen die Kundenbindung. Prämien haben Einfluß – vom Schlüsselanhänger bis zu erlesenen Weinen oder Urlaubsreisen. Folgendes sollten Sie beachten, um optimale Erfolge zu erzielen:

Anmerkungen

1. **Brauchbarkeit** ☐

    Der Wert von Prämien entspricht ihrer Brauchbarkeit. Achten Sie mehr auf Funktion als auf Form. Ein Vielzweck-Golfschläger ist besser als ein Beutel Golf-Tees. Ein Erste-Hilfe-Paket ist auf einer Messe besser als eine 60-Sekunden-Fußmassage.

2. **Wiederverwendbarkeit** ☐

    Einmalartikel als Geschenk verpuffen ohne Langzeitwirkung. Schlauer sind da funktionale und wiederverwendbare Geschenke. Andenken, Schirme und Kaffeetassen sind Beispiele für wiederverwendbare Geschenke.

3. **Auffälligkeit** ☐

    Sie wollen, daß Ihr Geschenk auf dem Schreibtisch Ihres Kunden steht und nicht in irgendeiner Schublade landet. Wählen Sie Geschenke, mit denen man repräsentieren möchte. Eine Uhr wird gut sichtbar auf einem Schreibtisch stehen. Ein Brieföffner wird in der Schublade aufbewahrt. Schlüsselringe findet man in Taschen, nicht draußen.

4. **Originalität** ☐

    Seien Sie kreativ. Eine künstlerische Wiedergabe der Stadtansicht oder ein schönes Foto wird jahrelang in

Checkliste **30**

12 Eigenschaften attraktiver Prämien

Anmerkungen

einem Büro hängen. Der Kalender, den Ihre Konkurrenz verschickt, wird nicht einmal aufgehängt werden.

5. **Einzigartigkeit**

   Ein handgearbeiteter Holzkuli mit den Initialen Ihrer Kunden wird vielleicht mehr gelobt als ein dreimal so teurer und dreihundertmal häufiger anzutreffender Designerfüller.

6. **Zeitlosigkeit**

   Kalender sind am Jahresende verloren. Auch alles andere mit Datum darauf, wenn es nicht ein Sammlerstück ist, wie etwa ein Hundertwasser-Druck oder ein anderes Designergeschenk. Denken Sie langfristig.

7. **Es sollte zu Ihrem Unternehmen passen.**

   Ihr Geschenk sollte zu Ihrem Markt und zu Ihrem Unternehmen passen. Deshalb verschenken Zahnärzte Zahnbürsten und Zahnseide. Ein Fahrradgeschäft kann Reflektoren mit aufgedrucktem Firmennamen verschenken, eine Umweltfirma Wassertestsets mit Namensaufdruck.

8. **Appellieren Sie an gängige Interessen.**

   Techno-Spielzeuge sind in. Mousepads für den Computer, ein Computerspiel und Audio- oder Video-CDs zum Beispiel. Technische Spielereien, die blinken, Geräusche machen oder durch Berührung aktiviert werden, hinterlassen einen bleibenden Eindruck.

9. **Sie sollten für andere sichtbar sein.**

   Manchmal sind Ihre Geschenke nicht nur eine Möglichkeit, einen Käufer zu beeinflussen, sondern gehören zu einer übergreifenden Marketingstrategie. In diesem Fall sollten Sie sich für Geschenke entscheiden, die man schließlich auch sehen wird. T-Shirts,

III. Sie sollten Ihren Markt kennen

30 Checkliste
12 Eigenschaften attraktiver Prämien

☑ *Anmerkungen*

Kappen, Sonnenblenden und andere beschriftete Kleidungsstücke sind gute Aushängeschilder, ebenso Fensterabziehbilder und Abdeckungen für Windschutzscheiben. Sammleranstecknadeln für Kappen oder Jacken sind sehr beliebt. Auch Stofftiere mit aufgenähtem Logo sind oft ein Erfolg.

10. **Wenn die Artikel mit der Post versendet werden, sollten sie leicht sein.** ☐

    Gewicht und Verpackung können Ihre Investitionskosten für Geschenke in die Höhe treiben, ohne daß Ihr Kunde mehr davon hat.

11. **Wertvoll für den Kunden, nicht teuer für Sie.** ☐

    Oft können Sie Audiokassetten oder CDs direkt vom Hersteller in größeren Mengen billiger beziehen. Wenn Sie mehrere hundert oder tausend Exemplare bestellen, kann der Hersteller vielleicht auch zu geringem Aufpreis Ihr Logo auf das Produkt aufdrucken. Ihre Kunden werden ein so nettes Geschenk zu schätzen wissen und dabei den Ladenpreis im Kopf haben. Sie hat das Exemplar aber vielleicht nur die Hälfte gekostet.

12. **Ein Slogan, den man gern zitiert.** ☐

    Bei einer Computermesse hatte ein Unternehmen einen so guten Spruch auf einem Button, daß jeder so einen haben wollte. Die Werbebotschaft war überall. Entwickeln Sie einen Slogan, den die Kunden im Munde führen werden. Er kann mit einem Ihrer Themen oder einer laufenden Marketingkampagne zu tun haben (wie zum Beispiel von Nike „Just Do It"). Achten Sie darauf, daß die Botschaft niemanden beleidigt. Vermeiden Sie sexuelle Anspielungen. Wenn Sie auf dem internationalen Markt tätig sind, sollten Sie darauf achten, daß sich der Slogan gut übersetzen läßt.

Checkliste **31**

6 Methoden zur Entwicklung einer Absatzprognose

Ich interessiere mich für die Zukunft, weil ich den Rest meines Lebens dort verbringen werde.

Charles Kettering

Wenn Sie den Markt betrachten, in dem Sie augenblicklich tätig sind, dazu die Lage der Wirtschaft, wie sieht dann ein vernünftiges Umsatzziel für Sie und Ihr Unternehmen aus? Es gibt zwar keine narrensichere Methode zur Berechnung dieser Ziele, aber es gibt bewährte Verfahren, die sich im Laufe der Zeit durchgesetzt haben. Die meisten im Verkauf Tätigen nehmen eine oder eine Kombination der sechs Methoden. Ganz gleich, welche Methode Sie zur Vorhersage benutzen, Sie sollten darauf achten, daß Ihr Verkaufsziel sowohl motivierend als auch erreichbar ist.

	☑	*Anmerkungen*

1. Trendanalyse

Zählen Sie zum diesjährigen Umsatz einen bestimmten Prozentsatz hinzu, um den für das kommende Jahr vorauszusagen. Beispiel: Wenn Sie zum gegenwärtigen Umsatz von 660 000 DM 7% dazuzählen, erhalten Sie ein Umsatzziel von 706 200 DM.

2. Umfrage im Verkaufsstab

Erörtern Sie mit dem Verkaufsstab die wichtigsten Trends auf dem Markt und mögliche Einflüsse dieser Trends auf das Umsatzvolumen. Danach soll jeder eine Schätzung in DM bzw. Euro abgeben. Lassen Sie die höchste und die niedrigste Zahl weg, und berechnen Sie von den übrigen den Durchschnitt.

3. Verhältnisberechnung

Benutzen Sie folgende Formel: (Gesamtfirmen auf dem Markt) mal (erwarteter Marktanteil in Prozent) mal (Preis pro Einheit) = Umsatzprognose.
Beispiel: (250 000 Hausbesitzer in Ihrem Markt mit Heizkesseln) mal (14% erwarteter Marktanteil) mal 120 Euro jährlich pro Wartungsvertrag = 4,2 Millionen Euro insgesamt durch Wartungsverträge.

4. Testmärkte

Führen Sie eine Verkaufskampagne in einer kleinen zufälligen Auswahl des Marktes durch, und extrapolieren Sie die Ergebnisse auf den gesamten Markt.

31 *Checkliste*

6 Methoden zur Entwicklung einer Absatzprognose

Anmerkungen

5. **Trendanalyse von Experten** ☐

   Nehmen Sie Schätzungen von Wirtschaftsverbänden oder Experten der Branche. Passen Sie diese Schätzungen gemäß Ihren Kenntnissen (Prozent Zu- oder Abnahme) über Ihre Konkurrenz an. *Beispiel:* Wenn die Experten schätzen, daß Ihr gesamter Markt im kommenden Jahr um 11% abnehmen wird, könnten Sie Ihr Umsatzziel um nur 7% verringern, weil Sie wissen, daß Sie im kommenden Jahr einen Vorteil vor den meisten Konkurrenten haben werden.

6. **Statistische Computeranalyse** ☐

   Nutzen Sie Korrelations- und Regressionsverfahren, die auf Algorithmen und Computermodellen basieren. Vorsicht: Die Tatsache, daß ein Computer eine Voraussage bietet, bedeutet nicht, daß diese notwendigerweise verläßlicher ist als die vorher genannten fünf Methoden. Denken Sie an das eherne Gesetz statistischer Analysen: Wenn Unfug eingegeben wird, kommt Unfug heraus.

Checkliste 32

25 strategische Fragen, mit denen Sie die Wirkung von Verkaufs- und Werbekampagnen verbessern können

Wer da kärglich sät, der wird auch kärglich ernten; und wer da sät im Segen, der wird auch ernten im Segen.

2. Korinther 9,6

Die schwierigsten Entscheidungen, die Führungskräfte treffen müssen, haben oft mit Marketing zu tun. Im Marketing sind Entscheidungen per se mit Unklarheiten und Unsicherheiten befrachtet: Welches ist der beste Text für eine Anzeige? Wo soll sie erscheinen? Wie oft soll sie erscheinen? Sollten wir für unterschiedliche Käufergruppen unterschiedliche Anzeigen schalten? Je nach Ihrem Aufgabenbereich mögen Ihnen diese Fragen relevant erscheinen oder nicht. Wenn Sie aber glauben, sie hätten nichts mit Ihrem Alltag zu tun, dann überlegen Sie noch einmal. Die Antworten auf diese Fragen betreffen alle im Unternehmen – *besonders* die im Verkauf. Sie sind vielleicht nicht für die Beantwortung der Fragen verantwortlich, aber wenn Sie diese Antworten nicht kennen, können Sie Ihr Unternehmen nicht sehr gut repräsentieren.

	✓	*Anmerkungen*
Entscheidungen zur Corporate Identity		
1. Wer sind wir? Wie heißt unser Unternehmensauftrag?	☐	
2. Was sollen die Käufer denken, wenn sie an uns denken?	☐	
3. Was denken sie tatsächlich?	☐	
4. Wenn wir nicht allen alles sein können, für welche Menschen können wir was sein?	☐	
5. Wer in unserer Branche könnte die Frage Nr. 4 noch so beantworten wie wir?	☐	
6. Wie unterscheiden wir uns von der Konkurrenz, die wir in Frage 5 genannt haben?	☐	
Entscheidungen zur Zielgruppenbestimmung		
7. Haben wir unterschiedliche Käufer für unterschiedliche Produktlinien?	☐	
8. Wie groß (in Zahlen) ist unser potentieller Markt?	☐	
9. Wo leben unsere Käufer?	☐	
10. Welches sind ihre Werte?	☐	
11. Was geben sie normalerweise für unser Produkt aus?	☐	

III. Sie sollten Ihren Markt kennen

32 Checkliste

25 strategische Fragen, mit denen Sie die Wirkung von Verkaufs- und Werbekampagnen verbessern können

☑ *Anmerkungen*

12. Welche Gründe führen unsere gegenwärtigen Kunden für ihre Kaufentscheidung an? ☐

Strategische Marketingziele

13. Wollen wir unseren Marktanteil erhalten oder erhöhen? Wenn wir erhöhen, um welchen Prozentsatz? ☐

14. Wollen wir unseren Kundenanteil erhalten oder erhöhen? Wenn wir erhöhen, um welchen Prozentsatz? ☐

15. Wollen wir ein neues Produkt auf den Markt bringen? Wenn ja, wie wollen wir es auf dem Markt positionieren? ☐

16. Wenn wir unterschiedliche Produktlinien haben, haben wir dafür jeweils spezielle Marketingziele entwickelt? ☐

17. Müssen wir eine PR-Kampagne starten? Wenn ja, mit welchen Zielen? ☐

Das Marketingbudget

18. Wieviel von unserem Gesamtbudget werden wir dem Marketing zuteilen? ☐

19. Wenn das Budget begrenzt ist, wo sollten wir unser Geld dann einsetzen? ☐

20. Welche der in den Nummern 12 bis 17 festgestellten Ziele sind die wichtigsten für unser kurzfristiges Überleben/unseren langfristigen Erfolg und sollten daher die größte Beachtung finden? ☐

Entscheidungen über Werbemedien

21. Wie erreichen wir die Käufer, die wir in den Nummern 6 bis 11 genannt haben, am besten? ☐

22. Welche Medien sind die kostengünstigsten für unsere strategischen Ziele? ☐

23. Was sollten wir hinsichtlich unserer Corporate Identity (Nummern 1 bis 6) und unserer Käufer (Nummern 7 bis 12) in unserem Anzeigentext betonen? ☐

Checkliste **32**

25 strategische Fragen, mit denen Sie die Wirkung von Verkaufs- und Werbekampagnen verbessern können

☑   *Anmerkungen*

24. Was können wir mit unseren internen Möglichkeiten in der Werbung gut erledigen, und was müssen wir in Auftrag geben? ☐

25. Wie wollen wir die Wirkung unserer Kampagne messen? ☐

IV. So finden Sie Käufer

Viele Verkäufer berichten, daß ihr Job sie am meisten befriedigt, wenn sie einen Geschäftsabschluß erzielen und die Provision stimmt. Am wenigsten gefällt ihnen, sich Leads zu erarbeiten und telefonische Kaltakquisition durchzuführen. Beim Verkauf eines Produkts ist der entscheidende Punkt, daß das Vergnügen am Verkaufen von der mühseligen Tätigkeit abhängt, Käufer zu finden. Mit den Tips und Strategien in diesem Kapitel können Sie die Mühsal verringern und das Vergnügen steigern.

33 Checkliste

40 Ausgangspunkte für Leads

Ausgetretene Wege sind etwas für erfolglose Menschen.

Eric Johnston

Bei Immobilien ist der Standort der wichtigste Faktor, beim Verkauf sind es die Leads. Sie benötigen einen konstanten Strom an neuen Käufern, die Sie besuchen können. Am besten kommen Sie an neue Käufer heran, wenn Sie an neuen Orten nach ihnen suchen. Im folgenden sind 40 Personenkreise, Verbände und andere Stellen aufgeführt, wo Sie neue Käufer finden werden. Sicherlich fallen Ihnen noch 40 weitere ein.

	✓	*Anmerkungen*

Käufersuche mit Hilfe eigener Verbindungen und Kontakte

1. Gegenwärtige Kunden ☑
2. Ehemalige Kunden ☑
3. Empfehlungen von Kunden ☑
4. Nachbarn ☑
5. Nachbarn von Kunden ☑
6. Die Industrie- und Handelskammer (IHK) ☑
7. Die Handwerkskammer ☑
8. Familienmitglieder ☑
9. Treffen ehemaliger Schüler des Gymnasiums oder von Studenten der Universität ☑
10. Menschen, die Sie im Urlaub am Strand, in den Bergen und im Vergnügungspark kennenlernen ☑
11. Personen in Chatrooms und an anderen Stellen im Internet ☑
12. Ihr Anwalt ☑
13. Ihr Banker ☑
14. Ihr Steuerberater ☑
15. Ihr Arzt ☑
16. Der Verkäufer Ihres Bekleidungsgeschäfts ☑
17. Kollegen in Seminaren, auf Konferenzen und Kongressen ☑

Checkliste 33

40 Ausgangspunkte für Leads

| | ✓ | *Anmerkungen* |

18. Gegenwärtige und ehemalige Kollegen ☑

19. Stammkunden in Buchläden, insbesondere jene, die sich vor dem Regal mit Wirtschaftsbüchern aufhalten ☑

20. Der im Flugzeug neben Ihnen sitzende Fluggast, besonders in der ersten Klasse ☑

21. Bekanntschaften auf Flughäfen, in Restaurants, Hotelbars, Skihütten, Golfkursen, Einkaufszentren, Museen, Arztpraxen und anderswo ☑

22. Kunden, die Ihnen in der Vergangenheit eine Absage erteilt haben ☑

23. Die Namen derjenigen Personen, bei denen Sie sich scheuen anzurufen, weil Sie glauben, man werde Ihnen nicht zuhören ☑

24. Kontakte durch Gesellschaftsklubs, Berufsvereinigungen und Vereine zur Förderung gemeinsamer Interessen ☑

Käufersuche mit Hilfe typischer Marketingstrategien

25. Reaktionen auf Radio- oder TV-Anzeigen ☑

26. Reaktionen auf Anzeigen in Printmedien ☑

27. Reaktionen auf Telefonmarketing ☑

28 Auf Messen gesammelte Adreßlisten ☑

Käufersuche mit Hilfe von Marketingdiensten und -publikationen

29. Mailing-Listen von qualifizierten Adreßbrokern ☑

30. Adreßlisten von Unternehmerverbänden ☑

31. Sparte „Firmensuche" bei Internetsuchmaschinen wie Lycos, Yahoo, Excite ☑

32. Zulieferdatenbank ESCS (European Subcontracting System), angeboten von der IHK Region Stuttgart und den IHKs in Besançon/Frankreich, Birmingham/Großbritannien und Turin/Italien für registrierte Benutzer. (Für die europaweite Suche nach Lieferanten, Abnehmern oder Kooperationspartnern oder Plazie- ☑

IV. So finden Sie Käufer

33 Checkliste

40 Ausgangspunkte für Leads

| | ✓ | *Anmerkungen* |

rung des eigenen Angebots an Produkten und Serviceleistungen für andere Unternehmen mehrsprachig im Internet.)

33. Standard & Poor's-Verzeichnis von Unternehmen, Direktoren und leitenden Angestellten ☑

34. Internetbranchenverzeichnisse (www.sitearchiv.de) ☑

35. Nationale Handels- und Berufsverbände ☑

36. Gelbe Seiten ☑

37. Gelbe Seiten Direkt (telefonischer Brancheninformationsdienst in den Bereichen Dienstleistungen, Produktinformationen, Markenartikelhersteller, Adressen usw.) ☑

38. FIS (Firmen-Informations-System); Datenbank der Industrie- und Handelskammern mit handelsregisterlichen Wirtschaftsinformationen zu 880000 bundesdeutschen Firmen ☐

39. DeTeMedien-Telefonbücher und Gelbe Seiten auf CD-ROM ☑

40. Firmenlisten auf CD-ROM ☑

Checkliste **34**

13 Tips, wie Sie Ihre Nettoeinnahmen durch Vernetzung steigern

Der Erfolg von Amway, Excel, Mary Kay und anderen Direktmarketingunternehmen ist kein Geheimnis. Das Vermögen dieser Firmen wächst durch die Tüchtigkeit jener, die ihre Produkte verkaufen. Ganz gleich, was Sie verkaufen: Je effektiver Ihre vernetzten Verbindungen und Kontakte, desto eher haben Sie Erfolg. Professionelle Verkäufer verstehen dieses grundlegende Prinzip und verwirklichen die im folgenden aufgeführten Anregungen, um die Qualität ihrer persönlichen Kontakte zu erweitern und zu verbessern.

☑ *Anmerkungen*

1. **Haben Sie Ihren „30-Sekunden-Werbespot" parat.**

    Seien Sie darauf vorbereitet, die Zielsetzung Ihres Unternehmens kurz und bündig zu erläutern, wenn Sie auf einer Konferenz zum ersten Mal mit jemandem sprechen. Konzentrieren Sie sich mehr auf den Wert, den Sie Ihren Kunden zumessen, als auf die Merkmale und Vorzüge Ihres Produkts (zum Beispiel: „Unser Hotel bietet Ihnen für Ihre Konferenz ein Ambiente, in dem Sie nicht nur intensiv arbeiten, sondern sich auch entspannen können.").

2. **Es ist in Ordnung, „Hunger" zu verspüren, wenn Sie Ihr Netzwerk ausweiten oder es anzapfen. Machen Sie aber nicht den Eindruck, als wären Sie ausgehungert.**

    Ein aggressives Verhalten wird dazu führen, daß man Ihnen nicht behilflich sein wird, einen Verkaufsabschluß zu erreichen oder an weitere Namen zu kommen. (CL 3)

3. **Seien Sie großzügig.**

    Zeigen Sie sich für Hilfe erkenntlich, die Kollegen Ihnen erweisen. Machen Sie es sich zur Regel, für jeden Lead, den man Ihnen verschafft, mindestens einen weiterzugeben.

IV. So finden Sie Käufer

34 *Checkliste*

13 Tips, wie Sie Ihre Nettoeinnahmen durch Vernetzung steigern

☑ *Anmerkungen*

4. Achten Sie auf günstige Gelegenheiten. ☑

Ihre Ohren sind vielleicht die wichtigsten Marketingwerkzeuge, die Sie haben. Wenn Sie jemandem zum ersten Mal begegnen, dann merken Sie sich die Namen, die Ihr Gegenüber erwähnt, und achten Sie auf günstige Gelegenheiten, die sich durch ihn ergeben.

5. Sondieren Sie Vereinigungen ehemaliger Schüler sowie Weiterbildungsprogramme. ☑

Fangen Sie bei der Abschlußklasse Ihrer Schule an, und denken Sie darüber nach, an welchen Schulen Sie bis heute welche Diplome und Bescheinigungen erhalten haben. Haken Sie auch jedes Weiterbildungsprogramm ab, an dem Sie je teilgenommen haben. Sorgen Sie dafür, daß Ihr Name auf den Adreßlisten dieser Organisationen und Institutionen bleibt. Besorgen Sie sich die Listen, damit Sie Kontakte zu ehemaligen Mitschülern aufbauen können.

6. Entwerfen Sie eine Visitenkarte, die im Gedächtnis bleibt. ☑

Sie können sich mit Ihrer Visitenkarte einen Vorteil verschaffen, ohne dabei angeberisch und wichtigtuerisch zu wirken. Im folgenden finden Sie einige Hinweise, durch die sich die Wirkung der Visitenkarte verstärken läßt. Wir haben festgestellt, daß diese Anregungen zum Teil einzeln oder in Kombination realisiert wurden. Welche Möglichkeit Sie auch wählen, Sie sollten hinsichtlich der ansprechenden Gestaltung verschiedene Meinungen hören, bevor Sie das Design umsetzen lassen.

⇨ Beauftragen Sie einen Grafikdesigner, ein vierfarbiges Design zu entwickeln, das die zu vermittelnde Information vorteilhaft zur Geltung bringt.
⇨ Beauftragen Sie einen Grafikdesigner, für Visitenkarte und Briefpapier ein individuelles Firmenlogo zu entwerfen.

Checkliste **34**

13 Tips, wie Sie Ihre Nettoeinnahmen durch Vernetzung steigern

Anmerkungen

→ Nutzen Sie Vorder- und Rückseite der Karte für Ihre Botschaft.
→ Fügen Sie für Ihre Kunden nützliche Informationen hinzu. Ein Berater für Rhetorik läßt auf die Rückseite seiner Karte beispielsweise die „Sieben Todsünden einer Rede" abdrucken.
→ Bringen Sie außerdem nützliche Informationen auf einer Karte im Großformat unter, die sich auf das Format einer Visitenkarte falten läßt.
→ Verwenden Sie für die Karte statt Papier Plastik oder ein anderes Material.

7. **Verteilen Sie die Visitenkarte nur dann, wenn es dafür einen guten Grund gibt.**

   Verteilen Sie Visitenkarten an potentielle Käufer, wenn Sie einen Termin vereinbart haben bzw. wenn er oder sie einverstanden ist, mit Ihnen telefonisch einen Termin zu vereinbaren. Geben Sie eine Karte an Kollegen weiter, wenn Sie gemeinsame Interessen festgestellt haben und glauben, sich gegenseitig behilflich sein zu können. Hört sich das für Sie zu konservativ an? Wenn das der Fall sein sollte, dann denken Sie daran, was Sie über jenen Verkäufer gedacht haben, den Sie zuletzt kennenlernten und der jeder Person in Reichweite eine Karte in die Hand drückte und danach an jedem Münztelefon im Gebäude seine Karte anbrachte. Waren Sie erpicht darauf, mit dieser Person zusammenzuarbeiten?

8. **Seien Sie in Handelsverbänden präsent.**

   Nutzen Sie alle Gelegenheiten, die sich auf Mitgliederversammlungen bieten. Dort können Sie Visitenkarten erhalten und verteilen und Ihre Kontakte und Verbindungen ausweiten.

9. **Treiben Sie das Sammeln von Visitenkarten auf die Spitze.**

   Versuchen Sie, mit der größten Visitenkartensammlung aller Zeiten ins *Guinness-Buch der Rekorde* zu kommen. Wenn Sie eine Visitenkarte erhalten haben,

IV. So finden Sie Käufer

139

34 Checkliste

13 Tips, wie Sie Ihre Nettoeinnahmen durch Vernetzung steigern

☑ *Anmerkungen*

dann notieren Sie auf der Kartenrückseite so bald wie möglich, welchen Stellenwert die Person hinsichtlich Ihrer Verkaufsziele besitzt. Ist die Person ein Einkäufer, dann machen Sie sich schon einmal vorab Notizen über seine Bedürfnisse und darüber, wie er augenblicklich mit den gegenwärtigen Lieferanten zufrieden ist.

10. Geben Sie die Daten der Visitenkarte in eine Datenbank ein, die für Managementkontakte genutzt wird.

Denken Sie über ein computerisiertes Verwaltungssystem für Visitenkarten nach. Das kann Ihre elektronische Rolodex werden. Die Rolodex ist ein scheckkartengroßer Informationsträger, der Termine und Adressen vom PC übernimmt.

11. Verschaffen Sie sich spezifische Informationen, und geben Sie diese in die Datenbank ein.

Nutzen Sie die Informationen, um zu persönlichen Ereignissen und Festtagen Glückwünsche zu verschicken, beispielsweise zu den folgenden:

⇨ Geburtstage
⇨ Jubiläen
⇨ Schulabschlüsse
⇨ Konfirmationen
⇨ Taufen
⇨ Geburten
⇨ Eheschließungen

Erstellen Sie „Notizbuch"-Dateien mit den von Ihnen eingegebenen persönlichen Informationen. Die Software sollte Sie eine Woche vor einem Jubiläum, Schulabschluß oder Geburtstag benachrichtigen, damit Sie eine Karte schicken oder ein Telefonat führen können.

140

Die 116 besten Checklisten Verkauf

Checkliste **34**

13 Tips, wie Sie Ihre Nettoeinnahmen durch Vernetzung steigern

☑ *Anmerkungen*

12. **Wenn Sie viele Geschäfte mit ausländischen Kunden abwickeln oder mit im Ausland geborenen Kunden zu tun haben, programmieren Sie die Software, bestimmte Gebräuche und Festtage zu erkennen.**

    Bevor man sich taktlos verhält, ist es besser, gar nichts zu tun. Machen Sie sich über Sitten und Traditionen kundig, wobei Ihnen internationale Organisationen gern behilflich sein werden, und lassen Sie sich darin unterrichten, wie man sich richtig benimmt. Wenn Sie zum Beispiel mit islamischen Kollegen, Einkäufern oder Kunden zusammenarbeiten, werden Sie sich über die Bedeutung, Gebräuche und Kalendertage des Ramadan informieren wollen. (CL 110)

13. **Durchsuchen Sie die Lokalzeitung und Fachzeitschriften nach Artikeln über Personen, mit denen Sie geschäftliche Kontakte pflegen.**

    Versenden Sie jedesmal, wenn Sie etwas Schmeichelhaftes über Ihnen bekannte Personen lesen, handschriftliche Gratulationsbriefchen.

IV. So finden Sie Käufer

Checkliste 35

8 Strategien, damit Sie am Telefon an der Empfangsdame vorbeikommen

Es ist nach wie vor wahr, daß der Mensch seine unübertrefflichste menschliche Seite dann zeigt, wenn er Hindernisse in günstige Umstände verwandelt.

Eric Hoffer

Das Telefon ist zweifellos die wirtschaftlichste Möglichkeit, einen Einkäufer zu kontaktieren. Aber Kaufentscheider setzen häufig „Filter" und „Torwächter" ein, um Telefonanrufe abzuwehren. Die Tips in dieser Liste werden Ihre Chancen erhöhen, diese Blockaden, menschliche wie psychologische, zu durchdringen und einen Termin zu vereinbaren. Nutzen Sie die Anregungen, die Ihrem Stil entsprechen und bei den Personen in der Telefonzentrale, mit denen Sie zu tun haben, wahrscheinlich eine positive Wirkung zeigen.

	☑	Anmerkungen

1. Machen Sie das Empfangspersonal zu Ihrem Verbündeten.

Sie: „Guten Morgen. Mein Name ist …. Ich rufe an, um mit Jennifer Smith zu sprechen. Mit wem spreche ich gerade?"

Empfangsdame: „Ich bin Jennifer Smiths Sekretärin Pat Morris."

Sie: „Frau Morris, wenn Sie an meiner Stelle wären und wollten mit Frau Smith sprechen, ohne zurückgewiesen zu werden, wie würden Sie vorgehen?"

2. Vermeiden Sie eine direkte Reaktion auf die Vorgehensweise des Empfangspersonals, Anrufe zurückzuweisen.

Das Empfangspersonal hat drei Fragen in seinem Repertoire, um Verkäufer abzuwehren: Wer spricht? Von welcher Firma sind Sie? Um was geht es? Das ist also die schlechte Nachricht. Und nun die gute. Ein Großteil des Empfangspersonals wird nicht gut genug bezahlt, um auf Antworten zu reagieren, die auf die erwähnten Fragen nicht passen. Berücksichtigen Sie die folgenden Antworten auf die typischen „Filter"-Fragen:

Checkliste **35**

8 Strategien, damit Sie am Telefon an der Empfangsdame vorbeikommen

Anmerkungen

⇨ „Ich wäre froh, wenn ich es Ihnen erzählen könnte, es ist aber wichtig, daß ich es ihr persönlich sage."
⇨ „Ich bin nicht ganz sicher."
⇨ „Denken Sie, daß das lange dauert? Dies ist ein Ferngespräch."
⇨ „Regnet es bei Ihnen?"

3. **Bringen Sie das Empfangspersonal aus dem Konzept.**

   Lenken Sie das Empfangspersonal durch unerwartete Antworten und Fragen von deren Standardformulierungen ab – bringen Sie es mit Wendungen, die dieses Muster durchbrechen, aus dem Konzept. Beispielsweise:

   Empfangsdame: „Vielen Dank für Ihren Anruf bei der XYZ Company."

   Sie: „Hallo, ist Jennifer da?"

   Empfangsdame: „Von welcher Firma sind Sie?"

   Sie: „Muß ich eine Firma haben?"

   Empfangsdame: „Um was geht es?"

   Sie: „Ich bin nicht ganz sicher. Aus dem Grund will ich Jennifer ja sprechen."

   Empfangsdame: „Was verkaufen Sie?"

   Sie (verwirrt): „Ich verstehe nicht ganz."

   Empfangsdame (nochmals): „WAS verkaufen Sie?"

   Sie (noch immer verwirrt): „Könnte es sein, daß Jennifer *mir* etwas verkaufen will?"

35 *Checkliste*

8 Strategien, damit Sie am Telefon an der Empfangsdame vorbeikommen

Anmerkungen

4. **Wenn alles nicht funktioniert, ziehen Sie ein paar weitere Trümpfe aus dem Ärmel.**

   ⇨ „Wie sind Sie geschult worden, damit Sie am Telefon mit Leuten umgehen können, die Sie nicht persönlich kennen? Warum glauben Sie, sind Sie auf diese Weise geschult worden?"
   ⇨ „Was müssen Sie über mich persönlich wissen, bevor Sie diesen Anruf durchstellen?"
   ⇨ „Was wollen Sie erreichen, wenn Sie mich davon abhalten, mit Ihrem Chef persönlich zu sprechen?"
   ⇨ „Wollen Sie das Risiko eingehen, daß Ihre Firma Geld verliert, weil Sie diesen Anruf nicht durchgestellt haben?"
   ⇨ „Da Sie meinen Anruf nicht durchstellen wollen, wären Sie vielleicht so nett, mir Ihren Namen zu nennen? Wenn mich jemand wegen dieser Anfrage aufsucht, kann ich ihm sagen, mit wem ich von Ihrem Unternehmen gesprochen habe."

5. **Überwinden Sie Ihre Hemmungen.**

   Machen Sie sich bewußt, warum es Ihnen unangenehm ist, wenn Sie die vorformulierten Fragen des Empfangspersonals mißachten.

   ⇨ Jeder von uns ist durch Erfahrungen programmiert, die er bei alltäglichen Begegnungen macht. Diese Programmierung müssen wir durchbrechen.
   ⇨ Auf einer gewissen Ebene repräsentiert das Empfangspersonal die Eltern, die Ihnen sagen, Sie sollen gehorsam sein.
   ⇨ Ihnen ist bereits früh in Ihrer Kindheit gesagt worden: „Sei am Telefon freundlich zu Fremden."
   ⇨ Sie neigen dazu, selbst die Rolle des Empfangspersonals zu spielen und darüber nachzudenken, wie es Sie in die Falle lockt. Sobald Sie anfangen, gedanklich diese Rolle zu übernehmen, agieren zwei gegen niemanden; und es bleibt niemand übrig, der den Verkauf abwickelt.

Die 116 besten Checklisten Verkauf

8 Strategien, damit Sie am Telefon an der Empfangsdame vorbeikommen

Checkliste **35**

☑ *Anmerkungen*

6. **Hinterlassen Sie beim Empfangspersonal keinesfalls Namen und Telefonnummer.**

    Ist der Einkäufer nicht im Haus oder beschäftigt, dann finden Sie heraus, ob es sinnvoll ist, es weiter zu versuchen. „Wenn Sie an meiner Stelle wären, würden Sie mich zurückrufen?" (Wir nehmen als Antwort „Ja" an.) „Ich bin sicher, sie möchte nicht hinter mir her telefonieren. Wann ist es am günstigsten?"

7. **Hinterlassen Sie, wenn Sie zu einer Mailbox weitergeleitet werden, eventuell überhaupt keine Nachricht.**

    Hören Sie aber aufmerksam auf die Stimme des Einkäufers, damit Ihnen akustische Hinweise auffallen und Sie sich dadurch später mit dem ihm möglichst gut verständigen können.

8. **Wenn Sie zu einer Mailbox weitergeleitet werden, hinterlassen Sie eine einprägsame Nachricht.**

    Denken Sie an folgende Möglichkeiten:

    ⇨ „Sie sollten mich aus drei Gründen zurückrufen."
    ⇨ „Wenn Sie auf Löschen drücken, wird diese Nachricht gelöscht. Ihr Problem wird dadurch aber nicht gelöst."
    ⇨ „Diese Nachricht zu löschen könnte sich als kostspieliger Fehler erweisen. Wollen Sie das riskieren?"
    ⇨ Nennen Sie zu Beginn Namen und Telefonnummer, unterbrechen Sie dann Ihre Nachricht an einem interessanten Punkt, als wäre die Telefonleitung gestört worden

IV. So finden Sie Käufer

36 Checkliste

16 Strategien, mit denen Sie telefonisch mehr Termine mit Einkäufern vereinbaren können

Ein kluger Mann wird sich mehr Gelegenheiten verschaffen, als sich ihm bieten.

Francis Bacon

Erfolg gehabt! Sie sind am Empfangspersonal vorbeigekommen. Wie geht es weiter? Wie erreichen Sie beim Einkäufer, der Ihren Anruf entgegennimmt, daß er sie persönlich empfängt? Im folgenden sind zwei unterschiedliche Szenarien für ein Telefongespräch beschrieben. Beim zweiten Ablauf wird die Lage gründlicher sondiert als beim ersten, weswegen man bei einer Besprechung etwas mehr erreichen muß. Wählen Sie aus jedem Szenario Strategien, um den für Sie geeigneten Ansatz zu finden. Im Schlußteil dieser Auflistung finden Sie einige allgemeine Richtlinien, damit Sie auch ohne Strategie einen Termin bekommen.

Anmerkungen

Achtung: Die Anwendbarkeit der in dieser Liste aufgeführten Strategien nimmt in dem Umfang ab, in dem die Differenziertheit und Organisation des Käufers zunehmen. Verhalten Sie sich, wenn Sie diese Anregungen anwenden, in allen Fällen freundlich und aufrichtig.

Ein Szenario mit geringer Sondierung

1. **Überzeugen Sie den Einkäufer, daß es Sinn macht, das Gespräch mit Ihnen fortzusetzen.**

   „Pat, hier ist ... [sprechen Sie langsam und deutlich.]. Kommt Ihnen mein Name bekannt vor? [Fahren Sie fort, gleichgültig, wie die Antwort ausfällt.] Ich möchte Ihnen sagen, weshalb ich anrufe. Ich arbeite mit [Name eines Ihrer Kunden, den der Einkäufer kennt] zusammen. Nun ja, Sie haben heute sicherlich kaum Lust, mit jemandem aus meiner Branche zu sprechen. Ich dachte mir, es könnte sinnvoll für Sie sein, ein oder zwei Minuten für dieses Telefongespräch aufzuwenden, damit wir einander ein paar Fragen stellen und so herausfinden können, ob Sie in dieses Telefongespräch mehr Zeit investieren wollen. Sind Sie damit einverstanden?"

2. **Ermitteln Sie Problembereiche.**

   Sie sollten sieben bis zehn Fragen parat haben, die dem Käufer helfen, sich vorhandene Probleme bewußt zu machen. „Im allgemeinen laden uns die Leute ein, weil sie Schwierigkeiten mit [nennen Sie zwei der

Checkliste **36**

16 Strategien, mit denen Sie telefonisch mehr Termine mit Einkäufern vereinbaren können

☑   *Anmerkungen*

größten Probleme, die Sie lösen können] haben. Kommt Ihnen das bekannt vor? [Warten Sie auf eine Antwort.] Erzählen Sie mir ruhig etwas darüber. Wie lange ist das schon der Fall? Haben Sie früher schon einmal etwas dagegen unternommen? Hat das funktioniert?" Gehen Sie von den vorformulierten Wendungen ab, sobald der Käufer ein wenig „nachgegeben", Ihnen die Tür geöffnet hat und Sie ihn dann über die Probleme „ausfragen" können. (CL 75)

3. **Vereinbaren Sie einen Termin.**

   Sobald Sie ein begründetes Problem feststellen, fragen Sie: „Pat, darf ich Ihnen einen Vorschlag machen? Aufgrund der Probleme, die Sie mir geschildert haben, wäre es durchaus sinnvoll für Sie, wenn Sie Ihren Terminkalender zur Hand nehmen und wir einen Termin für ein Meeting vereinbaren, damit wir die Angelegenheit etwas ausführlicher erörtern können. Ist das in Ordnung?"

4. **Stellen Sie fest, ob der Käufer den Termin als verbindlich empfindet.**

   „Pat, ich notiere mir unseren Termin im Kalender. Soll ich den Bleistift oder den Füllfederhalter nehmen? Bleistift bedeutet, der Termin muß bestätigt werden, Füller bedeutet, daß wir uns definitiv treffen."

5. **Erreichen Sie eine Vereinbarung für das erste Meeting.**

   „Pat, welche Dinge möchten Sie am Ende unserer Besprechung erledigt haben? [Warten Sie auf eine Antwort.] Gut, habe ich notiert. Würden Sie vielleicht, damit wir unsere Zeit effektiver nutzen können, etwas vorbereiten? [Warten Sie auf eine Antwort wie „Natürlich".] Machen Sie sich noch etwas Gedanken über die Bereiche, in denen Sie eine Verbesserung erwarten. Ich werde Sie bei unserem Meeting dann danach fragen, einverstanden? Also, bis zum [Tag der Besprechung]. Auf Wiederhören." (CL 56)

IV. So finden Sie Käufer

36 Checkliste

16 Strategien, mit denen Sie telefonisch mehr Termine mit Einkäufern vereinbaren können

☑ *Anmerkungen*

Ein Szenario mit stärkerer Sondierung

6. Ein ausführliches Telefonat

„Pat, hier ist [sprechen Sie langsam und deutlich.]. Mein Name kommt Ihnen wohl nicht bekannt vor. [Antwort] Das dachte ich nicht. Ich möchte Ihnen gern sagen, weshalb ich Sie angerufen habe, und Sie können dann entscheiden, ob Sie mit mir sprechen wollen oder nicht. Ich bin Verkäufer, und wir verkaufen [Name des Produkts], und dies ist, völlig richtig, ein Anruf bezüglich eines Verkaufs. Ich bin wahrscheinlich nicht gerade derjenige, mit dem Sie sich jetzt unterhalten möchten. Ich würde Ihnen gerne kurz mein Anliegen vorstellen, was ungefähr eine halbe Minute in Anspruch nehmen wird, und dann können Sie entscheiden, ob es für Sie sinnvoll ist, weitere zwei oder drei Minuten in dieses Telefongespräch zu investieren. Ist das in Ordnung? [Warten Sie auf ein Ja.] Mein Anliegen ist eigentlich eine Frage. Ich nehme an, eine ganze Menge Dinge müssen für Sie gut laufen, bevor Sie ernsthaft daran denken, sich für ein persönliches Treffen mit mir eine dreiviertel Stunde Zeit zu nehmen. Könnte man das so sagen? [Warten Sie eine Antwort ab.] Welche Dinge müssen für Sie gut laufen, damit Sie einen Termin überhaupt in *Erwägung* ziehen? [Unterbrechen Sie Pat, sobald sie zu einer Antwort ansetzt.] Pat, ich habe ein Problem, meine 30 Sekunden sind um. [Pause] Ich vermute, Sie wollen das Gespräch nicht fortsetzen?"

7. Ermitteln Sie Problembereiche.

„Gut, dann erzählen Sie mal, welche Dinge stimmig sein müssen. [Gehen Sie auf alle Antworten Pats ein.] Wer arbeitet jetzt für Sie? [Pat antwortet.] Oh, keine schlechte Firma. [Pause] Hatten Sie Anteil an der Entscheidung, diese Firma auszuwählen? [Pat antwortet.] Wie lange arbeitet dieses Unternehmen schon für Sie? [Pat antwortet.] Sie müssen mit deren Arbeit zufrieden sein. [Pat antwortet.] Ich möchte Sie etwas fragen. Keiner ist perfekt. Wenn Sie eine Sache besser machen könnten, nur eine Sache, was

Checkliste **36**

16 Strategien, mit denen Sie telefonisch mehr Termine mit Einkäufern vereinbaren können

Anmerkungen

wäre das? [Pat antwortet.] Das ist interessant. Warum haben Sie diesen Aspekt ausgesucht? Was ich so in der Branche höre, leistet die Firma in diesem Bereich hervorragende Arbeit." [Pat antwortet.]

8. **Suchen Sie nach weiteren Problemen.**

   Decken Sie genügend Probleme auf, um einen Termin vereinbaren zu können.

   ⇨ „Möglicherweise ist das bei Ihnen nicht der Fall, aber …"
   ⇨ „Was ist Ihnen bei einem Lieferanten am wichtigsten? Service, technisches Fachwissen, persönliche Aufmerksamkeit oder der Preis?"
   ⇨ „Ich bezweifle, daß es von Belang ist, wenn Sie das beschleunigen könnten."
   ⇨ „Wenn ich zum ersten Mal mit Käufern spreche, dann denken sie manchmal, unsere Produkte seien für ihre Branche nicht geeignet, oder sie meinen, sie könnten sich nicht ohne größere Schwierigkeiten vom gegenwärtigen Lieferanten trennen. Oder sie glauben nicht, daß ihnen jemand anders helfen könnte. [Pause] Trifft eines dieser Beispiele hier zu?"
   ⇨ Wenn es nicht gelingt, Probleme ans Tageslicht zu bringen, dann fragen Sie: „Für mich hat es den Anschein, daß Sie vielleicht aufgegeben haben, eine realisierbare Lösung zu finden. Kann man das so sagen?"

9. **Vereinbaren Sie einen Termin.**

   Wenn der Einkäufer einverstanden ist, mit Ihnen einen Termin auszumachen, dann schadet es nicht, einen „vielbeschäftigen" Eindruck zu machen, denn dadurch wird sich der Käufer eher an die getroffene Vereinbarung halten.

   Sie: „Haben Sie Ihren Kalender zur Hand?"

   Pat: „Ja."

IV. So finden Sie Käufer

36 Checkliste

16 Strategien, mit denen Sie telefonisch mehr Termine mit Einkäufern vereinbaren können

☑ *Anmerkungen*

Sie: „An welchem Tag wäre es Ihnen recht?"

Pat: „Nächsten Dienstag um 10 Uhr."

Sie: „Da gibt's ein Problem, denn zu diesem Zeitpunkt bin ich nicht frei. Könnten Sie vielleicht einen anderen Termin aussuchen?"

Pat: „Wie wäre es mit Donnerstag?"

Sie: „Sehr gut. Um welche Uhrzeit?"

Pat: „14.30 Uhr."

Sie: „In Ordnung, 14.30 Uhr paßt mir auch."

10. Steigern Sie das Interesse des Einkäufers an dem Termin.

Es gibt noch eine andere Taktik, mit der Sie die Wahrscheinlichkeit erhöhen können, daß der Einkäufer den Termin einhalten wird: Sie erwecken den Eindruck, daß Sie extra Ihre Termine umstellen, um die Besprechung zum gewünschten Zeitpunkt zu ermöglichen. Wenn man andere Termine verschiebt, um dem Einkäufer einen Gefallen zu tun, wird er sich eher verpflichtet fühlen, am vereinbarten Termin für Sie da zu sein.

11. Erreichen Sie eine Vereinbarung für das erste Meeting.

Sichern Sie sich die verbindliche Zusage des Einkäufers, daß bei der Besprechung spezifische Resultate erreicht werden sollen. „Pat, damit es keine Mißverständnisse, Enttäuschungen und Überraschungen gibt, würde ich gerne einige Ziele für unsere Besprechung am [Datum, Zeit] festlegen. Was erwarten Sie sich als Ergebnis unseres Treffens? [Warten Sie eine Antwort ab.] Ausgezeichnet; habe ich mir notiert. Möchten Sie sich bis dahin vorbereiten, damit wir ein produktives Meeting haben? [Warten Sie auf eine Antwort wie „Natürlich".] Könnten Sie sich die drei größten Pro-

Checkliste **36**

16 Strategien, mit denen Sie telefonisch mehr Termine mit Einkäufern vereinbaren können

Anmerkungen

blembereiche, wo Sie Verbesserungen erwarten, notieren? [Diese letzte Frage sollte so formuliert sein, daß sie für Ihre Branche paßt.] Dann sehen wir uns am [Tag der Besprechung]. Bis dann." (CL 56)

Allgemeine Richtlinien

12. Es muß Spaß machen.

Wenn Sie nicht locker sind, können Sie nicht kreativ sein. Und wenn Sie nicht kreativ sind, dann entgehen Ihnen günstige Gelegenheiten. Seien Sie nicht ängstlich – seien Sie vielmehr entspannt und spielerisch. Viele Verkäufer signalisieren ihren Pessimismus, weil sie Kaltakquisitionen durchführen müssen, über das Telefon, und der Einkäufer merkt das. Sprechen Sie einfach so, als unterhielten Sie sich mit Ihrem besten Freund. Agieren Sie, als spielte Geld keine Rolle und als wären Sie auf das Geschäft nicht angewiesen. Und wenn das tatsächlich wahr wäre, dann würden Sie doch sicherlich eine völlig streßfreie Kaltakquisition durchführen, um Termine zu vereinbaren? Und schließlich sehr viel mehr Käufer kennenlernen?

13. Parieren Sie die üblichen Ausflüchte auf eine Terminanfrage.

Berücksichtigen Sie diese Möglichkeiten hinsichtlich der Ausrede „Schicken Sie mir Unterlagen" (CL 56):

⇨ „Wie groß ist Ihr Büro? Ich habe vermutlich genügend Unterlagen hier, um es zur Hälfte zu füllen, und die meisten davon hätten nichts mit Ihrem spezifischen Problem zu tun. Ich weiß nicht, ob das, was ich habe, für Sie von Interesse ist. Es könnte aber sinnvoll sein, wenn wir uns zusammensetzen und das herausfinden. Was meinen Sie?"

⇨ „Wahrscheinlich ist das hier nicht der Fall, aber wenn Leute darum bitten, Unterlagen zu erhal-

IV. So finden Sie Käufer

36 Checkliste
16 Strategien, mit denen Sie telefonisch mehr Termine mit Einkäufern vereinbaren können

Anmerkungen

ten, dann ist das häufig der höfliche Versuch, mich loszuwerden. Ist das hier gerade der Fall?"

⇨ „Wenn Leute nach Unterlagen fragen, dann wollen sie wissen, ob ich ihnen helfen kann und ob sich der Zeitaufwand für sie lohnt. Oder sie wollen damit höflich die Tür schließen. Was trifft davon auf Sie zu?"

⇨ „Das würde ich sehr gerne machen. Darf ich Sie etwas fragen?" [Antwort] Warum mache ich das?"

⇨ „Natürlich. Und Sie vereinbaren keinesfalls einen Termin, wenn man Ihnen nicht zuvor einen Brief geschickt hat?"

Berücksichtigen Sie diese Möglichkeiten hinsichtlich der Ausrede „Wir sind interessiert, aber nicht zum jetzigen Zeitpunkt":

⇨ „Sie wollen das Problem also erst nächstes Jahr lösen? [Antwort] Dafür muß es wohl einen Grund geben."

⇨ „Wenn mir jemand mitteilt, da gibt es ein Problem, aber man wolle es nicht angehen, dann sagt mir die Erfahrung, daß es gewöhnlich ein Problem gibt, von dem ich nichts weiß."

⇨ „Wenn Sie nein sagen wollen, dann ist das in Ordnung. Ich bin deswegen keineswegs verärgert und verabschiede mich."

14. Seien Sie auf Hinhaltemanöver vorbereitet.

Halten Sie Ihre am Telefon getesteten Antworten auf die zehn am häufigsten gehörten Absagen schriftlich fest. Nehmen Sie diese Liste auf Papier oder auf einem Computerbildschirm zu Hilfe, wenn Sie Anrufe machen. Stehen Sie durch einen skeptischen Käufer unter Druck, dann fällt Ihnen vielleicht nicht mehr ein, was Sie sagen wollen und wie Sie es sagen wollen. Das Soufflieren wird Ihnen helfen, und der Käufer hat zudem keine Ahnung, daß die Sätze vor Ihnen liegen.

Checkliste **36**

16 Strategien, mit denen Sie telefonisch mehr Termine mit Einkäufern vereinbaren können

☑ *Anmerkungen*

15. Beenden Sie das Gespräch keinesfalls als erster. ☐

Kneifen Sie nicht. Legen Sie erst auf, wenn die Leitung tot ist. Und selbst dann rufen Sie sofort zurück und fragen: „Sind wir unterbrochen worden?"

16. Vereinbaren Sie keine Termine mit Einkäufern, die keine Probleme haben. ☐

Im Bereich Verkauf gibt es keine „sozialen Anrufe" – es sei denn, man kümmert sich um Kunden, die bereits Käufe getätigt haben.

37 Checkliste
9 kreative Wege, die zu einem Termin führen

Man gibt Ihnen einen Sack Zement und einen Eimer Wasser. Damit können Sie entweder eine Treppenstufe bauen oder einen Stolperstein. Die Wahl liegt, wie immer, bei Ihnen.

Autor unbekannt

Trotz der sich auf den Verkauf auswirkenden unerbittlichen technologischen und kulturellen Veränderungen bleibt doch eine Sache immer gleich: Sie können nichts verkaufen, wenn Sie keinen Termin bekommen. Und tatsächlich glauben viele Verkäufer, der anstrengendste Teil der Aufgabe liege darin, in das Büro des Einkäufers zu gelangen. Die Punkte in der folgenden Checkliste verdeutlichen den Unterschied zwischen dem Straucheln über einen Stolperstein und dem Stehen auf einer Treppenstufe.

	✓	*Anmerkungen*

1. **Stoßen Sie zur Spitze vor.** ☐

   Besorgen Sie sich den Namen des Firmenchefs. Es ist einfacher, sich in der Hierarchie hinunterzuarbeiten als hinauf. Man kann nie wissen – möglicherweise läuft es darauf hinaus, daß Sie der Firmenchef persönlich ins Büro der Einkaufsabteilung begleitet.

2. **Fragen Sie in einem Telegramm nach einem Termin.** ☐

   Wann haben Sie das letzte Mal ein Telegramm bekommen? Haken Sie mit einem Telefonanruf nach.

3. **Zahlen Sie für den Termin in philanthropischer „Währung".** ☐

   Wollen Sie sich gegen die Konkurrenz abheben? Machen Sie das Angebot, für den Termin zu bezahlen. Eine direkte Vergütung an den Einkäufer könnte aber als Bestechung oder Schmiergeld betrachtet werden und würde den ethischen Kodex der meisten Organisationen verletzen. Denken Sie daher an eine der folgenden Möglichkeiten:

   ⇨ eine Spende an eine vom Käufer ausgesuchte wohltätige Einrichtung
   ⇨ eine Spende an die von der Organisation unterstützte wohltätige Einrichtung
   ⇨ eine Spende an die örtliche Kinderklinik

Checkliste **37**

9 kreative Wege, die zu einem Termin führen

Anmerkungen

⇨ eine Spende an die örtliche Einrichtung für Obdachlose

Präsentieren Sie Ihren Vorschlag folgendermaßen, um jeden Eindruck von Unangemessenheit zu vermeiden: „Ich habe mich verpflichtet, für jeden Termin, den ich diese Woche habe, 50 DM an die Caritas zu spenden. Würden Sie mir vielleicht dabei helfen, diesen Beitrag zu erhöhen?"

4. **Zahlen Sie für den Termin, indem Sie tatsächlich die Zeit des Käufers kaufen.**

   Wenn Sie einen Rechtsanwalt, Steuerberater, Arzt, Zahnarzt oder irgendeinen sonstigen freiberuflich tätigen Kunden besuchen, der für Termine mit seinen Kunden Honorar erhält, dann zahlen Sie für einen Termin. Sagen Sie dem Freiberufler, da Sie für die Zeit bezahlt hätten, würden Sie die gleiche professionelle Höflichkeit erwarten, die er jedem anderen zahlenden Kunden anbietet: unvoreingenommen zuzuhören.

5. **Schicken Sie ein Geschenk.**

   Finden Sie heraus, was der Käufer schätzt. Es könnte eine Packung ausgezeichneter Zigarren sein oder ein kleiner Satz hochwertiger Golfbälle. Ein Gutschein für ein erstklassiges Restaurant wird stets geschätzt, ebenso wie eine Auswahl an hervorragenden importierten Kaffeesorten. Seien Sie phantasievoll: Ein Hundeliebhaber könnte eine Zusammenstellung besonders feinen Hundefutters zu schätzen wissen. Bringen Sie einen Hinweis an, daß Sie nächste Woche anrufen werden, um das Geschenk zu erklären. (CL 30)

6. **Bitten Sie Kunden, den ersten Kontakt in Ihrem Namen herzustellen.**

   Sie fragen wahrscheinlich gegenwärtige Kunden, ob sie Ihnen Interessenten nennen können. Gehen Sie noch einen Schritt weiter. Warum bitten Sie sie nicht,

IV. So finden Sie Käufer

37 Checkliste
9 kreative Wege, die zu einem Termin führen

☑ *Anmerkungen*

den ersten Kontakt für Sie herzustellen? Man wird für ihr Anliegen empfänglicher werden. Schicken Sie ein Zeichen Ihrer Wertschätzung an den Kunden, der für Sie den Anruf gemacht hat.

7. **Heften Sie eine Notiz mit der Bitte um einen Termin an einen Zeitungsausschnitt über die Firma oder den Einkäufer.** ☐

   Durchsuchen Sie Wirtschaftszeitungen und Ihre Lokalzeitung nach Artikeln über den Einkäufer oder das Unternehmen. Heften Sie eine persönliche Notiz an den Zeitungsausschnitt, in der Sie den Artikel kommentieren und um einen Termin nachfragen.

8. **Bitten Sie per E-Mail um einen Termin.** ☐

   Besorgen Sie sich die E-Mail-Adresse des Kunden, und schicken Sie eine kurze, prägnante und Interesse weckende Nachricht, in der Sie um einen Termin nachfragen.

9. **Schicken Sie dem Käufer einen fiktiven, vordatierten Zeitungsartikel, in dem Sie den enormen finanziellen Erfolg schildern, den er realisierte, weil er Ihr Produkt oder Ihre Dienstleistung kaufte. Haken Sie mit einem Telefonanruf nach.** ☐

   Verfassen Sie mit Ihrem Textverarbeitungsprogramm und Clip Arts einen kurzen (50 Wörter umfassenden) „Zeitungsartikel". In diesem schildern Sie, wie Ihr Produkt dem Kunden zu außergewöhnlichem Wachstum und Erfolg verholfen hat.

Checkliste **38**

7 Regeln, wie Sie sich den Namen eines Kunden merken

Die wahre Kunst des Erinnerns liegt in der Kunst der Aufmerksamkeit.

Samuel Johnson

Die vielleicht wertvollsten Informationen, die sich ein Verkäufer verschafft, sind die Namen all jener Personen, mit denen er in dem Kundenunternehmen zu tun hat. Lernen Sie die Namen der Leute, buchstabieren Sie sie richtig, achten Sie auf die richtige Aussprache, und behalten Sie sie vor allem im Kopf. Steigern Sie Ihre Fähigkeit, sich an Namen zu erinnern, und Sie werden erfolgreicher sein.

✓ *Anmerkungen*

1. **Wenn Sie vorgestellt werden, konzentrieren Sie sich auf Ihr Gegenüber.**

   Sie müssen kein erstklassiger Verkäufer sein oder ein fotografisches Gedächtnis besitzen, damit Sie sich Namen merken können. Sie müssen nur an sich arbeiten. Lassen Sie sich von nichts ablenken. Sie dürfen sich nicht in Versuchung führen lassen, von dem Gesicht, das Sie sehen, und dem Namen, den Sie hören, geistig abzuschweifen.

2. **Überprüfen Sie das Gesicht Ihres Kunden auf ein ungewöhnliches oder auffallendes Merkmal.**

   Halten Sie Ihre Ohren und Augen offen. Stellen Sie sich vor, Sie betrachten eine topographische „Landkarte". Prägen Sie sich jedes auffällige Merkmal dieser Landkarte ein. Mustern Sie aufmerksam die Augen, Wangenknochen, den Haaransatz, die Gesichtszüge, den Mund, große und kleine Muttermale. Wählen Sie jenes Gesichtsmerkmal, auf dem Ihr Blick bei dem nächsten Zusammentreffen mit dieser Person am wahrscheinlichsten ruhen wird. Wählen Sie dabei nur Merkmale, die sich nicht verändern, nicht etwa einen bestimmten Haarschnitt, der vielleicht beim nächsten Zusammentreffen wieder eine andere Form aufweist. (CL 73)

IV. So finden Sie Käufer

38 Checkliste

7 Regeln, wie Sie sich den Namen eines Kunden merken

☑ *Anmerkungen*

3. Entscheiden Sie sich, ob Sie Vor- oder Nachnamen Priorität einräumen.

Letztlich werden Sie natürlich den vollen Namen Ihrer Käufer im Kopf behalten wollen. Wenn Sie aber bei einem Meeting sechs Personen auf einmal kennenlernen, dann ist das vielleicht etwas zuviel erwartet. Entscheiden Sie nach Formalität der Besprechung, ob Sie sich die Vornamen oder eher die Nachnamen der Anwesenden einprägen.

4. Wiederholen Sie den Namen der Person.

„Guten Tag, Kathy Morris." Sprechen Sie den Namen deutlich aus. Es ist sehr wichtig, den Namen zu hören und ihn deutlich zu wiederholen. Bemühen Sie sich nicht, etwas wie „Nett, Sie kennenzulernen" hinzuzufügen. Das wird Sie von dem Namen, den Sie sich merken wollen, nur ablenken. Wenn Sie sich der Aussprache des Namens, den Sie bei der Vorstellung der Person gehört haben, nicht sicher sind, dann sagen Sie „Entschuldigen Sie, könnten Sie Ihren Namen wiederholen?" Wenn Sie sich sicher sind, daß Sie ihn verstanden haben, dann sagen Sie: „Kathy Morris, guten Tag."

5. Verbinden Sie das auffällige Gesichtsmerkmal mit dem Namen, wenn Sie diesen wiederholen.

Denken Sie, wenn Sie wie in unserem Beispiel „Kathy Morris" wiederholen, an das ausgeprägteste Gesichtsmerkmal, das Ihnen aufgefallen ist. Beispielsweise könnte Ihnen das vorspringende Kinn der Frau ins Auge gefallen sein. Wenn Sie sich auf „Kathy" konzentrieren, dann stellen Sie sich vielleicht eine sehr große Katze vor, die von Kathys Kinn springt. Wenn Sie sich „Morris" merken, dann könnten Sie sich an der Stelle eines kleinen Muttermals oder anderen Merkmals an Kathys Kinn die Punkte eines Morsecodes vorstellen. Nehmen Sie sich eine Sekunde Zeit, um sich das gewählte Bild mit dem Gesichtsmerkmal einzuprägen. Wenn Sie Kathy Morris das nächste Mal sehen, werden Ihre Augen

Checkliste **38**

7 Regeln, wie Sie sich den Namen eines Kunden merken

Anmerkungen

☑

von dem Bild der Katze oder des Morsecodes angezogen werden. Oder Sie sehen – wenn Sie diese Art des Memorierens gemeistert haben – eine Katze mit einem seitlich tätowierten Morsecode und erinnern sich an den vollen Namen der Person.

6. **Blicken Sie einige Male zu der Person zurück, um die Verbindung zwischen Namen und geistigem Bild zu verstärken.**

   ☐

   Stellen Sie bei dem Meeting wiederholt eine Verbindung zwischen Katze oder Morsecode und Kathys Kinn her.

7. **Schreiben Sie nach Ihrem Arbeitstag die Namen aller Personen, die Sie kennengelernt haben, und die mit ihnen in Verbindung gebrachten geistigen Bilder auf.**

   ☐

   Sprechen Sie den Namen, während Sie ihn aufschreiben, laut aus. Artikulieren Sie den Namen langsam und beharrlich. Geben Sie den Namen in die Datenbank Ihres Computers ein, oder tragen Sie ihn in ein Karteikartensystem ein.

IV. So finden Sie Käufer

39 Checkliste
15 Möglichkeiten, sich auf die Kaltakquisition vorzubereiten

In 18 Jahren war ich ungefähr 9000mal Schlagmann. Ich traf fast 1700mal und lief vielleicht 1800mal. Daran sehen Sie, daß ein Baseballspieler pro Saison durchschnittlich 500mal Schlagmann ist. Das bedeutet, daß ich sieben Jahre lang in den höchsten Ligen gespielt habe und dabei nicht ein einziges Mal den Ball getroffen habe.

Mickey Mantle

Es ist aufregend, den Telefonhörer abzunehmen und Käufer anzurufen, die auf Ihren Anruf warten. Wir sind sicher, daß Sie diese Telefonate nicht nur den ganzen Tag über, sondern jeden Tag machen könnten und praktisch wie im Schlaf beherrschen. In dieser für den Verkäufer idealen Situation benötigen Sie keinen Ratschlag. Allerdings benötigen Sie diese Checkliste für die Art der Auftragsakquisition, die dem Gros des Verkaufspersonals eher nicht liegt – die Kaltakquisition. Einige Verkäufer glauben, ihr Selbstbewußtsein werde durch eine bevorstehende Kaltakquisition erschüttert; andere sehen sie als Gelegenheit an, Geld zu verdienen. Werfen Sie einen Blick auf mindestens einen Vorschlag in dieser Checkliste, mit dem Sie Ihr Mißbehagen überwinden können, telefonische Kaltakquisition durchzuführen, und Ihre Unsicherheit überwinden.

	✓	*Anmerkungen*
1. Machen Sie sich bewußt, daß Sie vor dem ersten erfolgreichen Anruf eine Anzahl von ergebnislosen Telefonaten führen müssen.	☐	
Sie haben keine Ahnung, wie viele es sein werden. Es könnte nur ein Telefonat sein, eben jener nächste Anruf. Oder es könnten 100 sein, und der nächste erfolgreiche Anruf wird diese Zahl auf 99 reduzieren. Ganz gleich, welcher Fall zutrifft, führen Sie das Telefonat!		
2. Belohnen Sie sich während Ihres Arbeitstages, wenn Sie einen „Meilenstein" erreicht haben.	☐	
Wenn Sie erst einmal einen „Meilenstein" erreicht haben – beispielsweise 25 Anrufe – dann belohnen Sie sich: Lesen Sie die Lieblingskolumne in Ihrer Zeitung, verlassen Sie das Büro, um Eis essen zu gehen, oder rufen Sie einen guten Freund an, um das Wochenende zu planen.		

Checkliste **39**

15 Möglichkeiten, sich auf die Kaltakquisition vorzubereiten

☑   *Anmerkungen*

3. **Wenn das letzte Telefonat eine Pleite war, dann gehen Sie nach einer festgelegten Prozedur vor, um den Reinfall zu verarbeiten.** ☐

   Eine gute Idee könnte es vielleicht sein, eine Tasse Kaffee zu trinken, eine Seite in einem Lieblingsbuch zu lesen, an die frische Luft zu gehen oder einige Augenblicke lang für ein Gebet in sich zu gehen. Setzen Sie sich nach einer Viertelstunde wieder ans Telefon.

4. **Betrachten Sie das nächste Telefonat als das erste, das Sie an diesem Tag führen.** ☐

   Stellen Sie sich vor, auch wenn es 15 Uhr ist, daß Sie an diesem Tag bislang keine Anrufe getätigt haben. Also ist der nächste Anruf Ihr erster. Seien Sie so frisch und leistungsfähig, wie Sie es um 8 Uhr morgens waren.

5. **Betrachten Sie den nächsten Anruf als jenen, von dem es abhängt, ob Sie Ihre Rechnungen bezahlen können.** ☐

   Sie sind davon überzeugt, daß die Person, mit der Sie das nächste Telefonat führen, nur darauf wartet, daß Sie mit ihr einen Verkaufsabschluß tätigen.

6. **Betrachten Sie den nächsten Anruf als eine Gelegenheit, jemandem bei der Lösung eines Problems zu helfen.** ☐

   Sie machen einen großartigen Job. Sie helfen Leuten dabei, Probleme zu lösen. Fangen Sie an zu arbeiten, damit Sie jemanden finden können, der Ihre Hilfe braucht. (CL 1)

7. **Trainieren Sie eine positive geistige Vorstellungskraft.** ☐

   Versuchen Sie diese Abfolge:

   ⇨ Schließen Sie die Augen.
   ⇨ Atmen Sie tief ein.

IV. So finden Sie Käufer

39 Checkliste

15 Möglichkeiten, sich auf die Kaltakquisition vorzubereiten

☑ *Anmerkungen*

⇨ Sehen Sie vor Ihrem geistigen Auge das Lächeln, das sich auf dem Gesicht des letzten Kunden gezeigt hat, der Ihren Vorschlag akzeptiert hat.
⇨ Atmen Sie, mit diesem Bild vor dem geistigen Auge, langsam aus.
⇨ Lächeln Sie auf die gleiche Weise.

8. Erinnern Sie sich an die Zusagen, die Ihnen am besten gefallen haben.

Woody Allen sagte einmal, daß sich 80 Prozent des Erfolgs ganz einfach bewerkstelligen ließen. Und General George S. Patton meinte: „Ich beurteile einen Menschen nicht danach, wie hoch er klettert, sondern danach, was er tut, nachdem er hintergefallen ist." (CL 6)

9. Stellen Sie sich Ihren Konkurrenten vor, wie er vor dem Telefon sitzt und im Begriff ist, dieselbe Nummer zu wählen.

Warten Sie keine weitere Sekunde. Ihr Konkurrent denkt ebenfalls an diesen potentiellen Kunden und könnte die Telefonnummer schneller als Sie wählen.

10. Denken Sie an jene Kaltakquisitionen, die zu Terminen und Verkäufen führten.

Ganz klar, Sie hatten Mißerfolge, aber Sie konnten auch Erfolge vorweisen. Denken Sie an all jene Kaltakquisitionen, die Ihre Überzeugung von sich selbst und von Ihrem Produkt bestätigt haben.

11. Legen Sie sich eine Aufstellung des Gesamtumsatzvolumens, das aus Kaltakquisitionen resultierte, neben das Telefon.

Berechnen Sie die Verkäufe, die Sie in Ihrer gesamten Laufbahn gemacht haben und die auf einen ersten Telefonanruf zurückgeführt werden können. Erweitern Sie die Liste bei jedem neuen Erfolg.

Checkliste **39**

15 Möglichkeiten, sich auf die Kaltakquisition vorzubereiten

☑ *Anmerkungen*

12. Legen Sie sich eine Liste neben das Telefon mit den gegenwärtigen, dieses Jahr betreffenden Verkäufen und dem gegenwärtigen Verkaufsziel für dieses Jahr. ☐

Erfolgreiche Verkäufer haben klare, spezifische Ziele. Hören Sie also auf, sich auf Ihr Mißbehagen in bezug auf Telefonate zu konzentrieren. Greifen Sie zum Telefon in der Überzeugung, daß der nächste Anruf Sie Ihrem Ziel näherbringt.

13. Feilen Sie an Ihren Fähigkeiten, Termine zu vereinbaren. ☐

Vervollkommnen Sie die in den Checklisten 35 und 36 aufgeführten Taktiken so sehr, daß Sie in der Lage sind, jeden Telefonkontakt in einen Termin zu verwandeln.

14. Hören Sie auf, darauf zu warten, daß Ihnen Kaltakquisitionen Vergnügen bereiten. ☐

Machen Sie sich nicht selbst etwas vor. Dieser Teil der Arbeit ist einer der erbärmlichsten Ihres Jobs. Und Ihr Konkurrent haßt diese Tätigkeit sogar noch mehr als Sie selbst, weil – dank diesem Buch – Ihre Erfolgsrate höher ist. (CL 21, 22)

15. Machen Sie sich bewußt, daß Sie nur dann Geld verdienen, wenn Sie einen Geschäftsabschluß tätigen oder die Zufriedenheit eines aktuellen Kunden aufrechterhalten. ☐

Wenn Sie sich nicht dazu durchringen können, einen Einkäufer anzurufen, *dann rufen Sie mindestens einen Kunden an.*

40 Checkliste

14 Methoden, um mit einer Absage fertigzuwerden

Gott fordert nicht von uns, erfolgreich zu sein. Er fordert nur, daß man es versucht.

Mutter Teresa

In keinem Beruf ist man ununterbrochen erfolgreich. Babe Ruth machte den Schläger zweimal so oft „aus", wie er einen Home Run erzielte. Michael Jordan verfehlte mehr als die Hälfte der Bälle, die er fing. Weltbestseller wie *Vom Winde verweht*, *Die sieben Wege zur Effektivität* und *Chicken Soup for the Soul* erhielten zunächst Absagen von Verlagslektoren. (Lediglich einer von fünf Verlegern akzeptierte unser erstes Buch, das jetzt in 13 Sprachen gelesen wird.) Bewahren Sie sich bei Absagen eine realistische Perspektive, wenn Sie sich auf Ihr Ziel zubewegen.

☑ *Anmerkungen*

1. **Erwarten Sie eine Absage.** ☐

   Nicht jeder Torjäger trifft beim Elfmeterschießen jedesmal das Tor. Davon darf er sich jedoch nicht entmutigen lassen. Denn mit zunehmender Routine trifft er das Tor immer häufiger. Das gleiche passiert auch auf Ihrem Spielfeld. (CL 21, 23)

2. **Konzentrieren Sie sich auf eine langfristige Perspektive.** ☐

   Morgen werden Sie sich kaum noch an jene barschen Worte erinnern, die Ihnen heute entgegengeschallt sind. Nächste Woche werden Sie Mühe haben, sie sich ins Gedächtnis zu rufen. Und einen Monat später sind sie aus Ihrer Erinnerung verschwunden. Im Zusammenhang mit Ihrem Leben war diese letzte Absage keine große Sache. Das Leben geht weiter. (CL 20)

3. **Rücken Sie Ihr Problem in die richtige Perspektive.** ☐

   Denken Sie an drei Dinge:

   ⇨ Wie alle ärgerlichen Vorfälle, mit denen Sie sich auseinandersetzen mußten, wird auch dieser vorübergehen.

   ⇨ In diesem Augenblick gibt es viele Menschen, vielleicht einige Ihnen sehr nahestehende, die

Checkliste **40**

14 Methoden, um mit einer Absage fertigzuwerden

Anmerkungen

sehr viel größeres Unglück und größeren Kummer erleiden als Sie.
⇨ Verkauf ist ein Beruf und kein Lebensinhalt.

4. **Machen Sie sich begreiflich, warum Leute gehässig sind.**

   Jene Leute, die sich Ihnen gegenüber abweisend, barsch und unverschämt benehmen, verhalten sich vermutlich deshalb so, weil sie frustriert und verärgert sind oder Angst haben. Machen Sie sich bewußt, daß der Grund für die Gehässigkeit dieser Leute in deren eigener Laune und Unzulänglichkeit zu suchen ist. Dadurch schützen Sie sich vor emotionalen Hieben. (CL 46, 50, 100)

5. **Trennen Sie Ihre Identität von Ihrer Rolle.**

   Ihre Identität ist Ihr Wertgefühl als Mensch. Ihre Rolle, die Sie spielen, ist in diesem Fall die des Kaltakquisiteurs. Auf einer Skala von 1 bis 10 stufen Sie sich hinsichtlich Ihres Selbstwertgefühls stets bei 10 ein. Wie Sie sich andererseits als Kaltakquisiteur einschätzen, kann auf der Bewertungsskala zwischen 1 und 10 schwanken. Diese Einstufung hat natürlich nichts damit zu tun, wer Sie als Mensch sind.

6. **Betrachten Sie eine Absage als Aussage über eine Interaktion zwischen zwei bestimmten Personen zu einer bestimmten Zeit.**

   Was eben passierte, ist keine Aussage über Sie, sondern darüber, daß zwei Personen keinen gemeinsamen Nenner gefunden haben. Der Käufer sagte nein *zu* Ihnen, er sprach aber nicht negativ *über* Sie. Auch wenn Ihr Angebot ungeeignet war, *Sie* waren es nicht.

7. **Betrachten Sie eine Absage als eine wertvolle Lehre.**

   Wenn Ihnen jemand über den Mund fährt, dann lehrt Sie das etwas über die Suche nach Aufträgen, geeignete Leads oder über das Aufbauen persönlicher

IV. So finden Sie Käufer

40 Checkliste

14 Methoden, um mit einer Absage fertigzuwerden

☑ *Anmerkungen*

Beziehungen. Denken Sie nicht: „Diesen Anruf habe ich ganz schön vermasselt!" Oder: „Wieder Mist gebaut!" Denken Sie statt dessen: „Gerade habe ich gelernt, auf welche Art und Weise ich ein telefonisches Verkaufsgespräch nicht führen sollte."

8. Machen Sie sich ein Bild von Ihren Erfolgen. ☐

Denken Sie über Ihre früheren Erfolge nach. Zollen Sie sich die Anerkennung, die Sie verdienen – dafür, daß Sie Ihre jetzige Stellung erreicht haben. Beachten Sie, wie die Bedeutung kürzlicher Mißerfolge verblaßt gegenüber dem, was Sie in Ihrer Ausbildung, Laufbahn und Ihrem Leben erreicht haben. (CL 20)

9. Legen Sie eine Pause ein. ☐

⇨ Gehen Sie in den Zoo.
⇨ Lassen Sie einen Drachen steigen.
⇨ Sehen Sie sich einen Sonnenuntergang an.
⇨ Leihen Sie sich einen Loriot-Film aus.
⇨ Besuchen Sie mit Ihrem Kind einen Vergnügungspark.

10. Sehen Sie sich die Prozentzahlen genau an – überprüfen Sie die reale Situation. ☐

Sie sind in einem Beruf tätig, in dem Zahlen verhältnismäßig vorhersehbar sind. Sie wissen, wie viele Personen Sie ungefähr anrufen müssen, um einen Termin zu vereinbaren, und wie viele Termine ungefähr zu einem Verkauf führen. Richten Sie Ihre Aufmerksamkeit erst dann auf Absagen, wenn diese die Erwartungen zahlenmäßig wesentlich übersteigen.

11. Sprechen Sie mit Familie und Freunden über Ihre Gefühle. ☐

Sie leben und arbeiten mit Menschen, die ein persönliches Interesse daran haben, daß Sie glücklich und erfolgreich sind. Sprechen Sie über Ihre Gefühle. Geben Sie den Ihnen nahestehenden Menschen die

Checkliste **40**

14 Methoden, um mit einer Absage fertigzuwerden

☑   *Anmerkungen*

Gelegenheit, Ihnen zu helfen, damit Sie sich einen sachlichen Blickwinkel verschaffen können.

12. **Akzeptieren Sie die Tatsache, daß es Wirtschaftszyklen gibt.**

    In jeder Branche gibt es ein Auf und Ab. Je kleiner eine Branche, desto heftiger kann sich ein solches Auf und Ab äußern.

13. **Wenn Sie sich in einer Flaute befinden, dann arbeiten Sie härter, damit sich Ihre Chancen bei dem nächsten, zwangsläufig kommenden Aufschwung verbessern.**

    Wenn Sie mit einem Rückgang der Verkäufe konfrontiert sind, dann erlauben Sie sich, doppelt so viele Absagen wie gewöhnlich anzuhören. Tätigen Sie gleichzeitig doppelt so viele Anrufe wie gewöhnlich, damit die Verkäufe den gleichen Stand erreichen wie zuvor.

14. **Wenn die Absagen, die Sie bekommen, Depressionen auslösen, dann lassen Sie sich von einem Psychologen helfen.**

    Die normalen durch Absagen verursachten Emotionen werden Sie schon nach wenigen Tagen nicht mehr verspüren. Wenn diese Gefühle bei Ihnen wochenlang oder länger andauern, dann lassen Sie sich *jetzt* kompetente Hilfe empfehlen.

IV. So finden Sie Käufer

41 Checkliste
10 Möglichkeiten, damit Sie mit einem Messestand ein optimales Ergebnis erzielen

Machen Sie keine bescheidenen Pläne; diese bringen das Blut der Menschen nicht in Wallung ...
Machen Sie große Pläne, stecken Sie sich in puncto Optimismus und Arbeit hohe Ziele.

Daniel H. Burnham

Eine der größten Herausforderungen im Bereich Verkauf ist, den Kaufentscheider dazu zu bringen, Ihnen einen Termin zu geben. Wäre es nicht schön, wenn die Einkäufer zu *Ihnen* kommen würden? Das ist der Fall, wenn Sie sich auf einer Messe präsentieren. Das günstigste an einem auf einer Messe abgeschlossenen Verkauf ist der Kostenfaktor: Die Kosten eines auf einer Messe durchgeführten Verkaufsgesprächs sind im allgemeinen halb so hoch wie die eines direkt beim Kunden geführten Gesprächs. Noch stärker wirkt sich dieser Vorteil bei einem Verkaufsabschluß aus. Bei einem auf einer Messe zustande gekommenen Lead ist im Durchschnitt lediglich ein späterer Anruf nötig, um den Lead erfolgreich umzusetzen.

Anmerkungen

1. **Wählen Sie die richtige Messe.**

   Wenden Sie sich an den Ausstellungs- und Messeausschuß der Deutschen Wirtschaft e.V. (AUMA), der eine Europa-Messestatistik anbietet (in den USA die International Association of Exposition Managers [IAEM]), oder Ihre Handelsorganisation, und fordern Sie Informationen an über Art, Größe, Ort und Besucherzahlen von stattfindenden Messen. Suchen Sie sich eine Messe aus, deren Merkmale am besten zu Ihren Vertriebswegen, Marketingstrategien und Verkaufsmethoden passen. Kommen Sie zu einer abschließenden Entscheidung für die am besten geeignete Messe, indem Sie die Messe selbst besuchen und sie vor Ort einer Bewertung unterziehen. Dabei sollten Sie folgendes fragen:

   ⇨ Ist die Messe gut organisiert und besucht?
   ⇨ Gehören die Messebesucher zu jenen, die mein Produkt kaufen?
   ⇨ Wie macht sich unser Messestand im Vergleich zu den hier aufgestellten?
   ⇨ Wie denken die Aussteller auf der Messe über die Brauchbarkeit der Leads, die sie sich verschaffen?
   ⇨ Ist unsere Konkurrenz hier auch vertreten? Wie stark ist der Zulauf bei ihr?

Checkliste **41**

10 Möglichkeiten, damit Sie mit einem Messestand ein optimales Ergebnis erzielen

☑ *Anmerkungen*

⇨ Wie verteilen sich die Besucherströme in der Halle? Welcher Standort wird aufgrund dessen bei der nächsten Messe für uns der beste sein – unter der Annahme, die Messe wird am selben Ort stattfinden?

2. Machen Sie Ihre Teilnahme an der Messe bekannt.

Wenn Sie in einem Einkaufszentrum ein Geschäft eröffnen, dann betreiben Sie erwartungsgemäß Werbung, damit Kunden Ihren Laden besuchen. Das gleiche gilt für eine Messe.

⇨ Senden Sie an potentielle Kunden persönliche Briefe, Postkarten oder E-Mail-Nachrichten. In diesen Mitteilungen kündigen Sie Ihre Teilnahme an der Messe an.

⇨ Benachrichtigen Sie gegenwärtige Kunden drei Monate vor Messebeginn über Ihren Messestand mit Aufklebern, die Sie auf allem anbringen, was an die Kunden verschickt wird.

⇨ Ziehen Sie in Erwägung, mit Ihren Mailings Anreize zu geben – zum Beispiel ein am Messestand einlösbarer Gutschein oder eine Teilprämie, die am Stand komplettiert wird. Sie könnten den Schutzumschlag eines gebundenen Buches verschicken. Das Buch erhalten dann jene Personen, die den Schutzumschlag am Messestand vorlegen.

⇨ Werben Sie im Messekatalog oder in den Handelsmagazinen des Verbands, der die Messe sponsert.

⇨ Überlegen Sie, ob es sinnvoll ist, in regionalen Rundfunk- und Fernsehsendern Werbung zu schalten.

⇨ Überprüfen Sie die Werbemöglichkeiten in Verbindung mit dem Gasthotel oder dem Kongreßzentrum, beispielsweise in einem geschlossenen TV-System.

⇨ Setzen Sie eine besondere Messeinformation auf Ihre Internetseite.

IV. So finden Sie Käufer

41 Checkliste

10 Möglichkeiten, damit Sie mit einem Messestand ein optimales Ergebnis erzielen

☑ *Anmerkungen*

⇨ Stärken Sie Ihre Position auf der Messe mit einem Besucherraum für Gäste. (CL 42)
⇨ Nutzen Sie weitere Werbemöglichkeiten, die Ihnen die Messeorganisatoren bieten.

3. Suchen Sie einen guten Standplatz aus.

Melden Sie sich frühzeitig an. Fragen Sie nach dem optimalen Platz für den Ausstellungsstand. Versuchen Sie nach Möglichkeit, einen Standplatz zu bekommen, wo der Besucherandrang am stärksten ist. Stellen Sie fest, wie die Standplätze verteilt werden. Bezeichnenderweise werden die besten Plätze Firmen zugeteilt, die nach dem besten Platz verlangen, wie zum Beispiel sich als erste anmelden, eine Prämie zahlen oder zu jenen Unternehmen zählen, die schon seit der ersten Messe dabei sind. Wenige Aussteller werden den Wunsch äußern, neben einem populären Konkurrenten oder einem anderen Aussteller, der Besuchermassen anzieht, plaziert zu werden. Dennoch sind dies ausgezeichnete Standplätze.

4. Setzen Sie sich realistische Ziele.

Welche Ergebnisse hoffen Sie, an Ihrem Ausstellungsstand zu erzielen? Ist es realistisch, solche Resultate zu erwarten?

⇨ Wie umfangreich soll die Adreßliste werden, in die sich die Besucher eintragen?
⇨ Wie viele Leads und Tips erwarten Sie?
⇨ Wie viele Verkaufsgespräche werden Sie führen?
⇨ Wie viele Verkäufe werden Sie abschließen?

5. Das Design des Messestands

Viele Messebesucher werden, ohne innezuhalten, an Ihrem Stand vorbeigehen. Wenn sie stehenbleiben, dann verweilen sie im Schnitt 30 Sekunden, bevor sie weitergehen. Was werden Sie tun, damit der Ausstellungsstand visuell anziehend und einladend auf Messebesucher wirkt?

Checkliste **41**

10 Möglichkeiten, damit Sie mit einem Messestand ein optimales Ergebnis erzielen

☑ *Anmerkungen*

⇨ Rücken Sie mit Hilfe des Ausstellungsstands das Produkt in den Mittelpunkt. Der ganze Zweck einer Messeausstellung ist, das Produkt zu verkaufen.

⇨ Überfordern Sie die Aufnahmefähigkeit der Besucher nicht. Sorgen Sie für einen ansprechenden und ordentlichen Ausstellungsstand.

⇨ Zeigen Sie soviel wie möglich von Ihrer Produktlinie. Das Publikum erwartet mehr zu sehen als Katalogbilder.

⇨ Führen Sie Ihr Produkt, wenn möglich, vor. Zeigen Sie, daß das, was Sie über das Produkt sagen, wahr ist. Ermöglichen Sie Besuchern, die Funktionsweise des Produkts in Augenschein zu nehmen, oder lassen Sie sie das Produkt vielleicht sogar selbst bedienen.

⇨ Verschenken Sie Muster des Produkts, oder verteilen Sie, wenn das nicht machbar ist, Muster von Erzeugnissen, die mit Hilfe Ihres Produkts hergestellt wurden.

⇨ Erwägen Sie, einen freiberuflichen Künstler, Händler oder Messeplaner mit der Gestaltung des Ausstellungsstands zu beauftragen.

6. Gehen Sie beim Transport des Messestands mit Umsicht vor.

Die meisten großen Messen beauftragen ein Unternehmen als „Fuhrbetrieb", das den Messestand für Sie transportiert und nach der Messe wieder unbeschädigt bei Ihnen abliefert. Wenn Ihr Messestand umfangreich und von hohem Gewicht ist, dann ist es empfehlenswert, den Transport diesen Firmen zu überlassen. Da es häufig schwierig ist, bei Transporten über große Entfernungen ein Ankunftsdatum genau festzulegen, bieten solche Fuhrbetriebe bis zum Beginn der Messe eine Lagerung am Bestimmungsort. Leiten Sie den Transport frühzeitig in die Wege. Die meisten Probleme im Zusammenhang mit dem Aufbau des Messestands können auf ein zu spätes Versanddatum zurückgeführt werden.

IV. So finden Sie Käufer

41 *Checkliste*

10 Möglichkeiten, damit Sie mit einem Messestand ein optimales Ergebnis erzielen

☑ *Anmerkungen*

7. Schulen und motivieren Sie Ihr Standpersonal. ☐

Stellen Sie sicher, daß das Personal des Messestands über folgende Punkte informiert ist:

⇨ warum diese bestimmte Messe ausgewählt wurde und welche Rolle die Messe innerhalb der Marketingstrategie des Unternehmens spielt
⇨ die spezifischen Verkaufsziele auf der Messe
⇨ warum das Standpersonal dazu ausgewählt wurde, die Messe für die Firma zu einem Erfolg zu machen – vergleichbar mit Schauspielern in einem Theaterstück am Broadway
⇨ daß sie sich nicht auf der Messe aufhalten, um die Öffentlichkeit zu informieren, sondern um Verkäufe mit fachkundigen Einkäufern abzuschließen
⇨ die Art des Publikums, das die Messe wahrscheinlich besuchen wird, und die Namen bestimmter hochkarätiger Kunden, um die es sich besonders intensiv kümmern soll
⇨ die Merkmale und Vorteile der ausgestellten Produkte. Noch wichtiger sind aber die Lösungen, die Ihre Produkte gegenwärtigen Kunden gebracht haben
⇨ wie die Produkte vorzuführen sind. Das Standpersonal muß die am häufigsten auftauchenden Fragen zu dem Produkt beantworten können
⇨ die Kosten des Produkts und Details über Sonderangebote
⇨ die Konkurrenz; insbesondere jene auf der Messe vertretene

8. Begrüßen Sie Messebesucher auf die richtige Weise. ☐

Stellen Sie sicher, daß auch das Standpersonal die folgenden Verhaltensregeln beachtet:

⇨ Sie sollten sich weder irgendwohin setzen und gelangweilt dreinschauen und lesen noch mit Ihrem Laptop herumspielen.

Checkliste **41**

10 Möglichkeiten, damit Sie mit einem Messestand ein optimales Ergebnis erzielen

☑ *Anmerkungen*

⇨ Vermeiden Sie die „Henkershaltung" (Arme über der Brust gekreuzt).
⇨ Verkörpern Sie keinen „Volksfestschreier" (ständig bereit, Leute zu packen und sie zu Ihrem Messestand zu ziehen).
⇨ Gehen Sie den Leuten nicht mit einer Version der althergebrachten, im Einzelhandel üblichen Anrede „Kann ich Ihnen behilflich sein?" auf die Nerven.
⇨ Essen und rauchen Sie nicht. Wenn Sie etwas trinken, dann so, daß man Sie dabei nicht sieht.
⇨ Führen Sie keine Privatgespräche mit Kollegen oder mit Verkäufern vom Stand nebenan.
⇨ Der Messestand muß ständig besetzt sein.
⇨ Die Kleidung sollte mit dem Firmenimage harmonieren.
⇨ Stellen Sie Stühle für Besucher auf, die sich für ein Gespräch mit Ihnen vielleicht hinsetzen wollen.
⇨ Lenken Sie die Aufmerksamkeit von Messebesuchern auf sich, beispielsweise durch folgende Fragen: „Haben Sie schon einmal bei uns hereingeschaut?", „Haben Sie auf dieser Messe schon einmal ausgestellt?" oder „Was bedeutet das Abziehbild auf Ihrem Anstecker?"
⇨ Stellen Sie Fragen, die zu einem Gespräch führen, dann erfahren Sie, ob ein Besucher Interesse an dem Produkt haben könnte. („Können Sie mit Hilfe Ihres momentanen Softwareprogramms …?")
⇨ Fassen Sie sich kurz und bündig, damit auch der in Eile befindliche Besucher Ihnen sein Anliegen vortragen kann.
⇨ Beenden Sie Gespräche mit Besuchern, die keine potentiellen Käufer sind, so daß Sie sich der nächsten Person zuwenden können.

9. **Haken Sie nach.**

   Holen Sie das Optimum aus der Messeinvestition heraus, daß heißt, haken Sie bei den Personen, die Sie kennenlernen, sofort nach. Das kann mit einem

IV. So finden Sie Käufer

173

41 Checkliste
10 Möglichkeiten, damit Sie mit einem Messestand ein optimales Ergebnis erzielen

Anmerkungen

Telefonanruf, per Post oder E-Mail geschehen oder auf allen drei Wegen. Antworten Sie der Person auf eine Weise und mit Unterlagen, die dem Produkt angemessen sind. Manövrieren Sie jeden Ihren Stand besuchenden Einkäufer in eine Position, die die Wahrscheinlichkeit erhöht, daß er zu einem Kunden wird.

10. Evaluation

Überprüfen Sie täglich die Effektivität Ihres Messestands. Stimmen die Resultate nicht mit den Erwartungen überein, dann können Sie vielleicht sofort korrigierend eingreifen. Mit einer Evaluation nach der Messe sollten Sie feststellen, bis zu welchem Grad Sie jedes der vor der Messe festgelegten Ziele erreicht haben. Treffen Sie Entscheidungen für die Teilnahme an künftigen Messen. Werden Sie nochmals ausstellen? Bei dieser Messe? Welche Änderungen in der Messestrategie sind angebracht?

Checkliste **42**

21 Möglichkeiten, wie Sie und Ihre Firma auf einer Messe Aufsehen erregen können

Vergeßt die Gastfreundschaft nicht, denn durch sie haben einige, ohne es zu ahnen, Engel beherbergt.

Hebräer 13,2

Eine Messe bietet Gelegenheit, Menschen kennenzulernen, Hände zu schütteln, Visitenkarten zu verteilen und gleichzeitig an einem Ort mit Hunderten von Einkäufern über Ihr Produkt zu sprechen. Es besteht sogar die Möglichkeit, Probleme zu lösen und Verkäufe abzuschließen. Wir aber wollen, daß Sie sich über diese Aspekte hinaus Gedanken machen. Warum sollte man die Konkurrenz nicht übertrumpfen? Denken Sie über die folgenden Punkte nach – einige sind kostenintensiv, andere weniger –, damit Ihre Anwesenheit auf der Messe einen nachhaltigen Eindruck hinterläßt. Wenn Sie sich erst einmal mit diesen 21 Anregungen beschäftigt haben, dann fallen Ihnen sicher noch weitere 21 Punkte ein.

	✓	Anmerkungen
1. Versenden Sie zwei Wochen vor Beginn der Messe ein Willkommenschreiben an alle angemeldeten Aussteller. Fügen Sie Gutscheine für ein Geschenk bei, das man an Ihrem Stand abholen kann, oder eine Einladung in den Besucherraum für Gäste. (CL 43)	☐	
2. Halten Sie den ganzen Tag über im Besucherraum heiße Gerichte bereit, und werben Sie damit in großem Umfang. (CL 43)	☐	
3. Sponsern Sie ein Essen auf der Messe, bei dem der Chef Ihres Unternehmens von einem Redepult aus Gäste begrüßen kann.	☐	
4. Sponsern Sie ein besonderes Programm für Eheleute.	☐	
5. Sponsern Sie ein von einer Fachkraft beaufsichtigtes Spielzimmer für Kinder mit Videos, Spielen, Erfrischungen und Babysitting für die Abendstunden.	☐	
6. Sponsern Sie den von Ihrem Firmenchef vorgestellten Sprecher, der eine programmatische Rede hält.	☐	
7. Chartern Sie einen Bus, mit dem kostenlose Rundfahrten durch die als Gastgeber fungierende Stadt unternommen werden können.	☐	
8. Sponsern Sie einen kostenlosen Zubringer zwischen Flughafen und Hotel.	☐	

IV. So finden Sie Käufer

42 *Checkliste*

21 Möglichkeiten, wie Sie und Ihre Firma auf einer Messe Aufsehen erregen können

☑ *Anmerkungen*

9. Wenn Messeteilnehmer einen „Willkommensgruß" in Form eines Geschenkkorbs erhalten, fügen Sie dem Korb etwas Besonderes bei. ☐

10. Stellen Sie jedem Teilnehmer eine attraktive Schultertasche mit dem Schriftzug Ihrer Firma zur Verfügung. (Liste 30) ☐

11. Sponsern Sie Unterhaltungsveranstaltungen. ☐

12. Finanzieren Sie den Tischschmuck für ein Essen. ☐

13. Übernehmen Sie die Kosten für ein spezielles, nach Ihrer Firma benanntes Dessert. Präsentiert werden könnte das Dessert auf eine Weise, die Ihre Tätigkeit wiedergibt (beispielsweise Ihr Produkt in Milschschokolade modelliert). ☐

14. Übernehmen Sie die Kosten für die Trophäen eines Golfturniers. ☐

15. Bezahlen Sie einen Fotografen, der kostenlose Portraitaufnahmen der Familienmitglieder von Messebesuchern macht. ☐

16. Sponsern Sie Pausen mit Erfrischungen. ☐

17. Sorgen Sie am Nachmittag für kostenloses Popcorn in Tüten, die den Namen und Schriftzug Ihrer Firma tragen. ☐

18. Stellen Sie Firmenprodukte für Geschenke, Prämien und Tombolapreise bereit. (CL 30) ☐

19. Sponsern Sie eine Verlosung für eine Kreuzfahrt oder einen Urlaub in der Karibik. ☐

20. Mieten Sie einen sehr großen Stand mit beeindruckendem Dekor und qualitativ hochwertigen Werbegeschenken. ☐

21. Stellen Sie an Ihrem Stand einen Computer mit Internet-Zugang auf. Sorgen Sie für kostenlosen E-Mail-Service. (CL 107) ☐

Checkliste **43**

10 Tips für die Arbeit auf einer Messe

Es ist Messezeit!

Autor unbekannt

Messen sind für Verkaufsvertreter das, was Weihnachten für den Einzelhandel ist. Das ganze Jahr freut man sich auf einen kurzen Zeitraum, in dem man die Chance hat, eine große Menge an Ware zu verkaufen. Doch dieses in einer Messe steckende Potential läßt sich nur dann umsetzen, wenn Sie Ihre Bemühungen und Energie fokussieren.

☑ *Anmerkungen*

1. **Verschaffen Sie sich mindestens zwei Wochen vor Messebeginn eine Liste der Teilnehmer.**

   Welche gegenwärtigen und früheren Kunden werden vertreten sein? Welche Einkäufer werden anwesend sein? Welche Termine möchten Sie vereinbaren? Auf wen wollen Sie sich konzentrieren, was den Aufbau persönlicher Beziehungen und Kontakte angeht? Mit welchen Einkäufern streben Sie während der Messe einen Verkaufsabschluß an?

2. **Planen Sie Ihre Offensive.**

   Nutzen Sie die zur Verfügung stehende Zeit und Energie, um optimale Ergebnisse zu erzielen. Legen Sie einen Plan fest, der spezifische Ziele wie etwa die folgenden umfaßt:

   ⇨ Erneuern Sie die Beziehungen zu früheren Kunden.
   ⇨ Frischen Sie die Beziehungen zu aktuellen Kunden auf.
   ⇨ Führen Sie Verkaufsgespräche mit einer bestimmten Anzahl neuer Käufer.
   ⇨ Bringen Sie neue Markttrends in Erfahrung.
   ⇨ „Hören" Sie dem gegenwärtigen Marktgeschehen zu.
   ⇨ Beobachten Sie sorgfältig die Konkurrenz.

3. **Das Team als Ausgangspunkt**

   Wenn Sie an der Messe mit Kollegen teilnehmen, übertragen Sie einzelnen Personen bestimmte Teilbe-

IV. So finden Sie Käufer

43 *Checkliste*
10 Tips für die Arbeit auf einer Messe

☑ *Anmerkungen*

reiche des Messeplans. Nutzen Sie die Befähigungen und Interessen von Teammitgliedern sowie deren persönliche Kontakte. Halten Sie zur Tagesmitte und abends eine Besprechung ab, um sich zu informieren. Sprechen Sie am Morgen mit allen Kollegen, um die Taktik für den Tag abzuklären. (CL 109, 113)

4. **Reisen Sie einen Tag früher an und einen später ab.** ☐

   Eine frühe Ankunft stellt sicher, daß Sie den ersten Messetag ausgeruht und gut vorbereitet angehen. Sie haben dadurch auch die Möglichkeit, rechtzeitig andere Messeteilnehmer zu treffen, die ebenfalls früher eintreffen. Einen Tag länger zu verweilen, gibt Ihnen die Möglichkeit, sich zu entspannen, die Gedanken zu sammeln und sich eine Strategie für die Zeit nach der Messe zurechtzulegen.

5. **Reservieren Sie, sollte die Messe in einem Hotel stattfinden, ein Zimmer im selben Hotel.** ☐

   Durch eine Zimmerreservierung in einem billigeren Hotel spart man am falschen Ende, denn man verpaßt die Gelegenheit, in Lifts, in der Lobby, im Restaurant oder im Fitneßraum Sondierungsgespräche zu führen.

6. **Bringen Sie mehr Marketingmaterial mit, als Sie für nötig halten.** ☐

   Es ist sehr viel besser, Broschüren und Visitenkarten wieder mit ins Büro zu nehmen, als daß Sie Ihnen auf der Messe ausgehen.

7. **Lassen Sie viele Ihrer „30-Sekunden-Werbespots" ablaufen.** ☐

   Bereiten Sie eine Beschreibung vor, mit der Sie in einer halben Minute Ihre Tätigkeit vorstellen können. Konzentrieren Sie sich bei Ihrer Präsentation mehr darauf, dem Kunden zu sagen, wie er von dem Produkt profitiert, als auf die Merkmale und Vorzüge Ihres Produkts hinzuweisen. („Ich versorge Herstel-

Checkliste **43**

10 Tips für die Arbeit auf einer Messe

☑ *Anmerkungen*

lerfirmen mit einem patentierten, störungsfreien, wirtschaftlichen Filter, der die Ausfallzeit bei der Produktion dramatisch verringert.") Setzen Sie diesen „Werbespot" jedesmal ein, wenn Sie mit jemandem zusammentreffen.

8. **Bestellen Sie Frühstück, Mittagessen und Abendessen für Einkäufer und Kunden.**

   Essen Sie auf einer Messe nie allein. Arrangieren Sie vor Beginn der Messe so viele dieser Essen wie möglich. Halten Sie sich an späteren Zeitpunkten einige Termine offen für neue Bekanntschaften, die Sie auf der Messe machen.

9. **Essen, trinken und ruhen Sie maßvoll.**

   Messen können an den Kräften zehren. Nehmen Sie bekömmliches Essen zu sich, trinken Sie nur mäßig Alkohol, und sorgen Sie dafür, daß Sie gut schlafen. Gehen Sie früh genug zu Bett, um die Kameradschaftlichkeit zu nutzen, die sich häufig unter den Frühaufstehern bildet. Einer von ihnen könnte ein zukünftiger A-Kunde sein. (CL 7)

10. **Informieren Sie sich.**

    Vergleichen Sie nach dem Ende der Messe die Resultate mit Ihrem Plan. Was lief gut und was nicht? Was werden Sie das nächste Mal anders machen? Wie sehen Ihre Pläne für Aktivitäten nach der Messe aus?

IV. So finden Sie Käufer

44 Checkliste
17 Bestandteile einer erfolgreichen Marketingkampagne im Bereich Direct-Mailing

Lassen Sie den Werbekunden den gleichen Geldbetrag, den er für Werbung ausgibt, für die Verbesserung seines Produkts investieren, und er braucht dafür keine Werbung mehr zu treiben.

Will Rogers

Im Jahr 1667 versandte William Lucas an seine Kunden eine gedruckte Preisliste für Samen und Pflanzen. Dieser britische Gärtner ist somit nachweislich der erste Marketer im Bereich des Direct-Mailings. Jahre später bot Ben Franklin über 600 Bücher seines Buchhandelsgeschäfts per Katalog an. Bis zum heutigen Tag bleibt das Marketing durch Direkt-Mailing für viele Produkte das wirkungsvollste Werkzeug, um zwischen Verkäufer und Kunden zu kommunizieren. Der Erfolg Ihrer Kampagne hängt von drei Faktoren ab: erstens der Richtigkeit und Zweckmäßigkeit Ihrer Adreßliste, zweitens der Attraktivität des Angebots, das Sie mit dem Mailing vermitteln wollen, und drittens der Qualität des Packages, das Sie versenden wollen: Umschlag, Brief, Broschüre oder Katalog, jegliche Beigaben und die Rückantwort. Nach der 40-40-20-Regel sind die Adreßliste und das Angebot jeweils doppelt so wichtig wie die Ausstattung der Postsendung. (CL 32)

☑ *Anmerkungen*

1. **Legen Sie Ihren erwarteten Gewinn fest.** ☐

   Welche Response-Quote erwarten Sie für Ihr Mailing? 2 Prozent? 5 Prozent? 8 Prozent? Macht sich das Mailing, den Reingewinn bei jeder Bestellung sowie die Gesamtkosten des Mailings berücksichtigt, bezahlt? Wenn das Mailing keinen oder wenig Gewinn abwirft, könnte es durch andere Kriterien gerechtfertigt werden, beispielsweise die positiven Auswirkungen auf künftige Mailings oder dadurch, daß die Kunden ein Lebenszeichen von Ihnen erhalten? (CL 29, 31)

2. **Testen Sie immer wieder.** ☐

   Experimentieren Sie mit Preis, Briefgröße, Entwurf des Prospekts, Schriftgröße, Farbe, Adreßlisten und so weiter. Ändern Sie jeweils eine Variable, damit Sie herausfinden, was am besten funktioniert.

3. **Führen Sie Marktanalysen durch.** ☐

   Prüfen Sie die Kunden auf der Adreßliste genau, verschaffen Sie sich ein präzises Bild Ihres durchschnittlichen Kunden, und spüren Sie Trends auf. Gestalten Sie die Fragen knapp und deutlich, damit

Checkliste **44**

17 Bestandteile einer erfolgreichen Marketingkampagne im Bereich Direct-Mailing

Anmerkungen

sie einfach zu beantworten sind, ob sie nun per Post oder telefonisch gestellt werden. Offerieren Sie bei auf dem Postweg erfolgenden Marktanalysen ein Geschenk, um die Response-Rate zu steigern.

4. **Halten Sie die Ergebnisse fest.**

   Eine sehr verbreitete Ursache für Mißerfolge im Direktmarketing ist die Unfähigkeit oder Abneigung, eine ausführliche Dokumentation über Anfragen, Response-Quoten, Verkäufe, Rücksendungen, Garantiekosten und andere Faktoren anzulegen. Mit einer detaillierten Datenbank hinsichtlich jahreszeitlicher, monatlicher und regionaler Effektivität können Sie Ihre Mailings für die wirtschaftlichsten Zeiträume und Regionen planen.

Hinweise für Ihre eigene Mailing-Liste:

5. **Aufbau einer eigenen Mailing-Liste**

   Zapfen Sie folgende Quellen an:

   ⇨ Tips und Empfehlungen von anderen Kollegen innerhalb und außerhalb Ihres Unternehmens
   ⇨ frühere Anfragen und Wünsche nach Informationen
   ⇨ frühere Verkaufsstatistiken
   ⇨ alltägliche Bürokorrespondenz
   ⇨ amtliche Statistiken
   ⇨ Telefonbücher
   ⇨ tägliche Berichte im Wirtschaftsteil Ihrer Zeitung
   ⇨ Handels- und Branchenpublikationen
   ⇨ Listen in Branchenmagazinen

6. **Anmietung oder Kauf von Adreßlisten**

   Adreßlisten erhalten Sie von Adreßbrokern, Firmen, die Adreßlisten anbieten, Branchenpublikationen und Handelsorganisationen. Bevor Sie eine solche Dienstleistung in Anspruch nehmen, überprüfen Sie die Qualität der Namen auf der Adreßliste, die Ihnen der

44 *Checkliste*

17 Bestandteile einer erfolgreichen Marketingkampagne im Bereich Direct-Mailing

☑ *Anmerkungen*

Anbieter liefert. Kaufen Sie einen Teil der Liste, damit Sie sie einer Bewertung unterziehen können. Fragen Sie Kunden, die gegenwärtig die Dienstleistungen von Adreßbrokern und Adreßverlagen in Anspruch nehmen, wie sie mit den Listen zufrieden sind. Stellen Sie fest, wie häufig die Adreßlisten bereinigt und aktualisiert werden.

Hinweise für Ihr Angebot:

7. **Das Angebot soll sich abheben.** ☐

   Das Angebot soll sich nicht nur scheinbar von früheren Angeboten abheben, vielmehr ist es besser, wenn es sich wirklich unterscheidet. Es ist schon schwer genug, mit einem Mailing die Aufmerksamkeit der Leute zu erregen. Wenn Ihr Angebot mit früheren Offerten übereinstimmt, wird sich kein Mailing und kein Package für Sie auszahlen.

8. **Verbessern Sie Ihr Angebot.** ☐

   Versenden Sie nur erstklassige Materialien. Verwenden Sie das Mailing, um bahnbrechende neue Produkte anzubieten.

9. **Keine „Sonderangebote"!** ☐

   Käufer haben heutzutage höchste Ansprüche. Sie wissen, daß Ware mit reduziertem Preis entweder ein Produkt ist, das sich nicht verkauft, oder daß die bevorstehende Markteinführung eines neuen Modells aus dem von Ihnen angebotenen ein veraltetes macht. Statt Produkte mit niedrigem Preis zu bewerben, promoten Sie Ware erster Güteklasse. Viele Leute sind bereit, für Qualität zu zahlen.

Hinweise für das Package:

10. **Nutzen Sie die „AIDA"-Formel.** ☐

    A: Erregen Sie die ungeteilte *Aufmerksamkeit* (Attention) des Lesers.

Checkliste **44**

17 Bestandteile einer erfolgreichen Marketingkampagne im Bereich Direct-Mailing

Anmerkungen

I: Wecken Sie *Interesse* (Interest), indem Sie dem Käufer den Nutzen verdeutlichen, den er durch den Einsatz Ihres Produkts hat.

D: Lösen Sie mit einem unwiderstehlichen Angebot beim Käufer den *Wunsch* (Desire) nach dem Produkt aus.

A: Sagen Sie dem Leser, zu welchen *Aktivitäten* (Action) Sie ihn auffordern.

11. Gestaltung des Umschlags

Der Umschlag kann einen verlockenden Werbetext tragen („Raten Sie mal, wer zum Abendessen kommt?"), reizvolle grafische Darstellungen oder einfach die Anschrift Ihres Unternehmens als Absender. Der Umschlag sollte den Eindruck einer individuell gestalteten, erstklassigen Postsendung machen. Sie sollten zudem für das Kuvert eine Farbe wählen, durch die es in einem Stapel Post auffällt.

12. Gestaltung des Anschreibens

Halten Sie den Brief und die Textabsätze kurz. Wenn eine Anrede unpassend erscheint, kann auch eine Überschrift ausreichen. Setzen Sie, wenn möglich, Illustrationen ein, denn dadurch erhöht sich der Leserkreis. Verwenden Sie den Schlußabsatz, um zum Kauf aufzufordern und darauf hinzuweisen, wie sehr Sie sich darauf freuen, dem Kunden zur Verfügung zu stehen. Nutzen Sie außerdem den meistgelesenen Teil eines jeden Briefes: das Postskriptum. (CL 45)

13. Gestaltung des Prospekts

Den Prospekt sollte ein professioneller Grafikdesigner gestalten, der Erfahrung mit dem Layout von Broschüren besitzt. Der Prospekt sollte eine fettgedruckte und interessante Headline tragen, die den Leser dazu bringt, den Rest des Werbetextes regelrecht zu verschlingen. Der Text selbst sollte die Produktvorteile herausstreichen und besonders die

IV. So finden Sie Käufer

44 Checkliste

17 Bestandteile einer erfolgreichen Marketingkampagne im Bereich Direct-Mailing

☑ *Anmerkungen*

Probleme hervorheben, die mit Ihrem Produkt oder Ihrer Dienstleistung gelöst werden können. Beantworten Sie die folgenden den Prospekt betreffenden Fragen:

⇨ Ist er aufregend und spannend gestaltet?
⇨ Ist er persönlich und fachkundig gestaltet?
⇨ Wird deutlich, für welches Produkt oder welche Dienstleistung geworben wird?
⇨ Sind genügend Informationen enthalten, um das Interesse des Lesers zu wecken?
⇨ Steht etwas im Mittelpunkt bzw. gibt es einen „großen Leitgedanken", der die Aufmerksamkeit des Lesers auf sich ziehen kann?
⇨ Werden Fragen aufgeworfen, deren Beantwortung die Käufer dazu bringt, sich mit den Problemen zu identifizieren, deren Lösung Ihr Angebot offeriert?

14. Setzen Sie an einer Stelle des Packages Humor ein.

Es gibt keine bessere Möglichkeit, die Aufmerksamkeit des Lesers zu erregen, als ihn zum Lachen zu bringen. Stellen Sie sich das Mailing eines Versorgungsunternehmens vor, das einen Cartoon mit der folgenden Aufschrift zeigt: „Die Elektrizitätswerke der Zukunft werden zwei Angestellte haben – einen Mann und einen Hund. Der Mann wird die Aufgabe haben, den Hund zu füttern. Der Hund wird die Aufgabe haben, den Mann davon abzuhalten, die Kontrollknöpfe zu berühren." Ein solches Package wird gelesen werden!

15. Sorgen Sie dafür, daß der Leser mit dem Package etwas Nützliches erhält.

Nachfolgend einige Möglichkeiten für eine Beigabe:

⇨ 20 humorvolle Zitate
⇨ Kalender oder Terminplaner
⇨ ein Beutel mit exotischem Tee
⇨ ein paar Kühlschrankmagnete

Checkliste **44**

17 Bestandteile einer erfolgreichen Marketingkampagne im Bereich Direct-Mailing

☑ *Anmerkungen*

⇨ kurzer Selbsttest mit Punktwertung
⇨ attraktives Wandposter
⇨ Büchlein mit humorvollem Inhalt oder Geschichten aus der Branche
⇨ Preisverlosung
⇨ Puzzle oder Rätsel

16. Gestaltung der Rückantwort ☐

Eine vernünftig gestaltete Rückantwort erleichtert es dem Käufer zu antworten. In ihr werden gewöhnlich das im Brief gemachte Angebot wiederholt, die Zahlungsmöglichkeiten aufgelistet und Angaben zur Produktgarantie gemacht. Erwägen Sie, die Rückantwort zu personalisieren, so daß die Anrufer jemanden namentlich ansprechen können. (Die Telefonnummer sollte natürlich kostenlos sein; in Amerika sind dies die 1-800er- und 1-888er-Nummern, in Deutschland der Service 0130 und 0800.)

17. Versenden Sie das Mailing pünktlich. ☐

Wenn Ihr Package zu einem bestimmten Zeitpunkt versandt werden soll, dann setzen Sie für die Herstellung eine doppelt so lange Zeitspanne an, wie Sie Ihren Schätzungen nach benötigen. Wenige Marketer im Bereich Direct-Mailing haben je den Fehler begangen, ein Mailing zu früh zu versenden.

IV. So finden Sie Käufer

45 *Checkliste*
16 Tips, damit Ihre Briefe gelesen werden

Die beste Redekunst ist diejenige, durch die Dinge erledigt werden können.

David Lloyd George

Denken Sie einen Moment über all die unverlangt zugesandten Werbebriefe nach, die Sie erhalten. Wie viele davon werfen Sie ungeöffnet weg? Und wie viele werfen Sie weg, nachdem Sie einen kurzen Blick hineingeworfen haben? Möchten Sie, daß Ihre Briefe besser aufgenommen werden? Folgen Sie einigen der unten aufgeführten Anregungen.

☑ *Anmerkungen*

1. **Verwenden Sie schlichte Umschläge ohne Fenster.** ☐

    Der Brief sollte auf den Betrachter einladend wirken und nicht „Werbepost" signalisieren.

2. **Füllen Sie den Umschlag nicht mit Beilagen.** ☐

    Bei einem Mailing besteht kein Anlaß, jeden in Ihrem Büro verfügbaren Prospekt an potentielle Käufer zu versenden. Beschränken Sie sich auf einen Prospekt und vielleicht eine Postkarte für die Rückantwort, die mit einer echten Briefmarke freigemacht ist.

3. **Adressieren Sie den Umschlag und den Brief an eine bestimmte Person, nicht an einen „Bewohner".** ☐

    Auf den Umschlag gedruckte Adressen wirken persönlicher als solche auf einem Klebeetikett.

4. **Benutzen Sie Briefmarken auf dem Kuvert.** ☐

    Freigestempelte Post besitzt einen Wegwerfcharakter.

5. **Verwenden Sie weißes oder unaufdringlich gefärbtes Papier.** ☐

    Viele Menschen werden von grellen Farben abgeschreckt.

Die 116 besten Checklisten Verkauf

Checkliste **45**

16 Tips, damit Ihre Briefe gelesen werden

☑ *Anmerkungen*

6. **Benutzen Sie eine lesbare Schrifttype.** ☐

    Entscheiden Sie sich mindestens für eine 12-Punkt-Schrift, eventuell eine Groteskschrift.

7. **Lenken Sie die Aufmerksamkeit des Lesers mit Hilfe unterschiedlicher Schrifttypen, Unterstreichung, Fett- und Kursivsetzung auf wichtige Worte und Satzteile.** ☐

    Übertreiben Sie es damit aber nicht. Verwenden Sie nicht zu viele bunte Farben; eine oder zwei Farben genügen, um die Schlüsselbegriffe in dem Brief hervorzuheben.

8. **Experimentieren Sie mit ungewöhnlichen Brieflayouts und -formaten.** ☐

    Setzen Sie sich mit einem Grafikdesigner zusammen, um den Briefkopf neu zu entwerfen oder den Brief in einem visuell einladenden Format zu gestalten.

9. **Erregen Sie die Aufmerksamkeit des Lesers schon zu Beginn des Briefes.** ☐

    Versuchen Sie es so:

    ⇨ Erzählen Sie eine Geschichte.
    ⇨ Zitieren Sie eine erschreckende Statistik.
    ⇨ Zitieren Sie einen zufriedenen Kunden.
    ⇨ Machen Sie eine überraschende Aussage.
    ⇨ Schildern Sie die Probleme des Lesers.
    ⇨ Beziehen Sie sich auf eine aktuelle Zeitungsmeldung.

10. **Achten Sie auf eine gute Verständlichkeit des Textes.** ☐

    ⇨ Wählen Sie Worte aus, die erläuternd, eindringlich, kurz und überzeugend sind.
    ⇨ Vermeiden Sie lange Schachtelsätze.
    ⇨ Achten Sie auf korrekte Grammatik und Interpunktion.

IV. So finden Sie Käufer

45 Checkliste

16 Tips, damit Ihre Briefe gelesen werden

Anmerkungen

⇨ Verwenden Sie kurze Absätze; drei bis fünf Sätze pro Absatz.

11. Schreiben Sie mit einer „Einstellung".

Benutzen Sie Anredepronomen (Sie, Ihr) im Gegensatz zur ersten Person (ich, mein, unser, wir). Identifizieren Sie sich mit dem Problem des Lesers.

12. Schreiben Sie in einem persönlichen, flüssigen Stil.

Verwenden Sie Umgangssprache. Lesen Sie sich den Brief laut vor, um sicherzustellen, daß er leserfreundlich ist.

13. Beenden Sie die erste Briefseite nicht mit einem Punkt.

Arrangieren Sie in einem zweiseitigen Brief den letzten Satz auf der ersten Seite so, daß er auf der zweiten Seite fortgeführt wird.

14. Der Leser soll aktiv werden.

Fordern Sie den Leser im letzten Absatz auf, etwas zu tun.

15. Verwenden Sie für die Unterschrift blaue Tinte.

Ihre Unterschrift sollte in einer Farbe sein, die sich von der eingesetzten Schrifttype unterscheidet. Damit wird verdeutlicht, daß Brief und Unterschrift keine Massendrucksache sind. Setzen Sie unter die Signatur den renommiertesten Titel, zu dem Sie rechtlich und moralisch berechtigt sind.

16. Fügen Sie ein Postskriptum hinzu, das als provozierende Frage formuliert ist.

Analysen haben gezeigt, daß das PS der am häufigsten gelesene Teil eines Briefes ist.

V. Eine Analyse des Käufers

Eltern mit mehr als einem Kind erkennen schon bald, wie verschieden ihre Sprößlinge sind. Selbst eineiige Zwillinge unterscheiden sich in Fähigkeiten, Talenten, Persönlichkeit, Temperament, Begriffsvermögen und Verhalten oft sehr stark. Die Kinder wachsen zu Erwachsenen heran. Und diese Erwachsenen werden zu Ihren Käufern. Und keine zwei sind genau gleich. Wie Eltern haben wir es mit einem breiten Spektrum an Persönlichkeiten zu tun, von denen jede Ihre interpersonellen Fähigkeiten aufs neue herausfordert. Die folgenden Checklisten machen Sie zwar nicht zum Psychologen, aber sie steigern Ihre Fähigkeit, Ihren Verkaufsstil an die Käufer anzupassen, die Sie kennenlernen.

46 Checkliste
10 psychologische Prinzipien, die Sie kennen müssen

Denken Sie im Umgang mit Menschen daran, daß Sie es nicht mit logisch denkenden Wesen zu tun haben, sondern mit emotionalen Wesen, mit Wesen voller Vorurteilen, die von Stolz und Eitelkeit angetrieben sind.

Dale Carnegie

Kluge Verkäufer verstehen die in Carnegies Beobachtung steckende Weisheit und wenden sie bei jedem Verkaufsgespräch an. In vielerlei Hinsicht sind sie Psychologen ohne Zulassung, die ein Produkt oder eine Dienstleistung verkaufen, statt Patienten zu empfangen. Die folgenden zehn Prinzipien bieten Ihnen zwar keine ausführliche Analyse des komplizierten und subtilen menschlichen Verhaltens, aber sie sind ein solides Fundament. Prüfen Sie folgende Punkte, um den Käufer besser zu verstehen.

Anmerkungen

1. **Wir gehen durch die Welt und haben Drehbücher im Kopf, die von unseren Eltern und anderen Autoritätspersonen geschrieben wurden.**

   Unsere Eltern und frühe Autoritätspersonen sind immer mit uns. Wertvorstellungen, Überzeugungen, Vorurteile und Ängste werden nicht in der DNS und den Chromosomen festgelegt, sondern wir lernen sie, sobald die Nabelschnur durchtrennt ist. Auf der Bühne des Lebens agieren wir oft noch immer nach Drehbüchern, die vor langer Zeit geschrieben wurden.

2. **Unser Handeln wird von wichtigen emotionalen Ereignissen bestimmt, die unsere frühen Lebensabschnitte beeinflußt haben.**

   Ein in der Zeit nach dem Zweiten Weltkrieg aufgewachsener Erwachsener unterscheidet sich von einem, der direkt ins „Wirtschaftswunder" hineingeboren wurde. Kennt man die Ereignisse, von denen Menschen in ihrer Jugend betroffen waren, dann erhält man Einblick in das, was sie als Erwachsene glauben.

3. **Wir alle sind psychologische „Eisberge", und einige ragen weiter aus dem Wasser als andere.**

   Der größere Teil eines Eisbergs ist nicht sichtbar, weil er unterhalb der Wasseroberfläche liegt. Ähnlich

Checkliste **46**

10 psychologische Prinzipien, die Sie kennen müssen

☑ *Anmerkungen*

ist es mit unseren Ängsten, Vorurteilen und Überzeugungen, die anderen nicht zugänglich sind und auch dem eigenen Selbst verborgen bleiben. Verhalten läßt sich beobachten, Motive und Ängste dagegen nicht. Wer seine Gefühle verbirgt, ist wie ein Eisberg, der nur ein kleines Stück weit aus dem Wasser ragt. Andere Menschen zeigen Emotionen viel offener.

4. **Wir wollen Schmerz vermeiden und suchen das Vergnügen.**

    Dieses Prinzip bedeutet nicht, daß wir alle zügellose Hedonisten sind. Vielmehr verweist es auf die beiden wichtigsten Antriebskräfte des Menschen. Menschen unterscheiden sich darin, welche Rolle Freude und Schmerz jeweils in ihrem Leben spielen. Es ist sehr wichtig zu wissen, was für die Menschen, auf die Sie einwirken wollen, die wichtigere Rolle spielt. Sie möchten ja sicherlich kein Schmerzmittel an einen Vergnügungssuchenden verkaufen und umgekehrt. Und schließlich müssen Sie genau wissen, wie ein Mensch Schmerz und Freude definiert.

5. **Unsere Persönlichkeit ist ein Gradmesser für Wohlbefinden und Unwohlsein.**

    Eine Theorie für das menschliche Verhalten besagt, daß die meisten Menschen an geringer Selbstachtung, Unsicherheit und anderen Formen „emotionalen Ballasts" leiden, und zwar unabhängig davon, wie gut sie ihre Funktion in der Gesellschaft erfüllen. Nach einer neueren Studie der Harvard School of Medicine beispielsweise benötigen 18% der US-Bevölkerung, die nicht in Behandlung sind, eigentlich psychiatrische Hilfe.

6. **Trotz unserer einzigartigen Persönlichkeiten formt auch unsere Umwelt unser Verhalten.**

    Man weiß von ehrlichen Menschen, die gestohlen haben. Ruhige Menschen explodieren manchmal. Aggressive Persönlichkeiten ziehen sich unter entsprechenden Umständen zurück. Die Menschen um

V. Eine Analyse des Käufers

46 *Checkliste*

10 psychologische Prinzipien, die Sie kennen müssen

☑ *Anmerkungen*

uns herum und die Situationen, in denen wir unter Druck stehen, wirken sich stark auf unser Verhalten aus. Die Lage, in der wir uns befinden, beeinflußt das, was wir tun.

7. **Wir brauchen mehr Zärtlichkeit, Liebe und Aufmerksamkeit.** ☐

   Forschungen haben bestätigt, daß Babys, denen man Berührung und Liebkosung verweigert, später mehr emotionale Probleme haben als Babys, die gestreichelt werden. Wenn Kinder heranwachsen, sind emotionale Streicheleinheiten ebenso wichtig wie rein physische. Aufgrund vieler Untersuchungen weiß man, daß Angestellte sich zuallererst über mangelnde Würdigung ihrer Arbeit beklagen. Sie hören von ihren Chefs nicht genügend Lob, Anerkennung und Wertschätzung für die Arbeit, die sie leisten.

8. **Wir hören, was wir hören wollen, und wir sehen, was wir sehen wollen.** ☐

   Keine zwei Menschen werden ein Ereignis auf genau dieselbe Weise interpretieren. Das heißt nicht, daß der eine recht und der andere unrecht hat, sondern lediglich, daß sich unsere Wahrnehmung aufgrund unserer verschiedenartigen Persönlichkeiten, Bedürfnisse und Erfahrungen unterscheidet.

9. **Wenn unser Ego bedroht ist, gehen wir in die Defensive und manchmal in die Offensive.** ☐

   Wir müssen uns geborgen und sicher fühlen. Wenn diese Sicherheit bedroht oder die Empfindung für unser Selbst gefährdet ist, wollen wir uns schützen. Wir werden dabei möglicherweise unsere Verteidigungsposition verlassen und die Person angreifen, die uns in unserem Wohlbefinden stört. (CL 100)

10. **Medikamente, Genußmittel, Diäten und zu wenig Schlaf können die Persönlichkeit beeinträchtigen.** ☐

    Heftige Gefühlsumschwünge lassen sich auf Veränderungen der chemischen Prozesse in unserem Kör-

10 psychologische Prinzipien, die Sie kennen müssen

Checkliste **46**

☑ *Anmerkungen*

per zurückführen, die unter anderem auch von Eß-, Trink- und Schlafgewohnheiten beeinflußt werden. Viele Menschen brauchen morgens Koffein, tagsüber Nikotin und abends Alkohol. Alle diese Stoffe verändern die natürliche Stimmungslage. Viele Menschen beispielsweise schlafen zu wenig und verlieren dadurch die Fähigkeit, wirkungsvoll mit dem emotionalen Streß des Lebens umzugehen. (CL 7)

47 Checkliste
4 Kategorien für Persönlichkeitstypen

Was ein Mensch darstellt, ist die Grundlage dessen, was er träumt, glaubt, toleriert und ablehnt, fühlt und wahrnimmt.

John Mason Brown

Um erfolgreich Verbindungen und persönliche Beziehungen zu Käufern aufzubauen, brauchen Sie eine Basis. Je mehr Sie über die Menschen wissen, desto besser können Sie Ihr Verhalten an sie anpassen. Obwohl sich auf der Erdkugel jeder Mensch auf einzigartige Weise von jedem anderen Menschen unterscheidet, haben Psychologen nützliche Kategorien aufgestellt, um diese Unterschiede zu normieren. Die folgende Checkliste umfaßt vier Kategorien.

Anmerkungen

Wenn Sie diese vier verschiedenen Persönlichkeitstypen erst einmal verstanden haben, können Sie Ihre Käufer entsprechend einordnen und gemäß den Ratschlägen der im nächsten Kapitel folgenden Checklisten 59 bis 62 reagieren.

1. **Der Dominante: „Erledigen wir das jetzt auf diese Weise."**

   Dominante Typen haben das große Bedürfnis, Kontrolle auszuüben und unabhängig zu sein. Bei Verhandlungen tendieren sie dazu, Informationen für sich zu behalten, die Schwächen der anderen Person auszuloten und diese Schwächen zum eigenen Vorteil zu nutzen. Sie konzentrieren sich auf das Ergebnis ihrer Arbeit, und das heißt für sie: zu gewinnen. Der dominante Typ will seine Schlüsse selbst ziehen und nicht von anderen darauf hingewiesen werden. Er redet lieber, als daß er zuhört.

2. **Der Beeinflusser: „Freut mich, daß Sie da sind. Sprechen wir über das, was wir füreinander tun können."**

   Der einflußnehmende Typ ist, wie der dominante, kompromißlos und hat ein Bedürfnis nach Unabhängigkeit. Er ist jedoch „weicher" und verspürt ein größeres Verlangen nach Anerkennung und Akzeptanz. Er redet gern und bietet sehr viele Informationen über seine Bedürfnisse an. Er versucht nicht, auf Ihre Kosten erfolgreich zu sein, sondern er will, daß

Checkliste **47**

4 Kategorien für Persönlichkeitstypen

Anmerkungen

andere Menschen ihn sympathisch finden. Bei Verhandlungen reagiert er sehr emotional und trifft seine Entscheidungen impulsiv. Deshalb ist er, langfristig gesehen, mit einem Geschäftsabschluß oftmals unzufrieden. Der einflußnehmende Typ macht sich, mehr als die anderen drei Typen, oft Gewissensbisse wegen einer Kaufentscheidung.

3. **Der Beziehungsorientierte: „Am wichtigsten ist das Gefühl, daß wir uns persönlich und geschäftlich gut verstehen."**

Der beziehungsorientierte Typ wünscht sich eine funktionierende Beziehung und vermeidet Konflikte um jeden Preis. Er hält seine negativen Gefühle unter Kontrolle, damit er niemanden beleidigt. Wie der einflußnehmende Typ hat er das starke Bedürfnis, gemocht zu werden und Beziehungen aufzubauen. Er ist jedoch viel weniger kompromißlos und impulsiv. Da ihm Veränderungen unangenehm sind, betrachtet er neue Ideen, Produkte und Verfahrensweisen besonders skeptisch. Er trifft Entscheidungen, aber quälend langsam.

4. **Der Nachgiebige: „Gehen wir etwas langsamer an die Sache heran; ich möchte unbedingt sichergehen, daß wir alle Punkte berücksichtigen."**

Der nachgiebige Typ scheut das Risiko, und seine Motivation ist sein Bedürfnis nach Sicherheit. Weil er ein Perfektionist und unterschwellig auch unsicher ist, sucht er kontinuierlich die Bestätigung, daß das, was er tut, richtig ist. Er konzentriert sich auf Details, um sicherzustellen, daß alles mit der angestrebten Methode funktioniert und keine Überraschungen zu befürchten sind. Er entscheidet sich quälend langsam und systematisch und wägt dabei alle Gesichtspunkte gegeneinander ab. Da er unsicher ist und unentwegt nach Bestätigung sucht, will er beim Verkaufsgespräch umfassender informiert werden als der dominante oder einflußnehmende Typ.

V. Eine Analyse des Käufers

48 *Checkliste*

10 Hinweise auf den interpersonellen Stil des Käufers

Einige Menschen bringen einen Raum zum Leuchten, wenn sie ihn betreten; andere, wenn sie ihn verlassen.

Autor unbekannt

Sie sind Detektiv und suchen nach Hinweisen für den besten Umgang mit dem Käufer. Soll ich Fakten oder Emotionen betonen, Statistiken oder Anekdoten, Zahlen oder Worte? Soll ich direkt oder indirekt sein, kompromißlos oder nachgiebig? Soll ich mich rein auf das Geschäftliche beschränken oder persönlich werden? Die Antwort auf all diese Fragen lautet gleich: Passen Sie sich auf angenehme Art und Weise an das Verhalten der vor Ihnen sitzenden Person an. Ihr Verhalten soll sich mit dem des Käufers decken. Folgende Hinweise werden Ihnen helfen.

☑ *Anmerkungen*

1. **Büro oder Arbeitsplatz** ☐

   ⇨ Ist der Raum gut organisiert und ordentlich, oder herrscht Chaos?
   ⇨ Welcher Art ist der Wandschmuck? Welche Botschaft drückt er aus?
   ⇨ Wie viele Familienfotos stehen auf dem Schreibtisch?
   ⇨ Ist der Raum hell und offen oder dunkel und zugestellt?
   ⇨ Welche persönlichen Gebrauchsgegenstände sehen Sie?
   ⇨ Wie sind die Möbel angeordnet?
   ⇨ Wird Ihnen ein Platz vor dem Schreibtisch angeboten oder neben der Person? (CL 58)

2. **Kleidung** ☐

   ⇨ Wie ordentlich und sauber ist die Kleidung?
   ⇨ Ist sie modisch, klassisch oder altmodisch?
   ⇨ Sind die einzelnen Kleidungsstücke aufeinander abgestimmt, oder passen sie nicht zusammen?
   ⇨ Ist sie auffällig, geschmackvoll oder dezent?
   ⇨ Sitzt die Kleidung gut, oder wirkt sie nachlässig?
   ⇨ Ist die Kleidung gepflegt oder unordentlich?

3. **Gesichtsausdruck** ☐

   ⇨ Lächelt der Käufer, runzelt er die Stirn, oder tut er beides?

Checkliste **48**

10 Hinweise auf den interpersonellen Stil des Käufers

☑ *Anmerkungen*

⇨ Kommt ein fester Blickkontakt zustande?
⇨ Signalisiert der Gesichtsausdruck Zustimmung (gehobene Augenbrauen) oder Ablehnung (gesenkte Augenbrauen)? (CL 58)

4. Der erste Kontakt ☐

⇨ Hat man Sie pünktlich empfangen oder warten lassen?
⇨ Hat man Sie durch einen freundlichen Empfang willkommen geheißen?
⇨ War das Händeschütteln herzlich oder distanziert?
⇨ Begann die Unterhaltung auf eine zwanglose Art, oder konzentrierte sie sich sofort auf das Geschäftliche?

5. Persönliche Beziehung ☐

⇨ Ist Ihr Gegenüber an Ihnen interessiert oder nur am geschäftlichen Teil des Gesprächs?
⇨ Betreibt der Käufer lediglich Konversation, oder ist er am Zweck des Meetings wirklich interessiert?
⇨ Zeigt er Sinn für Humor?

6. Auditive Hinweise ☐

⇨ Spricht der Käufer langsam und bedächtig oder schnell und impulsiv?
⇨ Hören Sie eine variabel artikulierte oder eine gelangweilte, monotone Stimme?
⇨ Ist der Tonfall der Stimme warm und angenehm oder hart und barsch?
⇨ Zeigt die Person wirkliches Gefühl in ihrer Stimme?

7. Tempo des Gesprächs ☐

⇨ Verläuft die Unterhaltung in einem langsamen oder schnellen Tempo?
⇨ Verläuft sie angespannt oder entspannt?
⇨ Verläuft sie flüssig oder zusammenhanglos?
⇨ Verläuft sie gezwungen oder locker?

V. Eine Analyse des Käufers

48 Checkliste

10 Hinweise auf den interpersonellen Stil des Käufers

☑   *Anmerkungen*

8. Sprachliche Hinweise ☐

⇨ Ist die Sprache des Käufers negativ und weinerlich oder positiv und anregend?
⇨ Ist die Wortwahl wohlüberlegt und präzise oder impulsiv?
⇨ Ist die Sprache farbig und ausdrucksstark oder schwerfällig und eintönig?
⇨ Ist die Sprache schwülstig oder sachlich?

9. Gestik ☐

⇨ Scheint die Person lebhaft oder unerschütterlich zu sein?
⇨ Wirken die Gesten ruhig und beherrscht oder nervös und zappelig?
⇨ Wirken die Gesten natürlich und ermutigend oder gezwungen und irritierend?
⇨ Wirken sie dirigierend?

10. Kommentare und Fragen ☐

⇨ Konzentrieren sich die Worte des Käufers auf Tatsachen und reine Fakten, oder rücken sie Gefühle und Spekulationen in den Mittelpunkt?
⇨ Sind die Worte klug oder geistlos?
⇨ Sind sie eindeutig oder vage?
⇨ Beschränken sie sich auf das Geschäftliche, oder sind sie persönlich?

Checkliste **49**

12 Möglichkeiten, wie Sie Ihre Verkaufspräsentation auf die Weltsicht des Käufers abstimmen

Jeder Kopf hat seine eigene Methode.

Ralph Waldo Emerson

Käufer haben verschiedene Wahrnehmungsfilter, die ihre Weltsicht und ihre Art der Informationsverarbeitung bestimmen. Legen Sie zwei Käufern dieselben Fakten vor, und sie werden aufgrund ihrer unterschiedlichen Filter jeweils anders reagieren. Folgende vier Wahrnehmungsfilter sind für Verkäufer am interessantesten: die Bedeutung von Details; Übereinstimmung versus Unterschiedlichkeit; die Ausrichtung; die Hauptmotivation.

☑ *Anmerkungen*

Die Bedeutung von Details:

1. **Finden Sie heraus, ob der Käufer lieber einen Überblick haben will oder ob er Details schätzt.**

   Menschen, die etwas vollständig erfassen wollen, nehmen Informationen in „großen Brocken" auf und möchten einen Überblick bekommen. Der detailorientierte Käufer nimmt die kleinsten Einzelheiten auf und möchte über Feinheiten informiert werden. Stellen Sie eine einfache Frage: „Herr …, wir haben heute ein großes Pensum vor uns. Möchten Sie, daß ich mit einem umfassenden Überblick beginne, oder soll ich gleich zu den Details übergehen?" Die Antworten könnten von „Fassen Sie einfach mal alles zusammen" bis „Ich müßte genau wissen, wie Ihr System jede der derzeitigen Dienstleistungen ersetzt" reichen.

2. **Präsentieren Sie dem Käufer, der einen Überblick wünscht, eine kurze Zusammenfassung.**

   Heben Sie die Glanzpunkte hevor. Kommen Sie rasch zu dem Ergebnis, das mit dem Einsatz Ihres Produkts oder Ihrer Dienstleistung erreicht wird. Bieten Sie einen Prospekt oder Schnellhefter mit Details an, auf den der Käufer zu einem späteren Zeitpunkt zurückgreifen kann. Stellen Sie sich auf den möglichen Wunsch des Käufers ein, nach einer Übersicht noch etwas über Einzelheiten zu erfahren.

V. Eine Analyse des Käufers

49 Checkliste

12 Möglichkeiten, wie Sie Ihre Verkaufspräsentation auf die Weltsicht des Käufers abstimmen

☑ *Anmerkungen*

3. **Entsprechen Sie dem Wunsch des detailorientierten Käufers nach spezifischen Informationen.**

   Sie müssen über das Produkt oder die Dienstleistung in jeglicher Hinsicht Bescheid wissen. Präsentieren Sie erstklassige technische Aspekte. Beschreiben Sie alles, was mit dem Produkt zu tun hat. Gehen Sie dann noch einmal gesondert auf einige Gesichtspunkte ein, wenn ein Käufer noch mehr Einzelheiten wissen will.

Übereinstimmung versus Unterschied:

4. **Stellen Sie fest, ob Ihr Einkäufer ein „Gemeinsamkeiten"-Typ oder ob er ein „Unterschied"-Typ ist.**

   Menschen des „Gemeinsamkeiten"-Typs setzen Ihr Produkt zu jenen Produkten in Bezug, mit denen sie bereits Erfahrungen gemacht haben. Sie suchen nach Verbindungen zwischen dem, was Sie sagen, und dem, was sie als Käufer persönlich kennen. Die „Unterschied"-Typen vergleichen, inwiefern sich Ihr Angebot von dem unterscheidet, was sie als Käufer schon haben. Sie weisen auch rasch auf Fehler in Ihrer Präsentation oder Publikation oder an Ihrem Produkt hin. Stellen Sie eine Frage, die einen Vergleich enthält. Zum Beispiel: „Wie ist Ihr neuer Computer im Vergleich zum alten?" Interessiert sich der Käufer zuerst für die Unterschiede oder zuerst für die Gemeinsamkeiten?

5. **Gehen Sie im Gespräch mit dem „Gemeinsamkeiten"-Typ auf die Gemeinsamkeiten ein.**

   Betonen Sie die Gemeinsamkeiten Ihres Produkts oder Ihrer Dienstleistung mit dem, was der Käufer bereits kennt oder verwendet, bevor Sie auf die Unterschiede eingehen.

Checkliste **49**

12 Möglichkeiten, wie Sie Ihre Verkaufspräsentation auf die Weltsicht des Käufers abstimmen

☑   *Anmerkungen*

6. **Konzentrieren Sie sich bei „Unterschied"-Typen auf die Unterschiede.**

    Demonstrieren Sie die Andersartigkeit Ihres Produkts. Gehen Sie auf Gemeinsamkeiten nur dann ein, wenn der Käufer dies bei der Beantwortung der Vergleichsfrage getan hat.

Die Ausrichtung:

7. **Stellen Sie fest, ob der Einkäufer nach außen oder nach innen gerichtet ist.**

    Nach innen gewandte Personen werfen für Antworten und Entscheidungen einen Blick in sich hinein. Nach außen gerichtete Personen möchten ihre Vorstellungen an jemandem testen, bevor sie sich verbindlich festlegen. Stellen Sie die Frage: „Woher wissen Sie, daß (Ihr Produkt oder Ihre Dienstleistung) das richtige für Sie ist?" Zeigt die Antwort, daß der Käufer unabhängig seine Entscheidungen trifft, oder zeigt sie, daß er einen Konsens anstrebt?

8. **Verwenden Sie die Sprache des nach innen gerichteten Käufers.**

    Ermutigen Sie ihn mit Aussagen wie beispielsweise: „Ich bin sicher, Sie wissen, was für Ihre Firma richtig ist." Oder: „Sie können selbst entscheiden, was für Sie richtig ist."

9. **Verwenden Sie die Sprache des nach außen gerichteten Käufers.**

    Erzählen Sie Geschichten von Dritten, und schildern Sie Aussagen von zufriedenen Kunden. Nutzen Sie viele Fakten, um Ihre Argumentation zu untermauern. Verweisen Sie so oft wie möglich auf Berichte in Magazinen, Zeitungen und Branchenpublikationen.

V. Eine Analyse des Käufers

49 Checkliste

12 Möglichkeiten, wie Sie Ihre Verkaufspräsentation auf die Weltsicht des Käufers abstimmen

☑ *Anmerkungen*

Die Hauptmotivation:

10. Finden Sie heraus, ob Sie es mit einem „konfliktscheuen" oder mit einem „lustbetonten" Einkäufer zu tun.

Einkäufer, die Probleme vermeiden möchten, wollen sich in der Regel das unbehagliche Gefühl, das mit Konflikten, Kritik oder Ärger einhergeht, ersparen. Sie haben auch Angst, ihren Arbeitsplatz zu verlieren, bangen um Anerkennung oder Prestige oder befürchten einen Einbruch bei den Gewinnen. Sie scheuen einfach vor jeglichem Konflikt zurück. Im Gegensatz dazu streben „lustbetonte" Einkäufer nach Wachstum, Perfektion, Schönheit, Anerkennung, Karriere, Status und Einkommen. Stellen Sie die Frage: „Was erwarten Sie von …?" Fahren Sie nach der Antwort des Käufers mit der Frage fort: „Warum ist Ihnen das wichtig?" Die Antwort darauf wird Ihnen sagen, ob sich dieser Käufer Probleme vom Hals halten will oder ob er mit Hilfe Ihres Produkts oder Ihrer Dienstleistung eine positive Veränderung anstrebt.

11. Appellieren Sie an den „konfliktscheuen" Typ.

Finden Sie mit Ihren Fragen heraus, welche speziellen Probleme der Einkäufer lösen möchte. Verwenden Sie Worte wie „beheben", „lösen", „reparieren" und „vermindern".

12. Appellieren Sie an den „lustbetonten" Typ.

Finden Sie mit Ihren Fragen heraus, welche positiven Auswirkungen sich der Käufer von Ihrem Produkt oder Ihrer Dienstleistung erhofft. Benutzen Sie Worte wie „wachsen", „erreichen", „realisieren" oder „leisten". Demonstrieren Sie dem Käufer, wie genau Sie dazu beitragen können, seine Wünsche zu erfüllen.

Checkliste **50**

Die 7 Ängste von Käufern

Der Optimist verkündet, daß wir in der besten aller möglichen Welten leben; und der Pessimist befürchtet, daß dies wahr ist.

James Branch Cabell

Ängste sind mitunter die stärkste Kraft, die auf Ihre Käufer wirkt. Um den Schein von Stärke und Kontrolle zu wahren, geben Käufer möglicherweise die unterschwelligen Befürchtungen nicht preis, die sich auf ihre Entscheidungen auswirken. Einige Befürchtungen sind offensichtlich, andere sehr subtil und verborgen. Sie werden die Zahl Ihrer Abschlüsse steigern, wenn Sie den Käufern erst einmal geholfen haben, ihre Ängste zu offenbaren, ihnen dann zu verstehen geben, daß Sie auf solche Ängste sensibel eingehen, und sie dann zu der Schlußfolgerung veranlassen, daß sich durch Ihr Produkt alle Befürchtungen zerstreuen.

✓ *Anmerkungen*

1. **Die Angst vor der Kaufreue**

   Käufer befürchten, daß sie den Entschluß, bei Ihnen zu kaufen, morgen, nächste Woche oder nächsten Monat bereuen, auch wenn heute ein Kauf bei Ihnen die richtige Entscheidung zu sein scheint. Diese Angst steigt proportional zu dem Preis der Ware und der Zahl der Alternativen, die es zu diesem Produkt gibt. (CL 100)

2. **Die Angst, daß man durch eine falsche Entscheidung Respekt und Ansehen einbüßt**

   Obwohl wir keine Jugendlichen mehr sind, stehen wir unter einem enormen Erfolgsdruck. Wir wetteifern um Bewunderung und Anerkennung durch andere Menschen. Die Angst vor dem Verlust dieser Bewunderung und Anerkennung ist um so größer, wenn der Käufer sehr ausgeprägte soziale Bedürfnisse hat, eine dominante Chefposition einnimmt, in einem Team arbeitet oder bei einem Unternehmen angestellt ist, das stetige Verbesserung und vorzügliche Leistungen verlangt.

3. **Die Angst, die Selbstachtung zu verlieren**

   Wir alle wollen uns in unserer Haut wohl fühlen. Wenn wir eine falsche Entscheidung treffen und die

50 *Checkliste*
Die 7 Ängste von Käufern

Konsequenzen daraus tragen müssen, ist unsere Selbstachtung in Gefahr. (CL 60)

4. **Die Angst, daß eine falsche Entscheidung die Karriere ruiniert**

   Für einige Käufer bedeutet eine falsche Entscheidung vielleicht die Entlassung. Eine Unternehmenskultur, in der der erste Fehler der letzte ist, schafft durch zu viele Analysen eine lähmende Atmosphäre. Eine richtige und bedeutsame Entscheidung dagegen könnte dem Einkäufer große Anerkennung und ewige Dankbarkeit des höheren Managements und sogar der Aktionäre einbringen.

5. **Die Angst, daß eine falsche Entscheidung für die Firma eine Katastrophe oder das Ende bedeutet**

   Bei manchen Entscheidungen geht es für die betreffende Person oder die Firma um alles oder nichts. Wenn einem Einkäufer klar ist, daß das Unternehmen auf der Kippe steht, wird es ihm unter Umständen am Mut fehlen, eine tiefgreifende Entscheidung zu treffen. Ein Einkäufer, der sehr gewissenhaft mit begrenzten Mitteln umgehen muß, befindet sich in der gleichen Lage.

6. **Die Angst vor dem Unbekannten**

   Ungeachtet Ihrer Zusicherungen und Garantien hält ein Käufer vielleicht lieber an einem problembehafteten Status quo fest, als sich für eine ungewisse Zukunft zu entscheiden. Er ist mit dem gegenwärtigen Zustand vielleicht nicht zufrieden, aber er kennt ihn wenigstens. Die Zukunft ist voller Fragezeichen, und man möchte keine Risiken eingehen. Diese Befürchtung ist besonders ausgeprägt bei Einkäufern, die um ihren Arbeitsplatz bangen, und bei Einkäufern, die wenig Selbstvertrauen haben.

Checkliste **50**

Die 7 Ängste von Käufern

Anmerkungen

7. **Die Angst, dem Verkäufer die Kontrolle zu überlassen**

   Wie alle Menschen wollen auch Käufer die Zügel in der Hand behalten und ihre Überlegenheit bewahren. Sie wollen das Sagen haben, die Tagesordnung festlegen und autonom bleiben. Sie befinden sich in einer starken Position, weil sie ihre Kaufentscheidungen aufschieben können, solange es ihnen beliebt. Sobald Sie sich in diesen Bereich einmischen, schränken Sie die Macht der Käufer ein und verstärken ihre Ängste. In den folgenden Kapiteln finden Sie Ratschläge, wie Sie es den Käufern möglich machen, die Kontrolle über den Kaufprozeß zu behalten.

V. Eine Analyse des Käufers

51 Checkliste

11 negative Auffassungen, die die meisten Käufer über Sie und das Verkaufen haben

Ein Ausländer gilt bei den Angehörigen einer anderen Rasse selten als Mensch.

Pliny

Sie wollen von einem Käufer empfangen werden und Ihr Produkt verkaufen. Ein Käufer möchte sicher sein, daß Ihr Produkt das richtige ist und Sie die richtige Person sind, von der er kaufen möchte. Sie versuchen, eine Beziehung aufzubauen, die, wie Sie hoffen, zu einem Geschäftsabschluß führen wird. Jeder von Ihnen hat eine Meinung über den anderen. Wenn Sie einige geringschätzige Ansichten von Käufern über Verkäufer kennen, werden Sie eher in der Lage sein, eine gute Beziehung aufzubauen und einen Geschäftsabschluß zu erreichen. (CL 99)

	☑	Anmerkungen
1. **Käufer glauben, ihre Zeit sei wertvoller als die Zeit des Verkäufers.** Käufer sind häufig ungehalten, weil sie Sie in ihrem vollen Terminplan unterbringen müssen, und nehmen wenig Rücksicht auf Ihren Terminplan.	☐	
2. **Käufer sind der Meinung, sie müßten ein unerwartetes Telefonat nicht durch einen Rückruf auf einen späteren Zeitpunkt verlegen.** Einkäufer haben letztlich keine Ahnung, wer Sie sind. Vielleicht verhalten sie sich einem anderen Lieferanten gegenüber loyal und haben gar kein Interesse, Energie und Zeit in den Aufbau einer neuen Geschäftsbeziehung zu stecken.	☐	
3. **Käufer denken, daß sie einen Termin absagen dürfen, auch wenn das Unannehmlichkeiten verursacht.** Und wieder einmal sind die Käufer sehr beschäftigt. Sie können Ihren Terminplan ja jederzeit umstellen. Käufer glauben, daß Sie derjenige sind, der mit dem Geschäft Geld machen will, so daß Sie jede Unannehmlichkeit akzeptieren sollten, die durch Terminumstellungen entsteht.	☐	
4. **Käufer glauben, es sei in Ordnung, Sie zu täuschen.** Einkäufer werden vielleicht einen Termin mit Ihnen vereinbaren, um Sie loszuwerden, ohne die Absicht,	☐	

Checkliste **51**

11 negative Auffassungen, die die meisten Käufer über Sie und das Verkaufen haben

☑ *Anmerkungen*

den Termin einzuhalten. Sie liefern Ihnen unter Umständen falsche Informationen über gegenwärtige Lieferanten oder lassen Sie im unklaren darüber, ob und wieviel Geld ihnen für die Lösung des Problems zur Verfügung steht. Oder sie gaukeln Ihnen vor, sie seien befugt, eine Entscheidung zu treffen.

5. **Käufer sind der Ansicht, Verkäufer seien geschult, um zu manipulieren und psychologische „Spielchen" zu treiben.** ☐

   Haben Sie sich einige Dutzend Tonbänder mit psychologisch durchdachten Texten angehört, tagelang Schulungen zur Manipulation anderer über sich ergehen lassen und sich ein komplettes Repertoire von Verhandlungstricks angeeignet? Käufer glauben das. Wenn der Verkäufer ihr Büro betritt, meinen sie, er führe ein ganzes Arsenal von Verkaufstricks mit sich, gegen die sie sich wehren müssen.

6. **Der Käufer meint, daß er vom Verkäufer unter Druck gesetzt wird.** ☐

   Der Käufer befürchtet, daß Sie ihn in die Enge treiben und versuchen, ihn zu einer vorschnellen Entscheidung zu drängen.

7. **Der Käufer glaubt, daß nur ein starker Widerstand eine gute Verteidigung ist.** ☐

   Der Käufer meint, sein uneinsichtiges, eigensinniges und resolutes Verhalten sei gerechtfertigt, weil er erwartet, von Ihnen unter Druck gesetzt und manipuliert zu werden. Wenn der Käufer beginnt, für Sie und das Produkt Sympathie zu empfinden, dann schrillen bei ihm die inneren Alarmglocken, damit er „wieder zu Verstand" kommt. Er zieht den Schluß, daß seine positive Reaktion irrational und tollkühn sein müsse. Dies passiert häufig, wenn man glaubt, das Geschäft bereits unter Dach und Fach zu haben.

V. Eine Analyse des Käufers

51 Checkliste

11 negative Auffassungen, die die meisten Käufer über Sie und das Verkaufen haben

☑ *Anmerkungen*

8. Der Käufer glaubt, daß er das Spiel verloren hat, wenn er zu früh nachgibt.

In einem Spiel macht jede Seite „Schachzüge". Käufer meinen, sie dürften nicht gleich beim ersten Verkaufsgespräch zu einem Geschäftsabschluß kommen. Das gilt als „falscher Schachzug". Deswegen haben sie keine Hemmungen, Sie ein zweites oder drittes Mal kommen zu lassen, bevor ein Geschäftsabschluß erfolgt.

9. Käufer denken, daß Sie aufgrund Ihres Berufs Ihre Moral und Integrität verleugnen, auch wenn Sie den Eindruck machen, ein netter Mensch zu sein.

Bei Umfragen in den USA über die vertrauenswürdigsten Berufe belegen Verkäufer niemals die oberen Ränge. Eltern sind selten stolz auf den Beruf ihrer Tochter oder ihres Sohnes, wenn sie Verkäufer sind.

10. Käufer finden es in Ordnung, daß Sie sie kostenlos beraten.

Die Käufer finden nichts Verkehrtes daran, das Fachwissen des Verkäufers zu nutzen, um mit der Konkurrenz zu einer guten Entscheidung zu gelangen. Schließlich haben Sie ja den Einkäufer angerufen und nicht umgekehrt; und Sie bewegen sich auf seinem Territorium und nicht umgekehrt. Sorgen Sie mit entsprechenden Strategien dafür, daß Sie Ihr Fachwissen nicht ohne angemessene Bezahlung weitergeben.

11. Käufer glauben, daß Ausflüchte und Verzögerungen richtig und notwendig sind.

Der Käufer geht davon aus, daß seine psychologische Sicherheit um so größer ist, je stärker er die Verhandlungen beherrscht. Die stärkste Macht übt er mit der Entscheidung aus, eine Bestellung aufzugeben oder nicht. Je länger er diese Entscheidung hinauszögert, desto größer ist seine Sicherheit.

Checkliste **52**

7 Hinweise, wie Sie dafür sorgen können, daß der Käufer Sie mit Respekt behandelt

Denken Sie daran, daß Ihnen niemand ein Gefühl von Minderwertigkeit geben kann, außer Sie lassen es zu.

Eleanor Roosevelt

Die Psychologen weisen uns darauf hin, daß wir unbewußt andere Menschen ermutigen, uns zu enttäuschen und zu verärgern, das heißt, daß wir genau jenes Verhalten verstärken, das wir am anderen nicht mögen oder gar hassen. Auf diese Weise fühlen sich Käufer befugt, Sie nicht zurückzurufen oder Sie anderweitig respektlos zu behandeln. Wenn Sie sich an die in der folgenden Checkliste aufgeführten Ratschläge halten, dann werden Sie sich größeren Respekt verschaffen und mehr Verkaufsgespräche positiv abschließen können.

	✓	*Anmerkungen*
1. **Beraten Sie den Einkäufer nicht kostenlos.**	☐	
Sollte der Käufer alle notwendigen Informationen erhalten, um eine kompetente Entscheidung zu treffen? Gewiß. Sollte der Käufer Sie als kostenlosen Unternehmensberater nutzen? Niemals. *Helfen* Sie dem Käufer, zu der Erkenntnis zu gelangen, daß Sie ihn bei der Lösung seiner Probleme unterstützen können. Auf welche Weise Sie das bewerkstelligen werden, zeigen Sie ihm jedoch erst, wenn er Ihr Kunde geworden ist.		
2. **Bereiten Sie keine kostenaufwendigen schriftlichen Angebote vor, ohne die Zusicherung zu haben, daß die Angebote ernsthaft geprüft werden.**	☐	
Der Käufer sollte ein schriftliches Angebot erhalten, wenn er es braucht. Leider holen einige Einkäufer Angebote ein, *obwohl* sie ihre Lieferanten bereits ausgewählt haben. Das liegt einfach daran, daß in einigen Firmen aus unternehmenspolitischen oder geschäftlichen Gründen mehrere Angebote vorliegen müssen. Spielen Sie dieses Spiel nicht mit. Lassen Sie sich garantieren, daß Ihr Angebot in einem fairen und offenen Wettbewerb begutachtet wird.		

V. Eine Analyse des Käufers

52 Checkliste

7 Hinweise, wie Sie dafür sorgen können, daß der Käufer Sie mit Respekt behandelt

Anmerkungen

3. **Lassen Sie es nicht zu, daß Ihr Angebot die Firmenhierarchie hinauf- und hinunterwandert.**

   Möglicherweise ist eine Kaufentscheidung von Personen auf verschiedenen Ebenen des Unternehmens abhängig. Das heißt nicht, daß man von Ihnen erwarten kann, über eine längere Zeitspanne vor verschiedenen Gruppen unterschiedliche Präsentationen darzubieten. Zu den Vorabsprachen mit Ihrem Einkäufer gehören die Bedingungen, unter denen Sie sich zu einer Präsentation bereit erklären. Einigen Sie sich darauf, daß auf jede von Ihnen abgehaltene Präsentation eine mit Ihnen abgestimmte Aktion des Einkäufers folgt. Weichen Sie von diesem Standpunkt nicht ab. (CL 56)

4. **Akezptieren Sie nicht, daß man Sie ewig warten läßt.**

   Sollte der Käufer glauben, Sie hätten grenzenlos Zeit und er könne sich unbeschränkt Zeit lassen, bis er eine Entscheidung trifft, dann verschenken Sie viel Zeit und Energie. Vereinbaren Sie mit dem Einkäufer eine bestimmte Zeitspanne, die Sie ihm zur Verfügung stehen. Sollten Sie das versäumt haben, und es zeichnet sich ab, daß sich eine Verkaufsverhandlung ergebnislos dahinschleppt, dann schieben Sie den Riegel vor in Form eines zeitlichen Limits, um zu testen, ob Sie es mit einem wirklich interessierten Käufer zu tun haben.

5. **Tolerieren Sie niemals abschätzige Äußerungen über Ihre Produkte oder Dienstleistungen.**

   Einige Einkäufer werden Ihre Dienstleistung oder Ihr Produkt schlechtmachen. Wenn Sie dem nicht widersprechen, dann verstärken Sie bei ihnen die Vorstellung, Sie seien auch nur ein Verkäufer wie jeder andere auch, mit einem Produkt, das auch nicht besser ist als irgendein beliebiges anderes Fabrikat. Wenn Sie für Ihre Tätigkeit und Ihre Firma keinen Respekt empfinden, wer sonst?

Checkliste **52**

7 Hinweise, wie Sie dafür sorgen können, daß der Käufer Sie mit Respekt behandelt

☑   *Anmerkungen*

6. **Tolerieren Sie niemals abschätzige Äußerungen über Ihre Firma oder Ihre Mitarbeiter.**

    Seien Sie offen und ehrlich, wenn Sie dem Kunden gegenüber frühere Mißerfoge verantworten. Zugleich sollten Sie aber auch zur Integrität, zur Kompetenz und zum Engagement Ihres Teams stehen. Käufer, die im persönlichen Gespräch mit Ihnen Ihre Leute schlechtmachen, reden hinter Ihrem Rükken noch weit mehr. Versichern Sie sich, daß der Käufer alle Fakten kennt, über die er informiert zu sein behauptet. Verteidigen Sie das Ansehen der fabelhaften, in Ihrem Unternehmen arbeitenden Menschen. Ihre Loyalität wird dem Käufer eine Lehre sein.

7. **Lassen Sie nicht zu, daß der Einkäufer Sie in eine moralische oder rechtliche Zwangslage bringt.**

    Sollen Sie sich ein Bein ausreißen, um den Verkauf abzuschließen? Gewiß. Sollen Sie alle Ihnen zur Verfügung stehenden Ressourcen zum Einsatz bringen, um den Käufer zufriedenzustellen? Und ob! Aber das darf niemals bedeuten, daß Sie Ihre Integrität kompromittieren oder Ihre Seele verkaufen. (CL 19, 89, 116)

V. Eine Analyse des Käufers

53 Checkliste

10 Hinweise, mit denen Sie schrittweise das Budget des Käufers feststellen können

Ich habe genug Geld für den Rest meines Lebens, wenn ich nicht beschließe, etwas zu kaufen.

Jackie Mason

Das dem Einkäufer zur Verfügung stehende Budget für einen Einkauf zu ermitteln, ist die aufreibendste Aufgabe beim Verkaufen. Doch ohne eine Sondierung des Budgets schätzen Sie den Käufer möglicherweise nicht richtig ein und wissen nicht, ob er sich das Produkt leisten kann; kann er es nicht, dann verschwenden Sie nur Ihre Zeit und die des Käufers. Mit Hilfe der aufgeführten Strategien können Sie feststellen, ob Geld vorhanden ist, ohne daß Sie einen aufdringlichen oder manipulativen Eindruck machen.

	☑	*Anmerkungen*

1. **Prüfen Sie die Problembereiche, bevor Sie das Budget sondieren.**

   In eine Budgetdiskussion leitet man am besten über, indem man hervorhebt, warum ein Budget vorhanden ist: Das Problem des Einkäufers muß gelöst werden. Fassen Sie die Probleme zusammen, und bekräftigen Sie dann den Umstand, daß der Einkäufer für die Problemlösung zahlen will. „Lassen Sie mich mal sehen, ob ich das richtig verstanden habe. Sie sagten, daß dies die größten Schwierigkeiten sind, die Sie mit Ihrer gegenwärtigen Hardware haben: ..." (CL 72)

2. **Stellen Sie die Frage nach dem Geld.**

   Eröffnen Sie die Diskussion in sachlichem, herzlichem Ton mit dieser harmlosen Frage: „Steht Ihnen für die Lösung dieses Problems ein Budget zur Verfügung?"

3. **Wenn die Antwort „Nein" lautet ...**

   Antworten Sie mit einer entgegenkommenden Aussage, um den Einkäufer in seiner Haltung zu bestätigen, und stellen Sie anschließend eine Frage, damit Sie die Diskussion über das Budget einleiten können. „Das ist nicht ungewöhnlich. Wie möchten Sie weiter vorgehen?"

Checkliste **53**

10 Hinweise, mit denen Sie schrittweise das Budget des Käufers feststellen können

Anmerkungen

4. **Wenn die Antwort „Ja" lautet ...**

    Fragen Sie: „Könnten wir da gemeinsam über eine runde Summe sprechen?" Die Schlüsselbegriffe bei dieser Strategie lauten „gemeinsam" und „runde Summe". Die Frage mit dem Begriff „gemeinsam" schafft eine psychologische Bindung mit dem Einkäufer. Die Frage nach einer geschätzten Summe erleichtert es ihm, zu antworten. Gleichzeitig erfahren Sie eine Summe, die relativ nahe an dem Betrag liegt, der verfügbar sein wird.

5. **Wenn der Einkäufer ein Budget anbietet, das Ihrer Meinung nach zu niedrig ist ...**

    Sagen Sie: „Das könnte problematisch werden." Diese Antwort ermöglicht ebenfalls eine weitere Sondierung in der Budgetdiskussion. Denken Sie über die folgenden Fragen nach, wenn das vorgeschlagene Budget zu niedrig ist:

    ⇨ „Was werden wir machen, wenn die vorgesehene Investition höher ausfällt als von Ihnen geplant?"
    ⇨ „Gibt es für den Fall, daß wir uns für eine erstklassige Lösung entscheiden, einige Probleme, deren Lösung wir notfalls noch aufschieben können? Und wenn ja, welche?"
    ⇨ „Wollen Sie sich wirklich dafür einsetzen, daß diese Probleme gelöst werden?" (CL 86)

6. **Wenn die Antwort „Ja, aber die Details kann ich Ihnen nicht nennen" lautet ...**

    Bestätigen Sie den Einkäufer in seiner ablehnenden Einstellung, und wenden Sie das Prinzip der „Einklammerung" an. Mit der Einklammerung stellt man den unteren und oberen Budgetbereich fest. Legen Sie die untere Grenze jeweils auf den Preis fest, den Sie erzielen wollen. (Warum das so ist, werden Sie beim nächsten Schritt sehen.) „Das erscheint sinnvoll, und ich verstehe das. Wie Sie sich vielleicht denken können, haben wir mehrere Produkte, mit

V. Eine Analyse des Käufers

53 Checkliste

10 Hinweise, mit denen Sie schrittweise das Budget des Käufers feststellen können

☑ *Anmerkungen*

denen Sie Ihre Probleme lösen können. Einige Lösungsvorschläge liegen zwischen 20000 und 40000 DM, andere zwischen 40000 und 80000 DM. Ich verstehe natürlich, daß es hier um vertrauliche Informationen geht, aber ganz unter uns, an welchen Bereich haben Sie gedacht?"

7. **Nachdem der Einkäufer einen Bereich gewählt hat ...**

   Nehmen Sie die untere Grenze als Ausgangspunkt. Der Käufer erwartet, daß Sie die höhere Zahl wählen; überraschen Sie ihn daher mit der niedrigeren. Aus diesem Grund haben Sie bei den Beträgen einen so großen Bereich gewählt. „Ich dachte, Sie würden den Bereich von 40000 bis 80000 DM wählen. Ich sehe Sie näher bei 40000 DM als bei 80000 DM. Kann man das so sagen?"

8. **Wenn der Einkäufer darauf besteht, daß Sie Ihren Preis nennen ...**

   Nennen Sie ihn. Wenn ein bestimmter Preis festgelegt und in Prospekten und Katalogen dokumentiert ist, dann nennen Sie den Preis einfach. Wenn der Preis jedoch Verhandlungssache ist und vom Ausmaß und von der Art des Problems des Käufers abhängt, dann nennen Sie einen Preis, der hoch genug ist, damit er angemessen erscheint (eventuell 20% über dem Betrag, den Sie erzielen möchten).

9. **Wenn Sie eine Ware als Großauftrag verkaufen, und der Einkäufer nicht bereit ist oder es ihm nicht möglich ist, ein Budget für die Ware festzusetzen ...**

   Versuchen Sie, kleinere Einheiten zu verkaufen. Könnten Sie für den Anfang eine Sondierungsstudie verkaufen? Gibt es ein eintägiges Beratungsprojekt, das Sie anbieten könnten? Gibt es ein Produkt mit 30tägiger Probezeit, das Sie verkaufen könnten? Der Käufer kann vielleicht die Gesamtsumme nicht ohne Absprache ausgeben, ist möglicherweise jedoch in

Checkliste **53**

10 Hinweise, mit denen Sie schrittweise das Budget des Käufers feststellen können

Anmerkungen

☑

der Lage, einen kleineren Betrag zu investieren. Schnüren Sie das Produkt- oder Dienstleistungspaket auf, und verkaufen Sie dann, was Sie können.

10. **Achten Sie auf bisherige Kaufgewohnheiten des Einkäufers.**

    ☐

    Wenn Sie einen Großauftrag abwickeln wollen, dann stellen Sie fest, ob der Einkäufer in der Vergangenheit eine andere, ähnliche Ware erworben hat, auch wenn diese nichts mit dem jetzt von Ihnen angebotenen Produkt zu tun hat. Stellen Sie fest, welchen Betrag der Käufer gewöhnlich bereit ist, für Problemlösungen auszugeben.

54 Checkliste
27 Fakten, die Sie über den Einkäufer wissen müssen

Den freimütigsten Handlungen eines Menschen ist eine verborgene Seite zu eigen.

Joseph Conrad

Es gibt viel in Erfahrung zu bringen, sobald Sie erst einmal eine Beziehung zu dem Käufer aufgebaut haben – wichtige Informationen, anhand derer Sie die Probleme des Käufers bestätigen können, aber auch Informationen darüber, wie Sie diese Probleme am besten in eine Kaufentscheidung umsetzen. Die folgenden Fragen beziehen sich auf die im Unternehmen tätige Person, mit der Sie täglich zu tun haben. Einige Fragen sind aber auch für andere wichtige Entscheidungsträger relevant, die Sie im Verlauf eines Geschäftsabschlusses kennenlernen. Antworten auf die Fragen bekommen Sie, indem Sie diese Personen direkt fragen, aber auch, indem Sie anderen zuhören, sie beobachten und sich aus allen möglichen Quellen Informationen über das Unternehmen verschaffen.

	✓	Anmerkungen

Private Fragen:

1. Wo wohnt er? ☐
2. Welchen Wagentyp fährt er? ☐
3. Verheiratet? ☐
4. Kinder? ☐
5. Enkel? ☐
6. Was ist auffallend an seiner Erziehung und an seinem Familienleben? ☐
7. Wo hat er studiert? ☐
8. Welche akademischen Grade besitzt er? ☐
9. Wo hat er noch gewohnt? ☐
10. Welche Hobbys hat er bzw. wie erholt er sich? ☐
11. Wo macht er bevorzugt Urlaub? ☐
12. Welche Leidenschaften hat er? ☐
13. Welche Werte und Überzeugungen sind für ihn am wichtigsten? ☐

Geschäftliche Fragen:

14. Wo war er zuvor beschäftigt? ☐

Checkliste **54**

27 Fakten, die Sie über den Einkäufer wissen müssen

☑ *Anmerkungen*

15. Warum hat er den alten Arbeitsplatz aufgegeben? ☐
16. Welche Verantwortung trägt er? ☐
17. Wieviel verdient er? ☐
18. Für welchen Teil des Firmenumsatzes ist er verantwortlich? ☐
19. Wer steht unter ihm, und wem ist er Rechenschaft schuldig? ☐
20. Welchen Einfluß scheint er in dem Unternehmen zu haben? ☐
21. Gehört er zum „inneren Kreis" an der Unternehmensspitze? ☐
22. Arbeitet er in einer gefestigten Position? ☐
23. Wie gut ist er bei der Arbeit? ☐
24. Sucht oder denkt er an einen anderen Arbeitsplatz? ☐
25. Zeigt er ein wirkliches Interesse daran, wie gut Ihr Produkt funktioniert, oder gibt es andere Gründe, mit Ihnen Geschäfte zu machen?
26. Ist er diejenige Person, mit der Sie weiterhin zusammenarbeiten werden, sobald der Geschäftsabschluß getätigt ist? ☐
27. Wie wichtig ist es ihm persönlich, daß die beste Lösungsmöglichkeit gefunden wird? ☐

V. Eine Analyse des Käufers

Checkliste
21 Fragen zur Entscheidungsfindung an den Käufer

Entscheidungen werden bis zur Managementebene hinaufgetragen, wo die Person, die die Entscheidung trifft, am wenigsten dafür qualifiziert ist.

Laurence J. Peters und Raymond Hull („Das Peter-Prinzip")

Amateure glauben, daß sie Erfolg haben, wenn sie den Käufer für sich eingenommen haben. Profis wissen, daß ein Verkauf erst dann ein Verkauf ist, wenn jemand einen Vertrag unterzeichnet. Irgendwo in der Firma hat jemand das letzte Wort beim Kauf Ihres Produkts oder Ihrer Dienstleistung, und das muß nicht die Person sein, die Ihnen mit einem breiten Lächeln gegenübersitzt. Sie müssen wissen, wer zu einem Geschäftsabschluß befugt ist, aber auch, wie in dem Unternehmen die Entscheidungsfindung abläuft, durch die Sie schließlich das bekommen, was Sie brauchen. Die folgenden Fragen können beteiligte Personen und die Abläufe offenlegen, die für die Kaufentscheidung nötig sind. Sie werden möglicherweise nicht auf jede Frage, die Sie stellen, eine Antwort erhalten. Die Antworten, die Sie bekommen, zeigen Ihnen, wie Sie vorgehen sollten, damit eine Entscheidung zu Ihren Gunsten fällt.

	☑	Anmerkungen
Personen:		
1. Wer sitzt bezüglich der Kaufentscheidung in den Schlüsselpositionen?	☐	
2. Wer in dieser Gruppe hat den größten Einfluß?	☐	
3. Wer befürwortet die Art der Enscheidungsfindung besonders heftig?	☐	
4. Wer lehnt sie besonders heftig ab?	☐	
5. Wer hat den größten Anteil an der Entscheidung?	☐	
6. Was verspricht sich jeder in dieser Gruppe von der Entscheidung?	☐	
7. Welche Personen außerhalb der Firma – Rechtsanwälte, Unternehmensberater, Steuerberater usw. – sind involviert, und wie groß ist ihr Einfluß?	☐	
8. Wie groß ist der Einfluß der Unternehmensspitze oder des Leiters der Finanzabteilung?	☐	
9. Wer hat das letzte Wort?	☐	

Checkliste **55**

21 Fragen zur Entscheidungsfindung an den Käufer

☑ *Anmerkungen*

Die Entscheidungsfindung:

10. Welche Kriterien liegen der Entscheidung zugrunde? Welches dieser Kriterien ist das wichtigste? ☐

11. Welche firmenpolitischen Fragen werden die Entscheidung beeinflussen? ☐

12. Wie wird man vorgehen? Persönliche Meetings? Videokonferenz? ☐

13. Ist es wahrscheinlich, daß es eine Fragerunde oder eine Diskussion geben wird? Wird es eine Abstimmung geben? Wird diese Abstimmung öffentlich oder geheim vonstatten gehen? ☐

14. Wie kann ich die zur Entscheidungsfindung nötigen Informationen so gründlich und schnell wie möglich den Entscheidern zugänglich machen? ☐

15. Welche anderen Firmen bemühen sich um das Geschäft? ☐

16. Ist bereits jemand einem bestimmten Lieferanten zugeneigt? ☐

17. Warum wurden frühere Angebote bezeichnenderweise abgelehnt? ☐

18. Wenn man sich nicht für uns entscheidet, welcher andere Lieferant wird dann wahrscheinlich den Zuschlag erhalten? ☐

19. Wird ein einzelner Lieferant den Zuschlag erhalten, oder teilt sich der Sieger das Geschäft mit anderen Lieferanten? ☐

20. Wann wird die Entscheidung erfolgen? ☐

21. Wann hoffen Sie, eine endgültige Lösung für Ihr Problem zu erreichen? ☐

V. Eine Analyse des Käufers

VI. Der Aufbau einer guten Beziehung zum Einkäufer

Dartnell Research stellte fest, daß neun von zehn Verkäufern den Verkaufsprozeß zu einem Zeitpunkt als abgeschlossen betrachten, wenn 80% der Kunden noch gar keine Kaufentscheidung gefällt haben. Das liegt unter anderem daran, daß Verkäufer sich nicht die Zeit nehmen, eine enge Beziehung zum Einkäufer aufzubauen. Kapitel 5 zeigte, wie Sie den Einkäufer analysieren und besser verstehen. Die folgende Checkliste zeigt, wie Sie diese Kenntnisse nutzen, um zu einem Einkäufer eine emotionale Bindung und ein persönliches Verhältnis aufzubauen. Menschen kaufen lieber von jemandem, den sie sympathisch finden und mit dem sie sich identifizieren. Nutzen Sie die Ratschläge in diesem Kapitel, um zu Einkäufern eine Brücke zu schlagen und dann mit ihnen ins Geschäft zu kommen.

Checkliste 56
10 Gründe, warum Vorabsprachen für Sie und den Einkäufer von Vorteil sind

Meiner Vorstellung nach ist ein sympathischer Mensch ein Mensch, der mir Sympathie entgegenbringt.

Benjamin Disraeli

Wie groß die Angst eines Kindes vor dem Zahnarzt ist, hängt einzig und allein vom Zahnarzt ab. In der einen Praxis untersucht der Zahnarzt das Kind wortlos, findet ein Loch und greift sofort nach dem Bohrer. Das Kind hat Angst – es weiß nicht, was als nächstes geschieht und wann es Schmerzen empfinden wird. In der anderen Praxis liegen im Wartezimmer Kinderbücher und Spielzeug. Die Zahnärztin stellt sich vor und bietet Eltern und Kind einen Rundgang durch die Praxis an. Dabei lernt sie das Kind kennen. Wenn sie ein Loch findet, erklärt sie, was das bedeutet, und holt das Modell eines Zahns hervor, um das Problem zu veranschaulichen. Die Ärztin versichert dem Kind, ihm jeden Behandlungsschritt zu erklären, der zur Füllung des Lochs nötig ist.

Auf die gleiche Weise vermitteln die Vorabsprachen, die Sie mit Einkäufern zu Beginn des Verkaufsprozesses treffen, ein klares Verständnis für die von Ihnen zu unternehmenden Schritte. Das reduziert den Widerstand der Einkäufer und ermutigt sie zuzuhören, statt sich gegen Druck und ein zu penetrantes Vorgehen zu verteidigen. Vorab getroffene Vereinbarungen haben auch für Sie Vorteile, da Sie bei Meetings das Käuferverhalten antizipieren können. Im folgenden wird gezeigt, wie solche Vereinbarungen getroffen werden.

☑ *Anmerkungen*

1. **Vorabsprachen ermöglichen Ihnen und dem Einkäufer, Fragen zu stellen.** ☐

   „Herr Schmidt, setzen wir doch ein paar Grundregeln für unsere Besprechung fest. Ich würde Ihnen gerne einige Fragen zu Ihrem Unternehmen stellen. Ich möchte, daß Sie auch mich zu der Dienstleistung, die ich Ihnen anbiete, umfassend befragen. Ist das ein fairer Vorschlag?"

2. **Vorabsprachen geben Ihnen und dem Einkäufer das Recht, nein zu sagen, wenn Sie sich nicht einigen können.** ☐

   „Wir könnten, während wir uns Fragen stellen und Antworten geben, zu dem Ergebnis kommen, daß wir keine Übereinstimmung zwischen Ihren Bedürfnissen und meiner Dienstleistung erzielen werden. Wir könnten zu dem Schluß kommen, daß es keinen Sinn hat, noch mehr Zeit miteinander zu verbringen.

Checkliste **56**

10 Gründe, warum Vorabsprachen für Sie und den Einkäufer von Vorteil sind

Anmerkungen

Falls wir diesen Punkt erreichen sollten, wären Sie dann so frei, mir das zu sagen?"

3. **Vorabsprachen ermöglichen Ihnen und dem Einkäufer, ja zu sagen, wenn Sie sich einigen können.**

 „Wenn Sie freilich feststellen, daß die von mir angebotene Dienstleistung sinnvoll ist, könnten wir uns entscheiden, weiterzumachen. Einverstanden?"

4. **Vorabsprachen sorgen dafür, daß Ihr Kundenbesuch ein Ergebnis hat.**

 „Wenn wir unser Gespräch heute beenden, dann einigen wir uns darauf, wie wir weiter vorgehen. Was halten Sie von diesem Vorschlag?" Sie möchten jeden Kundenbesuch mit einer klaren und genauen Vereinbarung für das weitere Vorgehen abschließen. Wenn es sich um ein einmaliges Verkaufsgespräch handelt, dann wünschen Sie ein Arrangement, das den Verkaufsprozeß fortsetzt. Wenn Sie mehrere Gespräche führen müssen, dann möchten Sie zu einer weiteren Besprechung eingeladen werden, nachdem Sie dem Einkäufer Ihre Vorstellungen von den Verkaufsverhandlungen umrissen haben.

5. **Vorabsprachen geben Ihnen Zeit.**

 „Herr Schmidt, wieviel Zeit haben Sie für die Besprechung eingeplant? Ihre und meine Zeit ist wertvoll, und ich möchte, daß wir sie optimal nutzen." Sie haben gewiß schon einmal einen Verkaufsbesuch erlebt, bei dem Sie sich mit dem Einkäufer sofort verstanden haben. Sie haben über alles gesprochen, nur nicht über das Geschäft, und plötzlich meinte der Einkäufer: „Entschuldigen Sie, ich möchte Sie nicht drängen, aber ich habe nur noch fünf Minuten für Sie Zeit. Worüber möchten Sie mit mir sprechen?"

6. **Vorabsprachen garantieren, daß es keine Unterbrechungen gibt.**

 „Herr Schmidt, ich weiß nicht, ob Ihnen das schon einmal passiert ist, aber manchmal klingelt mitten in

VI. Der Aufbau einer guten Beziehung zum Einkäufer 223

56 Checkliste

10 Gründe, warum Vorabsprachen für Sie und den Einkäufer von Vorteil sind

Anmerkungen

einem Gespräch das Telefon oder es gehen auf einmal Leute im Büro ein und aus. Das kann sehr ablenken. Können wir davon ausgehen, daß so etwas bei unserer Besprechung nicht passiert?"

7. **Vorabsprachen legen die Tagesordnung fest.**

    „Herr Schmidt, welche Punkte wollen Sie heute abhaken?" Oder: „Als wir telefoniert haben, bat ich Sie, die drei größten Probleme zu notieren, die Sie im angesprochenen Bereich haben. Können Sie sie mir nennen?" Oder: „Herr Schmidt, ich arbeite lange genug im Verkauf, um zu wissen, daß es keine Zufälle gibt. Ich glaube, unsere Besprechung hat einen bestimmten Zweck. Aus welchem Grund haben Sie mich eingeladen?"

8. **Vorabsprachen ermöglichen Ihnen, schwierige Themen vorwegzunehmen.**

    Ergreifen Sie diese Maßnahme nur, wenn Sie wirklich irgendwo Schwierigkeiten sehen. Nehmen wir an, daß Sie nur ungern das Thema Geld ansprechen. „Herr Schmidt, bevor ich Sie über meine Dienstleistung informiere, will ich Ihnen etwas sagen. Sie werden von meiner Präsentation sehr angetan sein, dennoch wird es mir sehr schwerfallen, Sie nach dem Budget zu fragen. Damit habe ich schon immer Schwierigkeiten gehabt. Könnten wir das Budget vorab erörtern, damit ich dann Ihrem Problem meine volle Aufmerksamkeit schenken kann?"

9. **Vorabsprachen ermöglichen Ihnen, mit dem gefürchteten Wunsch nach Unterlagen umzugehen. (CL 35)**

    ⇨ Eine bewährte Methode, einen Verkäufer loszuwerden, ist, ihn um die Zusendung von „Unterlagen" zu bitten. Antworten Sie das nächste Mal so: „Ich schicke Ihnen natürlich gerne unsere Unterlagen, aber gestatten Sie mir dazu eine Frage. Manchmal fordern mich Gesprächspartner auf, Unterlagen zu schicken, statt mich zu

Checkliste **56**

10 Gründe, warum Vorabsprachen für Sie und den Einkäufer von Vorteil sind

Anmerkungen

einem Meeting einzuladen, und meinen damit eigentlich, daß sie gar kein Interesse an meinem Angebot haben. Sie sind viel zu höflich, um mir das direkt zu sagen, denn sie wollen mich nicht verletzen. Ist das hier vielleicht auch der Fall?"

⇨ Wenn Sie Unterlagen schicken, dann stellen Sie eine Frage, die garantiert, daß Sie das richtige Material auf die Reise schicken, und Ihnen ermöglicht, erneut um einen Termin nachzusuchen. Sagen Sie: „Ich habe sehr viele Unterlagen, die von Interesse sein könnten oder auch nicht. Haben Sie etwas dagegen, wenn ich Ihnen ein paar Fragen stelle, damit Sie auch das richtige Material erhalten?"

⇨ Bevor Sie Material verschicken, vereinbaren Sie, wie es weitergehen soll. „Ich schicke Ihnen die Unterlagen, die vermutlich Donnerstag bei Ihnen sein werden. Wieviel Zeit brauchen Sie etwa, um das Material zu prüfen?" [Antwort des Einkäufers.] „Gehen wir davon aus, daß Sie es bis nächsten Dienstag durchgesehen haben. Ich rufe Sie am Mittwoch an und würde mich freuen, wenn sich bei Ihnen einige Fragen ergeben haben. Wenn nicht, können Sie mir bis dahin zumindest sagen, ob Ihnen die Unterlagen weiterhelfen oder nicht. Wenn Sie mein Angebot interessiert und Sie mich zu einem persönlichen Gespräch einladen, würde ich mich freuen. Was halten Sie von diesem Vorschlag?"

10. Vorabsprachen ermöglichen Ihnen die Kontrolle über den Vorgang der Angebotserstellung.

Im folgenden finden Sie vier Vorabsprachen für eine Angebotserstellung:

⇨ Das *Rohkonzept*. Sagen Sie, daß Sie dem Einkäufer ein Rohkonzept zur Prüfung vorlegen möchten, das auf den Ihnen bisher bekannten Informationen beruht. Außerdem sollten Sie fest vereinbaren, daß Sie sich mit dem Einkäufer zusammensetzen, damit Sie noch Änderungen

VI. Der Aufbau einer guten Beziehung zum Einkäufer

56 *Checkliste*

10 Gründe, warum Vorabsprachen für Sie und den Einkäufer von Vorteil sind

☑ *Anmerkungen*

vornehmen können, bevor Sie ein abschließendes Angebot vorlegen.

⇨ Der Vorteil, der *Letzte* zu sein. Wenn Sie Konkurrenten haben, sprechen Sie möglichst als letzter mit dem Einkäufer. Versuchen Sie, vom Einkäufer als letzter Anbieter empfangen zu werden.

⇨ Die *vertrauliche Behandlung* des Angebots. Wie oft ist es vorgekommen, daß Ihre Offerte abgelehnt wurde und Sie erfahren haben, daß das Angebot, das den Zuschlag erhielt, einige Ihrer Anregungen enthielt? Reichen Sie Ihr Angebot nur ein, wenn der Einkäufer die verbindliche Zusage macht, daß den Konkurrenten keine Informationen aus Ihrem Angebot zugänglich gemacht werden.

⇨ Das *Preisversprechen*. Wenn Sie glauben, nicht das preislich niedrigste Angebot vorzulegen, dann sagen Sie: „Zu Ihrer Information, Herr Schmidt: Wir zählen nie zu den günstigsten Anbietern. Bei der Zusammenstellung dieses Angebots für Sie gehe ich davon aus, daß Sie auf höchste Qualität Wert legen und nicht auf den niedrigsten Preis. Habe ich damit recht, oder müssen Sie sich, ungeachtet der Qualität, für den billigsten Anbieter entscheiden?"

Checkliste **57**

10 Möglichkeiten, Verkaufsgespräche durch Artikulation effektiver zu machen

Eure Rede sei immer freundlich, doch mit Salz gewürzt; denn ihr müßt jedem in der rechten Weise antworten können.

Kolosser 4,6

Über ein Drittel der Kommunikation zwischen Verkäufer und Einkäufer erfolgt *mündlich*. Im folgenden Abschnitt geht es nicht um die Worte, die Sie benutzen, sondern vielmehr darum, auf welche Weise Sie Ihre Stimme einsetzen, um den Worten Bedeutung zu geben. Die Artikulation umfaßt Klang, Stimmlage, Betonung, Akzent, Tonfall, Aussprache, Lautstärke und Sprechgeschwindigkeit. All das ermöglicht Ihnen, Ihren Worten mehr Gewicht zu verleihen. Durch die richtige Artikulation können Sie auch erreichen, daß sich der Käufer in Ihrer Gegenwart wohl fühlt. Wenn Sie das Stimmuster des Einkäufers verstehen und erwidern, vermitteln Sie ihm das Gefühl, daß Sie mit ihm übereinstimmen.

☑ *Anmerkungen*

1. **Sprechen Sie nicht monoton.**

    Mit einer monotonen oder singsangähnlichen Stimme langweilen Sie jeden Einkäufer. Leute mit monotoner Sprache bleiben in Stimmlage, Betonung oder Tonfall immer gleich – ähnlich einem Roboter. Beim Singsang wird die Stimme monoton gehoben und gesenkt. Typisch ist dabei, daß Sätze mit gehobener Stimme enden. Verfallen Sie nicht in diese Sprechmuster. Setzen Sie Ihre Stimme flexibel ein, um Ihre kritischen Anregungen zu betonen und Ihre Rede lebendiger zu gestalten. (CL 10)

2. **Senken Sie die Stimme am Ende kritischer Bemerkungen.**

    Wenn am Satzende der Ton Ihrer Stimme fällt – *nicht die Lautstärke* –, dann signalisieren Sie die Wichtigkeit des in diesem Satz geäußerten Gedankens. Und Sie weisen zugleich auf einen Übergang zu einem neuen Gedanken hin, der im folgenden Satz formuliert werden wird. Mit Hilfe dieser Technik können Sie effektiv darauf hinweisen, daß Sie Ihren Beitrag für beendet halten und den Wunsch haben, daß sich der Einkäufer als nächster äußert.

57 Checkliste

10 Möglichkeiten, Verkaufsgespräche durch Artikulation effektiver zu machen

☑ *Anmerkungen*

3. **Ersetzen Sie einen Punkt oder ein Ausrufezeichen nicht durch ein Fragezeichen.** ☐

   Wenn wir uns unsicher fühlen, dann tendieren wir dazu, unsere Stimme am Satzende zu heben? Das macht sich besonders dann bemerkbar, wenn wir auf die Frage eines Käufers antworten? Dadurch erwecken wir den Eindruck, als würden wir eine Frage mit einer Frage beantworten, obgleich wir mit unserer Bemerkung eigentlich eine Aussage gemacht haben? (Lesen Sie diese drei Sätze laut vor, dann hören Sie, was wir meinen.)

4. **Zeigen Sie Ihre freundliche Einstellung durch einen ruhigen Klang der Stimme.** ☐

   Das ist besonders wichtig, wenn Sie einen Einkäufer zum ersten Mal treffen. Lassen Sie Ihre Stimme ruhig und entspannt klingen, damit wirken Sie auch Ihrer Nervosität entgegen.

5. **Achten Sie auf eine klare Aussprache.** ☐

   Kaum etwas macht einen schlechteren Eindruck, als ein Wort falsch auszusprechen, dessen korrekte Aussprache der Einkäufer kennt. Am besten überprüfen Sie sich, indem Sie Kollegen bitten, bei einer Präsentation zuzuhören und auf Wörter zu achten, die Sie undeutlich oder falsch aussprechen. Achten Sie im Gespräch mit Einkäufern aus anderen Städten darauf, wie sie den Namen ihrer Stadt und umliegender Regionen aussprechen. Verwenden Sie dieselbe Aussprache. Im folgenden sind einige Städtenamen aufgelistet, die die meisten Auswärtigen nicht auf dieselbe Weise aussprechen wie die dort lebenden Menschen.

   ⇨ Soest (Nordrhein-Westfalen)
   ⇨ Duisburg (Nordrhein-Westfalen)
   ⇨ Uelzen (Niedersachsen)
   ⇨ Itzehoe (Schleswig-Holstein)
   ⇨ Chemnitz (Sachsen)
   ⇨ Owen (Baden-Württemberg)

Checkliste **57**

10 Möglichkeiten, Verkaufsgespräche durch Artikulation effektiver zu machen

☑ *Anmerkungen*

6. Mäßigen Sie Ihren Dialekt. ☐

Sie stammen vielleicht aus einer Gegend, in der ein anderer Dialekt gesprochen wird als in der Stadt, wo der Einkäufer lebt. Es ist Ihnen selbstverständlich nicht verboten, Dialekt zu sprechen, aber das könnte das Verhältnis zwischen Ihnen und Käufern trüben, die aus einer anderen Gegend stammen. Vielleicht ist es klüger, wenn Sie Ihren Dialekt abschwächen, vor allem dann, wenn Sie in einer Gegend arbeiten, wo ein anderer Dialekt gesprochen wird. (CL 5)

7. Sprechen Sie genauso laut wie der Käufer. ☐

Wenn Sie lauter sprechen als der Einkäufer, empfindet er Sie als penetrant, herrisch und unhöflich. Wenn Sie leiser sprechen als er, stellt er vielleicht Ihre Ehrlichkeit, Offenheit und Entschlossenheit in Frage.

8. Achten Sie auf die Sprechgeschwindigkeit des Einkäufers. ☐

Wenn Sie sehr viel schneller sprechen als der Einkäufer, schätzt er Sie als aalglatt ein und versteht Sie nur mit Mühe. Wenn Sie sehr viel langsamer sprechen als der Einkäufer, empfindet er Sie als rücksichtslos, da Sie seine Zeit verschwenden. Oder er hält Sie für unehrlich, weil Sie nicht schneller zur Sache kommen. Anfangs ist es schwierig, die Sprechgeschwindigkeit zu variieren. Wenn Sie aber erst einmal darauf achten, wird es Ihnen sehr viel besser gelingen, Ihr Sprechtempo zu kontrollieren.

9. Achten Sie auf den Tonfall des Käufers. ☐

Hat der Einkäufer eine hohe und quäkende Stimme? Oder spricht er in einem tiefen Bariton? Wenn Ihre Stimme am jeweils anderen Ende der Skala liegt, wird es Ihnen schwerer fallen, zu dem Einkäufer eine Beziehung aufzubauen. Nehmen Sie Ihre Stimme in verschiedenen Sprechsituationen auf, um die für Sie angenehmste tonale Ebene zu finden. Trainieren Sie, in diesem Bereich zu bleiben. Sie werden schließlich

57 Checkliste

10 Möglichkeiten, Verkaufsgespräche durch Artikulation effektiver zu machen

☑ *Anmerkungen*

lernen, wie Sie sich ohne Hilfsmittel den verschiedenen tonalen Mustern von Einkäufern annähern.

10. Achten Sie auf den Sprechrhythmus des Käufers. ☐

Einige Sprecher beginnen sehr langsam und entspannt und steigern sich dann zu einem emotionalen Ende. Andere verbrauchen ihre Emotionen schon kurz nach Beginn der Gesprächs und beenden ihre Rede mit gedämpfter Stimme. Achten Sie auf den Rhythmus, in dem Einkäufer und Kunden sprechen. Sie brauchen ein oder zwei Meetings, um sich auf ihren Rhythmus einzustellen. Dann werden Sie das Gefühl haben, auf gleicher Wellenlänge zu kommunizieren.

Checkliste **58**

15 Möglichkeiten, Verkaufsgespräche durch Körpersprache effektiver zu machen

Der Körper spricht aus, was Worte nicht vermögen.

Martha Graham

In jedem Augenblick, den Sie in Gegenwart eines Kunden verbringen, kommunzieren Sie mit ihm, auch wenn Sie nichts sagen. Forschungen haben gezeigt, daß über die Hälfte der Botschaften, die der Käufer erhält, aus dem Bereich der Körpersprache stammen: Gesten, Augen, Gesichtsausdruck, Berührung, ein gepflegtes Äußeres, Kleidung, Bewegung, Haltung, Atmung und die Inanspruchnahme von Raum. Im ersten Abschnitt der folgenden Checkliste sind Gebote und Verbote aufgeführt, die sicherstellen sollen, daß Ihr Körper für Sie und nicht gegen Sie arbeitet. Kunden fühlen sich besonders wohl, wenn die Körpersprache der Verkäufer ihrer eigenen ähnelt. Deshalb enthält der zweite Abschnitt der Checkliste Hinweise zur Anpassung Ihrer eigenen Körpersprache an die Körpersprache des Einkäufers.

☑ *Anmerkungen*

Gebote und Verbote:

1. **Halten Sie Blickkontakt.** ☐

   Schauen Sie dem Kunden in die Augen, ohne zu starren oder anzüglich zu grinsen, wenn einer von Ihnen spricht. Viele Menschen werten fehlenden Blickkontakt als einen Mangel an Aufrichtigkeit, Vertrauenswürdigkeit oder Verläßlichkeit.

2. **Zeigen Sie nicht mit dem Finger.** ☐

   Mit dem Finger auf Dinge zu zeigen ist erlaubt. Mit dem Finger auf Menschen zu zeigen, ist jedoch eine dominante, abwertende und abschätzige Geste.

3. **Achten Sie auf Ihre Schuhe.** ☐

   Wenn ein Kunde feststellt, daß Ihre Schuhe nicht gepflegt sind, fragt er sich vermutlich, inwieweit er sich auf die Qualität Ihres Produkts oder Ihrer Dienstleistung verlassen kann. (CL 2)

4. **Achten Sie auf Körpergeruch.** ☐

   Lassen Sie sich vor dem nächsten Kundenbesuch ganz ehrlich von jemandem sagen, ob Sie einen Kunden durch Mund- oder Körpergeruch belästigen könnten. Die folgende Frage eignet sich besonders

58 *Checkliste*

15 Möglichkeiten, Verkaufsgespräche durch Körpersprache effektiver zu machen

☑ *Anmerkungen*

gut, um einen Kollegen nach seiner Meinung zu fragen: „Was soll ich tun, wenn ich ganz sicher ausschließen will, daß ich einen anderen durch Mund- oder Körpergeruch belästige?" (CL 5)

5. **Fassen Sie nichts ohne Erlaubnis an.** ☐

   Lassen Sie die Gegenstände auf dem Schreibtisch des Einkäufers an ihrem Platz liegen, und fassen Sie auch in seinem Büro nichts ohne seine Zustimmung an. Einige Menschen sind diesbezüglich sehr empfindlich. Wenn Sie etwas anfassen oder verrücken, dann stellen Sie die Dinge wieder an ihren ursprünglichen Platz zurück. Wenn Sie versehentlich etwas zerbrechen sollten, dann ersetzen Sie es binnen eines Tages.

6. **Setzen Sie sich neben den Kunden und nicht ihm gegenüber.** ☐

   Es ist schwierig, zu jemandem eine Beziehung aufzubauen, der auf der anderen Seite eines Tisches oder Schreibtisches sitzt. Vermeiden Sie, wann immer es möglich ist, daß ein physisches Hindernis zwischen Ihnen und dem Einkäufer steht.

Anpassen der Körpersprache:

7. **Achten Sie auf den Handschlag.** ☐

   Passen Sie Ihren Handschlag nach folgenden Kriterien dem Handschlag des Kunden an:

   ⇨ Stärke des Händedrucks
   ⇨ Entschlossenheit des Händedrucks
   ⇨ wie oft Sie die Hand schütteln
   ⇨ das Loslassen der Hand (CL 3)

8. **Achten Sie auf die Körperhaltung.** ☐

   Sie und der Kunde sollten auf derselben Ebene stehen oder sitzen. Nehmen Sie an, daß Sie beide sitzen. Achten Sie darauf, in welcher Haltung der Einkäufer sitzt: Hat er die Arme verschränkt, oder

Checkliste **58**

15 Möglichkeiten, Verkaufsgespräche durch Körpersprache effektiver zu machen

Anmerkungen

liegen sie am Körper? Hat er die Hände gefaltet, liegen sie auf dem Tisch, oder stecken sie in den Hosentaschen? Hat er ein Bein über das andere geschlagen? Versuchen Sie, ohne daß Sie die Körperhaltung des Einkäufers genau widerspiegeln müssen, eine möglichst große Übereinstimmung zwischen sich und Ihrem Gegenüber herzustellen. Und haben Sie keine Angst, daß Sie dabei „erwischt" werden. Menschen nehmen nur selten bewußt einen Zusammenhang zwischen der eigenen Körpersprache und der Körpersprache eines anderen Menschen wahr.

9. Achten Sie auf die Haltung.

Ist der Einkäufer entspannt oder angespannt? Hält er sich aufrecht, oder geht er gebeugt? Lehnt er sich eher nach vorn oder eher nach hinten? Machen Sie niemals einfach das Gegenteil von dem, was der Einkäufer macht.

10. Achten Sie auf Blickkontakt.

Schauen Sie den Einkäufer an, wenn Sie reden oder wenn er redet. Vielleicht gibt es Momente, in denen Sie beide nicht sprechen – wenn beispielsweise noch eine dritte Person anwesend ist. Prüfen Sie in solchen Momenten sorgfältig die Art und Weise der Blicke. Schauen Sie weg, wenn der Einkäufer wegschaut; stellen Sie Blickkontakt her, wenn der Einkäufer den Kontakt sucht.

11. Achten Sie auf den Gesichtsausdruck.

Erwidern Sie ein Lächeln mit einem Lächeln. Antworten Sie auf ein „neutrales Gesicht" ebenfalls mit einem neutralen Gesicht. Sollten Sie die Stirn runzeln, wenn der Einkäufer die Stirn runzelt? Ja, wenn die Übereinstimmung angemessen ist und keine Herablassung und kein Werturteil vermittelt.

12. Achten Sie auf die Gestik.

Redet der Einkäufer oft mit den Händen? Betont er Aussagen, indem er sie mit Gesten unterstreicht?

VI. Der Aufbau einer guten Beziehung zum Einkäufer

233

58 Checkliste

15 Möglichkeiten, Verkaufsgespräche durch Körpersprache effektiver zu machen

☑ *Anmerkungen*

Schlägt er mit der Hand in eine offene Handfläche? Gibt es weitere Gesten, die Sie nachahmen sollten?

13. Ahmen Sie Ticks und nervöse Angewohnheiten nicht nach. ☐

Der Einkäufer leidet vielleicht an einem nervösen Tick. Er zupft zum Beispiel ständig an einem Ohrläppchen, kratzt sich an der Stirn oder am Kinn, kaut an den Fingernägeln oder beißt auf den Lippen herum. Ein solches Verhalten nachzuahmen ist überheblich, unhöflich und unnötig. Imitieren Sie nur „normales" Verhalten, das heißt ein Verhalten, das nicht besonders auffällt.

14. Ahmen Sie nur die Körpersprache nach, mit der Sie sich wohl fühlen. ☐

Jedes Unbehagen, das Sie bei der Anpassung an ein bestimmtes Verhalten empfinden, wird der Kunde wahrscheinlich bemerken. Erzielen Sie so viel Übereinstimmung, wie es Ihnen innerhalb der Grenzen Ihres persönlichen Wohlbefindens möglich ist. Je unaufdringlicher und natürlicher Sie die Körpersprache Ihres Gegenübers nachahmen, desto erfolgreicher wird die Übereinstimmung sein.

15. Widersetzen Sie sich der Körpersprache des Einkäufers, um Unabhängigkeit oder eine Meinungsverschiedenheit zu betonen. ☐

Im Verlauf des Verkaufsprozesses wird es Augenblicke geben, in denen Sie keine Beziehung oder Übereinstimmung mit dem Käufer herstellen möchten, zum Beispiel wenn der Einkäufer Ihr Unternehmen oder Ihr Produkt abqualifiziert. Dann werden Sie Ihren Ärger, zusätzlich zu Ihren verbalen Äußerungen, auch durch Ihre Körpersprache kundtun. Sie stehen beipielseise auf oder nehmen eine ganz andere Sitzposition ein, während Sie die Dinge klarstellen.

Checkliste **59**

14 Aussagen, die dem Einkäufer helfen, seine Selbstachtung zu wahren

Sie leiten Käufer durch den Verkaufsprozeß und haben es dabei mit Menschen zu tun, die mit den verschiedensten Ängsten konfrontiert sind. Erstens wissen die Einkäufer, daß sie ein Problem haben, und das verursacht schon Unbehagen genug. Zweitens sind sie sich bewußt, daß sie ein beträchtliches Quantum an Zeit und Geld investieren müssen, um das Problem zu beheben, was zusätzliche Ängste schürt. Drittens fehlt ihnen möglicherweise das Fachwissen, um das Problem zu beheben, für dessen Lösung sie verantwortlich sind. Und schließlich gefährden sie ihr Ego, ihr Ansehen bei Familie und Freunden, ihr Renommee im Unternehmen und vielleicht sogar ihren Arbeitsplatz, wenn die von Ihnen vorgeschlagene Lösung nicht funktioniert. Die meisten Einkäufer benötigen Zuspruch, Ermutigung und ein Gefühl der Sicherheit. Je nachdem, welche besonderen Unzulänglichkeiten oder Schwierigkeiten der Einkäufer wahrnimmt, kann eine (oder mehrere) der folgenden Aussagen seine Selbstachtung stärken und ihm das positive Gefühl geben, bei Ihnen gut aufgehoben zu sein. (CL 50, 67)

	✓	*Anmerkungen*
1. „Was Sie empfinden, ist normal und rational. Ihre Reaktion ist absolut vernünftig."	☐	
2. „Ihre Besorgnisse sind typisch für meine Kunden."	☐	
3. „Wenn Sie sich nicht so viele Gedanken über dieses Problem machen würden, dann hätten Sie diesen Job nicht."	☐	
4. „Ich kann Ihnen einen Vorschlag machen, wie das für Sie eine risikolose Entscheidung wird."	☐	
5. „Warum führen wir nicht erst einmal ein kleines Pilotprogramm durch, um sicherzugehen, daß es in Ihrem Unternehmen funktioniert?"	☐	
6. „Was genau benötigen Sie von mir, damit Sie sich bei diesem Geschäft sicher fühlen?"	☐	
7. „Sie haben das Problem nicht verursacht. Es ist vielmehr die Folge [technologischer/regulativer/konkurrenzbedingter/nachfragebedingter] Veränderungen. Damit ist jeder auf die eine oder andere Art konfrontiert."	☐	
8. „Ich bin froh, daß Sie mich nicht nach dem Ärger gefragt haben, den ich diese Woche hatte."	☐	
9. „Ich merke, daß Sie sich in diesem Augenblick unwohl fühlen und möglicherweise sogar Ihre eigenen Fähigkeiten in Zweifel ziehen. Das ist keine sehr angenehme Situation für Sie."	☐	

VI. Der Aufbau einer guten Beziehung zum Einkäufer

59 Checkliste

14 Aussagen, die dem Einkäufer helfen, seine Selbstachtung zu wahren

Anmerkungen

10. „Wenn Sie hinsichtlich Ihres Problems nicht nervös und unsicher wären, würde ich Ihre Urteilsfähigkeit in Zweifel ziehen." ☐

11. „Sie werden mir vielleicht nicht glauben, aber Ihre Probleme sind keineswegs ungewöhnlich. Sie sind auch nicht schwerwiegender als andere Probleme, mit denen ich normalerweise zu tun habe. Was wir Ihnen anbieten können, dürfte recht gut funktionieren." ☐

12. „Machen Sie sich keine Sorgen, wenn Sie diesen Teil des Systems jetzt noch nicht verstehen. Für gewöhnlich dauert es eine Weile, bis man das System wirklich verstanden hat, wenn man es zum ersten Mal präsentiert bekommt." ☐

13. „Hier haben Sie eine wirklich wichtige Frage gestellt." ☐

14. „Ihre Ehrlichkeit und Offenheit weiß ich zu schätzen." ☐

Checkliste **60**

10 Vorschläge, wie Sie an den „dominanten" Typ verkaufen

Kämpfe nicht gegen den Wind an, sondern setze dein Segel nach ihm.

Autor unbekannt

Dominante Einkäufer versuchen, die Kontrolle zu behalten und viele (wenn nicht alle) Vorteile für sich zu nutzen. Bei Verhandlungen streben sie danach, die Tagesordnung zu bestimmen. Sie erreichen ihr Ziel, indem sie die Führung übernehmen, und nicht, indem sie anderen folgen. Im nonverbalen Bereich zeichnen sie sich normalerweise durch ein energisches Auftreten und eine herrische Haltung aus. Wenn sie enttäuscht oder verärgert sind, schlagen sie die Faust in die offene Hand oder heben den Finger. Stimmlich betonen sie ihre Position, indem sie laut reden und vielleicht sogar sehr starke Ausdrücke benutzen, um Eindruck zu machen. Befolgen Sie die aufgeführten Tips, wenn der Kunde diesem Persönlichkeitsprofil entspricht. (CL 47)

	✓	*Anmerkungen*
1. **Vermitteln Sie einem dominanten Typ nicht den Eindruck, daß Sie den Verkauf unbedingt abschließen müssen.** Natürlich wollen Sie etwas verkaufen. Aber bitten und betteln Sie nicht darum. Wenn Sie den Eindruck machen, daß Ihr nächstes Essen von diesem Verkauf abhängt, wird das die Raubtierinstinkte des Einkäufers wecken.	☐	
2. **Fangen Sie beim Ergebnis an, und arbeiten Sie sich von hinten nach vorne.** Bei einem dominanten Typ ist folgender Satz eine gute Eröffnung: „Können wir schnell zum Ende des Spielfilms springen und uns dann zum Anfang zurückarbeiten? Was genau brauchen Sie für einen Geschäftsabschluß, der Sie zufriedenstellt?"	☐	
3. **Achten Sie auf nonverbales Verhalten.** Erwidern Sie den Blick des dominanten Typs. Rücken Sie auf Ihrem Stuhl nach vorn, wenn der Dominante dies tut. Setzen Sie Körper und Stimme ein, um wichtige Punkte hervorzuheben. Wenn Sie den Eindruck vermitteln, passiv und sanftmütig zu sein, wird der dominante Typ Sie „überfahren".	☐	

VI. Der Aufbau einer guten Beziehung zum Einkäufer

60 Checkliste

10 Vorschläge, wie Sie an den „dominanten" Typ verkaufen

Anmerkungen

4. Kommen Sie rasch auf das Geschäftliche zu sprechen.

Der dominante Typ möchte schnell zum Geschäft kommen. Sobald Sie merken, daß der Einkäufer für den geschäftlichen Teil der Besprechung bereit ist, wechseln Sie vom Plaudern zum Verkaufsgespräch.

5. Sondieren Sie das Terrain.

Was ist verhandelbar und was nicht? Was ist festgelegte, eindeutige Firmenpolitik, und was ist flexibel? Wenn Sie diese Fragen nicht vor den Verkaufsgesprächen geklärt haben, wird der dominante Einkäufer Ihnen Fallen stellen.

6. Überprüfen Sie Behauptungen.

Der dominante Typ versucht, den Verkaufsprozeß so zu strukturieren, daß er seinen eigenen Wünschen entspricht. Er stellt schon vorab seine Anforderungen dar. Unterlaufen Sie diese Erklärungen beispielsweise mit folgenden Aussagen, um mögliche Probleme offenzulegen:

⇨ „Ja, ich verstehe, was Sie meinen. Warum glauben Sie das?"
⇨ „Warum ist das für Sie so wichtig?"
⇨ „Was meinen Sie, wenn Sie von ... sprechen?"
⇨ „Ich frage mich, ob wir diesen Gesichtspunkt nicht ausführlicher prüfen könnten."

7. Beantworten Sie nicht zu viele Fragen mit Gegenfragen.

Fragen mit Fragen zu beantworten, ist eine zuverlässige Methode, kontinuierlich Druck auf den Einkäufer auszuüben, doch diese Strategie befremdet den dominanten Typ. Geben Sie auf klare Fragen klare Antworten. Haken Sie mit Fragen nach, *nachdem* Sie Ihre Informationen präsentiert haben. „Das beantworte ich selbstverständlich gerne. Es gibt vier Einrichtungen in Übersee, die diese Ausrüstung verwen-

Checkliste **60**

10 Vorschläge, wie Sie an den „dominanten" Typ verkaufen

Anmerkungen

den. Aber darf ich fragen, inwiefern Ihnen diese Information weiterhilft?" (CL 70, 78)

8. **Wenn Sie sich unter Druck gesetzt fühlen, weisen Sie darauf hin, daß das einem optimalen Geschäftsabschluß abträglich ist.**

   Der dominante Typ möchte gewinnen. Ihre Gefühle sind ohne Belang, außer sie stehen einem erfolgreichen Geschäftsabschluß im Weg. Denken Sie an folgende Aussage, wenn Sie sich durch bestimmte Taktiken unter Druck gesetzt fühlen: „Ich fühle mich momentan unter Druck gesetzt und ein wenig unbehaglich. Ich befürchte, daß wir so nicht zu dem für Sie besten Geschäftsabschluß gelangen. Könnten wir vielleicht einmal tief Luft holen, uns zurücklehnen und uns darauf konzentrieren, wie wir Ihr Problem am besten lösen?" (CL 87)

9. **Bieten Sie Alternativen an.**

   Der dominante Typ braucht Kontrolle. Schränken Sie seine Alternativen auf die ein, die für Sie vorteilhaft sind, bieten Sie jedoch innerhalb dieser Alternativen eine Auswahlmöglichkeit an. Sie gewinnen, obwohl der Dominante glaubt, er habe gewonnen.

10. **Bitten Sie um eine Zusammenfassung aller Vereinbarungen.**

    Der dominante Typ gehört nicht zu den Menschen, die besonders aufmerksam zuhören. Fordern Sie den Dominanten auf, Ihnen zu sagen, was er gehört hat. Sollten sich irgendwelche Mißverständnisse eingeschlichen haben, klären Sie sie sofort. Der Einkäufer soll die Vereinbarungen zusammenfassen, nicht Sie selbst. So können Sie nachprüfen, ob er die getroffenen Vereinbarungen ebenso auffaßt wie Sie.

61 Checkliste

8 Vorschläge, wie Sie an den „Beeinflusser" verkaufen

Die Schmeichelei ist etwas Angenehmes, das jemand über dich erzählt und wovon du wünschst, es möge wahr sein.

Malester

Der einflußnehmende Typ hat ein großes Bedürfnis nach Anerkennung und Bestätigung. Er unterhält sich gern. Er möchte Sie kennenlernen und wünscht, daß Sie ihn kennenlernen. Er ist sympathisch und vertrauensselig. Er bietet Ihnen eine Erfrischung an und fragt nach Ihrem Befinden. Im Gegenzug möchte er, daß man ihn akzeptiert und ihm vertraut. Bei Verhandlungen agieren einflußnehmende Typen normalerweise schnell, sie gehen Risiken ein und verlassen sich auf ihre Intuition. Nach den Verhandlungen passiert es gelegentlich, daß sie die Entscheidung kritisieren. Nonverbal vermitteln sie auf allen Ebenen den Eindruck, offen und zugänglich zu sein. Sie lächeln, nicken zustimmend, wenn es angemessen scheint, und sie berühren Sie bei der Begrüßung vielleicht sogar an der Schulter, am Rücken oder Arm. Folgen Sie den aufgeführten Hinweisen, wenn Sie es mit einem Kunden zu tun haben, auf den diese Beschreibung zutrifft. (CL 47)

	✓	Anmerkungen
1. Achten Sie auf das kommunikative Verhalten des Einkäufers. Erwidern Sie ein Lächeln, einen Blickkontakt und ein zustimmendes Kopfnicken mit den jeweils gleichen Gesten. Zeigen Sie mit Ihrer Haltung und Ihren Gesten ebensoviel Offenheit wie Ihr Gegenüber.	☐	
2. Schaffen Sie, während Sie eine Beziehung aufbauen, ein persönliches Verhältnis. Zeigen Sie Ihr Interesse an einer langfristigen Zusammenarbeit, die sich für beide Seiten auszahlt. „Ich bin nicht hier, um die schnelle Mark zu machen. Mein Hauptinteresse gilt dem Aufbau einer Beziehung, die auf Jahre hinaus lohnend und zufriedenstellend ist."	☐	
3. Beachten Sie private Bilder, Fotos oder Urkunden, die sich im Büro befinden. Der einflußnehmende Typ schafft sich Arbeitsräume, in denen er sich persönlich verwirklicht und deren Atmosphäre sich auf andere Menschen auswirken soll. Es bringt Ihnen Pluspunkte ein, wenn Sie von diesem persönlichen Stil Notiz nehmen.	☐	

Checkliste **61**

8 Vorschläge, wie Sie an den „Beeinflusser" verkaufen

☑ *Anmerkungen*

4. **Betonen Sie die immateriellen Eigenschaften Ihres Produkts oder Ihrer Dienstleistung.**

   Heben Sie hervor, was mit Ihrer Problemlösung einhergeht: Prestige, Ansehen und Unterschiede zu anderen Produkten. Streichen Sie das hohe Niveau des Produkts, seine Verläßlichkeit und Qualität heraus. Konzentrieren Sie sich auf nicht greifbare Attribute ebensosehr wie auf jene, die unmittelbar zur Lösung des Problems führen, das der Einkäufer hat. (CL 77)

5. **Demonstrieren Sie, daß der Kauf Ihres Produkts oder Ihrer Dienstleistung alle zufriedenstellen wird, die mit diesem Kauf zu tun haben.**

   Der einflußnehmende Einkäufer fällt eine Entscheidung, die sich auch auf andere Personen im Unternehmen auswirkt. Nehmen Sie diese Leute ernst. Machen Sie dem Einkäufer begreiflich, wie positiv diese Mitarbeiter seine Entscheidung einschätzen werden.

6. **Gehen Sie auch auf unterschwellige Emotionen und Motive ein.**

   Der einflußnehmende Typ nimmt Rücksicht auf Gefühle. Gehen Sie in Ihren Antworten darauf ein:

   ⇨ „Mir scheint, daß das, was Sie sagen, sehr wichtig ist."
   ⇨ „Der Grund, warum Sie das so empfinden, liegt in …" (Lassen Sie den Einkäufer den Satz beenden.)
   ⇨ „Wieviel Hilfe möchten Sie den Verwendern zukommen lassen?"
   ⇨ „Was Sie eben gesagt haben, zeigt, wie besorgt Sie um die Menschen sind, die das Produkt verwenden werden." (CL 71)

7. **Zählen Sie positive Referenzen auf.**

   Der einflußnehmende Typ ist beruhigt, wenn er erfährt, daß auch andere Personen mit Ihrem Produkt sehr zufrieden sind. Warten Sie mit Aussagen und

61 Checkliste

8 Vorschläge, wie Sie an den „Beeinflusser" verkaufen

Anmerkungen

Berichten darüber auf, wie durch Ihr Produkt das Leben anderer Menschen besser geworden ist.

8. **Verpflichten Sie den Einkäufer, sich an jede Entscheidung zu halten.**

   Sie wollen sich absichern, falls der Einkäufer seine Meinung ändert. Stellen Sie dem einflußnehmenden Typ Fragen, die ihn von dem Gedanken ablenken, doch noch eine andere Entscheidung zu treffen. Die Antworten auf die folgenden drei Fragen werden Ihnen sagen, was Sie tun müssen, damit der Einkäufer bei seiner Entscheidung bleibt:

   ⇨ „Ich sage nicht, daß es so kommen wird. Aber nehmen wir an, in einer Woche denken Sie noch einmal über diese kluge Entscheidung nach. Was werden Sie tun?"

   ⇨ „Sagen Sie doch noch einmal – was hat Sie letztlich zu der Entscheidung gebracht, den Kauf zu tätigen?"

   ⇨ „Was werden Sie tun, wenn nächste Woche einer meiner Konkurrenten anruft und Sie bittet, Ihre Meinung zu seinen Gunsten zu ändern?"

Checkliste **62**

6 Vorschläge, wie Sie an den „beziehungsorientierten" Typ verkaufen

Denke nicht, daß es in ruhigem Wasser keine Krokodile gibt.

Malaysisches Sprichwort

Der beziehungsorientierte Typ geht Probleme passiv an. Das heißt nicht, daß er schwach oder desinteressiert ist. Er vertritt durchaus eine bestimmte Position, bringt sie aber weder energisch noch fordernd zum Ausdruck. Wie der Begriff „beziehungsorientiert" impliziert, gehen Einkäufer dieses Typs Verhandlungen und Konflikte ruhig und ausgeglichen an. Sie sind bescheiden und liebenswürdig. Was ihnen an Leidenschaft abgeht, machen sie durch Fleiß wieder wett. Sie sind geduldig und beharrlich. Auf der nonverbalen Ebene zeigen sie sich offen und unvoreingenommen. Wenn Ihr Kunde die genannten Merkmale zeigt, dann befolgen Sie die aufgeführten Hinweise.

	✓	*Anmerkungen*

1. **Achten Sie auf die Interaktion des Einkäufers.** ☐

   Der beziehungsorientierte Typ hört aufmerksam zu und konzentriert sich auf das, was Sie zu sagen haben. Die Haltung seines Körpers und seine Gesten vermitteln Offenheit und die Bereitwilligkeit zur Diskussion. Präsentieren Sie sich dem Einkäufer auf die gleiche Art und Weise. Halten Sie Blickkontakt. Setzen Sie sich so hin, daß Sie so viel wie möglich sehen und hören.

2. **Zeigen Sie echtes Interesse.** ☐

   Der beziehungsorientierte Typ legt Wert auf ein persönliches Verhältnis. Es bedeutet ihm etwas, und er möchte, daß Sie das gleiche empfinden. Fragen Sie nach Hobbys, Familie und persönlichen Interessen. Achten Sie auf die Antworten und Kommentare. Sprechen Sie auch über Ihr Privatleben, aber erst, nachdem Sie dem Einkäufer zugehört haben.

3. **Seien Sie geduldig.** ☐

   Wenn der beziehungsorientierte Einkäufer den Eindruck hat, daß Sie ihm Ihre Tagesordnung aufdrängen oder das Geschäft rasch abschließen wollen, zieht er sich zurück. Er muß gemessenen Schrittes voranschreiten; das Tempo dabei bestimmt seine innere Uhr. Gleichen Sie Ihr Tempo an das Tempo des Einkäufers an. (CL 50)

62 *Checkliste*

6 Vorschläge, wie Sie an den „beziehungsorientierten" Typ verkaufen

☑ *Anmerkungen*

4. Zeigen Sie, daß man Ihnen und Ihrem Produkt vertrauen kann. ☐

Der beziehungsorientierte Typ möchte, seinem Instinkt folgend, Ihnen gegenüber loyal sein. Geben Sie ihm Anlaß, Sie als vertrauenswürdigen Menschen anzusehen und Ihr Produkt als zuverlässig zu beurteilen. (CL 19)

5. Beschränken Sie sich bei der Analyse auf bestimmte Aspekte. ☐

Der beziehungsorientierte Typ richtet seine Aufmerksamkeit gern auf einen bestimmten Gesichtspunkt des Produkts. Helfen Sie ihm, diesen Fokus einzustellen, behalten Sie aber die Kontrolle über den Gesprächsverlauf, indem Sie etwa sagen: „Angesichts Ihrer Bedenken und Ihres analytischen Ansatzes interessiert Sie vielleicht am ehesten… Habe ich damit recht?"

6. Verwechseln Sie Passivität nicht mit Schwäche. ☐

Der beziehungsorientierte Typ ist keine Memme. Er ist ein genauso harter Brocken wie jeder andere Käufer. Sie müssen auch mit ihm klug umgehen, nur die Art und Weise der Kommunikation ist eine andere.

Checkliste **63**

8 Vorschläge, wie Sie an einen „nachgiebigen" Kunden verkaufen

Der Mensch, der nach Sicherheit strebt, selbst im Geiste, ist wie ein Mensch, der sich seine Gliedmaßen abhacken würde, um an ihrer Stelle künstliche zu haben, die ihm keine Schmerzen und keinen Ärger bereiten.

Henry Miller

Der nachgiebige Typ hat ein großes Bedürfnis nach Sicherheit und geht ungern ein Risiko ein. Er konzentriert sich über das normale Maß hinaus auf Einzelheiten, Methoden und Verfahrensweisen. Daraus resultiert auch sein Hang zum Perfektionismus. In Kaufsituationen muß er sich ständig versichern, daß er die richtige Entscheidung trifft. Er interessiert sich viel mehr für das, was Sie zu sagen haben, als dafür, Ihnen zu sagen, was er möchte. Im nonverbalen Bereich sind solche Einkäufer vorsichtig, zurückhaltend und besonnen. Wenn Ihr Kunde diese Merkmale zeigt, dann befolgen Sie die unten aufgeführten Hinweise.

	✓	*Anmerkungen*

1. **Achten Sie auf die Interaktion des Einkäufers.** ☐

   Der nachgiebige Typ zeichnet sich aus durch Vorsicht, Besonnenheit und Konzentration auf das Wesentliche. An seiner Körperhaltung erkennt man, daß er aufmerksam zuhört, um möglichst viele Informationen aufzunehmen. Tun Sie das gleiche. Vermitteln Sie durch kontinuierlichen Blickkontakt, einen aufrichtigen Ton Ihrer Stimme und eine aufmerksame Haltung Ihren Wunsch, dem Käufer zur Verfügung zu stehen.

2. **Sprechen Sie Risiken an, die den Einkäufer verunsichern könnten.** ☐

   Denken Sie an folgende Fragen, um das vom Einkäufer empfundene Risiko zu beseitigen:

   ⇨ „Hat Ihre Firma in der Vergangenheit ähnliche Kaufentscheidungen bedauert?"
   ⇨ „Warum haben Sie diese Entscheidung bedauert?"
   ⇨ „Stehen Sie bezüglich dieser Entscheidung unter Druck? Warum?" (CL 50)

VI. Der Aufbau einer guten Beziehung zum Einkäufer

63 Checkliste

8 Vorschläge, wie Sie an einen „nachgiebigen" Kunden verkaufen

☑ *Anmerkungen*

3. Betonen Sie Ihre Bereitwilligkeit und Fähigkeit, das Risiko zu vermindern.

Zeigen Sie, wie Sie den Faktor der Ungewißheit verringern können. Stellen Sie dem nachgiebigen Typ ein „Sicherheitsnetz" zur Verfügung. Geben Sie aber nicht so weit nach, daß der Kunde für Sie unprofitabel wird.

⇨ eine Geld-zurück-Garantie
⇨ eine umfangreichere Kundenbetreuung, als sie gewöhnlich nach Kaufabschluß gewährt wird
⇨ eine längere Garantiezeit für Reparaturen
⇨ eine Verhandlung darüber, daß die vertragliche Verpflichtung für eine kürzere Zeitspanne als üblich gilt
⇨ Bestimmen Sie Zeitpunkte für die Fertigstellung des Projekts.

4. Verweisen Sie auf andere Interessenten und zufriedene Kunden.

Der nachgiebige Typ versucht, mit Hilfe von Zahlen auf Nummer Sicher zu gehen. Wenn er sieht, daß andere einen Geschäftsabschluß getätigt haben und zufrieden sind, dann entscheidet möglicherweise auch er sich. Sorgen Sie für möglichst viele Referenzen.

5. Zeigen Sie, wie Ihr Produkt oder Ihre Dienstleistung zu einer Problemlösung beiträgt.

Probleme zu lösen, ist für den nachgiebigen Typ besonders wichtig. Wo andere Typen von Einkäufern mit dem „Was" beschäftigt sind, ist der nachgiebige Typ mehr mit dem „Wie" beschäftigt. Wenn Sie nicht genug über die technischen Details Ihres Produkts wissen, das heißt nicht wissen, wie genau und warum Ihr Produkt ein bestimmtes Problem löst, dann nehmen Sie zum Verkaufsbesuch personelle Unterstützung mit, um eine in jeder Hinsicht überzeugende Präsentation abzuliefern. (CL 72)

Checkliste **63**

8 Vorschläge, wie Sie an einen „nachgiebigen" Kunden verkaufen

Anmerkungen

6. **Loben Sie den Einkäufer.**

    Obwohl der nachgiebige Typ nicht offen Ihre Anerkennung sucht, reagiert er dennoch positiv auf sie. Loben Sie einen Gedanken, der zur richtigen Entscheidung führen wird. „Ich glaube, Ihr Vorschlag, die Dauer der vertraglichen Verpflichtung zu verkürzen, ist sinnvoll angesichts der ungewissen Perspektiven, mit denen Sie konfrontiert sind."

7. **Stellen Sie die Frage nach dem „besten/schlimmsten Szenario".**

    Stellen Sie folgende Frage: „Schildern Sie mir, was durch den Kauf des Produkts im besten Fall passieren könnte." [Warten Sie die Antwort ab.] „Schildern Sie mir das, was durch den Kauf des Produkts im schlimmsten Fall passieren könnte." [Warten Sie die Antwort ab.] Demonstrieren Sie, daß das „schlimmste Szenario" höchst unwahrscheinlich, das „beste Szenario" dagegen höchst wahrscheinlich ist.

8. **Bringen Sie Fakten ins Spiel.**

    Der nachgiebige Typ ist auf Beweise fixiert. Präsentieren Sie reichlich Kataloge, Mitteilungsblätter, Prospekte, Blaupausen und andere beruhigende Einzelheiten.

64 Checkliste

12 Vorschläge, wie Sie einen „visuellen" Einkäufer erkennen und an ihn verkaufen

Eine Vision ist die Kunst, unsichtbare Dinge zu sehen.

Jonathan Swift

„Visuelle" Käufer „sehen" die Welt. Sie erfassen die Welt über Bilder. Ihr Vokabular und ihre Ausdrucksweise vermitteln Bilder. Sie denken nicht viel über die Worte nach, die sie benutzen. Ihr Verstand funktioniert wie ein Videorecorder. Sie nehmen Bilder auf, programmieren dann ihren Verstand darauf, zurückzuspulen, auszuwählen und die Wiedergabe des Bandes zu starten. Auf mehr als die Hälfte der Einkäufer, die Sie aufsuchen, paßt diese Beschreibung. Im folgenden zeigen wir, wie Sie einen visuellen Einkäufer identifizieren und an ihn verkaufen.

Anmerkungen

So erkennen Sie einen visuellen Einkäufer:

1. **Der visuelle Einkäufer redet schnell.** ☐

    Der visuelle Typ muß Schritt halten mit den Bildern, die ihm durch den Kopf schießen. Er überspringt manchmal die vier oder fünf „Einzelbilder", die er sprachlich zurückliegt.

2. **Der visuelle Einkäufer achtet nicht darauf, was er sagt.** ☐

    Der visuelle Typ ist oft an seiner falschen Aussprache zu erkennen. Außerdem spricht er die Worte undeutlich aus, weil er so schnell spricht. Es kümmert ihn nicht besonders, was er sagt und auf welche Weise er es sagt, solange er überzeugt ist, daß er sein „Bild" übermitteln konnte. Der visuelle Einkäufer unterbricht seine Sätze oft und setzt neu an. Oft müssen Sie dann sagen: „Das wollte ich damit nicht sagen."

3. **Der visuelle Einkäufer spricht in einer bildhaften Sprache.** ☐

    Er benutzt Wendungen wie: „Ich sehe hier kein Problem …", „Können Sie sich ein Bild machen von dem, was ich sage?", „Das sieht aus wie …", „Dies scheint …", „Lassen Sie mich das, was Sie sagen, in den Mittelpunkt rücken."

Checkliste **64**

12 Vorschläge, wie Sie einen „visuellen" Einkäufer erkennen und an ihn verkaufen

Anmerkungen

4. Der visuelle Einkäufer setzt den Körper als Kommunikationsmittel ein.

Der visuelle Typ schaut Ihnen direkt in die Augen. Er macht ein „O.K."-Zeichen mit den Fingern. Er zeigt mit dem Daumen nach oben, um „Alles klar!" zu signalisieren. Er dreht die Handflächen nach oben, um „Was ist los?" zu fragen. Er zuckt die Achseln und zeigt damit Gleichgültigkeit und Unverständnis, und er nickt mit dem Kopf, um Übereinstimmung anzuzeigen.

So verkaufen Sie an einen visuellen Einkäufer:

5. Machen Sie einen positiven ersten Eindruck.

Achten Sie auf Ihr Äußeres. Kleiden Sie sich der Branche und den Erwartungen des Einkäufers entsprechend. Tragen Sie auf einer Baustelle nicht Ihre feinste Kleidung, und kommen Sie nicht im Pullover, wenn Sie den Chef eines Automobilkonzerns besuchen. (CL 3)

6. Überlassen Sie dem Einkäufer die Kontrolle über das Tempo.

Der visuelle Einkäufer will rasch Informationen bekommen. Halten Sie Schritt mit seinem Tempo, ohne jedoch so schnell zu werden, daß er die Probleme nicht mehr durchschaut, die Sie lösen können.

7. Setzen Sie anschauliches Material ein.

Bringen Sie Prospekte mit, und zeigen Sie dem Einkäufer das Produkt. Setzen Sie einen Tageslichtprojektor ein, Klappkarten, weiße Tafeln und alle anderen grafischen Hilfen, die Sie sich beschaffen können. Präsentieren Sie Karten, Diagramme, Entwürfe, Pläne und Memoranden, um dem Einkäufer ein klares Bild zu vermitteln, was Sie ihm verkaufen möchten. Wenn Sie ein Argument anbringen, notieren Sie es irgendwo. (CL 84, 106)

VI. Der Aufbau einer guten Beziehung zum Einkäufer

64 *Checkliste*

12 Vorschläge, wie Sie einen „visuellen" Einkäufer erkennen und an ihn verkaufen

Anmerkungen

8. Drängen Sie den visuellen Einkäufer dazu, sich Notizen zu machen.

Der visuelle Einkäufer nimmt Informationen so schnell auf, daß er nicht innehält, um Dinge aufzuschreiben. Wenn sich Ihr visueller Einkäufer so verhält und sich keine Notizen macht, dann ermutigen Sie ihn, dies zu tun. Wenn Sie zu einem wichtigen Punkt kommen, sagen Sie: „Davon werden Sie sich sicher eine Notiz machen wollen." Wenn es den Anschein hat, daß Ihr Wunsch dem Einkäufer Unbehagen verursacht, dann machen Sie die Notizen selbst und lassen sie dem Einkäufer da.

9. Achten Sie auf einen guten Blickkontakt.

Der visuelle Einkäufer könnte einen geringen Blickkontakt als ein Zeichen von Desinteresse oder Unehrlichkeit betrachten. (CL 58)

10. Malen Sie ein Bild.

Verwenden Sie bildhafte Metaphern. Zum Beispiel:

⇨ „Ihr Projekt wird wie ein Düsenjet abheben."
⇨ „Das wird Ihren Tag erhellen."
⇨ „Ich sehe schon, was das für Sie bedeutet."
⇨ „Ich bin froh, daß wir das nicht aus den Augen verloren haben."
⇨ „Das Bild hat sich in mein Gedächtnis eingegraben."
⇨ „Sie bewegen sich in die richtige Richtung."
⇨ „Wie haben die Leute geschaut, als Sie diesen Gedanken dargelegt haben?"
⇨ „Da sehe ich keine Zweifel aufkommen."

11. Verwenden Sie dieselben bildhaften Wendungen wie der Einkäufer.

Jeder visuelle Einkäufer, den Sie besuchen, und jeder visuelle Kunde, den Sie betreuen, hat Lieblingswörter und -wendungen (zum Beispiel: „Sehen Sie, was ich meine?"). Notieren Sie sich solche Wendungen,

Checkliste **64**

12 Vorschläge, wie Sie einen „visuellen" Einkäufer erkennen und an ihn verkaufen

☑ *Anmerkungen*

wenn Sie sie hören, und integrieren Sie sie in künftige Gespräche mit dieser Person.

12. **Kommunizieren Sie schriftlich.**

    Schreiben Sie sich alles auf, was Sie und der Einkäufer erörtert haben. Schicken Sie dem Einkäufer dann einen zusammenfassenden, in einer bildhaften Sprache verfaßten Brief. (CL 45)

65 Checkliste

12 Vorschläge, wie Sie einen „auditiven" Einkäufer erkennen und an ihn verkaufen

Denn aufgrund deiner Worte wirst du freigesprochen, und aufgrund deiner Worte wirst du verurteilt werden.

Matthäus 12,37

Auditive Menschen „hören" die Welt. Sie erfahren sie durch Klänge. Sie vernehmen zunächst einen inneren Dialog, bevor sie ihn laut aussprechen. Worte sind für auditive Menschen sehr wichtig; sie sortieren sie aufmerksam und hören sorgfältig zu. Auditive Einkäufer müssen alles ausführlich erörtern, um ihre Gedanken zu ordnen. Über ein Drittel Ihrer Kunden fällt in diese Kategorie. Im folgenden zeigen wir, wie Sie einen auditiven Einkäufer identifizieren und an ihn verkaufen.

	☑	Anmerkungen

So erkennen Sie einen auditiven Einkäufer:

1. **Der auditive Einkäufer spricht in maßvollem Tempo.** ☐

   Der auditive Typ spricht weder besonders schnell noch langsam, sondern in einem sehr gleichmäßigen Tempo. Er läßt sich mit seinen Antworten vielleicht etwas Zeit, weil er zuerst überlegt, bevor er seine sorgfälig gewählten Worte ausspricht.

2. **Der auditive Einkäufer hat eine sehr artikulierte Aussprache.** ☐

   Für ihn ist nicht nur wichtig, welche Worte er verwendet, sondern auch, wie er sie ausspricht.

3. **Der auditive Einkäufer äußert sich in einer Sprache, in der Klänge eine Rolle spielen.** ☐

   Er benutzt beispielsweise Wendungen wie: „Sie und ich, wir sprechen die gleiche Sprache", „Wie klingt das für Sie?", „Ich will das verstehen" oder: „Das haben Sie so klar und deutlich ausgedrückt, wie eine Glocke klingt."

4. **Der auditive Einkäufer setzt selten Körpersprache als Kommunikationsmittel ein.** ☐

   Er hat die Hände am Kinn, während er fast lautlos zu sich selbst spricht. Der auditive Einkäufer glaubt, daß er mit geschlossenen Augen besser hören kann,

Checkliste **65**

12 Vorschläge, wie Sie einen „auditiven" Einkäufer erkennen und an ihn verkaufen

Anmerkungen

weil er dadurch äußere Ablenkungen ausblendet. Er lehnt sich nach vorn, um fehlenden Blickkontakt auszugleichen, und wendet Ihnen die Ohren zu. Damit deutet er an, daß er Ihnen zuhört. Blickkontakt setzt er in eingeschränktem Maße ein, er blickt dabei zur Seite, um nicht zu verwirren, während er zuhört. Er lächelt, wenn er Zustimmung zeigt, zieht die Augenbrauen zusammen, wenn er verwirrt ist. Und er starrt sogar auf den Boden, wenn er anderer Meinung ist.

So verkaufen Sie an einen auditiven Einkäufer:

5. **Sprechen Sie mit einer flexiblen Stimme.**

    Wenn Sie mit einem auditiven Einkäufer reden, betonen Sie die Worte, die er sich Ihrer Meinung nach einprägen soll. Variieren Sie Klang, Tonhöhe, Tonfall, Betonung, Lautstärke und Sprechgeschwindigkeit, um die eigentliche Bedeutung Ihrer Worte offenzulegen. Reden Sie langsamer und tiefer, so daß entscheidende Aspekte im Gedächtnis des Einkäufers haften bleiben. (CL 57)

6. **Unterbrechen Sie den Redefluß des auditiven Einkäufers nicht.**

    Der auditive Einkäufer muß sich durch Reden artikulieren, um der Welt Sinn abzugewinnen. Stoppen Sie diesen Gedankenfluß nicht. Lassen Sie den Einkäufer seine Vorstellungen formulieren, ohne ihn zu unterbrechen. Hören Sie aufmerksam zu, und antworten Sie mit „Ja", womit Sie eine Beziehung zum Einkäufer aufbauen. Paraphrasieren Sie, was Sie hören, und stellen Sie viele Fragen, um den Einkäufer am Reden zu halten. Machen Sie sich Notizen. Wenn Sie mit Sprechen an der Reihe sind, fragen Sie nach erläuternden Erklärungen, um damit sicherzustellen, daß der Einkäufer sein Bedürfnis zu sprechen befriedigt hat. (CL 71)

65 Checkliste

12 Vorschläge, wie Sie einen „auditiven" Einkäufer erkennen und an ihn verkaufen

Anmerkungen

7. Sprechen Sie in der auditiven Sprache des Einkäufers.

Verwenden Sie auditive Metaphern. Zum Beispiel:

⇒ „Hören Sie sich das einmal an."
⇒ „Wie klingt das für Sie?"
⇒ „Ich habe gehört, daß Sie davon sprachen, Ihren Lieferanten zu wechseln."
⇒ „Erzählen Sie mir mehr darüber."
⇒ „Hätten Sie hierfür vielleicht ein offenes Ohr?"
⇒ „In all diesen Dingen steckt eine verborgene Botschaft, die wir hören müssen."
⇒ „Ich bin sprachlos angesichts dessen, was Sie gerade gesagt haben."

8. Achten Sie auf die Lieblingswendungen jedes auditiven Einkäufers, den Sie kennenlernen.

Jeder auditive Einkäufer, den Sie besuchen, und jeder auditive Kunde, den Sie betreuen, haben Lieblingsworte und -wendungen (zum Beispiel: „Das ist Musik in meinen Ohren."). Notieren Sie solche Wendungen, wenn Sie sie hören, und integrieren Sie sie in künftige Gespräche mit dieser Person.

9. Verwenden Sie Aussagen anderer als Referenzen.

Der auditive Einkäufer hört gern, was andere über Ihr Produkt sagen. Zitieren Sie Kunden, und führen Sie Zitate aus Zeitungen oder anderen maßgeblichen Quellen an. Erzählen Sie von anderen zufriedenen Kunden oder eine Geschichte über einen Dritten. „Ich würde Ihnen gerne eine Situation schildern, die Sie vielleicht interessiert."

10. Spielen Sie dem Einkäufer gesprochene Werbung vor.

Wenn Sie im Rundfunk werben, stellen Sie dem Einkäufer einen Plan mit bevorstehenden Sendeterminen zur Verfügung. Bieten Sie ihm Audiokassetten mit Aufnahmen der Werbespots an, die für Ihr Produkt aufgenommen wurden.

Checkliste **65**

12 Vorschläge, wie Sie einen „auditiven" Einkäufer erkennen und an ihn verkaufen

☑ *Anmerkungen*

11. Achten Sie auf das Zeichen, das die Kaufwilligkeit signalisiert.

Wenn auditive Einkäufer anfangen, Fragen zu stellen, dann haben Sie sie überzeugt.

12. Sagen Sie einen abschließenden Satz.

In einem Brief ist das Postskriptum jener Teil, der dem Leser am häufigsten im Gedächtnis bleibt. Auf die gleiche Weise wird Ihr letzter Satz beim Verlassen des Büros des auditiven Einkäufers nachklingen. Wählen Sie die Worte sorgfältig, und begnügen Sie sich nicht mit einem „Auf Wiedersehen".

VI. Der Aufbau einer guten Beziehung zum Einkäufer

66 Checkliste

12 Vorschläge, wie Sie einen „kinästhetischen" Einkäufer erkennen und an ihn verkaufen

Einige Menschen fühlen mit dem Kopf und denken mit dem Herzen.

Georg Christoph Lichtenberg

Der kinästhetische Mensch „berührt" und „fühlt" die Welt. Er gibt ihr auf taktile und emotionale Art und Weise Sinn. Er sucht in Ihren Worten, Ihrer Stimme und Ihrer Körpersprache nach Harmonie. Alles, was Sie tun und sagen, und alles, was Sie *nicht* tun und sagen, signalisiert dem kinästhetischen Kunden, ob Sie zuverlässig und glaubwürdig sind oder nicht. Gefühle sind für diesen Typ so wichtig wie das „Sehen" für den visuellen Typ bzw. das „Hören" für den auditiven Typ. Weniger als ein Viertel der Einkäufer, die Sie kennenlernen, gehört in diese Kategorie. Dennoch finden Sie im folgenden einige Hinweise, wie Sie den kinästhetischen Kunden erkennen und an ihn verkaufen.

	✓	*Anmerkungen*

So erkennen Sie einen kinästhetischen Einkäufer:

1. **Der kinästhetische Einkäufer spricht langsam.** ☐

   Der kinästhetische Einkäufer achtet sorgfältig darauf, seine Gedanken nicht preiszugeben. Er beobachtet und hört zu, bevor er sich selbst äußert. Er blickt oft nach unten, denkt darüber nach, was er gleich sagen wird, und prüft, welches Gefühl er bei einer Frage hat, bevor er antwortet.

2. **Der kinästhetische Einkäufer ist ein sehr guter Zuhörer.** ☐

   Er vermittelt Ihnen ein angenehmes Gefühl und bestärkt Sie durch ein Zustimmung signalisierendes Lächeln.

3. **Der kinästhetische Einkäufer spricht in einer physischen Sprache.** ☐

   Er benutzt Wendungen wie: „Können Sie sich einen Eindruck von unserer Situation hier machen?", „Fühlen Sie sich wohl dabei?", „Sie scheinen alle Zahlen sofort bei der Hand zu haben", „Ich fühle mich sehr erleichtert, daß wir uns verstehen."

Checkliste **66**

12 Vorschläge, wie Sie einen „kinästhetischen" Einkäufer erkennen und an ihn verkaufen

☑ *Anmerkungen*

4. **Der kinästhetische Einkäufer ist „bewegungsempfindlich".** ☐

   Er schüttelt manchmal Ihre Hand nicht nur einige Sekunden lang, sondern packt mit der anderen Hand auch Ihren Ellbogen. Wenn Sie zu einem kinästhetischen Einkäufer eine Beziehung aufgebaut haben, dann zeigt er seine Aufrichtigkeit und seinen Respekt, indem er sich nach vorn beugt und Sie am Unterarm berührt. Damit gibt er Ihnen zu verstehen, daß er Sie sympathisch findet.

So verkaufen Sie an einen kinästhetischen Einkäufer:

5. **Bauen Sie eine physische Verbindung auf.** ☐

   Nehmen Sie sofort und direkt Blickkontakt auf. Drücken Sie ihm fest die Hand; dabei sollte Ihre Handfläche ganz in der Hand des Einkäufers liegen. Schenken Sie ihm Ihre ungeteilte Aufmerksamkeit. (CL 3)

6. **Beginnen Sie sofort mit dem Verkaufen.** ☐

   Der kinästhetische Einkäufer spürt sofort, wenn Sie sich unbehaglich fühlen. Vergessen Sie den Smalltalk, und wenden Sie sich dem zu, was Ihnen am besten liegt – Ihr Produkt oder Ihre Dienstleistung. Zeigen Sie, wie sehr Sie davon überzeugt sind, und machen Sie deutlich, daß der Käufer Ihrer Ansicht nach von dem Produkt profitieren wird.

7. **Sprechen mit Hilfe „physischer" Metaphern.** ☐

   Benutzen Sie Wendungen wie beispielsweise:

   ⇨ „Das müßte Ihnen das Gefühl vermitteln, daß es für diese Dienstleistung eine realistische Grundlage gibt."
   ⇨ „Beruhigt Sie das, was ich Ihnen eben dargelegt habe?"
   ⇨ „Glauben Sie, Sie können das Problem noch länger auf sich beruhen lassen, ohne es zu lösen?"

VI. Der Aufbau einer guten Beziehung zum Einkäufer

66 Checkliste

12 Vorschläge, wie Sie einen „kinästhetischen" Einkäufer erkennen und an ihn verkaufen

☑ *Anmerkungen*

⇨ „Wir werden mit Ihnen Hand in Hand arbeiten, um sicherzugehen, daß das nicht passieren wird."
⇨ „Meine Intuition sagt mir, daß Sie sich nicht mit noch mehr Problemen herumschlagen wollen."
⇨ „Wer wird in diesem Augenblick durch dieses Problem beeinträchtigt?"
⇨ „Ich spüre, daß Sie daran denken, den Lieferanten zu wechseln."
⇨ „Dieses ganze Theater muß unerträglich sein für Angestellte, die täglich damit konfrontiert sind."

8. Benutzen Sie die Lieblingswendungen jedes kinästhetischen Einkäufers, den Sie kennenlernen.

Jeder kinästhetische Einkäufer, den Sie besuchen, und jeder kinästhetische Kunde, den Sie betreuen, hat Lieblingsworte und -wendungen (zum Beispiel: „Meinem Gefühl nach liege ich hier richtig."). Notieren Sie solche Wendungen, wenn Sie sie hören, und integrieren Sie sie in künftige Gespräche mit dieser Person.

9. Sprechen Sie langsam.

Geben Sie dem kinästhetischen Einkäufer die Chance, sich einen gefühlsmäßigen Eindruck von jedem Vorteil Ihres Produkts oder Ihrer Dienstleistung zu verschaffen. Erlauben Sie ihm, Ihre Worte zu „fühlen" und dadurch eine Erfahrung mit dem zu machen, was Sie sagen.

10. Zeigen Sie Ihre Ehrlichkeit.

Ehrlichkeit ist für den kinästhetischen Einkäufer besonders wichtig. Geben Sie ihm keinen Anlaß, Ihre Integrität in Zweifel zu ziehen. Beantworten Sie alle Fragen offen und ohne zu zögern. Wenn Sie eine Frage nicht beantworten können, dann sagen Sie das, sorgen aber dafür, daß die Antwort möglichst schnell nachgeliefert wird. (CL 19)

Checkliste **66**

12 Vorschläge, wie Sie einen „kinästhetischen" Einkäufer erkennen und an ihn verkaufen

☑ *Anmerkungen*

11. Sorgen Sie dafür, daß der kinästhetische Einkäufer etwas zum „Anfassen" bekommt.

Ermöglichen Sie dem kinästhetischen Einkäufer, Ihr Produkt zu berühren und in Betrieb zu setzen. Wenn es sich um eine Dienstleistung handelt, geben Sie ihm einen Prospekt.

12. Sorgen Sie dafür, daß sich der kinästhetische Einkäufer wohl fühlt.

Erzählen Sie gefühlsbetonte Geschichten, und verweisen Sie durch Referenzen auf die Erfahrungen zufriedener Kunden. Zeigen Sie, auf welche bahnbrechende Weise das Produkt das Leben anderer verändert hat.

VII. Die Problemanalyse

Aus Einkäufern werden Kunden, wenn sie Ihnen zutrauen, daß Sie ihnen wie ein „Arzt" helfen und ihre Krankheiten heilen, das heißt, ihre Probleme verringern oder womöglich ganz aus der Welt schaffen. Sie müssen möglichst viel über die spezifischen Probleme des Einkäufers in Erfahrung bringen, damit Sie zeigen können, wie Ihr Produkt oder Ihre Dienstleistung zur Problemlösung beiträgt. Dazu brauchen Sie ein inneres Ohr: Während Sie den Worten des Einkäufers lauschen, müssen Sie sein Problem hören. Wenn Sie und der Einkäufer sich erst einmal über die Art und das Ausmaß des Problems klargeworden sind, können Sie zusammenarbeiten und eine Lösung für das Problem – nämlich Ihr Produkt oder Ihre Dienstleistung – finden.

Dieses Kapitel wird Ihnen helfen, dieses innere Ohr zu entwickeln, das Sie hellhörig macht für Probleme. Dann können Sie – wie ein Arzt – mit dem richtigen Medikament reagieren.

67 Checkliste
7 mögliche Motive des Einkäufers

Lebenskunst ist die Kunst, Schmerzen zu vermeiden. Der beste Steuermann ist der, der die Felsen und Untiefen dieser Schmerzen sicher umschifft.

Thomas Jefferson

Die traditionelle Methode des Verkaufens basiert auf der Vorstellung, daß dem Käufer ein Nutzen verkauft werden soll. Dieser Ansatz wird der Realität nicht gerecht, denn Menschen treffen Entscheidungen aus zwei Gründen: Erstens streben sie einen Zustand der Zufriedenheit an, und zweitens wollen sie *Schmerzen* (das heißt Probleme) vermeiden. Menschen kaufen aus emotionalen Gründen, und die stärkste Emotion, die sie empfinden, ist der Schmerz. Die beste Verkaufsmethode besteht darin, jemanden zu finden, der glaubt, es gehe ihm gut. Im nächsten Schritt bringt man ihn dazu, sich „verletzt" zu fühlen, indem man sondierende Fragen stellt, wie sie in Checkliste 73 aufgeführt sind. Wenn Sie gemeinsam mit dem Käufer eine Reihe von „Verletzungen" festgestellt haben, dann erscheinen Ihnen beiden diese Verletzungen schon bald als eine ausgebrochene „Krankheit". Dann können Sie das tun, wofür Sie bezahlt werden: eine Wunderheilung vollbringen. Das mit Hilfe Ihrer Fragen ermittelte konkrete Kaufmotiv fällt in eine der folgenden sieben Kategorien.

	✓	Anmerkungen

1. **Ein akutes Problem** ☐

   Dieses Problem gehört zu den wichtigsten, die dem Käufer entlockt werden müssen. Es ist auch das Problem, um das man sich zuallererst kümmern muß. „Wieviel Geld verlieren Sie, während wir uns hier unterhalten?" (CL 72, 73)

2. **Ein künftiges Problem** ☐

   Die Angst vor schlimmen Folgen kann ebenfalls ein Kaufmotiv sein, aber solche Konsequenzen werden als nicht so bedrohlich empfunden wie akute Probleme. „Welches Ausmaß wird dieses Problem Ihrer Einschätzung nach annehmen, wenn Sie die Belegschaft erst einmal verdoppelt haben?" (CL 72, 73)

3. **Die sofortige Zufriedenheit des Einkäufers** ☐

   Auf dem dritten Rang in der Hierarchie der Kaufmotive steht der Wunsch Ihres Kunden, sofort einen Nutzen aus dem Geschäft zu ziehen. „Wie weit wären Sie Ihrer Konkurrenz gerne voraus?"

Checkliste 67

7 mögliche Motive des Einkäufers

Anmerkungen

4. **Die künftige Zufriedenheit des Einkäufers**

   Wenn der Einkäufer erst später einen Nutzen aus dem Geschäft zieht, motiviert ihn das selbstverständlich weniger, als wenn der Nutzen sofort sichtbar ist. Wenn Sie beim Verkauf auf dieses Motiv setzen, müssen Sie den Kunden sehr genau kennen. „Welche Steigerung beim ROI möchten Sie nächstes Jahr erzielen?"

5. **Probleme in der Vergangenheit**

   Der Einkäufer möchte vermeiden, daß sich ein früherer Fehler wiederholt. „Sie wollen nie mehr befürchten müssen, daß so etwas noch einmal passiert? Wie möchten Sie das erreichen?"

6. **Zufriedenheit in der Vergangenheit**

   Der Kunde möchte wieder eine frühere Marktposition erreichen. „Wie wichtig ist es für Sie, den verlorenen Vorsprung wiederzugewinnen?"

7. **Wecken Sie Interesse und Neugier.**

   Das sind die schwächsten Beweggründe, auf die man setzen sollte. Leider messen viele Verkäufer ihnen große Bedeutung zu. „Möchten Sie etwas sehen, das Sie begeistern wird?"

68 Checkliste

9 Gründe, warum Fragen die wirkungsvollsten Verkaufswerkzeuge sind

Fragen sind nie diskret. Die Antworten sind es manchmal.

Oscar Wilde

Professionelle Verkäufer sind in ein Geheimnis eingeweiht, in das Amateure niemals eindringen werden. Das Geheimnis erfolgreichen Verkaufens liegt nämlich nicht darin, sich zu merken, was man sagt, sondern sich zu merken, was man fragt. Fragen wirken Wunder.

✓ *Anmerkungen*

1. **Fragen richten sich an den Käufer, nicht an Sie oder an Ihr Produkt.**

   Fragen nehmen die Last von Ihren Schultern und geben sie an den Einkäufer weiter, wohin sie auch gehört.

2. **Fragen decken Probleme auf.**

   Es gibt nur einen Grund, warum Sie etwas verkaufen: Sie tragen dazu bei, daß der Einkäufer seine Probleme löst. Probleme können nicht angegangen werden, wenn ihre Ursache nicht bekannt ist. Der Einkäufer wird Ihnen sagen, wo die Probleme liegen, wenn Sie die richtigen Fragen stellen. (CL 73)

3. **Fragen sind positive psychologische Streicheleinheiten.**

   Wenn der Käufer spricht und Sie mit einer Frage nachhaken, dann merkt er, daß Sie ihm zuhören, und fühlt sich ernstgenommen. Wenn Sie dem Käufer zuhören, befriedigen Sie sein Bedürfnis nach Anerkennung und Individualität.

4. **Fragen sind informeller, natürlicher und weniger manipulativ als eine vorbereitete Präsentation.**

   Der Einkäufer erwartet einen aalglatten Verkäufer, der großspurig sein Produkt präsentiert, und ist dann angenehm überrascht, wenn sich der Verkäufer statt dessen für seine Probleme und Sorgen interessiert.

Checkliste **68**

9 Gründe, warum Fragen die wirkungsvollsten Verkaufswerkzeuge sind

☑   *Anmerkungen*

5. **Fragen nehmen den Druck und Streß von Ihnen.** ☐

   Wenn Sie dem Käufer mit auswendig gelerntem Text gegenübertreten, dann stehen Sie unter Streß, weil Sie sich merken müssen, was Sie sagen und wann Sie es sagen. Sie sollten weder Texte noch bestimmte Entgegnungen auf Einwände des Käufers memorieren, sondern einfach aufmerksam zuhören und Fragen stellen, die sich auf das beziehen, was Sie hören. Überlassen Sie dem Einkäufer die Führung.

6. **Fragen gewährleisten, daß der Einkäufer den Löwenanteil des Gesprächs übernimmt.** ☐

   Über den Daumen gepeilt ergibt sich eine Verteilung von 70 zu 30%. Erfolgreiche Verkäufer sprechen nur 30% der Zeit. Sie überlassen dem Käufer 70% der Interaktion. (CL 71)

7. **Fragen geben Ihnen die Chance nachzudenken.** ☐

   Während der Einkäufer spricht, haben Sie Gelegenheit zum Nachdenken. Das, was Sie hören, gibt Ihnen Hinweise darauf, was Sie tun müssen, um ein Geschäft abzuschließen.

8. **Fragen minimieren die Gefahr, daß Sie etwas sagen, das Sie später bedauern.** ☐

   Wenn Sie nicht reden, sagen Sie auch nichts Dummes.

9. **Fragen verpflichten den Käufer.** ☐

   Menschen fühlen sich manipuliert, wenn ihnen etwas verkauft wird. Wenn sie ihre Wahl selbst treffen, dann fühlen sie sich an die Kaufentscheidung gebunden. Wenn sie – durch die Art und Weise, wie sie Ihre Fragen beantworten – zu dem Schluß kommen, daß sie kaufen wollen, dann glauben sie, die Entscheidung selbst getroffen zu haben. Deshalb ist es höchst unwahrscheinlich, daß sie dann später wieder von ihrer Enscheidung zurücktreten.

VII. Die Problemanalyse

Checkliste 69

8 Fragetypen und wann Sie sie stellen müssen

Der kluge Mensch gibt nicht die richtigen Antworten; er stellt die richtigen Fragen.

Claude Levi-Strauss

Professionelle Kundendiensttechniker haben normalerweise dasselbe Werkzeug in verschiedener Ausführung in ihren Werkzeugkästen. Sie besitzen beispielsweise eine Auswahl verschiedener Bohreinsätze, Schraubendrehereinsätze, Schraubenschlüssel und Sägeblätter. Jedes Teil besitzt seine eigene Charakteristik und dient einem bestimmten Zweck. Auf ähnliche Weise benötigen Verkäufer eine Auswahl von Fragen, die sie je nach Situation verwenden. Legen Sie diese Fragetypen in Ihren Werkzeugkasten.

| | ✓ | Anmerkungen |

1. **Die allgemeine, ausbaufähige Frage**

   Machen Sie den Anfang, und bringen Sie das Gespräch mit dem Einkäufer in Gang. *Beispiel:* „Welchen Qualitätsstandard erwarten Sie von einem Lieferanten?"

2. **Die sachliche Sondierung**

   Gehen Sie auf die Aussagen des Einkäufers ein, um spezifische, detaillierte Informationen in Form von Fakten zu erhalten. Eine sachliche Sondierung ist nützlich, um den Einkäufer einschätzen zu können. *Beispiel:* „Welche Probleme haben Sie sonst noch mit diesen Geräten gehabt?"

3. **Die Frage nach der Einstellung**

   Gehen Sie auf Äußerungen des Käufers ein, damit Sie etwas über seine Einstellungen und seine Gefühle erfahren. Fragen nach Emotionen sind sehr effektiv, um unterschwellig vorhandene Gefühle aufzudecken. *Beispiel:* „Was haben Sie empfunden, als sich die Kunden über das Produkt beschwert haben?"

4. **Die Spiegelfrage**

   Wiederholen Sie den letzten Satz des Käufers. Heben Sie Ihre Stimme am Ende des Satzes. Damit implizieren Sie eine Frage. *Beispiel: Käufer:* „Alle bislang eingegangenen Angebote sind viel zu teuer." *Sie:* „Alle Angebote sind zu teuer?" Mit Ihrer impli-

Checkliste **69**

8 Fragetypen und wann Sie sie stellen müssen

Anmerkungen

zierten Frage versuchen Sie auf subtile Weise, an weitere Informationen zu kommen. Das ist eine gute Methode, sich Fakten zu beschaffen, ohne dabei aggressiv zu wirken.

5. **Die zusammenfassende Frage**

    Fassen Sie zusammen, was Sie gerade gehört haben, und bestätigen Sie dadurch, daß Sie alles verstanden haben. Das ist eine wirkungsvolle Methode, beim Verkaufsbesuch von einem Thema zum nächsten überzuleiten. *Beispiel:* „Meinen Sie damit, daß Sie einen Lieferanten suchen, der hervorragende Referenzen besitzt und Sie über seine Verpflichtungen hinaus zufriedenstellen will?"

6. **Die Strohmann- oder Colombo-Frage**

    Strohmann- bzw. Colombo-Fragen heißen so nach dem von Peter Falk verkörperten Fernsehinspektor. Mit dieser Fragen weisen Sie darauf hin, daß der Einkäufer oder Kunde sich widerspricht oder Sie auf andere Art hintergeht, ohne daß Sie dies direkt sagen. Sie geben sich verwirrt und verblüfft, während Sie Ihren Gesprächspartner bitten, Ihnen den offensichtlichen Widerspruch zu erklären. *Beispiel:* „Vorhin sagten Sie, daß Sie Ihre Probleme nächste Woche lösen möchten. Und nun sagen Sie, Sie könnten es sich nicht erlauben zu warten. Das verwirrt mich etwas… Habe ich vielleicht etwas überhört?"

7. **Die Bumerangfrage**

    Eine Frage, die Sie an den Einkäufer zurückgeben, veranlaßt ihn, seinen Einwand zu überdenken. Mit einer solchen Frage wenden Sie das Blatt zu Ihren Gunsten, indem Sie den Einkäufer oder Kunden zwingen, die Perspektive zu ändern und zu Ihrem Partner zu werden. Mit einer Bumerangfrage bringen Sie den Einkäufer von der Offensive in die Defensive. *Beispiel: Käufer:* „Ich verstehe nicht, warum irgend jemand den von Ihnen verlangten Preis zahlen sollte." *Sie:* „Unser Preis ist nie der niedrigste, da

VII. Die Problemanalyse

69 *Checkliste*

8 Fragetypen und wann Sie sie stellen müssen

☑   *Anmerkungen*

haben Sie recht. Warum, glauben Sie, haben wir einen solchen Verkaufserfolg, wenn wir so hohe Preise verlangen?" Wie auch immer der Einkäufer diese Fragen beantwortet, er wird seine Einwände gegen Sie fallenlassen müssen. (CL 74, 75)

8. Die hintergründige Frage ☐

Wenn der Geschäftsabschluß näherrückt, heben Sie die Vorteile Ihres Produkts besser mit einer solchen hintergründigen Frage hervor als mit einer Behauptung. *Beispiel:* „Wenn wir Ihr Fluktuationsproblem mit dem Ihnen zur Verfügung stehenden Budget teilweise lösen könnten – und ich sage nicht, daß wir das können, sondern nur, wenn wir es könnten –, was würde dann als nächstes geschehen?"

Checkliste **70**

9 Möglichkeiten, Fragen zu stellen, ohne Argwohn zu erregen oder manipulativ zu sein

Nicht jede Frage verdient eine Antwort.

Publilius Syrus

Die Wirkung eines Werkzeugs hängt allein davon ab, wie der Mensch es gebraucht. Auf ähnliche Weise kommt es bei Fragen darauf an, wie Sie sie einsetzen. Fragen entfalten ihre volle Wirkung nur dann, wenn Sie darauf achten, nicht den Argwohn des Verkäufers zu erregen und nicht manipulativ zu klingen. Die Tips in der folgenden Checkliste werden dazu beitragen, daß Sie aus den Fragen einen Nutzen ziehen können, ohne dabei das Mißtrauen des Einkäufers oder Kunden zu erregen.

	✓	*Anmerkungen*

1. **Konzentrieren Sie sich möglichst genau auf das, was Sie hören.**

   Ihr Ziel ist, die Person Ihnen gegenüber möglichst gut zu verstehen. Lauschen Sie aufmerksam den Antworten auf Ihre Fragen. Wenn Sie genau zuhören, wissen Sie auch, welche Frage Sie als nächstes stellen sollten. (CL 71)

2. **Lauschen Sie mit Ohren und Augen.**

   Der Käufer oder Kunde redet ständig, auch wenn er nicht spricht. Achten Sie auf physische Anzeichen von Unbehaglichkeit, Nervosität und Angst. Ihre Fragen üben auf den Käufer oder Kunden einen gewissen Druck aus, aber Sie werden damit sicherlich nicht zu weit gehen.

3. **Übernehmen Sie die Rolle eines Trainers bzw. Beraters, nicht die eines Inquisitors bzw. Staatsanwalts.**

   Wenn Sie mit Ihren Fragen ein Urteil abgeben („Warum sollten Sie denn gerade *so* etwas sagen?") oder Ihrem Gegenüber einen Vorwurf machen („Woher weiß ich, daß Sie mich nicht an der Nase herumführen?"), dann können Sie davon ausgehen, daß Ihr Verkaufsbesuch beendet ist. Stellen Sie konstruktive Fragen, statt anzuklagen.

VII. Die Problemanalyse

70 Checkliste

9 Möglichkeiten, Fragen zu stellen, ohne Argwohn zu erregen oder manipulativ zu sein

☑ *Anmerkungen*

4. Kümmern Sie sich um Einkäufer und Kunden. ☐

Und lassen Sie dabei nicht nach. Sorgen Sie dafür, daß Einkäufer und Kunden sich durch Ihre Fragen nicht unbehaglich fühlen. Vermitteln Sie den Eindruck, daß Sie ihnen helfen möchten, Probleme zu lösen. Machen Sie vor oder während der Frageunde Aussagen wie die unten aufgeführten.

⇨ „Je intensiver wir über Ihre Bedürfnisse sprechen, desto früher werden wir die Probleme gelöst haben."
⇨ „Ich werde Ihnen heute einige Fragen stellen, um mir über Ihre Bedürfnisse klarzuwerden. Sind Sie damit einverstanden?"
⇨ „Je besser ich Ihr Unternehmen kenne, desto besser kann ich helfen."
⇨ „Ich glaube, daß wir mit ein paar Fragen einige Punkte klären könnten." (CL 50, 51)

5. Prüfen und kontrollieren Sie Ihre Körpersprache. ☐

Trainer und Berater verhalten sich so, daß sie ihre Schützlinge unterstützen und beraten. Sie geben ihnen ein Gefühl der Sicherheit. Inquisitoren und Staatsanwälte dagegen verkörpern Überlegenheit und moralische Gewißheit. Ihnen gegenüber fühlt man sich unbehaglich. Vermitteln Sie den ersten Eindruck, nicht den zweiten. (CL 58)

6. Verwenden Sie abschwächende Aussagen. ☐

Schwächen Sie den „Härtegrad" Ihrer Fragen mit folgenden Einleitungen ab:

⇨ „Darf ich Ihnen ein paar Fragen stellen?"
⇨ „Diesen Aspekt würde ich gerne noch prüfen."
⇨ „Das verwirrt mich etwas. Meinen Sie …?"
⇨ „Könnten Sie mir bitte auf die Sprünge helfen?"
⇨ „Was Sie gerade gesagt haben, wirft eine wichtige Frage auf."

Checkliste **70**

9 Möglichkeiten, Fragen zu stellen, ohne Argwohn zu erregen oder manipulativ zu sein

☑ *Anmerkungen*

7. Peilen Sie eine Aufteilung von 70 zu 30 an. ☐

Sie machen den Einkäufer mißtrauisch, wenn Sie permanent fragen. Sprechen Sie nur während 30% der Zeit; die restliche Zeit überlassen Sie dem Einkäufer, damit er Ihnen antworten kann.

8. Wenn der Einkäufer oder Kunde glaubt, Sie beantworteten zu viele Fragen mit Gegenfragen, und lieber eine Antwort hören möchte, dann geben Sie diese Antwort. ☐

Eine Frage mit einer Gegenfrage zu beantworten (zum Beispiel „Das ist eine ausgezeichnete Frage, warum sind Sie interessiert an …?"), ist eine gute Methode, solange der Fragesteller nicht unzufrieden ist. Wenn Ihnen Ihr Gefühl sagt, daß der Einkäufer oder Kunde *jetzt* konkrete Informationen hören möchte, dann geben Sie sie ihm.

9. Bedanken Sie sich für die Beantwortung der Fragen. ☐

Ebenso, wie Sie nicht dazu verpflichtet sind, jede vom Einkäufer oder Kunden gestellte Frage zu beantworten, so sind diese nicht verpflichtet, jede Ihrer Fragen zu beantworten. Bedanken Sie sich von Zeit zu Zeit bei Ihrem Gegenüber für seine Offenheit und seine positive Reaktion (zum Beispiel: „Vielen Dank, ich weiß Ihre Ehrlichkeit zu schätzen.").

VII. Die Problemanalyse

71 Checkliste
15 Schritte, wie Sie ein aufmerksamer Zuhörer werden

Das größte Kompliment, das mir je gemacht wurde, bestand darin, daß mich jemand nach meiner Meinung fragte und dann zuhörte, was ich zu antworten hatte.

Henry David Thoreau

Nur wenn Sie fähig und bereit dazu sind, einem Menschen zuzuhören, und auch die nötige Geduld dazu aufbringen, besitzen Sie die Voraussetzungen, erfolgreich zu verkaufen. Wenn Sie in einer schwierigen Situation sind, schalten Sie einfach einen Gang zurück, und ergründen Sie die Probleme des Einkäufers. Allerdings sind nur wenige professionelle Verkäufer von Natur aus gute Zuhörer. Sie glauben, sie müßten den Einkäufer mit Informationen über ihre Produkte überhäufen. Sie werden ungeduldig, wenn der Einkäufer unentwegt redet. Sie lassen sich durch Provokationen und Kritik aus der Reserve locken. Sie wollen nichts von der Konkurrenz hören. Sie hören nur, was der Käufer ihrer *Erwartung* nach sagt, und nicht, was er tatsächlich sagt. Ihre Gedanken schweifen ab, und sie konzentrieren sich nicht auf den Sprecher.

Im folgenden sind die besten uns bekannten Ratschläge aufgelistet, mit denen Sie solche Ablenkungen vermeiden und Ihre Fähigkeit zuzuhören verbessern.

	✓	*Anmerkungen*

Eine generelle Verbesserung des Zuhörens:

1. **Entschlossenheit** ☐

   Damit Sie Ihr Verhalten ändern können, müssen Sie sich persönlich engagieren. Sie werden ein besserer Zuhörer durch die schlimmen Folgen, die sich ergeben, weil Sie nicht zugehört haben. Sagen Sie jetzt, in diesem Moment, folgende Worte laut: „Ich *werde* ein besserer Zuhörer werden!"

2. **Räumen Sie Menschen einen höheren Stellenwert ein als Dingen.** ☐

   David Schwartz sagte einmal: „Große Menschen monopolisieren das Zuhören; kleine Menschen monopolisieren das Reden." Dieses Zitat kann man folgendermaßen paraphrasieren: „Menschen, für die andere Menschen besonders wertvoll sind, sind gute Zuhörer; Menschen, für die Dinge besonders wertvoll sind, sind schlechte Zuhörer." Wenn Dinge und Menschen um Zeit in Ihrem Leben konkurrieren, wer oder was gewinnt dann normalerweise? Können Sie das, was Sie

Checkliste **71**

15 Schritte, wie Sie ein aufmerksamer Zuhörer werden

☑ *Anmerkungen*

tun oder denken, unterbrechen und Ihre Aufmerksamkeit auf jemanden richten, der gerade spricht?

3. **Resonanz ist wichtig.** ☐

Aus allen neuen, von anderen Menschen stammenden Informationen können Sie etwas lernen, auch wenn diese Informationen Kritik an Ihrem Verhalten implizieren oder Ihre Überzeugungen in Frage stellen.

4. **Die Vorteile aufmerksamen Zuhörens** ☐

Gute Zuhörer verschaffen sich große Vorteile:

⇨ Sie vermeiden, das Falsche zur falschen Zeit zu sagen. Sie verlassen sich bei dem, was und wann sie es sagen, auf ihre Ohren.
⇨ Sie machen sich ein Bild von den Beweggründen der Menschen um sie herum.
⇨ Durch ihr größeres, durch andere Menschen erweitertes Wissen können sie andere besser überzeugen.
⇨ Sie erscheinen intelligenter, weil sie andere ins Fettnäpfchen treten lassen.
⇨ Sie verschaffen sich den Respekt derjenigen, denen sie zuhören.
⇨ Sie nehmen dem Ärger des anderen die Schärfe, indem sie ihm als Ventil dienen.
⇨ Sie steigern die Selbstachtung anderer Menschen, weil sie sich ihre wertvolle Zeit nehmen und sie ausreden lassen.
⇨ Sie zeigen Interesse an den Menschen, denen sie zuhören.

5. **Zeigen Sie Kompetenz.** ☐

Suchen Sie sich ein Familienmitglied, einen Freund oder Kollegen, von dem Sie kontinuierlich Rückmeldungen darüber bekommen, wie gut Sie zuhören können und wie es um Ihre Fortschritte im bezug auf diese Fähigkeit bestellt ist. Bieten Sie im Gegenzug die gleichen Dienste an.

VII. Die Problemanalyse

71 *Checkliste*

15 Schritte, wie Sie ein aufmerksamer Zuhörer werden

Anmerkungen

Aufmerksameres Zuhören bei einem Verkaufsbesuch:

6. **Bereiten Sie sich vor.** ☐

   Denken Sie beim Warten vor dem Termin über den Einkäufer und die Firma nach. Geben Sie acht, daß Ihre Gedanken nicht zu anderen Fragen abschweifen, wenn Sie das Büro des Einkäufers betreten. Verpflichten Sie sich, dem Einkäufer gegenüber der aufmerksamste Zuhörer zu sein, den er je hatte.

7. **Setzen Sie sich ein Ziel.** ☐

   Nehmen Sie sich vor, in der Ihnen für den Besuch zur Verfügung stehenden Zeit die Wertvorstellungen, Überzeugungen, Ziele, Wünsche, Träume, Ängste und Probleme des Einkäufers besser kennenzulernen als irgend jemand zuvor. Konzentrieren Sie sich so gut wie möglich. Hören Sie dem Einkäufer zu, um ihn zu verstehen, und nicht, um einen Angriff zu planen.

8. **Nehmen Sie die Haltung eines Zuhörers ein.** ☐

   Halten Sie festen Blickkontakt. Widerstehen Sie der Versuchung, beim Nachdenken Ihren Blick umherschweifen zu lassen. Lehnen Sie sich nach vorn, wenn der Einkäufer spricht, und lehnen Sie sich zurück, wenn Sie selbst sprechen. Nicken Sie gelegentlich. Lächeln Sie, und ziehen Sie die Augenbrauen ein wenig hoch.

9. **Machen Sie sich Notizen.** ☐

   Es ist höflich, wenn Sie um Erlaubnis fragen, ob Sie sich Notizen machen dürfen; man wird Ihnen diesen Wunsch aber wohl so gut wie nie abschlagen. Er zeigt dem Einkäufer, daß Sie an dem, was er zu sagen hat, Interesse haben. Sie behalten dadurch während des gesamten Verkaufsgesprächs die Kontrolle und beschaffen sich wertvolle Informationen, die Sie später durchsehen oder Ihrem Verkaufsteam mitteilen können.

Checkliste **71**

15 Schritte, wie Sie ein aufmerksamer Zuhörer werden

☑ *Anmerkungen*

10. Lassen Sie sich nicht ablenken. ☐

Lassen Sie den Blick nicht durch das Büro schweifen, während der Einkäufer redet. Achten Sie nicht auf die Geräusche, die von außen ins Büro dringen. Lassen Sie sich nicht durch Personen, die vielleicht gerade vorbeigehen, aus dem Konzept bringen. Stellen Sie sich vor, der Einkäufer und Sie befänden sich allein in einem Tunnel, und alles, was Sie sehen und hören können, sind Sie beide. Denken Sie nur an das, was Sie dem Einkäufer vermitteln wollen.

11. Reden Sie nicht zuviel. ☐

Sie können nicht zugleich zuhören und sprechen. Immer mit der Ruhe. Lassen Sie den Käufer bei jedem Thema vollständig ausreden. Unterbrechen Sie ihn auch dann nicht, wenn Sie eine Antwort auf einen vom Käufer angesprochenen Punkt parat haben. Beurteilen Sie die Äußerungen des Käufers erst, wenn er ausgeredet hat.

12. Achten Sie nur auf das, was tatsächlich gesagt wird. ☐

Hören Sie auf die Worte. Reagieren Sie nicht auf das klischeehafte Bild, das Sie vom Einkäufer haben oder in der Vergangenheit hatten. Fällen Sie auch kein Urteil darüber, wie er seine Äußerung vorgebracht hat.

13. Achten Sie auf nonverbale Merkmale. ☐

Achten Sie auf die Stimme des Einkäufers, auf Intonation, Tonfall, Betonung, Sprechgeschwindigkeit und Lautstärke. Was sagen Ihnen diese Dinge über die tatsächliche Bedeutung der geäußerten Worte? Was sagt Ihnen die Körpersprache des Einkäufers? (CL 48)

71 *Checkliste*

15 Schritte, wie Sie ein aufmerksamer Zuhörer werden

Anmerkungen

14. Unterbrechen Sie den Redefluß des Käufers nicht.

Befolgen Sie eine der Anregungen, wenn der Einkäufer wortkarg wird, Sie aber noch mehr hören wollen:

⇨ Wiederholen Sie die letzten Worte des letzten Satzes, den der Einkäufer gesprochen hat, möglicherweise als Frage: „Sie glauben, daß das Problem keineswegs so gravierend ist?"

⇨ Wenn der Einkäufer über eine besonders emotionale Erfahrung spricht, dann sorgen Sie dafür, daß er weiterspricht, indem Sie sagen: „Das muß ja ... [aufregend/inspirierend/herausfordernd/schwierig/schmerzhaft] für Sie sein."

⇨ Stellen Sie eine kundenorientierte, prüfende Frage wie zum Beispiel: „Wirklich?", „Und?", „Was sonst noch?", „Wer sonst noch?", „Wie denken Sie darüber?"

15. Beweisen Sie dem Einkäufer, daß Sie zugehört haben.

Wenn Sie glauben, der Käufer habe nun alles gesagt, dann paraphrasieren Sie, was Sie gehört haben („Sie haben gesagt, daß ..."). Stellen Sie sich vor, das sei der Preis für das Recht, sich zu äußern. Sie zeigen damit, daß Sie sehr interessiert waren und dem Käufer zugehört haben. Außerdem bestätigen Sie damit auch, daß das, was Sie gleich sagen werden, einen Bezug zu den tatsächlichen Äußerungen des Käufers hat.

Checkliste **72**

34 Probleme, für die Ihr Produkt oder Ihre Dienstleistung Abhilfe schaffen könnten

Im Chinesischen wird das Wort „Krise" aus zwei Schriftzeichen gebildet. Eines bedeutet Gefahr, das andere Gelegenheit.

John F. Kennedy

Jedes vom Kunden wahrgenommene Problem ist für Sie eine Chance. Ihre Aufgabe ist, Probleme aufzudecken und dem Käufer zu der Einsicht zu verhelfen, daß Ihr Produkt Abhilfe schafft. Überzeugen Sie den Käufer davon, daß Sie zur Lösung eines oder mehrerer der aufgelisteten Probleme beitragen werden, und Sie werden die Zahl Ihrer Abschlüsse steigern.

☑

Probleme, die sich bemerkbar machen durch sinkende:

1. Einnahmen ☒
2. Marktanteile ☐
3. Gewinne ☒
4. Aktienwerte ☐
5. Shareholder Values ☐
6. Kreditwürdigkeit ☒
7. Kundenzufriedenheit ☐
8. Rohstoffqualität ☐
9. Wartungsqualität ☐
10. Produktqualität ☐
11. Eignung der Arbeitnehmer ☐
12. Arbeitsmoral ☐
13. Produktivität der Arbeitnehmer ☒
14. Verantwortlichkeit der Arbeitnehmer ☒

VII. Die Problemanalyse

72 Checkliste

34 Probleme, für die Ihr Produkt oder Ihre Dienstleistung Abhilfe schaffen könnten

☑ *Anmerkungen*

15. Teamarbeit und Koordination ☐
16. Qualität des Facility Management ☐
17. Einbindung und Einsatzfreude der Arbeitnehmer ☒

Probleme, die sich bemerkbar machen durch steigende

18. Rohstoffkosten ☒
19. Kosten für Facility Management ☐
20. Wartungskosten ☐
21. Lohnkosten ☒
22. Beschwerden der Arbeitnehmer ☒
23. Personalfluktuation ☒
24. Interpersonelle Konflikte ☐
25. Zahl der Teamkonflikte ☐
26. Betriebsunfälle ☐
27. Widerstände gegen Veränderungen ☐
28. Produktänderungen, Ausschußwaren und Rücksendungen ☐
29. Terminschwierigkeiten ☐
30. Kosten für Inventarbeschaffung ☐
31. Raten beim Inventarschwund ☐
32. Fähigkeiten der Konkurrenz ☐
33. Kundenfluktuation ☐
34 Juristische Schwierigkeiten ☐

Checkliste **73**

30 Fragen für eine Sondierung von Problemen

Schmerz ist real, wenn man andere Menschen dazu bringt, an ihn zu glauben. Wenn niemand an ihn glaubt außer Ihnen selbst, dann sind Ihre Schmerzen Hirngespinste oder Hysterie.

Naomi Wolf

Wenn sich der Einkäufer in Ihrer Gegenwart erst einmal wohl fühlt und Zutrauen hat zu Ihrer Fähigkeit, ihm zu helfen, dann spricht er offener über seine Bedürfnisse. Wenn der Einkäufer locker ist, breitet er freimütig seine Probleme aus, Probleme, für die Sie Abhilfe schaffen können. Stellen Sie Fragen, mit denen Sie die Sorgen und Nöte des Einkäufers kennenlernen. Fragen aus der ersten Gruppe sorgen dafür, den Redefluß des Käufers aufrechtzuerhalten und ihn bezüglich seines Problems auf den Boden der Tatsachen zu holen. Fragen aus der zweiten Gruppe fördern das Ausmaß und die Art des Problems zutage. Suchen Sie sich aus dieser Gruppe die Fragen aus, die sich am ehesten mit Ihrem persönlichen Stil decken und die Ihren Einkäufer höchstwahrscheinlich zu ausführlichen Antworten veranlassen.

	✓	*Anmerkungen*

Den Redefluß des Käufers aufrechterhalten:

1. „Und?" ☐
2. „Was passierte dann?" ☐
3. „Und was weiter?" ☐
4. „Wieviel?" ☐
5. „Können Sie mir etwas mehr darüber sagen?" ☐
6. „Und wie hat das geklappt?" ☐
7. „Was halten Sie davon?" ☐
8. „Was sagt Ihnen das?" ☐
9. „Was macht Sie so sicher?" ☐
10. „Wie genau stellen Sie das fest?" ☐

Ermittlung des Problems und seines Ausmaßes:

11. „Gibt es etwas, das Ihnen an der gegenwärtigen Situation mißfällt?" ☐
12. „Heißt das, daß Sie mit der gegenwärtigen Situation völlig zufrieden sind?" ☐

VII. Die Problemanalyse

73 Checkliste

30 Fragen für eine Sondierung von Problemen

	✓	Anmerkungen

13. „In der Industrie haben wir Probleme mit … [Nennen Sie eine Schwierigkeit, die Sie für Ihre Kunden beseitigt haben.] festgestellt. Haben Sie in diesem Bereich ähnliche Erfahrungen gemacht?" ☑

14. „Welches dieser Probleme macht Ihnen mehr Sorgen?" ☐

15. „Wenn Sie eine Sache ändern könnten, was wäre das?" ☑

16. „Und Sie hatten nie ein Problem mit … [Nennen Sie eine Schwierigkeit, die Sie für Ihre Kunden beseitigt haben.]?" ☐

17. „Können Sie das [Problem, auf das der Einkäufer angespielt hat] etwas genauer beschreiben?" ☐

18. „Was fällt Ihnen da als jüngstes Beispiel ein?" ☐

19. „Wie lange gibt es dieses Problem bereits?" ☐

20. „Was haben Sie in der Vergangenheit unternommen, um das Problem zu beseitigen?" ☐

21. „Welche Lösungsmöglichkeiten haben funktioniert und welche nicht?" ☐

22. „Aus welchen Gründen, denken Sie, haben Sie diese Ergebnisse erzielt?" ☐

23. „Wie schnell verschlechtert oder verbessert sich die Situation?" ☐

24. „Wie hoch schätzen Sie die Kosten ein, die dadurch verursacht wurden?" ☐

25. „Was haben Sie zuletzt zur Lösung des Problems unternommen?" ☐

26. „Was hoffen Sie mit einer Lösung zu erreichen, die Ihnen momentan nicht zur Verfügung steht?" ☐

27. „Wenn Sie das Problem jetzt wegzaubern könnten, was würden Sie tun?" ☐

28. „Welche persönlichen Sorgen macht Ihnen das?" ☐

29. „Wieviel sind Sie bereit, in die Lösung des Problems zu investieren?" ☐

30. „Wo sehen Sie meine Rolle bei der Lösung des Problems?" ☐

Checkliste **74**

19 Bumerangfragen, um die Position des Käufers klarzustellen

Beantworte niemals eine Frage, außer einen Heiratsantrag, mit „Ja" oder „Nein".

Susan Chitty

Die Bumerangtechnik besteht darin, mit provozierenden Fragen und Aussagen den Druck, unter den der Einkäufer Sie setzt, an ihn „zurückzugeben". Der Einkäufer versucht, durch solche Fragen und Aussagen tiefe Gefühle und Unsicherheiten zu verbergen. Eine Methode der Bumerangtechnik ist beispielsweise, eine Frage des Einkäufers mit einer Gegenfrage zu beantworten. Damit wird vor allem der Redefluß des Einkäufers aufrechterhalten. Außerdem wird er dazu veranlaßt, seine ursprüngliche Frage bzw. Aussage neu zu formulieren und somit seine tatsächlichen Absichten präziser herauszuarbeiten. Denn die gibt ein Einkäufer praktisch nie ohne Hilfestellung preis. Beachten Sie zwei Dinge, damit Sie den Einkäufer mit Ihren Bumerangfragen nicht gegen sich aufbringen: Erstens: Wenn der Käufer seine Frage wiederholt, beantworten Sie sie. Zweitens: Leiten Sie Ihre Bumerangfragen mit beruhigenden Aussagen ein. Sprechen Sie dabei mit sanfter, freundlicher Stimme. Sagen Sie zum Beispiel: „Das ist wichtig …", „Das weiß ich zu schätzen …", „Können Sie mir helfen, das zu verstehen …", „Ich bin nicht sicher, aber …", „Guter Aspekt …", „Ich bin froh, daß Sie gefragt haben …", „Eine Menge Leute fragen das …", „Das ist eine sehr wichtige Frage …", „Das hört sich sinnvoll an …", „Ganz im Vertrauen …", „Lassen Sie mich zunächst einmal fragen …". Stellen Sie Bumerangfragen in herausfordernden Situationen. (CL 59)

	✓	*Anmerkungen*

1. Nageln Sie den Einkäufer fest.

Käufer: „Was wird mich das kosten?"

Sie: „Gute Frage. Warum fragen Sie?"

2. Ganz im Vertrauen

Käufer: „Wie hoch ist der Preis?"

Sie: „Ganz im Vertrauen: Welchen Preis haben Sie erwartet?"

Offensichtlich geht es bei diesem Gespräch nicht darum, vertrauliche Informationen weiterzugeben. Aber indem der Verkäufer darauf verzichtet, den Einkäufer unter Druck zu setzen, bleibt dieser weiterhin zugänglich.

3. Eine Falle stellen

Käufer: „Haben Sie noch mehr als dieses eine?"

VII. Die Problemanalyse

74 Checkliste

19 Bumerangfragen, um die Position des Käufers klarzustellen

☑ *Anmerkungen*

Sie: „Auf welche Weise würde Ihnen mehr als eines davon helfen?" Oder: „Ist es in Ihrer Situation entscheidend, daß Sie mehr als eines haben?"

4. Behalten Sie die Kontrolle in der Fragerunde. ☐

Käufer: „Was meinen Sie zu ... [Thema, das Sie noch nicht erörtern wollen]?"

Sie: „Das ist eine wichtige Frage. Könnten wir das zunächst noch für einen Moment zurückstellen?"

5. Sie stehen in diesem Moment unter starkem Druck. ☐

Käufer: „Woran liegt es, daß Sie mir keinen Preis nennen wollen?" [Der Käufer nimmt Sie ins Visier, greift Sie möglicherweise an.]

Sie: „Gibt es einen Grund dafür, daß Sie mich so sehr unter Druck setzen?"

6. Situationen, die sich Ihrer Kontrolle entziehen ☐

Wenn Sie mit einer Situation konfrontiert sind, die Sie nicht mehr unter Kontrolle haben – vielleicht ein Argument, das Sie nicht ohne weiteres entkräften können –, dann sagen Sie: „Wir haben ein Problem." Wenn der Einkäufer fragt, um welches Problem es sich handelt, wiederholen Sie das Argument und sagen, daß Sie Schwierigkeiten haben, dazu etwas zu sagen. Beenden Sie Ihren Satz mit: „Sehen Sie eine Möglichkeit, dieses Argument zu entkräften?" Dies ist eine zumeist effektive Methode, den Einkäufer dazu zu bringen, selbst eine Lösung zu finden.

7. Eine Flaute während des Gesprächs ☐

Wenn sich das Gespräch festgefahren hat, versuchen Sie es mit: „Stellen Sie mir eine Frage." Warten Sie auf die Frage. Erwidern Sie dann: „Gute Frage. Wie kommen Sie gerade jetzt auf diese Frage?"

Checkliste **74**

19 Bumerangfragen, um die Position des Käufers klarzustellen

Anmerkungen

8. Die „Zauberstab"-Frage

Diese Frage hilft dem Einkäufer, sich über seine Bedürfnisse und Wünsche klarzuwerden. Fragen Sie: „Wenn Sie einen Zauberstab zur Hand hätten, mit dem Sie die ideale Lösung für Ihr Problem herbeizaubern könnten, welche Lösung wäre das?"

9. Die „Sie-fangen-an"-Entgegnung

Sie: „Gehe ich recht in der Annahme, daß wir alle Aspekte Ihres Problems erörtern müssen?"

Käufer: „Ja."

Sie: „Sehr gut! Dann fangen Sie an." (Diese Frage sorgt dafür, daß der Käufer offener mit Ihnen über das Thema spricht.)

10. Beenden Sie den Satz.

Wenn Sie noch mehr Informationen über ein Problem benötigen, der Einkäufer aber auf Ihre Fragen bereits ungeduldig reagiert, beginnen Sie einen Satz und brechen dann ab, als würden Sie über eine Formulierung nachdenken. Dadurch kann der Einkäufer den Satz beenden. *Beispiel:* „Lassen Sie mich sehen, ob ich das richtig verstanden habe …"

11. Wie bitte?

Wenn der Einkäufer etwas sagt, das für Sie sehr positiv ist, fragen Sie: „Wie bitte?" So kann der Einkäufer seine eigene Aussage ein zweites Mal hören. Das ist auch eine wirkungsvolle Methode, den Einkäufer positiv auf Ihr Produkt einzustimmen.

12. Der Käufer hat ein Problem.

Käufer: „Ich habe ein Problem mit der für heute vorgesehenen Unterzeichnung des Vertrags."

Sie: „Darf ich Sie etwas fragen?"

VII. Die Problemanalyse

283

Checkliste 74

19 Bumerangfragen, um die Position des Käufers klarzustellen

☑ *Anmerkungen*

Käufer: „Selbstverständlich."

Sie: „Warum ist das ein Problem?"

13. Wenn der Käufer Sie in eine Zwangslage bringt ☐

Wenn der Käufer Ihnen eine Alternative präsentiert, die Sie lieber nicht wählen würden, dann sagen Sie: „Was würden Sie an meiner Stelle tun?" Oder: „Warum denken Sie, daß man zu diesem Zeitpunkt eine Wahl treffen muß?"

14. Der Käufer bringt Mißtrauen und Ärger zum Ausdruck. ☐

In dieser Situation ist die beste Entgegnung: „Es muß einen Grund geben, warum Sie sich so fühlen." Achten Sie sehr darauf, nicht selbst verärgert zu reagieren.

15. Eine Frage, die Sie nicht beantworten können ☐

Wenn Sie eine Frage des Einkäufers nicht beantworten können, dann sagen Sie: „Ich bin nicht sicher. Was meinen Sie?" Geben Sie niemals eine falsche oder unehrliche Antwort.

16. Sie brauchen für Ihre Antwort weitere Informationen. ☐

Käufer: „Wie zuverlässig liefern Sie?"

Sie: „Das müssen Sie mir kurz erläutern. Was verstehen Sie unter zuverlässig?"

17. Ihr Preis steht zur Debatte. ☐

Käufer: „Das hier bezahle ich meinem gegenwärtigen Lieferanten. Können Sie diesen Preis unterbieten?"

Sie: „Nein. Das ist ein guter Preis. [Pause] Ich möchte Ihnen eine Frage stellen. Können Sie sich denken, warum wir auf diesem Markt so gut im

Checkliste **74**

19 Bumerangfragen, um die Position des Käufers klarzustellen

Anmerkungen

Geschäft sind, obwohl wir nie den niedrigsten Preis anbieten?"

Käufer: „Kundenservice?"

Sie: „Richtig! [Sagen Sie das, gleichgültig, welchen Gesichtspunkt der Einkäufer genannt hat.] Und warum, glauben Sie, sind unsere Kunden bereit, für Kundenservice extra zu zahlen?" (CL 86)

18. Ihr Liefertermin steht zur Debatte.

Käufer: „Können Sie uns das bis März liefern?"

Sie: „Ich weiß nicht. März könnte schwierig werden. Übrigens, warum denken Sie gerade an März?"

19. Die Frage, die keine Frage ist

Häufig glauben wir, eine Frage zu hören, wenn der Käufer in Wirklichkeit eine Aussage gemacht hat. Zum Beispiel ist der Einwand „Der Preis ist zu hoch" eine Aussage und keine Frage. Lassen Sie sich nicht unter Druck setzen; stellen Sie vielmehr fest, was der Käufer tatsächlich meint. Das erreichen Sie, indem Sie dem Käufer helfen, die Aussage in eine Frage umzuformen. Prüfen Sie folgende Beispiele:

Käufer: „Der Preis ist zu hoch."

Sie: „Das heißt …?"

Käufer: „Sie liefern zu langsam."

Sie (weicher): „Und …?"

Käufer: „Leute wie Sie tun mir das ständig an."

Sie: „Was heißt das?"

Käufer: „Ich bin mit dieser Situation wirklich unzufrieden."

VII. Die Problemanalyse

74 Checkliste

19 Bumerangfragen, um die Position des Käufers klarzustellen

☑ *Anmerkungen*

Sie: „Was meinen Sie damit?"

Käufer: „Dieses Problem muß geklärt werden, bevor wir fortfahren können."

Sie: „Geklärt werden heißt …?"

Checkliste **75**

15 Bumerangfragen, damit Sie die Fäden in der Hand behalten

Mit einem geschlossenen Mund fängt man sich keine Fliegen ein.

Italienisches Sprichwort

Es kann gefährlich sein, bei einer Präsentation zu viele Informationen über ein Produkt preiszugeben. Ein Argument, das Sie vorbringen, um das Geschäft abzuschließen, könnte es in Wirklichkeit zunichte machen – wenn Sie den Käufer nämlich aus dem Geschäft „hinausreden". (Können Sie sich vorstellen, sich jemals aus einem Geschäft „hinausgehört" zu haben?) Mit Hilfe der vorangegangenen Checkliste haben Sie gelernt, warum man Bumerangfragen stellt: Der Einkäufer soll seine Probleme erkennen und seine Position deutlicher darstellen.

Die Bumerangfragen in dieser Checkliste dienen drei anderen Zielen. Erstens halten sie Sie davon ab, zu früh Informationen über das Produkt preiszugeben und dadurch Ihren potentiellen Erfolg zu beeinträchtigen. Zweitens ermöglichen sie Ihnen, den Wert bestimmter Produktmerkmale zu prüfen, bevor Sie sie dem Käufer mitteilen. Drittens helfen Sie ihnen, beim Einkäufer den Eindruck zu erwecken, sich völlig für ihn zu verausgaben (während Sie nur Ihre Bumerangfragen stellen). Auf diese Weise gewinnen Sie ihn für sich, reduzieren seinen Widerstand und geben ihm ein Gefühl der Zufriedenheit mit sich selbst. Die Bumerangfragen leisten für Sie dasselbe wie für den von Peter Falk gespielten Inspektor in der Fernsehserie *Colombo*.

	☑	*Anmerkungen*
Gehen Sie nicht leichtfertig mit Produktinformationen um:		
1. Liefertermin *Käufer:* „Wie schnell können wir das bekommen?" *Sie:* „Ich werde das prüfen. Gibt es hier besondere Erfordernisse?"	☐	
2. Alternativen *Käufer:* „Ist das auch in Blau erhältlich?" *Sie:* „Da werde ich nachfragen müssen. Benötigen Sie noch andere Farben?"	☐	
3. Leistungsfähigkeit *Käufer:* „Welche maximale Kapazität besitzt das System?" *Sie:* „Das ist eine gute Frage. Wenn das wichtig ist, werde ich das prüfen. Ist es wichtig?"	☐	

75 Checkliste

15 Bumerangfragen, damit Sie die Fäden in der Hand behalten

☑ *Anmerkungen*

4. Preis ☐

Käufer: „Die Konkurrenz ist billiger als Sie."

Sie: „Oh. Dann werde ich den Auftrag vermutlich nicht bekommen?"

5. Der Käufer ist nicht überzeugt. ☐

Käufer: „Ich bin noch nicht überzeugt."

Sie: „Ich verstehe. Ähm, was hätten Sie denn gern gesehen?"

Prüfen Sie den Wert eines Produktmerkmals. Wenn der Einkäufer eine der folgenden Fragen bejaht, dann haken Sie mit der Frage „Oh? Warum ist das so?" nach. Fällt die Antwort negativ aus, dann sagen Sie: „Das hätte ich nicht gedacht."

6. „Ich nehme an." ☐

Sie: „Ich nehme an, daß … [Nennen Sie einen wesentlichen Vorteil Ihres Produkts oder Ihrer Dienstleistung.] Sie nicht interessiert."

7. Individuelle Kundenwünsche ☐

Sie: „Wahrscheinlich ist das in Ihrem Fall nicht relevant, aber manchmal werde ich gefragt, ob wir … [Nennen Sie einen beliebten individuellen Wunsch, der von Ihren Kunden geäußert wird.] können. Sie möchten nicht, daß wir das machen?"

8. Eine Geschichte über Dritte ☐

Sie: „Letzte Woche war ich bei einem Kunden, der nach … [Nennen Sie einen beliebten individuellen Kundenwunsch.] fragte, weil es der Firma zu … [Nennen Sie einen aus dem Kundenwunsch resultierenden gewinnbringenden Vorteil.] verhelfe. Wäre das hier ebenfalls relevant?"

Checkliste **75**

15 Bumerangfragen, damit Sie die Fäden in der Hand behalten

☑ *Anmerkungen*

9. **„Habe ich das richtig verstanden?"** ☐

   Sie: „Mal sehen, ob ich das richtig verstanden habe. Sie hoffen, daß wir ... [Fassen Sie die von dem Einkäufer nachgefragte Problemlösung zusammen.]. Stimmt's?"

10. **„Das ist wahrscheinlich nicht wichtig."** ☐

    Sie: „Was diese Sache angeht, so ist es wahrscheinlich nicht wichtig, daß man ... [Nennen Sie etwas, das für den Einkäufer sicher wichtig ist.]. Oder?"

Machen Sie sich mit diesen allgemeinen Bumerangfragen vertraut:

11. **„Ich bin mir nicht sicher."** ☐

    Sie: „Wenn Sie sagen, daß ... [Hier können Sie etwas Beliebiges einsetzen.], dann bin ich mir nicht ganz sicher, ob ich verstanden habe, was Sie meinen."

12. **„Das verwirrt mich."** ☐

    Sie: „Das verwirrt mich etwas. Könnten Sie mir das bitte erläutern?"

13. **„Ich benötige Hilfe."** ☐

    Sie: „Ich habe ein Problem, bei dem ich Ihre Hilfe brauche."

    Käufer: „Welches Problem?"

    Sie: „Das Problem ist ... [Hierbei könnte es sich um eine uneinsichtige Haltung des Käufers handeln]. Können Sie mir dabei behilflich sein?"

14. **„Ich bin langsam."** ☐

    Sie: „Ich bin nicht so schnell wie Sie. Ich brauche ein wenig mehr Unterstützung. Können Sie mir noch einmal sagen, welche Art von Hilfe Sie sich von uns erhoffen?"

VII. Die Problemanalyse

75 Checkliste

15 Bumerangfragen, damit Sie die Fäden in der Hand behalten

☑ *Anmerkungen*

15. „Ich komme nicht mehr mit." ☐

Sie: „Ich komme nicht mehr mit. Darf ich Ihnen ein paar Fragen stellen?"

Checkliste **76**

9 Möglichkeiten, bei einem Verkaufsbesuch die Perspektive eines Außenstehenden einzunehmen

Wenn jemand sehr mit sich selbst beschäftigt ist, bringt er nicht viel zustande.

John Ruskin

Stellen Sie sich vor, wie erfolgreich Sie sein könnten, wenn Ihnen bei einem Verkaufsbesuch ein objektiver, analytisch denkender Trainer Ratschläge ins Ohr flüstern würde. Der Trainer würde Ihnen sagen, was Sie gut machen und was Sie ändern sollten. Und der Trainer würde Sie vor allem davor bewahren, emotional ganz von dem erhofften Abschluß in Anspruch genommen zu werden. Er würde die Interaktion zwischen Ihnen und dem Einkäufer kritisch und objektiv bewerten. Und nun die gute Nachricht! Sie brauchen keinen Trainer, um bei einem Verkaufsbesuch „Außenstehender" zu bleiben.

☑ *Anmerkungen*

1. **Machen Sie sich klar, daß alle Einkäufer Menschen sind, die nach psychologischen „Drehbüchern" handeln. In diesen Drehbüchern stehen ihre Bedürfnisse, Wünsche, Einstellungen und Verteidigungsmechanismen.**

   Die besten Verkäufer sind Amateurpsychologen. Sie verstehen, daß alles, was Einkäufer sagen und tun, dem in ihren Köpfen vorhandenen Drehbüchern entspringt. Die Inhalte dieser Drehbücher sind mehr oder weniger ausgereift, und die Einkäufer sind in ihnen gefangen. Daher gibt es für Sie keinen Grund, sich darüber aufzuregen. (CL 46 – 49)

2. **Prüfen Sie Ihre eigene psychische Reife.**

   Jammern, drängeln und nörgeln Sie wie ein Kind? Zeigen Sie ein Verhalten wie ein Schulmeister, der kontrolliert, unterdrückt, erzieht und kritisiert? Oder benehmen Sie sich wie ein gelassener, zuversichtlicher Erwachsener? Die besten Verkäufer besitzen eine Persönlichkeit, die gereift ist wie die eines erwachsenen Menschen. Je länger Sie sich in dem Zustand des Erwachsenen befinden, desto objektiver können Sie protokollieren, was bei Ihrem Verkaufsbesuch passiert. (CL 5)

VII. Die Problemanalyse

76 *Checkliste*

9 Möglichkeiten, bei einem Verkaufsbesuch die Perspektive eines Außenstehenden einzunehmen

☑ *Anmerkungen*

3. **Sondieren und nochmals sondieren** ☐

   Reagieren Sie auf die Aussagen des Einkäufers mit sondierenden Fragen. Das steigert Ihre Fähigkeit, in der Position des „Außenstehenden" zu bleiben, weil:

   ⇨ der Einkäufer die meiste Zeit redet
   ⇨ Sie während der Antworten des Einkäufers zuhören und nachdenken können
   ⇨ die unterschwellig vorhandenen Probleme des Einkäufers schließlich ans Licht kommen werden
   ⇨ Sie die Logik und Argumentation des Einkäufers erkennen können (CL 70)

4. **Lauschen Sie mit den Augen und dem inneren Ohr.** ☐

   Der Einkäufer wird Ihnen immer zu verstehen geben, was er von Ihnen, Ihrer Firma und dem Produkt hält. Doch das sagt er Ihnen möglicherweise nicht direkt. Er vermittelt seine wahren Gedanken vielmehr durch den Klang seiner Stimme, die Bewegung seines Körpers und seine Selbstbeherrschung.

5. **Reagieren Sie auf Angriffe rational, nicht emotional.** ☐

   Wenn der Einkäufer manipulativ, sarkastisch und aggressiv wird, zahlen Sie es ihm nicht mit gleicher Münze heim. Holen Sie tief Luft, atmen Sie langsam aus, und stellen Sie folgende Frage: „Können Sie mir bitte sagen, was passiert ist, daß Sie sich so fühlen?"

6. **Sprechen Sie über Ihre Gefühle, verdrängen Sie sie nicht.** ☐

   Sie und der Einkäufer spielen eine Rolle in einem psychologischen Drama, in dem jeder von Ihnen versucht, die eigene Sicherheit und Kontrolle aufrechtzuerhalten. Wenn Sie sich manipuliert, gestreßt oder unbehaglich fühlen, dann bringen Sie das zur Sprache. Und wenn Sie meinen, daß der Einkäufer sich unter Druck gesetzt fühlt, dann bringen Sie das

Checkliste **76**

9 Möglichkeiten, bei einem Verkaufsbesuch die Perspektive eines Außenstehenden einzunehmen

Anmerkungen

zur Sprache. Sobald die Probleme aus dem Weg geräumt sind, können Sie weiterarbeiten und das Geschäft zum Abschluß bringen.

7. **Versetzen Sie sich in den Einkäufer.**

    Ändern Sie Ihre Perspektive. Was empfindet wohl der Einkäufer? Und aus welchen Gründen? Welche Gefühle zeigt er? Wenn Sie der Einkäufer wären und hätten mit sich selbst als Verkäufer zu tun, wie würden Sie sich fühlen? Auf diese Emotionen müssen Sie eingehen. (CL 68 und 70)

8. **Hören Sie auf Ihren „Trainer".**

    Hören Sie auf Ihre innere Stimme der Vernunft und Objektivität – Ihren Trainer. Der Trainer möchte, daß Sie ein Geschäft abschließen. Er möchte nicht, daß Sie Zeit und Energie verschwenden, um Ihr Ego zu schützen. Gehen Sie auf den Einkäufer ein, und nehmen Sie keine Abwehrhaltung ein.

9. **Lösen Sie sich.**

    Stellen Sie sich vor, daß sich im Raum eine dritte Person befindet, die Ihrem Gespräch schweigend zuhört. Wenn die Sache für Sie mühsam wird, dann verwandeln Sie sich in diese dritte Person. Was sehen und hören Sie aus dieser Perspektive? Welchen Rat würden Sie dem Verkäufer (Ihnen) geben?

VII. Die Problemanalyse

Checkliste 77

14 immaterielle Produktmerkmale, auf die Einkäufer anspringen

Was ist ein Zyniker? – Ein Mensch, der allem und jedem einen Preis zuordnet, aber nichts und niemandem einen Wert.

Oscar Wilde

Jahrelang verkaufte IBM Großrechner, PCs und Laptops mit einer zwingenden Botschaft: „Sie werden sich niemals für den Kauf eines IBM-Computers entschuldigen müssen." Die Stärke dieses Slogans basierte auf der Vormachtstellung von IBM in der Computerbranche. Firmenkunden erwarben mehr als einen Computer. Sie kauften das IBM-Logo – ein immaterielles Merkmal. Auf ähnliche Weise können Sie, wenn Sie immaterielle Eigenschaften verkaufen, den Wert (und Kaufpreis) Ihres Produkts erhöhen. Die folgende Checkliste enthält 14 Kategorien immaterieller Merkmale, die Einkäufer möglicherweise unwiderstehlich finden.

	✓	Anmerkungen
1. Prestige Parfüms, Uhren, Kleidung und Luxusautomobile werden zu Höchstpreisen verkauft, weil sie auf dem Markt ein sehr hohes Ansehen genießen. Wer kauft schon Armani-Blazer wegen ihrer Paßform oder ihrer Qualität?	☐	
2. Exklusivität Unternehmen wie Volkswagen und Apple werben mit der Vorstellung, daß ihre Käufer zu einer Gegenkultur gehören, daß sie aus der Masse herausragen und eben nicht Otto Normalverbraucher sind.	☐	
3. Zuverlässigkeit Maytag schuf ein Marketingbild mit einem Monteur, der nie an sein Telefon gehen mußte. Wenn Sie nun beweisen können, daß Maytag-Monteure im Vergleich zu Ihren Monteuren überarbeitet sind, dann haben Sie eine immaterielle Eigenschaft, die gekauft werden wird.	☐	
4. Garantierte Zufriedenstellung Mit der Zusicherung „Wenn es Ihnen nicht gefällt, dann bezahlen Sie auch nicht dafür" wurde alles mögliche verkauft, von Automobilen bis hin zu Kameraobjektiven.	☐	

Checkliste **77**

14 immaterielle Produktmerkmale, auf die Einkäufer anspringen

☑ *Anmerkungen*

5. Kundenservice

Die Firma Zippo repariert an die Unternehmenszentralen eingeschickte Feuerzeuge, die vor 30 Jahren gekauft wurden. Wieviel ist das einem Zippo-Kunden wert? Wieviel wäre das einem Ihrer Kunden wert? (CL 92, 94–96)

6. Ästhetik

Wenn das Produkt glitzert, glänzt, strahlt und dem Betrachter den Atem raubt, dann haben Sie eine immaterielle Eigenschaft, die Geld wert ist. Die langen Wartelisten für eine Harley Davidson sind nicht zuletzt darauf zurückzuführen, daß so viele Kunden glauben, sie kauften ein Kunstwerk.

7. Sicherheit

Wenn das von Ihnen verkaufte Produkt umfangreiche Referenzen im Bereich Sicherheit aufweisen kann, dann besitzen Sie ein wichtiges immaterielles Merkmal. Autohersteller versuchen, sich gegenseitig mit vorteilhaften Ergebnissen von Crash-Tests zu übertrumpfen.

8. Einfachheit

Ein Produkt, das leicht zu verstehen und zu handhaben ist, besitzt eine wertvolle immaterielle Eigenschaft, insbesondere wenn es ein technisch komplexes Produkt ist. AOL brachte Millionen Menschen ins Internet, weil die Software dieser Firma so einfach zu handhaben ist.

9. Technischer Kundendienst

Autohändler, die ausgebildete Mechaniker beschäftigen, können für Autoreparaturen mehr verlangen als Händler mit angelernten Kräften.

10. Kundenwünsche

Warum verlangt ein Einzelhändler für das Aufsticken eines Monogramms auf ein Hemd einen Aufschlag

VII. Die Problemanalyse

295

77 Checkliste
14 immaterielle Produktmerkmale, auf die Einkäufer anspringen

Anmerkungen

auf den normalen Ladenpreis? Warum bezahlen Kunden für einen exklusiven Partyservice völlig utopische Preise? Warum investieren sie mehr Geld in die Pläne eines Architekten als in ähnliche, aus einem Buch mit Standardblaupausen stammende Pläne? (CL 92)

11. Umweltfreundlichkeit

Wenn zwei Produkte in jeder Hinsicht völlig gleichwertig sind, eines aber aus wiederverwertbaren Materialien hergestellt wurde und weniger Umweltbelastung verspricht, welches würden Sie kaufen?

12. Soziale Verantwortung

Wenn zwei Produkte in jeder Hinsicht gleichwertig sind, eines aber in einem Land hergestellt wurde, in dem die Menschen unterdrückt werden – welches würden Sie kaufen?

13. Philanthropische Einstellung

Wenn zwei Produkte in jeder Hinsicht gleichwertig sind, der Hersteller des einen Produkts jedoch einen Teil des Gewinns für wohltätige Zwecke spendet – welches Produkt würden Sie kaufen? Viele Verbraucher gehen regelmäßig zu McDonald's, nur um das Ronald McDonald House zu unterstützen.

14. Nostalgie

Jedes Jahr an Weihnachten wirbt Coca-Cola mit dem klassischen Bild von Santa Claus mit einer Coke-Flasche in der erhobenen Hand. Verkauft diese Firma nicht viel mehr als ein Getränk? Noch heute werden Bilder von Clark Gable, Marilyn Monroe, Humphrey Bogart, James Dean, W.C. Fields und Mae West verwendet, um Produkte zu vermarkten. Elvis lebt!

VIII. Der Geschäftsabschluß

Verkaufen heißt, daß Sie als Verkäufer dem Einkäufer helfen, sich für Ihr Produkt zu entscheiden, ohne daß sich der Einkäufer unter Druck gesetzt oder manipuliert fühlt. Dieses Ziel erreichen Sie nicht, indem Sie vorbereitete Texte auswendig lernen, den Einkäufer mit Produktunterlagen überhäufen oder ihn nervös machen, weil Sie ihn ständig anrufen. Vielmehr liegt der Schlüssel zu einem nicht-manipulativen Verkaufen darin, Fragen zu stellen, die Pendeltechnik und unterstützende Präsentationen einzusetzen, um den Einkäufer zu einer unausweichlichen Entscheidung zu führen: den Vertrag zu unterzeichnen. Die in diesem Kapitel aufgeführten Techniken funktionieren nicht nur, sondern nehmen auch den enormen Druck von Ihnen, unter dem Verkäufer normalerweise stehen, nämlich zur richtigen Zeit das Richtige zu sagen.

78 Checkliste
13 Möglichkeiten, mit der Pendeltechnik zu verkaufen

Eine zaghafte Verneinung legt stets nahe, daß das, was verneint wird, eigentlich besonders erwünscht ist.

Jonathan Raban

Wenn ein unerfahrener Fischer beim ersten leichten Zug an der Rute die Leine einholt, hat er meistens nichts am Haken. In der Regel bedeutet ein leichter Zug an der Leine nämlich nur, daß ein Fisch den Köder begutachtet und vielleicht daran herumknabbert. Im Laufe der Zeit lernt der Fischer, in einer solchen Situation Leine nachzugeben und sie locker zu lassen. Der Fisch zieht den Köder tiefer ins Wasser hinunter und verschlingt ihn mitsamt dem Haken, da er sich sicher fühlt. Wenn sich die Leine spannt, zieht der Fischer die Leine mit einem Ruck nach oben, damit der Haken sich nicht mehr lösen kann. Das Verkaufen mit der Pendeltechnik funktioniert ganz genauso. Statt daß Sie sich auf einen in greifbare Nähe gerückten Abschluß stürzen, ziehen Sie sich behutsam zurück. Wenn der Einkäufer auf Ihr Zurückweichen reagiert, strafft sich die Leine – und der Einkäufer, nicht Sie, schließt das Geschäft ab. Diese Art des Verkaufens können Sie sich auch so vorstellen, daß Sie dem Einkäufer, der mit einem Pendel verbunden ist, einen Stoß versetzen. Schieben Sie ihn von sich weg, führen Sie die negative Reaktion herbei, die der Einkäufer Ihnen gegenüber vielleicht ohnehin gezeigt hat. Dann lassen Sie die Schwerkraft wirken, damit er sich wieder in einer positiven Richtung auf Sie zu bewegt. Beachten Sie in den folgenden Situationen, wie der Einkäufer mit jedem Zurückweichen einer positiven Entscheidung näher kommt.

Achtung: Viele Verkäufer erzielen mit dieser Methode hervorragende Ergebnisse; bei anderen geht der Schuß nach hinten los. Wenn Sie diese Verkaufsmethode anwenden, dürfen Sie auf keinen Fall spöttisch oder provokativ klingen. Wenn Sie feststellen, daß ein Einkäufer auf die Pendeltechnik verärgert reagiert, ziehen Sie sich zurück. Wenn die Pendeltechnik sich mit Ihrer Persönlichkeit und Ihrem Kommunikationsstil nicht in Einklang bringen läßt, dann wenden Sie sie nicht an.

Anmerkungen

1. **Ein höflicher Käufer**

    Käufer: „Mir gefällt, was Sie da sagen."

    Sie: „Interessant. Nach allem, was Sie bis jetzt gesagt haben, hätte ich nicht gedacht, daß Sie daran interessiert wären. Ist mir vielleicht etwas entgangen?"

    Käufer: „Vielleicht ist Ihnen entgangen, auf welche Weise ich mit Ihrem Produkt die Lösung meines Problems realisieren werde."

    Sie: „Sehr gut. Ich bin aber immer noch ein wenig verwirrt. Könnten Sie mir etwas genauer schildern,

Checkliste **78**

13 Möglichkeiten, mit der Pendeltechnik zu verkaufen

☑ *Anmerkungen*

inwiefern sich unser Produkt mit der Problemlösung, die Sie sich vorstellen, deckt?"

Käufer: „Ja. Ich werde das Produkt einsetzen, um …"

2. **Ein begeisterter Käufer** ☐

Käufer: „Phantastisch. Unser Unternehmen wird begeistert sein von …!"

Sie: „Prima. Aber sind Sie ganz sicher, daß Sie lange genug darüber nachgedacht haben?"

Käufer: „Ich glaube schon, aber vielleicht täusche ich mich auch."

Sie: „Möglicherweise wollen Sie noch ein paar Fragen stellen, bevor Sie sich für diese Investition entscheiden. Sie hätten mich beispielsweise nach … fragen können." Formulieren Sie die Fragen so, daß Ihre Kenntnisse über die Probleme des Einkäufers und die Stärken Ihres Produkts den Geschäftsabschluß herbeiführen.

3. **Bereit zur Vertragsunterzeichnung** ☐

Käufer: „Ich glaube, wir sind jetzt soweit."

Sie: „Einverstanden, aber Sie sind sich nicht ganz sicher." (Warmer Klang der Stimme, der Tonfall steigt bei „sicher" ein wenig an.)

4. **„Werbung und Kundenwünsche"** ☐

Sie: „Die meisten unserer Kunden aus Ihrer Branche stellen fest, daß ihre Probleme bezüglich … von unserem … gelöst werden. In unseren Gesprächen hatte ich den Eindruck, daß das für Sie nicht von Interesse ist."

Käufer: „Nicht unbedingt."

VIII. Der Geschäftsabschluß

78 *Checkliste*

13 Möglichkeiten, mit der Pendeltechnik zu verkaufen

Anmerkungen

5. Der neutrale Käufer

Käufer: „Vielleicht kommen wir doch miteinander ins Geschäft."

Sie: „Das aus Ihrem Mund zu hören, überrascht mich. Wenn ich hätte raten müssen, dann hätte ich gesagt, daß wir nie Geschäfte miteinander machen würden."

Käufer: „Wenn es ums Geschäft geht, sage ich niemals nie."

Sie: „Sollte ich vielleicht auch nicht tun. Aber meiner Erfahrung nach kauft jemand, der sagt: ,Vielleicht kommen wir doch miteinander ins Geschäft', überhaupt nie. Ist das bei Ihnen auch so?"

Käufer: „Es ist richtig, daß wir unsere Optionen noch prüfen. Wir sind jedoch ernsthaft daran interessiert, uns zu verbessern."

Sie: „Dafür habe ich Verständnis. Ich hatte einfach nur den Eindruck, der Sache werde keine hohe Priorität eingeräumt."

Käufer: „Sie steht vielleicht nicht an erster Stelle, aber dennoch weit oben."

Sie: „Sie rückt aber nicht in absehbarer Zeit ganz nach oben?"

Käufer: „Ich bin im Augenblick nicht gewillt, irgend etwas zu unternehmen."

Sie: „Wahrscheinlich auch nicht in diesem Monat?"

Käufer: „Nein. Aber warum vereinbaren wir nicht einen Termin für den Ersten des nächsten Monats, um die Sache ins Rollen zu bringen?"

Sie: „Sind Sie sicher, daß Sie das machen wollen?"

Checkliste **78**

13 Möglichkeiten, mit der Pendeltechnik zu verkaufen

☑ *Anmerkungen*

Käufer: „Vollkommen."

6. Der lethargische Käufer ☐

Käufer: „Vermutlich haben wir dieses Problem schon seit längerer Zeit."

Sie: „Und Sie haben sich ganz offiziell dafür entschieden, das Problem nicht zu beseitigen?"

7. Der Käufer, der um Hilfe bittet ☐

Käufer: „Haben Sie eine Lösung für uns?"

Sie: „Wir haben eine Lösung, die bei anderen Kunden funktioniert hat. Es könnte aber sein, daß sie in Ihrem Fall nicht funktioniert."

8. Testen Sie den Käufer. ☐

Sie: „Wahrscheinlich ist es nicht wichtig, hierfür ... [eines der Merkmale, die der Käufer nicht erwähnt hat] zu haben, oder?"

9. Sie haben die letzte Auftragserteilung vermasselt. ☐

Käufer: „Daß Sie sich trauen, heute hier aufzutauchen. Sie glauben doch nicht, daß wir noch einen verkorksten Auftrag mit Ihnen abwickeln."

Sie: „Das sollten Sie auch nicht. An Ihrer Stelle würde ich mit mir überhaupt keine Geschäfte machen."

Käufer: „Freut mich, daß wir einer Meinung sind."

Sie: „Sie sind überzeugt, daß Sie wieder dieselben Schwierigkeiten hätten. Das haben Sie doch so entschieden?"

Käufer: „Ich weiß nicht, ob ich diese Entscheidung tatsächlich so getroffen habe."

VIII. Der Geschäftsabschluß

78 *Checkliste*

13 Möglichkeiten, mit der Pendeltechnik zu verkaufen

☑ *Anmerkungen*

Sie: „Das ist schön, aber Sie hätten sie vielleicht treffen sollen. Vermutlich werden Sie uns – auch wenn ich Ihnen erzähle, was wir alles unternommen haben, damit das nicht mehr vorkommt – wohl keinen Auftrag mehr erteilen – wahrscheinlich nie wieder!"

Käufer: „Ich bin mir nicht sicher, ob ich 'nie wieder' sagen würde."

Sie: „Wirklich? Was dann?"

Käufer: „Ich müßte eine gewisse Garantie haben."

Sie: „Die könnte ich Ihnen wahrscheinlich nicht geben."

Käufer: „Das mag sein, aber es liegt an Ihnen, ob Sie es versuchen wollen oder nicht."

Sie: „Nehmen wir an, ich versuche es. Was müßte geschehen?"

Käufer: „Sie müßten mir beweisen, daß ..." (CL 100)

10. Ist das Verkaufsgespräch beendet? ☐

Käufer: „Wir kommen hier nicht weiter."

Sie: „Ich habe auch den Eindruck, unser Gespräch ist beendet."

Käufer: „Das habe ich nicht gesagt."

Sie: „Gut. Was meinten Sie dann?"

11. Das Verkaufsgespräch ist beendet. ☐

Käufer: „Richtig. Das Gespräch ist beendet."

Sie: „Dürfte ich Ihnen, bevor ich gehe, eine letzte Frage stellen?"

13 Möglichkeiten, mit der Pendeltechnik zu verkaufen

Checkliste **78**

Anmerkungen

Käufer: „Selbstverständlich."

Sie (mit Überwindung): „Ich glaube, ich bin ein wenig durcheinander. Hat sich seit dem Tag, an dem Sie mich um dieses Gespräch gebeten haben, etwas geändert?" Bringen Sie den Einkäufer dazu, über das Problem zu sprechen, das der Grund für die Besprechung war.

12. Das Verkaufsgespräch ist tatsächlich beendet.

Käufer: „Unser Gespräch ist wirklich beendet. Ich muß mit jetzt wieder an meine Arbeit machen."

Sie: „Jetzt, da die Sache gelaufen ist, kann ich vielleicht für eine Minute die Rolle des Verkäufers ablegen und die eines Berater annehmen? [Pause] Sie sind dabei, einen Fehler zu machen. Selbst wenn Sie uns nicht beauftragen, dann müssen Sie …" In diesem Augenblick schießen Sie einen langen Paß in die Torzone des Gegners, damit Ihr Team zwei Sekunden vor dem Abpfiff noch einen Treffer erzielen kann.

13. Ausgewählte Situationen

Mit Hilfe der Pendeltechnik können Sie den Einkäufer in den folgenden Situationen positiver stimmen:

Käufer: „Wir sind mit unserem gegenwärtigen Lieferanten sehr zufrieden."

Sie: „Und Sie haben [Pause] aus irgendeinem Grund beschlossen, nicht mit einem anderen Lieferanten zu sprechen?"

Käufer: „Ich bin mir nicht sicher, ob Sie besser sind als unser gegenwärtiger Lieferant."

Sie: „Ich weiß es auch nicht, aber was heißt bei Ihnen 'besser'?"

VIII. Der Geschäftsabschluß

78 Checkliste

13 Möglichkeiten, mit der Pendeltechnik zu verkaufen

☑ *Anmerkungen*

Käufer: „Ich bin mir nicht sicher, ob wir momentan überhaupt ein ... brauchen."

Sie: „Wenn ich das so höre, dann neige ich dazu, Ihnen zuzustimmen. [Pause] Ich sollte mich jetzt wohl verabschieden?"

Käufer: „Ich weiß, auf welche Weise uns das helfen wird."

Sie: „Freut mich, daß Sie das sagen. Aber wie, denken Sie, soll es eingesetzt werden?"

Checkliste **79**

16 unangenehme Fragen, um sich Produktkenntnisse zu verschaffen

Ich hatte sechs ehrliche Diener –
sie lehrten mich alles, was ich wußte:
Ihre Namen waren das Wo und Was und Wann –
und das Warum und Wie und Wer.

Rudyard Kipling

Die beste Möglichkeit, sich Produktkenntnisse anzueignen, besteht nicht darin, Handbücher zu studieren, Ingenieure zu befragen oder sich Videos über die Herstellung und den Kundendienst anzusehen. Und doch sieht so die typische Schulung für die meisten neuen Verkäufer aus.

Verschaffen Sie sich Ihre Produktkenntnisse, indem Sie die unangenehmsten Fragen zu Ihrem Produkt stellen. Die Antworten auf diese Fragen helfen Ihnen, Ihr Produkt so zu beschreiben, daß es dem Einkäufer positiv im Gedächtnis bleibt.

	✓	Anmerkungen
1. Was fürchtet die Konkurrenz am meisten an Ihrem Produkt?	☐	
2. Was bezeichnet die Konkurrenz gegenüber Einkäufern als den größten Schwachpunkt Ihres Produkts?	☐	
3. Wie grenzt die Konkurrenz ihre Produkte gegen Ihr Produkt ab?	☐	
4. Welche Beschwerden bringen Kunden über Ihre Produkte besonders häufig hervor?	☐	
5. Was gefällt den Kunden besonders gut an Ihrem Produkt?	☐	
6. Welche Kunden haben den größten Nutzen aus Ihrem Produkt gezogen, und was unterscheidet sie von anderen Kunden?	☐	
7. Warum machen Ihre besten Kunden auch weiterhin Geschäfte mit Ihnen?	☐	
8. In welchem Bereich hat sich in letzter Zeit ein Kundenschwund bemerkbar gemacht, und aus welchem Grund?	☐	
9. Welche Probleme sprechen Ihre Mitarbeiter an, wenn sie das Produkt offen kritisieren?	☐	

VIII. Der Geschäftsabschluß

79 Checkliste

16 unangenehme Fragen, um sich Produktkenntnisse zu verschaffen

☑   *Anmerkungen*

10. Welche Probleme sprechen Leute aus der Konstruktion, der Produktion, dem Kundendienst und anderen Abteilungen an, wenn sie Ihr Produkt offen kritisieren? ☐

11. Was macht das Topmanagement oder die Forschungs- und Entwicklungsabteilung augenblicklich, um Ihr Produkt zu verbessern? ☐

12. Welche Verbesserungen würden Sie an dem Produkt vornehmen, wenn Sie das Budget und die Mittel dazu hätten? ☐

13. Welche neue Technologie könnte Ihr Produkt überflüssig machen? ☐

14. Welche demographischen und kulturellen Trends können sich besonders stark auf Ihre Verkäufe auswirken? ☐

15. Welche immateriellen Eigenschaften lassen sich am schwierigsten verkaufen (zum Beispiel Zuverlässigkeit, Prestige, Service, technischer Kundendienst)? ☐

16. Können Sie die Frage zu Ihrem Produkt stellen, die der Einkäufer hoffentlich nie stellen wird? ☐

Checkliste **80**

8 Möglichkeiten, Produktkenntnisse zu kommunizieren

Oh Herr, bitte fülle meinen Mund mit nützlichen Dingen und gib mir einen Stups, wenn ich genug gesagt habe.

Gebet eines Redners

Die besten technischen Experten sind oft die schlechtesten Verkäufer. Sie denken zuviel an die technischen Einzelheiten des Produkts und zuwenig an das Herz und den Verstand des Käufers. Sie glauben, Produkte würden sich wegen ihrer Eigenschaften verkaufen und nicht wegen der Hoffnung, die sie dem Käufer geben. Die folgende Checkliste zeigt Ihnen, wie Sie Ihre Worte wählen müssen, um das Produkt zu verkaufen, statt ein kostenloses Seminar darüber zu halten.

	✓	*Anmerkungen*

1. **Zeigen Sie, wie das Produkt zur Lösung der Probleme des Einkäufers beiträgt.**

   Produktmerkmale, technische Spezifikationen und andere beeindruckende Dinge sind bedeutungslos, es sei denn, sie lösen das Problem des Einkäufers. Der Einkäufer interessiert sich nicht für jedes Detail. Konzentrieren Sie sich auf das Problem des Einkäufers, nicht auf Ihr Produkt. Vergessen Sie nie: Black and Decker verkauft nicht Bohrer, sondern Löcher. Disneyland und die *Delta Queen* verkaufen nicht Ausflugsfahrten, sondern Träume. Und ein Zahnarzt verkauft nicht Füllungen und Wurzelkanäle, sondern ein Lächeln. (CL 72)

2. **Verkaufen Sie heute, erklären Sie morgen.**

   Wenn Sie den Einkäufer vor dem Verkauf im Umgang mit Ihrem Produkt schulen, wird er möglicherweise gar kein neuer Kunde. Vielleicht provozieren Sie nur noch mehr Fragen und reden den Einkäufer sogar aus dem Geschäft hinaus. Führen Sie keine kostenlose Beratung durch. Warten Sie damit bis nach dem Verkauf.

3. **Sie brauchen niemandem zu beweisen, wieviel Sie wissen.**

   Sie sind der Fachmann. Leider wollen Fachleute manchmal beweisen, wie klug sie sind und wieviel

VIII. Der Geschäftsabschluß

80 Checkliste

8 Möglichkeiten, Produktkenntnisse zu kommunizieren

| | ✓ | *Anmerkungen* |

sie wissen. Wenn Sie dieser Versuchung erliegen, dann führen Sie eine kostenlose Beratung durch.

4. **Sie müssen genau wissen, was Ihr Produkt leistet, und nicht, wie es das tut.** ☐

   Gewiß müssen Sie verständige Aussagen über die technischen Merkmale und Eigenschaften Ihrer Produkte machen können. Was den Einkäufer jedoch wirklich interessiert, ist die *Leistung* Ihres Produkts.

5. **Verknüpfen Sie in Ihren Fragen die Vorteile Ihres Produkts mit den Bedürfnissen des Einkäufers.** ☐

   Der Einkäufer hat eine Vorstellung von seinen Bedürfnissen, noch bevor Sie mit Ihrer Präsentation beginnen. Stellen Sie Fragen wie die folgenden, um den Einkäufer zu der Erkenntnis zu führen, daß Ihr Produkt diese Bedürfnisse befriedigt:

   ⇨ „Ich glaube kaum, daß Sie an ... [ein Topnutzen Ihres Produkts] interessiert wären?"
   ⇨ „Sagten Sie, daß ... [ein Topnutzen Ihres Produkts] für Sie wichtig sei?"
   ⇨ „Ich glaube kaum, daß Sie ein Problem mit ... [ein häufiges Problem, das Ihr Produkt beseitigt] haben?" (CL 68–70, 73)

6. **Heben Sie Ihren „Zauberstab".** ☐

   Sie könnten Ihre Präsentation um die Antwort auf folgende Frage aufbauen: „Nehmen wir an, Sie hätten einen Zauberstab und könnten damit ein Produkt herzaubern, das alle Ihre Probleme lösen würde. Beschreiben Sie dieses Produkt einmal."

   Zeigen Sie, wie sehr Ihr Produkt dem Bild des Einkäufers entspricht.

7. **Vermeiden Sie technischen Jargon.** ☐

   Viele Einkäufer täuschen lieber Verständnis vor als zuzugeben, daß sie nicht verstehen. Sie wollen nicht dumm erscheinen. Gehen Sie davon aus, daß der

Checkliste **80**

8 Möglichkeiten, Produktkenntnisse zu kommunizieren

☑ *Anmerkungen*

Einkäufer mit dem besonderen Vokabular Ihres Unternehmens nicht vertraut ist, und ändern Sie die Abschnitte in Ihrer Präsentation, die unbekannte Fachbegriffe enthalten. Sprechen Sie die Sprache des Einkäufers.

8. **Erklären Sie technische Begriffe taktvoll.**

   Seien Sie niemals arrogant. Das verstärkt bei den Einkäufern das Gefühl, der Situation nicht gewachsen zu sein, und bewirkt, daß sie nicht besonders gern mit Ihnen verhandeln. Sagen Sie etwa: „Die meisten Menschen wissen nicht, was dieses Wort bedeutet. Nun, es bedeutet …"

81 *Checkliste*

7 Tips, wie Sie Ihren Jargon verständlich machen

Verwirrung soll man meiden.

Autor unbekannt

Einkäufer lassen sich nicht mit Wörtern beeindrucken, die sie nicht verstehen. Sie finden sie eher ärgerlich. Können Sie Ihr Produkt jemandem klar und deutlich beschreiben, der nicht Ihre Ausbildung, Ihre Erfahrung und Ihre Vertrautheit mit dem Produkt hat? Wenn Ihnen das nicht gelingt, dann verlassen Sie sich wahrscheinlich zu sehr auf technischen Jargon. Die Tips in der folgenden Checkliste werden Sie von einem Produktexperten in einen Produktverkäufer verwandeln.

☑

1. **Steigern Sie Ihre Sensibilität für Jargon.** ☐

    Ein Problem können Sie erst lösen, wenn Sie begriffen haben, daß es eines gibt. Zeichnen Sie Ihre nächste Präsentation auf Band auf, um zu sehen, ob Sie zu viel Jargon verwenden.

2. **Identifizieren Sie Ihren Jargon.** ☐

    Hier sind zwei Tests, wie Sie feststellen können, ob es sich bei einem Wort um Jargon handelt. Wenn Ihre Mutter, Ihr Vater, Ihre Tante, Ihr Onkel oder ein anderes Familienmitglied, das noch nie für Ihre Firma gearbeitet hat, einen Begriff nicht versteht, dann handelt es sich um Jargon. Wenn Sie das Wort nicht im Thesaurus Ihres Textverarbeitungsprogramms finden, dann ist es wahrscheinlich Jargon.

3. **Prüfen Sie mit harmlosen Fragen, ob der Einkäufer Sie versteht.** ☐

    Einfache, harmlose Fragen oder Aussagen lassen Ihr Interesse erkennen und sagen Ihnen, was Sie noch erklären und vereinfachen müssen.

Checkliste **81**

7 Tips, wie Sie Ihren Jargon verständlich machen

☑ *Anmerkungen*

„Was ich gerade beschrieben habe, kann sehr verwirrend klingen. Möchten Sie, daß ich auf irgendeinen Punkt noch einmal eingehe?"

„Die meisten Leute haben Schwierigkeiten mit diesem Konzept. Möchten Sie, daß ich es noch einmal erläutere?"

„Wenn ich aus Gründen des Verständnisses auf einen Punkt noch einmal eingehen sollte, welcher wäre das?"

„Wenn ich jetzt an Ihrer Stelle säße, wäre ich wahrscheinlich völlig verwirrt. Geht es Ihnen auch so?"

„Ich weiß, das hört sich jetzt sehr kompliziert an; in Wirklichkeit ist es aber ganz leicht."

„Na, was ist denn das für ein Kauderwelsch? In Wirklichkeit bedeutet das …"

4. Schreiben Sie ein Glossar.

Das wäre doch ein Projekt für Ihre Ingenieure und die Produktionsteams: Entwickeln Sie ein Glossar, das alle mit dem Produkt in Zusammenhang stehenden technischen Begriffe umfaßt. Drucken Sie das Glossar, und geben Sie allen Einkäufern und Kunden ein Exemplar. Mit diesem Service werden Sie sich positiv von der Konkurrenz abheben.

5. Vereinfachen Sie den Jargon mit Hilfe von Analogien.

Eine Analogie ist ein Vergleich, der das Unbekannte und Ungewöhnliche mit dem Bekannten und Gewöhnlichen in Beziehung setzt. „Die CPU eines Computers verarbeitet Informationen ähnlich wie das menschliche Gehirn." „Wie lang ist eine Nanosekunde? Wenn Sie pro Nanosekunde einen Schritt machen könnten, dann würden Sie in ungefähr drei Sekunden den Äquator umrunden."

VIII. Der Geschäftsabschluß

81 Checkliste

7 Tips, wie Sie Ihren Jargon verständlich machen

Anmerkungen

6. **Verwenden Sie Beispiele aus der Branche des Einkäufers.**

   Nehmen wir an, Sie verkaufen industrielle Reinigungsmasse an eine Firma, die Kunststoff-Preßteile herstellt. Schildern Sie die antiseptischen Eigenschaften des Reinigungsmittels so: „Sie stellen Plastikteile her, die sauber, makellos und sicher sind. Mit diesem neuen, bakterienvernichtenden Reinigungsmittel werden Sie in allen Ihren Aufenthaltsräumen das gleiche Resultat erzielen." (CL 80, 91)

7. **Übersetzen Sie firmenspezifischen Jargon für Einkäufer und Kunden.**

   Im Gespräch mit Mitarbeitern dürfen Sie vom „Formblatt 90-9" reden, aber bitten Sie niemals einen Kunden, Formblatt 90-9 auszufüllen. Sagen Sie statt dessen: „Füllen Sie das gelbe Formular aus, das wir für … benötigen." (Noch besser ist es, wenn Sie das Formular selbst ausfüllen.)

Checkliste **82**

14 Strategien, wie Sie den Zuschlag bekommen

Bei der Vorbereitung für eine Schlacht habe ich stets festgestellt, daß Pläne nutzlos sind, Planung jedoch lebenswichtig ist.

Dwight D. Eisenhower

„Schicken Sie mir ein Angebot." Diese Worte können bei Verkäufern Angst und Schrecken auslösen, aber das muß nicht sein. Angebote und Präsentationen sind ein wichtiger Teil des Verkaufsprozesses. Wenn Sie zum richtigen Zeitpunkt mit der richtigen Botschaft das richtige Publikum erreichen, dann werden Sie mehr Verkäufe abschließen. Der Erfolg Ihrer Angebote hängt davon ab, daß Sie den richtigen Käufer finden, beizeiten ein fundiertes Angebot vorlegen und den Wettbewerbsvorteil Ihres Unternehmens deutlich herausstreichen.

	☑	*Anmerkungen*
Finden Sie den geeigneten Käufer:		

1. **Stellen Sie sicher, daß Ihr potentieller Kunde und die Kernkompetenzen Ihrer Firma zusammenpassen.**

   Sie haben an die richtigen Käufer etwas Nützliches zu verkaufen. Das ist die Kernkompetenz Ihres Unternehmens, die sich in Produkten und Serviceleistungen ausdrückt. Wenn Sie eine schriftliche Anfrage nach einem Angebot erhalten oder Sie um ein Angebot gebeten werden, dann achten Sie immer darauf, daß die Bedürfnisse des Einkäufers und die Fähigkeit Ihrer Firma, diese Bedürfnisse zu befriedigen, auch zusammenpassen. Beschäftigen Sie sich nur mit Einkäufern, die zu Ihnen passen. (CL 27 und 91)

2. **Suchen Sie Gelegenheiten, Ihren Kunden neue Angebote vorzulegen.**

   Der Kunde mit dem größten Potential ist ein gegenwärtiger Kunde mit neuen Anforderungen, die sich nicht grundlegend von seinen bisherigen Anforderungen unterscheiden. Der Kunde mit dem zweitgrößten Potential ist ein gegenwärtiger Kunde mit einem Bedarf in einem Bereich, den Ihre Firma bislang zwar noch nicht bedient hat, den sie aber aufgrund ihrer Kernkompetenz durchaus abdecken kann. (CL 112)

82 Checkliste

14 Strategien, wie Sie den Zuschlag bekommen

☑ *Anmerkungen*

3. Bevorzugen Sie Einkäufer, die über den aktuellen Verkaufsabschluß hinaus interessant für Sie sind.

Widmen Sie sich Einkäufern, mit denen Sie auch in Zukunft Geschäfte machen können. Glauben Sie aber nicht, Sie könnten mit einem besonders niedrigen Angebot in ein Unternehmen hineinkommen und dann später mit diesem Unternehmen die gewinnbringenden Aufträge abwickeln. Wenn der erste Auftrag keinen Gewinn abwirft, dann ist das beim zweiten gewöhnlich auch nicht der Fall.

4. Finden Sie heraus, welches Problem der Anfrage nach einem Angebot zugrunde liegt.

Identifizieren Sie, welches Problem sich hinter den Anforderungen des Einkäufers verbirgt. Anforderungen werden mit logischen, kognitiven Begriffen beschrieben (zum Beispiel eine Anfrage nach Schulungen im Verkauf), Probleme dagegen mit bildhaften emotionalen Ausdrücken. (Zum Beispiel: Wir „bluten aus", weil wir vielversprechende Geschäfte nicht abschließen können.) Konzentrieren Sie sich in Ihrem Angebot auf das Problem, das den Anforderungen zugrunde liegt. (CL 72, 73)

5. Kundschaften Sie die Konkurrenz aus.

Finden Sie heraus, wer sonst noch ein Angebot für diesen Auftrag abgibt. Können Sie anhand dieser Informationen sagen, ob Sie es mit der Konkurrenz aufnehmen wollen? Was wird nötig sein, um den Zuschlag zu erhalten? (CL 25)

6. Vergleichen Sie die Kosten des Angebots mit dem potentiellen Nutzen.

Der Gewinn, den Sie bei einem bestimmten Abschluß erwarten können, ist offensichtlich. Schwerer ist es, die Kosten einzuschätzen, die mit dem eingereichten Angebot einhergehen. Dazu gehören erstens die Zeit und die Kosten, die Sie für die anderen 13 Schritte dieser Checkliste aufwenden müssen, und zweitens noch die Zeit und die Kosten, die bei der

Checkliste **82**

14 Strategien, wie Sie den Zuschlag bekommen

☑ *Anmerkungen*

Angebotserstellung und Präsentation anfallen. Beurteilen Sie anhand dieser Kosten, ob es klug ist, ein Angebot einzureichen.

Reagieren Sie rechtzeitig und umsichtig:

7. **Prüfen Sie das Budget des Einkäufers.** ☐

    Gewährleisten Sie, daß das vom Einkäufer genannte Budget für eine von Ihrem Unternehmen entwickelte, gewinnbringende Lösung ausreicht. (CL 53)

8. **Treffen Sie eine Vorabsprache.** ☐

    Vereinbaren Sie, daß Sie nur dann ein Angebot einreichen, wenn Sie und der Einkäufer sich einigen, wie es nach der Abgabe des Angebots weitergeht. (CL 56)

9. **Ermitteln Sie die Entscheidungsträger.** ☐

    Das persönliche Problem dieser Entscheidungsträger im Zusammenhang mit den Bedürfnissen ihrer Firma bestimmt Ihre Reaktion auf die Situation. (CL 55, 83)

10. **Legen Sie die Schritte für die Gestaltung des Angebots fest.** ☐

    Diese Schritte beginnen mit der Ermittlung des Problems und enden mit der Präsentation. Sorgen Sie dafür, daß die einzelnen das Angebot strukturierenden Abschnitte dem Timing der Käuferentscheidung angepaßt werden.

11. **Machen Sie sorgfältig einen Schritt nach dem anderen.** ☐

    Überstürzen Sie die Entwicklung des Angebots nicht, nur um den zeitlichen Erfordernissen des Einkäufers zu entsprechen. Die Konkurrenz wird kein schlampiges Angebot einreichen, warum sollten Sie das tun? Schneller werden Sie, indem Sie sich mehr anstrengen und zusätzliche Mitarbeiter beschäftigen.

82 Checkliste

14 Strategien, wie Sie den Zuschlag bekommen

☑ *Anmerkungen*

Verschaffen Sie Ihrer Firma eine günstige Position gegenüber der Konkurrenz:

12. Verbinden Sie die Kernkompetenzen Ihrer Firma mit den angebotenen Lösungen. ☐

Stellen Sie in dem Angebot die Probleme des Einkäufers detailliert dar. Zeigen Sie, daß zwischen Ihren Kernkompetenzen und dem Problem ein enger Zusammenhang besteht. Beschreiben Sie, wie – verglichen mit der Konkurrenz – bei Ihrer Lösung Ihre Produkte und Dienstleistungen zum Nutzen des Kunden eingesetzt werden.

13. Werten Sie Ihr Angebot auf. ☐

Präsentieren Sie so oft wie nötig, bevor Sie das endgültige Angebot ausarbeiten. (Achten Sie darauf, diese „Probeläufe" in die Kostenanalyse von Nummer 6 einzubeziehen.) Holen Sie Rückmeldungen von den wichtigsten Entscheidungsträgern des Unternehmens ein. Fügen Sie diese Rückmeldungen dem endgültigen Angebot bei.

14. Halten Sie eine professionelle Präsentation. ☐

Sprechen Sie mit Ihrer Kontaktperson oder mit dem Einkäufer über die Schlußpräsentation. Sorgen Sie dafür, daß geregelt ist, was bei Abschluß des Meetings geschehen wird. Lassen Sie sich bestätigen, daß der maßgebliche Entscheidungsträger anwesend sein wird. Informieren Sie sich so umfassend wie möglich über die Personen, die anwesend sein werden, und die Art von Präsentation, die sie erwarten. Richten Sie Ihre Präsentation dann danach aus. (CL 83, 84)

Checkliste **83**

14 Grundsätze für erfolgreiche Präsentationen vor Ausschüssen und Teams

Der Ausschuß – eine Gruppe von Menschen, die einzeln nichts tun können, doch als Gruppe entscheiden, daß nichts getan werden kann.

Fred Allen

Präsentationen vor Teams und Ausschüssen sind für Sie noch größere Herausforderungen als Präsentationen vor einem einzelnen Einkäufer, aber sie bieten auch Vorteile, die sich im Gespräch mit einem einzelnen Einkäufer nicht ergeben. Befolgen Sie die Ratschläge in dieser Checkliste, dann werden Sie diese Herausforderungen meistern und die Vorteile einer Präsentation vor einem Team von Einkäufern nutzen können.

Anmerkungen

Vor der Verkaufspräsentation:

1. **Stellen Sie fest, wer die Entscheidungsträger sind.**

   Holen Sie bei einer Besprechung mit Ihrer Kontaktperson ein Blatt Papier hervor. Legen Sie es im Querformat vor sich hin, und zeichnen Sie oben ein Viereck mit etwa fünf Zentimeter Kantenlänge. Stellen Sie folgende Frage: „Hat der Firmenchef Einfluß auf die Entscheidungsfindung für dieses Projekt?" Notieren Sie sich die Antwort in das aufgezeichnete Viereck. Fragen Sie weiter: „Wer ist an der Entscheidungsfindung sonst noch beteiligt?" Zeichnen Sie für jede genannte Person ein Viereck im entsprechenden Verhältnis zu dem Viereck für den Firmenchef. Informieren Sie sich über den Anteil, den jede dieser Personen an der Entscheidung hat, und notieren Sie die Information in den aufgezeichneten Vierecken. Wenn Ihre Kontaktperson möchte, kann sie Ihnen beim Ausfüllen des Papiers behilflich sein. Das trägt zu einer guten Beziehung zwischen Ihnen bei. Gehen Sie zum Schluß noch einmal auf jedes Viereck ein, und fragen Sie: „Was erwartet … [Name der Person] Ihrer Meinung nach von der Präsentation? Und warum?" Stellen Sie weitere Fragen, um mehr über die Mitwirkenden zu erfahren. Eine gute Frage ist beispielsweise: „Wer setzt sich besonders intensiv für einen unserer Konkurrenten ein?" (CL 55, 81)

VIII. Der Geschäftsabschluß

83 *Checkliste*

14 Grundsätze für erfolgreiche Präsentationen vor Ausschüssen und Teams

☑ *Anmerkungen*

2. Sprechen Sie möglichst oft mit möglichst vielen Teammitgliedern.

Bauen Sie vor der Verkaufspräsentation Beziehungen auf, und identifizieren Sie Ihre Verbündeten (die Ihrem Anliegen wohlgesinnt sind) und Ihre Gegner (die Ihrem Anliegen ablehnend gegenüberstehen). Wenn Sie für die einzelnen Gespräche einen Termin vereinbaren, sagen Sie beispielsweise: „Herr Schmidt, ich habe einige Informationen erhalten, zu denen ich gerne Ihre Meinung hören würde. Soviel ich weiß, können Sie die Sache wahrscheinlich am besten beurteilen." Decken Sie bei den Meetings sowohl individuelle Probleme wie auch Probleme des Unternehmens auf. Fragen Sie: „Welches Ergebnis wäre Ihnen denn das liebste?" Gehen Sie die Liste mit den Ausschußmitgliedern durch. Fragen Sie die Person, mit der Sie gerade sprechen, was die einzelnen Teilnehmer ihrer Meinung nach erwarten. Diese Information ist entscheidend für eine erfolgreiche Verkaufspräsentation.

Die Verkaufspräsentation:

3. Stellen Sie sich und jedes Mitglied Ihres Teams vor.

Beschränken Sie sich nicht auf Berufsbezeichnungen und Verantwortungsbereiche. Gehen Sie auf bestimmte Talente und besondere Interessen ein, die jedes Ihrer Teammitglieder in die Präsentation einbringt. Fassen Sie die Präsentation kurz zusammen.

4. Treffen Sie Vorabsprachen bezüglich der Dauer und der Tagesordnung.

Prüfen Sie noch einmal nach, wann das Meeting beendet sein wird. Stellen Sie fest, ob jeder Teilnehmer bis zum Schluß der Präsentation anwesend sein kann. Klären Sie die Funktionen aller Teilnehmer des Käuferausschusses und ihre Einstellung zu Ihrem Angebot. (CL 56)

Checkliste **83**

14 Grundsätze für erfolgreiche Präsentationen vor Ausschüssen und Teams

Anmerkungen

5. **Festlegung von Erwartungen und Resultaten**

   Was erwarten Sie von den Mitgliedern der Entscheidergruppe? Worauf können sich die Käufer bei Ihnen verlassen? Welchen Standpunkt wird die Gruppe Ihren Erwartungen nach am Schluß des Meetings einnehmen? Hat jeder dieselben Erwartungen, was das Ergebnis anbelangt?

6. **Geben Sie die Leitung des Meetings an die Kontaktperson ab, so daß diese das Problem darlegt.**

   Stellen Sie Ihre wichtigste Kontaktperson vor, damit sie das Problem zusammenfassend darstellt und zeigt, wie Ihr Produkt oder Ihre Dienstleistung das Problem löst. *Beispiel:* „Wir hatten die Möglichkeit, uns vor dem heutigen Meeting mit Herrn Schmidt zu unterhalten. Herr Schmidt, können Sie uns, bevor wir beginnen, einen Überblick geben über einige Probleme, die wir festgestellt haben, und erklären, wie wir sie möglicherweise lösen?" Treffen Sie sich vor der Präsentation mit Herrn Schmidt, und besprechen Sie mit ihm, was er sagen wird.

7. **Beobachten Sie die Entscheider, während Ihre Kontaktperson spricht.**

   Respektiert die Gruppe Herrn Schmidt? Bringt die Körpersprache der Teilnehmer zum Ausdruck, daß sie seine Analyse akzeptieren? Weist ihre Reaktion auf mögliche Gegner hin, die noch gewonnen werden müssen, oder Befürworter, die Sie unterstützen?

8. **Bestätigen Sie die Aussagen der Kontaktperson.**

   Bekräftigen Sie Herrn Schmidts Auffassung von dem Problem. Fügen Sie eigene Bemerkungen hinzu. Gehen Sie im Raum umher, damit Ihnen jeder Teilnehmer ein- oder zweimal seine Meinung zu dem Problem und die Auswirkungen auf seine Abteilung schildern kann. Notieren Sie diese Äußerungen auf einer an der Stirnseite des Raumes stehenden Tafel.

VIII. Der Geschäftsabschluß

83 *Checkliste*

14 Grundsätze für erfolgreiche Präsentationen vor Ausschüssen und Teams

☑ *Anmerkungen*

9. Gewinnen Sie wichtige Helfer. ☐

Eine Möglichkeit, Gegner für sich zu gewinnen, besteht darin, sie in Ihre Präsentation einzubeziehen. Sie können Sie bitten, Material auszuteilen, technische Geräte anzuschließen oder die Blätter, auf denen Sie die Problemschilderungen der Teilnehmer notiert haben, an die Wand zu hängen.

10. Die Präsentation ☐

Zeigen Sie, daß Sie mit Ihrem Angebot auf das wichtigste Problem eingehen. Ermuntern Sie die Teilnehmer des Meetings, Fragen zu stellen. Gehen Sie, nachdem Sie die Fragen beantwortet haben, von einem zum anderen, und stellen Sie folgende Frage: „Sind Sie zu 100% zufrieden mit der Art und Weise, wie wir das Problem angehen?" Sollte jemand nicht ganz zufrieden sein, dann fragen Sie, was nötig sei, um ihn hundertprozentig zufriedenzustellen. Notieren Sie die Antworten auf der Tafel. Beantworten Sie jede Frage. Fragen Sie bei schwierigen Themen andere Mitglieder Ihres Teams, ob sie eine Idee für eine Antwort haben. (Zum Beispiel fragt jemand: „Wieviel Zeit sparen wir bei dieser oder jener Tätigkeit ein, wenn wir Ihre Geräte verwenden?" Sie antworten: „Das ist eine wichtige Frage. Möchte jemand auf der Grundlage der Dinge, über die wir heute gesprochen haben, eine Antwort geben?") Wenn es etwas gibt, womit Sie momentan nicht klarkommen, dann nutzen Sie es als Vorwand, um später darauf zurückzukommen. Fahren Sie mit der Präsentation erst dann fort, wenn Sie überzeugt sind, daß jede Frage beantwortet ist oder beantwortet werden wird. Denken Sie daran, daß erfolgreiche Präsentationen von Interaktion geprägt sind. Wenn man Ihnen keine Fragen stellt, wird man wahrscheinlich auch keine Produkte von Ihnen kaufen. (CL 84)

11. Streicheleinheiten ☐

Machen Sie den Entscheidern ein Kompliment für den bislang erzielten Fortschritt. (Auch wenn er ohne

Checkliste **83**

14 Grundsätze für erfolgreiche Präsentationen vor Ausschüssen und Teams

Anmerkungen

Sie erreicht wurde!) Danken Sie den Teilnehmern des Meetings für die Beiträge zu Ihrer Präsentation – gleich nach den Beiträgen und am Ende der Präsentation. Achten Sie sehr darauf, daß Sie nicht gönnerhaft oder schmeichlerisch wirken, wenn Sie ein Lob aussprechen.

12. **Keine Rettungsaktionen**

    Lassen Sie die Mitglieder der Entscheidergruppe Fragen und Antworten weitgehend selbst ausarbeiten. Die Schlußfolgerungen, zu denen Sie gemeinsam gelangen, haben mehr Überzeugungskraft als die, die Sie für die Gruppe ziehen.

13. **Wie Sie mit Meinungsverschiedenheiten umgehen.**

    Wenn zwei Mitglieder der Entscheidergruppe verschiedene Ansichten vertreten, dann schließen Sie sich vorsichtig der Meinung an, die Ihrer eigenen Meinung näher liegt. Fragen Sie den anderen nach seiner Meinung: „Herr Meier, es sieht so aus, als seien Sie und Herr Schmidt unterschiedlicher Meinung. Was halten Sie von dieser besonderen Situation?" Ziehen Sie sich dann möglichst zurück, und lassen Sie die beiden Personen ihr Problem selbst lösen.

14. **Sorgen Sie für einen guten Schluß.**

    Wenn Sie bis hierher gute Arbeit geleistet haben, müßte die Entscheidergruppe den Geschäftsabschluß von sich aus tätigen. Wenn Sie jedoch am Ende des Meetings angelangt sind, ohne daß irgendwelche Entscheidungen gefällt worden sind, dann fragen Sie: „Wie geht es jetzt weiter?" Je nachdem, wie die Antwort ausfällt, müssen Sie alle Teilnehmer noch einmal auf die Vorabsprache aufmerksam machen, die bezüglich der Erwartungen und Ergebnisse getroffen wurde. Sorgen Sie dafür, daß sich alle an die Vereinbarung halten.

VIII. Der Geschäftsabschluß

83 Checkliste

14 Grundsätze für erfolgreiche Präsentationen vor Ausschüssen und Teams

Organigramm

Firmenchef

Hat an der Entscheidung keinen Anteil, muß sie aber genehmigen.

Möchte der Konkurrenz den Garaus machen.

Leiter der Finanzabteilung

Hat das letzte Wort und den größten Einfluß auf den Firmenchef.

Möchte die Kosten radikal reduzieren.

Betriebsleiter

Endverbraucher des Produkts. Hat ein Vetorecht, kann aber keinen Vertrag abschließen.

Möchte Profit machen und dafür sorgen, daß der Firmenchef zufrieden ist.

Quality Manager

Sollte eigentlich etwas zu sagen haben, hat aber zuwenig Macht.

Ist erpicht auf Qualitätsurkunden und ISO-Zertifizierung.

Schichtleiter

Wurde vom Betriebsleiter konsultiert.

Möchte einen sicheren Arbeitsplatz und einen reibungslos laufenden Betrieb.

Chefingenieur

Betriebsleiter setzte sich mit ihm in Verbindung, um einen Ratschlag hinsichtlich der Lieferanten einzuholen.

Möchte die Schichtleiter aus der Entscheidung heraushalten.

Checkliste **84**

20 Schritte zu einer erfolgreichen Präsentation vor großem Publikum

Die Christoph-Kolumbus-Auszeichnung geht an den Sprecher, der anfängt, ohne zu wissen, wohin er geht, und der zurückkehrt, ohne zu wissen, wo er gewesen ist, und der anderen Menschen viel Zeit wegnimmt, um dorthin zu gelangen.

Autor unbekannt

Die folgende Checkliste richtet sich an alle Leser, die vor großem Publikum präsentieren. Sie können sie Schritt für Schritt abarbeiten und so Ihre nächsten beruflichen Meetings, Seminare, Workshops, Schulungen, Lagebesprechungen für das höhere Management, Referate vor Komitees und Ausschüssen, Public-Relations-Präsentationen vor kommunalen Gruppen oder anregende Ansprachen vor großem Publikum vorbereiten.

☑ *Anmerkungen*

Organisieren Sie die Präsentation:

1. **Analysieren Sie Ihr Publikum, und stimmen Sie sich auf es ab.**

    Lernen Sie die Ziele, Auffassungen, Wertvorstellungen, Überzeugungen, Stimmungen, Bedürfnisse, Probleme, Träume, Ambitionen und Sorgen Ihres Publikums kennen, und richten Sie Ihre Präsentation entsprechend aus.

2. **Bestimmen Sie Ihr Ziel.**

    Was soll das Publikum nach Ihrer Rede *wissen*, *fühlen*, *sprechen* und *tun*? Diese höchsten Ziele der Rede bestimmen die Strategie, nach der Sie sich richten, die Art der Ausführung, für die Sie sich entscheiden, sowie die Materialien und Inhalte, die Sie auswählen.

3. **Formulieren Sie drei bis fünf Hauptpunkte, die Ihre Gedanken am besten vermitteln.**

    Die meisten Menschen merken sich nicht mehr als ungefähr fünf zentrale Gedanken, die man ihnen zu einem Thema vermittelt. Fassen Sie Ihre Gedanken in drei bis fünf wichtige Konzepte und Aussagen zusammen, die das Ziel Ihrer Rede am besten zeigen und zu ihm hinführen. Jede im Verlauf der Präsenta-

84 Checkliste
20 Schritte zu einer erfolgreichen Präsentation vor großem Publikum

☑ *Anmerkungen*

tion gemachte Behauptung muß einem dieser Hauptpunkte zugeordnet sein.

4. **Entwickeln Sie Inhalte, denen man sich nicht entziehen kann.** ☐

   Verwenden Sie möglichst viele der folgenden oder auch anderer rhetorischer Hilfsmittel und Gliederungsvorschläge, damit Sie mit Ihrer Rede das angestrebte Ziel erreichen:

   ⇨ Logische Appelle: Rationale Argumente stützen Ihre Position auf einer intellektuellen Ebene.
   ⇨ Emotionale Appelle: Leidenschaftliche Argumente sprechen das Herz oder das Gewissen an.
   ⇨ Zitate: Beachten Sie, wie überzeugend Zitate in diesem Buch eingesetzt werden.
   ⇨ Geschichten: Das Erzählen von Geschichten ist ein wirkungsvolles Mittel, um Bilder weiterzugeben.
   ⇨ Beispiele: Bringen Sie Ihre Gedanken durch anschauliche Beispiele zum Ausdruck.
   ⇨ Definitionen: Sie machen Ihre Behauptungen klarer und verleihen ihnen Nachdruck.
   ⇨ Überleitungen: Verweben Sie Ihre Gedanken so, daß sie einen glatten Übergang von einem Abschnitt der Präsentation zum nächsten haben.

5. **Planen und überprüfen Sie die Bedingungen vor Ort.** ☐

   Sprechen Sie sich mit allen beteiligten Personen ab, um sicherzustellen, daß Sie am Ort Ihrer Präsentation alles wie gewünscht vorfinden.

Stellen Sie eine Beziehung zum Publikum her:

6. **Beginnen Sie mit Entschlossenheit.** ☐

   Die ersten Sätze, mit denen Sie die Präsentation beginnen, müssen Sie auswendig kennen. Sorgen Sie dafür, daß die ersten Worte aus Ihrem Mund gut vorbereitet sind, daß sie mit Entschlossenheit vorge-

Checkliste **84**

20 Schritte zu einer erfolgreichen Präsentation vor großem Publikum

☑ *Anmerkungen*

tragen werden und daß sie Aufmerksamkeit erregen. Ihre Zuhörer sollen denken: „Ich bin froh, daß ich hier bin." Wählen Sie zum Beispiel folgende Eröffnungen:

⇨ Zitieren Sie eine bekannte Persönlichkeit oder Koryphäe aus dem betreffenden Fachgebiet.
⇨ Zitieren Sie eine alarmierende Statistik, die für den Inhalt Ihrer Präsentation relevant ist.
⇨ Machen Sie eine drastische oder überraschende Aussage.
⇨ Stellen Sie eine rhetorische Frage.
⇨ Erzählen Sie eine Geschichte.
⇨ Beziehen Sie sich auf ein aktuelles Ereignis.
⇨ Beziehen Sie sich auf einen vorangegangenen Sprecher.

7. **Erläutern Sie dem Publikum, was es erwartet.** ☐

   Nennen Sie die Hauptpunkte, mit denen Sie sich beschäftigen werden.

8. **Verschaffen Sie sich Glaubwürdigkeit.** ☐

   Gewinnen Sie das Vertrauen des Publikums, indem Sie es respektvoll und aufmerksam behandeln, Ihre Referenzen nicht unter den Teppich kehren, das Publikum in die Präsentation einbinden und Ihre menschliche Seite zeigen.

Senden Sie ausdrucksstarke Botschaften:

9. **Sorgen Sie dafür, daß Ihre Rede keine sexistischen, rassistischen, blasphemischen oder andere beleidigende Ausdrücke enthält.** ☐

10. **Sprechen Sie korrekt.** ☐

    Vermeiden Sie Fehler im Sprachgebrauch und in der Grammatik. (CL 10)

11. **Sprechen Sie überzeugend.** ☐

    Vermeiden Sie Rechtfertigungen, und zwar besonders in der Einleitung. Verwenden Sie keine vagen

VIII. Der Geschäftsabschluß

84 Checkliste

20 Schritte zu einer erfolgreichen Präsentation vor großem Publikum

☑ *Anmerkungen*

Begriffe oder Ausdrücke. Lassen Sie Klischees und Lieblingsredewendungen weg. Streichen Sie Euphemismen, Jargon, lange, unbekannte Wörter, Passivkonstruktionen, lange, komplexe Sätze, fremdsprachliche Begriffe oder Wendungen. (CL 81)

12. Sprechen Sie klar, deutlich und flüssig. ☐

Überprüfen Sie Ihre Diktion, Aussprache und Wortgewandtheit mit Ihrem Voice-Mail-System oder einen Kassettenrecorder. Lassen Sie sich von anderen sagen, was Sie verbessern können.

13. Vermeiden Sie unnötige Lückenfüller. ☐

Nehmen Sie sich in acht vor „ähm", „hm", „okay", „klar" und „Na, Sie wissen schon".

14. Variieren Sie Ihre Stimme. ☐

Prüfen Sie, ob schwierige Sprechmuster auftauchen. Verwenden Sie hierzu ebenfalls ein Voice-Mail-System oder einen Kassettenrecorder. Achten Sie darauf, daß Sie nicht monoton vor sich hindröhnen oder in einen Singsang mit vorhersehbarem Auf und Ab in der Stimme fallen. Merken Sie sich, wo an den Satzenden Fragezeichen stehen. Variieren Sie Tonhöhe, Tonfall, Betonung, Lautstärke und Sprechgeschwindigkeit, um die eigentlichen hinter Ihren Worten steckenden Empfindungen zum Ausdruck zu bringen. (CL 57)

15. Setzen Sie Ihre Körpersprache ein. ☐

Schauen Sie dem Publikum in die Augen. Runzeln Sie nicht die Stirn, sondern lächeln Sie. Nehmen Sie eine aufrechte Haltung ein. Halten Sie die Hände seitlich am Körper oder auf dem Rednerpult, stecken Sie sie aber nicht in die Hosentaschen. Natürliche Handbewegungen sind in Ordnung. Vermeiden Sie repetitive Gesten: Spielen Sie nicht mit Stiften oder mit dem Mikrophon herum, gehen Sie nicht hin und her, zupfen Sie nicht an Ihrem Bart herum, spielen Sie nicht mit Ihrer Kleidung, und rücken Sie nicht dauern Ihre Brille zurecht. (CL 2, 58)

Checkliste **84**

20 Schritte zu einer erfolgreichen Präsentation vor großem Publikum

☑ *Anmerkungen*

Geben Sie der Präsentation den letzten Schliff:

16. Verwenden Sie Notizen. ☐

Wählen Sie ein geeignetes Papierformat. Schreiben Sie sich Stichworte auf, keine Sätze, damit Ihre Augen die meiste Zeit auf das Publikum gerichtet bleiben. Legen Sie die Notizen auf dem Pult weit nach oben, damit Sie den Kopf nicht zu weit senken müssen, wenn Sie einen Blick darauf werfen.

17. Setzen Sie visuelle Hilfsmittel ein. ☐

Wählen Sie die Gedanken aus, die Sie präzisieren und einprägsam darstellen wollen. Entscheiden Sie sich, wo Sie etwas besonders anschaulich machen möchten, um die Aufmerksamkeit des Publikums aufrechtzuerhalten. Wählen Sie Diabilder, Handouts, Modelle und Tafelnotizen, mit denen Sie Ihr Ziel am besten erreichen. (CL 106)

18. Bekämpfen Sie Lampenfieber. ☐

Tolerieren Sie eine gewisse Nervosität als etwas Positives. Freuen Sie sich auf eine Gelegenheit, in der Sie glänzen können. Bereiten Sie sich gründlich vor, und üben Sie ausgiebig. Machen Sie sich vorab mit dem Ort vertraut, wo die Präsentation stattfindet. Machen Sie kurz vor dem Beginn Ihrer Präsentation etwas Gymnastik, um überschüssige Energie loszuwerden. Lernen Sie, wenn nötig, den Text für die erste Minute auswendig. Beziehen Sie das Publikum aktiv ein, um Ihre Anspannung zu verringern.

19. Der Umgang mit dem Publikum ☐

Gehen Sie gelassen mit Fragen um. Befassen Sie sich entschlossen, aber taktvoll, mit Störern im Publikum. Mildern Sie Feindseligkeiten ab. Entkräften Sie Einwände aus dem Publikum.

VIII. Der Geschäftsabschluß

84 *Checkliste*

20 Schritte zu einer erfolgreichen Präsentation vor großem Publikum

Anmerkungen

20. Sorgen Sie für einen markanten Schluß.

Fassen Sie Ihre drei bis fünf Hauptpunkte zusammen. Rufen Sie zum Handeln auf – sagen Sie dem Publikum, was Sie von ihm erwarten.

Checkliste **85**

8 Fragen an den Einkäufer, wenn er das Angebot eines anderen Verkäufers in Betracht zieht

Ich gehe wohl erst an meine Grenzen, wenn ich im Rückstand oder in Schwierigkeiten bin.

Mildred „Babe" Didrikson

Möglicherweise rechnen Sie bereits mit einer Entscheidung des Einkäufers, aber der sagt Ihnen, Ihre Präsentation habe ihn zwar beeindruckt, aber er ziehe dennoch das Angebot eines anderen Verkäufers in Betracht. Das kann eine Tatsache sein oder eine Finte, damit Sie mit dem Preis heruntergehen. Verwechseln Sie eine solche Aussage, sei sie nun wahr oder falsch, nicht mit einer Frage. Sie brauchen darauf nicht mehr sagen als: „Gut. Und was machen wir jetzt?" Wenn Sie jedoch herausfinden müssen, wie das Konkurrenzangebot aussieht, dann versuchen Sie es mit einer oder mehreren der folgenden Fragen. (CL 102)

Anmerkungen

1. „Wer bekäme den Zuschlag, wenn wir aus dem Rennen wären?"

   Stellen Sie fest, mit welchen Konkurrenten Sie es zu tun haben.

2. „Werden Sie langfristig ganz oben bleiben, wenn Sie das Angebot der Konkurrenz annehmen?"

   Wenn Ihr Angebot den langfristigen Interessen des Einkäufers entspricht, dann stellen Sie ihm dar, inwiefern und warum das so ist.

3. „Ich vermute, dieses Angebot umfaßt kein ... [ein Vorteil, den nur Ihre Firma anbietet]?"

   Werben Sie intensiv für Vorteile, die der Einkäufer, wie Sie wissen, besonders schätzt.

4. „Sie wollen unser Angebot ablehnen? Aber wer bietet Ihnen mehr als das, was ich Ihnen garantiert habe?"

   In der Diskussion, die auf diese Frage folgt, betonen Sie Ihre Garantien.

5. „Welche Garantien erhalten Sie mit diesem Angebot?"

   Wenn Ihnen der Einkäufer die Garantien nennt, dann haken Sie mit folgender Frage bzw. Aussage nach:

VIII. Der Geschäftsabschluß

85 Checkliste

8 Fragen an den Einkäufer, wenn er das Angebot eines anderen Verkäufers in Betracht zieht

Anmerkungen

„Was hat Ihnen der andere Verkäufer geantwortet, als Sie ihn darauf ansprachen, ob seine Firma auch wirklich zu der Garantie steht, wenn etwas schiefläuft?"

6. „Wie können Sie sich sicher sein, daß Sie anderswo ein besseres Geschäft abschließen können?"

Stellen Sie diese Frage einem Einkäufer, der die Angebote der Konkurrenz noch nicht geprüft hat.

7. „Welche zusätzlichen Informationen benötigen Sie, um zwischen den beiden Angeboten wählen zu können?"

Machen Sie erst dann Zugeständnisse, wenn Sie das Konkurrenzangebot geprüft haben, und auch nur dann, wenn Sie unbedingt mit dem Preis heruntergehen oder einen höheren Gegenwert anbieten müssen, um den Geschäftsabschluß zu erreichen.

8. „Gehe ich recht in der Annahme, daß Sie glauben, unser Angebot sei nicht fair?"

Wenn die Antwort lautet: „Ja, es ist nicht fair", dann fragen Sie den Einkäufer, was er unter fair versteht. Entweder gehen Sie dann auf ihn zu, ohne die Rahmenbedingungen Ihres Angebots zu ändern, oder Sie erklären ihm, warum Sie ihm nicht entgegenkommen können. Sollte die Antwort „Nein" lauten, dann sagen Sie: „Es freut mich, daß Sie mit mir übereinstimmen. Welchen Schritt unternehmen wir nun als nächsten?" Wenn es kein Konkurrenzangebot gibt, dann werden Sie das Geschäft mit dieser Frage wahrscheinlich abschließen.

Checkliste **86**

8 Fragen zu einem unmöglichen Liefertermin oder einem inakzeptablen Dumpingpreis

Laßt uns niemals aus Angst Verhandlungen führen; aber laßt uns auch niemals Angst vor Verhandlungen haben.

John F. Kennedy

Einkäufer wollen Ihre Produkte und Dienstleistungen möglichst schnell und möglichst billig von Ihnen geliefert bekommen. Sie werden Sie oft mit unzumutbaren Erwartungen bezüglich der Liefertermine und der Preise bedrängen. Im folgenden finden Sie für solche Fälle einige Fragen, die Ihnen helfen, die Fäden in der Hand zu behalten.

☑ *Anmerkungen*

Wenn Einkäufer einen unmöglichen Liefertermin verlangen:

1. **„Was hält uns davon ab, über diesen Termin zu verhandeln?"**

   Diese Frage wird Sie beide direkt zur Lösung des Problems führen, es sei denn, der Käufer lehnt es ab, die Frage zu beantworten. Sollte er ausweichen, dann sagen Sie, daß seine ablehnende Haltung die Verhandlungen unnötig belastet.

2. **„Wie kann ich Ihnen entgegenkommen, wenn Sie diesen Termin unbedingt halten müssen?"**

   Vielleicht hat jemand anderes den Termin vorgegeben. Aber wer den Termin festgesetzt hat, spielt keine Rolle. Wenn Sie in Erfahrung bringen können, warum der Termin so festgesetzt wurde, dann können Sie dem Einkäufer möglicherweise einen Vorschlag machen, ohne sich auf einen nicht einzuhaltenden Termin festzulegen.

3. **„Was halten Sie davon, wenn wir am ... [Versprechen Sie den frühestmöglichen Termin.] liefern und Ihnen darüber hinaus ... [Machen Sie ein attraktives Zugeständnis, das sich Ihre Firma leisten kann.] anbieten?"**

   Sie wollen nicht, daß Ihnen das Geschäft durch die Lappen geht, nur weil Sie einen Liefertermin, den man Ihnen aufgedrängt hat, nicht einhalten können.

VIII. Der Geschäftsabschluß

Checkliste

8 Fragen zu einem unmöglichen Liefertermin oder einem inakzeptablen Dumpingpreis

☑ *Anmerkungen*

Ein zusätzliches Produkt oder ein Rabatt könnten ein akzeptabler Preis dafür sein, daß Sie das Geschäft für sich entscheiden.

Wenn Einkäufer einen unzumutbar niedrigen Preis fordern:

4. **„Wie begründen Sie dieses Angebot?"** ☐

   Der Einkäufer wird Ihnen entweder eine Begründung liefern oder ablehnen, die Frage zu beantworten. Sie hoffen natürlich, daß er den Grund nennt, damit Sie das Problem gemeinsam angehen können. Wenn der Einkäufer nicht kooperiert, nennen Sie am besten Ihr Gegenangebot und begründen es.

5. **„Was, glauben Sie, betrachte ich als ein faires Angebot?"** ☐

   Mit dieser Frage erhoffen Sie sich, daß der Einkäufer auf Sie eingeht. Wenn Sie merken, daß der Einkäufer Ihre Frage richtig aufnimmt, dann sagen Sie, warum Sie meinen, es sei in Ihrer *beider* Interesse, daß Sie zufrieden auseinandergehen.

6. **„Angenommen, ich akzeptiere dieses Angebot und erziele keinen fairen Gewinn; wohin, denken Sie, würde uns das führen?"** ☐

   Diese Frage ist besser als die, die Sie *wirklich* stellen wollen: „Glauben Sie, wir sind ein Wohltätigkeitsverein?" Der Käufer wird ermutigt, Verantwortung zu übernehmen.

7. **„Welche Kriterien sollte unsere abschließende Vereinbarung Ihrer Ansicht nach erfüllen?"** ☐

   Unabhängig davon, wie die Antwort ausfällt, erreichen Sie mit dieser Frage zwei Ziele. Erstens erfahren Sie, warum der Einkäufer so stark drängt. Zweitens eröffnet sich Ihnen die Möglichkeit, den für Sie wichtigen Kriterien dieselbe Bedeutung beizumessen.

Checkliste **86**

8 Fragen zu einem unmöglichen Liefertermin oder einem inakzeptablen Dumpingpreis

Anmerkungen

8. **„Was wollen Sie mit diesem Preis erreichen?"**

    Diese Frage bringt Sie direkter als die vorangegangenen Fragen an den Punkt, an dem Sie argumentieren können, warum ein fairer Preis gerechtfertigt ist. Wenn Sie bei den Preisverhandlungen in eine Sackgasse geraten sind, dann lassen Sie das Geschäft offen. Bleiben Sie selbstbewußt, dann wird es bei der nächsten Preisverhandlung klappen.

Checkliste 87

11 Fragen, wenn der Einkäufer Sie vor die Alternative stellt, entweder anzunehmen oder abzulehnen

Wenn man Gewalt einsetzt, muß man das mutig, entschlossen und mit voller Kraft tun. Aber man muß sich über die Grenzen der Gewalt im klaren sein; man muß wissen, wann man Gewalt mit einer List vereint und einen Angriff mit einer Verhandlung.

Leo Trotzki

Ob Sie nun über einen Liefertermin, einen Preis oder einen Vertrag verhandeln, die Prinzipien sind die gleichen. In allen Fällen suchen Sie nach einer Vereinbarung, mit der Sie und der Einkäufer als Gewinner aus den Verhandlungen hervorgehen. Die beste Möglichkeit, das zu erreichen, besteht darin, daß Sie behutsam die Balance finden zwischen dem Wunsch, sich durchzusetzen, und dem Ziel, ein für beide Seiten zufriedenstellendes Ergebnis zu erreichen. Leider spielen Einkäufer oft nach anderen Regeln. Sie verhandeln möglicherweise aggressiv – und nicht positiv – und versuchen, alle Vorteile für sich zu gewinnen. Wenn der Einkäufer Ihnen „scharfe Bälle" zuwirft, dann müssen Sie alle Bälle fangen, ohne zurückzuweichen. Wenn Sie die Bälle zurückgeben, verlassen Sie sich mehr auf Ihre Beherrschung als auf Schnelligkeit. Sie müssen, anders ausgedrückt, Ihre Interessen wahren, während Sie dem Einkäufer helfen, seine eigenen Interessen wahrzunehmen. Eine der besten Möglichkeiten, dies in Verhandlungen zu erreichen, besteht darin, Fragen zu stellen – Fragen, durch die Sie Ihre Machtposition behalten, ohne dabei den Einkäufer zu überrennen. Folgende Fragen eignen sich besonders gut für den Fall, daß der Einkäufer versucht, die Verhandlungen zu blockieren, indem er Sie vor die Alternative stellt, entweder anzunehmen oder abzulehnen.

Anmerkungen

1. **„Was wollen Sie?"**

    Diese Frage bringt den Einkäufer möglicherweise aus dem Konzept. Wenn der Einkäufer antwortet: „Nehmen Sie es an", dann sagen Sie: „Ich würde sehr gerne annehmen – was können Sie anbieten, um mir die Entscheidung leichter zu machen?" Wenn die Antwort des Einkäufers beispielsweise lautet: „Das ist Ihre Entscheidung", dann sagen Sie: „Ich würde gerne *annehmen* – was können Sie anbieten, um mir die Entscheidung leichter zu machen?" Lautet die unwahrscheinliche Antwort: „Dann lehnen Sie eben ab", dann erwidern Sie: „Warum sollten Sie den Wunsch haben, daß ich Ihr Angebot nicht akzeptiere?"

Checkliste **87**

11 Fragen, wenn der Einkäufer Sie vor die Alternative stellt, entweder anzunehmen oder abzulehnen

☑ *Anmerkungen*

2. „Würden Sie mich auch dann noch vor die Alternative stellen, anzunehmen oder abzulehnen, wenn ich Ihnen ein attraktiveres Angebot vorlegen könnte?"

   Geben Sie dem Käufer zu verstehen, daß Sie beide von einer Fortsetzung des Gesprächs profitieren könnten, und ermutigen Sie ihn dadurch, sich Ihr Angebot anzuhören.

3. „Möchten Sie, daß ich mich jetzt sofort entscheide, oder kann ich über die Möglichkeit, Ihr Angebot anzunehmen, noch einmal nachdenken?"

   Diese Hinhaltetaktik gibt Ihnen Zeit für eine Entscheidung, ohne daß Sie dabei unter Druck stehen. Wenn Sie an den Verhandlungstisch zurückkehren, können Sie dem Einkäufer antworten, ohne daß ein Damoklesschwert über Ihnen hängt.

4. „Können Sie sich noch einige Minuten Zeit nehmen und mir erläutern, warum es sich für mich lohnt, Ihr Angebot zu anzunehmen?"

   Mit diesem Ansatz geben Sie den auf Ihnen lastenden Druck an den Einkäufer weiter. Zugleich verschaffen Sie sich Informationen, die Ihnen helfen, eine bessere Entscheidung zu treffen.

5. „Stehen Sie unter Druck, dieses Gespräch zu beenden?"

   Wenn der Einkäufer verneint, dann sagen Sie einfach etwas wie „Ich glaube, ich habe Sie falsch verstanden." Sie haben Ihr Ziel erreicht, den Einkäufer darauf aufmerksam zu machen, daß er ein wenig nachgeben könnte. Wenn der Einkäufer Ihnen gegenüber zugibt, daß er unter Druck steht, dann gewinnen Sie ihn für sich, und zeigen Sie Anteilnahme an seiner unangenehmen Situation.

VIII. Der Geschäftsabschluß

Checkliste

11 Fragen, wenn der Einkäufer Sie vor die Alternative stellt, entweder anzunehmen oder abzulehnen

Anmerkungen

6. „Wie würden Sie an meiner Stelle reagieren, wenn Ihnen jemand die Pistole auf die Brust setzte und Sie entweder annehmen oder ablehnen müßten?"

   Diese Frage nennt das Kind beim Namen und veranlaßt den Einkäufer, seine Kompromißlosigkeit zu überdenken. Wenn der Einkäufer antwortet: „Darüber mache ich mir keine Gedanken", dann fragen Sie: „Warum nicht?" Wenn er sagt: „Das würde mich beunruhigen", dann erwidern Sie: „Und genauso geht es mir. Wie können wir das ändern?"

7. „Wenn ich das Angebot annehme, wären Sie einverstanden, daß ... [Nennen Sie ein Zugeständnis, das der Einkäufer machen soll.]?"

   Welchen Anreiz brauchen Sie, um den Wünschen des Einkäufers zu entsprechen?

Wenn Ihre erste Frage in eine Sackgasse führt:

8. „Haben Sie eine Idee, wie wir die Kluft zwischen unseren beiden Positionen überbrücken können?"

   Sie werden staunen, wie oft diese Frage bei jemandem, der sich zuvor schweigsam und unnachgiebig gezeigt hat, einen konstruktiven Vorschlag zutage fördert.

9. „Stellen Sie sich vor, wir denken in sechs Wochen an dieses Gespräch zurück. Was würden wir uns dann für diese Verhandlung wünschen?"

   Seien Sie bereit, diese Frage selbst zu beantworten, wenn der Einkäufer darauf keine Antwort weiß. Machen Sie ein kleines Zugeständnis; vielleicht revanchiert sich der Einkäufer. Das ebnet eventuell den Weg zu einer Einigung.

Checkliste **87**

11 Fragen, wenn der Einkäufer Sie vor die Alternative stellt, entweder anzunehmen oder abzulehnen

☑ *Anmerkungen*

10. „Angenommen, ich könnte das durchsetzen – aber ich weiß nicht, ob es mir möglich ist –, welches Zugeständnis müßte ich Ihnen machen, damit Sie das Geschäft jetzt abschließen?"

Die Antwort auf diese Frage sagt Ihnen präzise, welchen Schritt Sie unternehmen müssen, um zu einer positiven Entscheidung zu kommen.

11. „Stellen wir uns eine Skala von 0 bis 10 vor. 0 bedeutet, daß es keine Chance auf eine Einigung gibt, und 10, daß Sie bereit sind, sofort einen Vertrag zu unterzeichnen. Wo befinden Sie sich auf dieser Skala?"

Antwortet der Einkäufer, er befinde sich zwischen 6 und 9, dann haken Sie mit folgender Frage nach: „Was brauchen wir, um daraus eine 10 zu machen?" Meint der Einkäufer, er befinde sich zwischen 0 und 5, dann müssen Sie entweder einen völlig neuen Ansatz wählen oder das Geschäft in den Wind schreiben. Wenn Sie einen Abschluß akzeptieren, der für Sie und Ihr Unternehmen keinen Gewinn abwirft, dann haben Sie sich einen „ungeeigneten" Käufer eingehandelt, der auf Ihrer Kundenliste nichts zu suchen hat.

VIII. Der Geschäftsabschluß

88 Checkliste
14 Win-Win-Strategien für Verhandlungen

Achte darauf, etwas Fett für den anderen übrigzulassen.

Chinesisches Sprichwort

Die beste Strategie, um sich zukünftige Geschäfte zu sichern und sich Referenzen aufzubauen, besteht darin, jeden Verkauf so anzugehen, daß er für beide Seiten profitabel ist. Anders ausgedrückt: Sie und der Käufer sollten nach den Verhandlungen das Gefühl haben, erfolgreich gewesen zu sein. Wenden Sie die folgenden Strategien an, damit Sie zu jenen Verkäufern aufsteigen, die für ihre Käufer und Kunden solche Win-Win-Resultate verwirklichen.

✓ *Anmerkungen*

1. **Entwickeln Sie eine Verhandlungsperspektive, in der sich langfristiger gemeinsamer Nutzen und kurzfristiger persönlicher Nutzen gegenüberstehen.**

   Das wesentliche Kennzeichen einer Win-Win-Verhandlung ist der gemeinsame Nutzen. Denken Sie nicht, Sie müßten bei jedem Geschäft einen Riesengewinn machen. Sie und der Käufer profitieren von einem Geschäft, das beide zufriedenstellt.

2. **Beginnen Sie die Verhandlungen in einem vertrauensvollen, kooperativen Ton.**

   Win-Win-Verhandlungen basieren auf einem Fundament, das von Vertrauen und gegenseitigem Respekt gebildet wird. So bauen Sie dieses Fundament auf:

   ⇨ Drücken Sie Ihren Wunsch aus, einen gemeinsamen Nutzen zu erreichen.
   ⇨ Machen Sie deutlich, daß Sie an einer langfristigen Geschäftsbeziehung interessiert sind.
   ⇨ Nehmen Sie die Wendung „Win-Win" in Ihr Vokabular auf, ohne sie überzustrapazieren.
   ⇨ Stellen Sie Ihre Ehrlichkeit unter Beweis, und zeigen Sie, daß Sie zu Diensten sein wollen.

3. **Machen Sie Ihre Hausaufgaben.**

   Eine Münze werfen, aus der Hüfte schießen, sprunghaft Schlußfolgerungen ziehen, Zahlen ohne Grundlage nennen – all das schadet Ihnen und dem Käufer. Treten Sie möglichst umfassend informiert in die

Checkliste **88**

14 Win-Win-Strategien für Verhandlungen

Anmerkungen

Verhandlungen ein. Beantworten Sie die folgenden Fragen, bevor Sie sich mit dem Einkäufer zusammensetzen, um spezifische Aspekte zu erörtern:

⇨ Was möchte ich, und warum möchte ich es?
⇨ Was möchte der Käufer, und warum möchte er es?
⇨ Was möchte ich mindestens erreichen, damit ich immer noch zufrieden bin?
⇨ Was möchte der Käufer mindestens erreichen, damit er immer noch zufrieden ist?

4. **Sagen Sie „wir".**

   Wenn Sie die Pluralformen der Pronomen der ersten Person (wir, uns, unser) verwenden, dann betonen Sie den gemeinsamen Nutzen und die wechselseitige Abhängigkeit. Wenn Sie die Singularformen der ersten Person (ich, mein) oder die für die Anrede benutzten Personalpronomen (Sie, Ihr) verwenden, unterstreichen Sie Unabhängigkeit, persönlichen Gewinn und sogar Konfrontation. In Verkaufsgesprächen ist je nach Ihren momentanen Zielen das eine oder andere Pronomen das richtige. Wenn Sie von „unseren" Bedürfnissen sprechen, betonen Sie „Win-Win"-Resultate und Teamarbeit.

5. **Konzentrieren Sie sich auf Interessen, nicht auf Standpunkte.**

   Einen Standpunkt wollen Sie einnehmen. Interessen sind der Grund, warum Sie einen Standpunkt einnehmen wollen. Wenn Sie vom „Was" zum „Warum" übergehen, dann leiten Sie von einem Gespräch über Forderungen zu einer Erörterung gemeinsamer Bedürfnisse über. Sie gehen von den Erfordernissen des Verkaufs über zu den Problemen des Käufers.

6. **Erhöhen Sie die Zahl der erörterten Probleme.**

   Sie vergrößern die Chancen, Win-Win-Ergebnisse zu erzielen, wenn Sie die Zahl der Probleme erhöhen, die Sie lösen können. Wenn Sie sich ausschließlich auf den Preis konzentrieren, bereiten Sie den Boden

VIII. Der Geschäftsabschluß

88 Checkliste
14 Win-Win-Strategien für Verhandlungen

☑ *Anmerkungen*

für ein Win-Lose-Ergebnis. Wenn Sie aber über den Preis im Zusammenhang mit Lieferterminen, Kundenbetreuung, Kaufumfang oder garantiertem Recht eines Exklusivangebots verhandeln, dann erhöhen Sie die Chancen, einen Kompromiß zu schließen und gemeinsam etwas von Wert zu gewinnen.

7. Stellen Sie kein Ultimatum. ☐

Entweder-oder-Forderungen setzen Sie und den Einkäufer unter Druck und schränken Optionen ein. Das einzige mögliche Ergebnis einer Forderung ist eine Win-Lose-Konstellation. Manövrieren Sie sich und den Einkäufer nicht in eine ausweglose Situation.

8. Geben, um zu nehmen ☐

Wenn Sie in einem Verhandlungspunkt nachgeben (wie dem Preis), dann bitten Sie den Käufer, sich bei einem anderen Punkt zu revanchieren (wie beim Bestellumfang). Zeigen Sie Ihre Bereitwilligkeit, dem Einkäufer entgegenzukommen, wenn er dieselbe Bereitwilligkeit zeigt.

9. Lassen Sie sich bei der Verhandlung nicht von Gefühlen mitreißen. ☐

Bewahren Sie Ihre Haltung, Ihre Objektivität und Ihre analytischen Fähigkeiten. Wenn Sie wütend werden, verlieren Sie. Stellen Sie sich folgende Frage, wenn Ihre Geduld auf den Prüfstand gestellt wird: Suche ich in diesem Dilemma die beste Lösung, oder kämpfe ich darum, mein Ego zu schützen? (CL 76)

10. Engagieren Sie sich kreativ bei der Lösung von Problemen. ☐

Das Problem, das Sie und der Einkäufer lösen wollen, läßt sich ganz einfach formulieren: Wie können wir ein Geschäft abschließen, das erstens unseren individuellen Nutzen maximiert, zweitens unsere individuellen Verluste minimiert und das drittens fair ist? Gehen Sie alle möglichen Alternativen durch, die

Checkliste **88**

14 Win-Win-Strategien für Verhandlungen

☑ *Anmerkungen*

alle drei Kriterien erfüllen. Wählen Sie eine Alternative, mit der Sie beide leben können.

11. Suchen Sie weiter nach Möglichkeiten für eine Werterhöhung. ☐

Drehen Sie jeden Stein um, und versuchen Sie, Möglichkeiten zu finden, wie sich der Wert steigern läßt, den der Käufer erhält, und Ihr Geschäft gleichzeitig profitabel bleibt. (CL 91)

12. Machen Sie Zugeständnisse langsam und allmählich. ☐

Kleine, langsame Schritte im Verlauf der Verhandlungen sind großen, schnellen Schritten vorzuziehen. Sie können viel mehr kleine Zugeständnisse machen als große und dadurch dem Käufer mehr Chancen einräumen, sich ebenfalls durch Zugeständnisse zu revanchieren. Kleinere Kompromisse haben auch den Vorteil, daß kein Mißtrauen entsteht. Wenn Sie ein großes Zugeständnis machen, könnte der Käufer denken: „Wenn er darauf verzichten kann, dann hat er überhaupt viel zuviel verlangt!"

13. Dokumentieren Sie Abmachungen. ☐

Schreiben Sie sich Vereinbarungen sofort auf, wenn sie getroffen werden. Vermeiden Sie jedes Mißverständnis, das die Verhandlungen in eine Win-Lose-Angelegenheit verwandeln und dazu führen könnte, daß Sie beide verlieren.

14. Wenn der Käufer eine Haltung einnimmt, bei der einer von Ihnen auf der Strecke bleibt, dann prüfen Sie, wie weit Sie gehen können. ☐

Einige Einkäufer stellen Ihnen ein Ultimatum oder drohen Ihnen, um Sie zum Handeln zu zwingen. Gehen Sie nicht zum Gegenangriff über, aber tolerieren Sie es auch nicht, unter Druck gesetzt zu werden. Wenden Sie die Taktik der „hängengebliebenen Schallplatte" an: „Ich höre, daß Sie auf diesem Preis bestehen müssen, oder die Sache ist gelaufen.

VIII. Der Geschäftsabschluß

88 Checkliste
14 Win-Win-Strategien für Verhandlungen

Ich fürchte aber, Sie haben nicht gehört, daß dieser Preis für mich inakzeptabel ist." Wenn der Einkäufer Sie drängt, wiederholen Sie jedesmal wörtlich diesen Satz. Wenn das Gespräch wirklich beendet ist, wird der Einkäufer sich verabschieden. Wenn nicht, dann haben Sie Ihre Grenzen erfolgreich festgelegt.

Anmerkungen

Checkliste **89**

8 Situationen, in denen Sie die Finger von einem Geschäft lassen sollten

Das Sprichwort sagt: „Beiße nicht die Hand, die dich füttert." Aber vielleicht sollte man beißen, wenn die Hand einen davon abhält, sich selbst zu füttern.

Thomas Szasz

Verkäufer können „Kriegsgeschichten" erzählen – Anekdoten über die härtesten, leichtesten, lustigsten oder gewinnbringendsten Geschäfte, die sie je abgeschlossen haben. Und sie können auch noch eine andere Geschichte erzählen. Die Geschichte über das Geschäft, das sie ausgeschlagen haben. Jeder Mensch, der beruflich verkauft, wird irgendwann einmal ein Geschäft ablehnen. Auch wenn dieses Buch von den klugen Schachzügen handelt, mit deren Hilfe Sie Verkäufe machen, müssen Sie auf die Situationen achten, in denen der klügste Schachzug bedeutet, daß man die Finger von dem Geschäft läßt.

☑ *Anmerkungen*

1. **Wenn der Käufer eine Bestechung oder Schmiergeld verlangt**

   „Kaufen" Sie den Geschäftsabschluß mit Kundenservice, Qualität und Leistung, aber nicht mit Ihren moralischen Prinzipien und Ihrer Integrität. Sie können sicher sein, daß Sie für den kurzfristigen Profit, den Sie durch die Aufgabe Ihrer Prinzipien machen, später einen hohen Preis zahlen werden.

2. **Wenn der Käufer verlangt, daß Sie gegen das Gesetz verstoßen oder unmoralisch handeln**

   Wenn Sie Ihren Angehörigen lieber nicht sagen, zu welchen Bedingungen Sie ein Geschäft abgeschlossen haben, dann lassen Sie die Finger davon. (CL 19, 116)

3. **Wenn der Käufer Sie oder Ihre Mitarbeiter permanent ausnutzt und abqualifiziert**

   In diesem Beruf lernt man immer wieder problematische Charaktere und schwierige Menschen kennen. Schränken Sie jedoch Ihre Toleranz gegenüber jedem ein, der Sie belästigt, demütigt und abqualifiziert. (CL 52)

4. **Wenn eine Kosten-Nutzen-Analyse nahelegt, daß die Zeit und Energie, die erforderlich ist, um**

VIII. Der Geschäftsabschluß

89 Checkliste

8 Situationen, in denen Sie die Finger von einem Geschäft lassen sollten

☑ *Anmerkungen*

    diesen Kunden zufriedenzustellen, durch den erwarteten Gewinn nicht gerechtfertigt ist

Ein Freund von uns, Handelsvertreter eines Produktionsunternehmens, pflegt zu sagen: „Feuern Sie jeden Kunden, der Ihnen zweimal soviel Kummer verursacht, wie er Cash-flow produziert."

5. **Wenn der Käufer von Ihnen verlangt, das Produkt oder die Dienstleistung soweit zu modifizieren, daß Sie nicht mehr das Beste liefern können** ☐

Sie müssen dazu bereit sein, Ihr Produkt zu modifizieren oder auf Kundenwünsche einzugehen, wenn Sie ein Geschäft abschließen wollen. Aber lassen Sie keine Modifikationen zu, die Ihren fachlichen Horizont übersteigen.

6. **Wenn die Bedingungen des Käufers an das Fulfilment-Team Ihres Unternehmens zu hohe Anforderungen stellen** ☐

Erhalten Sie sich die Sympathien der Produktions- und Serviceabteilungen Ihres Unternehmens. Diese Leute liefern die Produkte, die Sie verkauft haben. Verlangen Sie von ihnen nicht, über mehr Hindernisse zu springen, als akzeptabel ist. (CL 86)

7. **Wenn der Käufer nach Modifikationen verlangt, durch die sich Ihr Profit in Luft auflöst** ☐

Führen Sie kostenaufwendige Änderungswünsche nur aus, wenn der Käufer bereit ist, die Kosten hierfür zu tragen.

8. **Wenn Sie erkennen, daß Ihre Lösungen für einen Käufer nicht wirklich effektiv anwendbar sein werden** ☐

Werden Sie nie so „hungrig" auf ein Geschäft, daß Sie bereit sind, einen Handel abzuschließen, der weder zu einem zufriedenen Kunden führt noch einen zufriedenstellenden Gewinn abwirft.

IX. Die Kundenbetreuung

Sie als professioneller Verkäufer wissen, daß ein unterschriebener Vertrag bei einem Geschäft nicht den Schlußpunkt bedeutet. Von dem Augenblick an, an dem der Käufer sich vertraglich an einen Kauf gebunden hat, sind Sie verpflichtet, genau das zu liefern, was Sie zugesagt haben. Noch besser ist, der Käufer denkt, daß Sie mehr geliefert haben, als Sie versprachen. Auf diese Weise verwandeln Sie Ihre Käufer in begeisterte Fans und wandelnde Reklametafeln. Solche Käufer empfehlen Sie gerne weiter. Die folgenden Checklisten zeigen Ihnen, wie Sie den Strom solcher an Sie vermittelten Kunden aufrechterhalten.

Checkliste

90

20 Fragen, mit denen Sie ein Resümee Ihres Verkaufsbesuchs ziehen

Die Besten ruhen nie.

Werbeslogan der Ford Motor Company

Egal, wie gut Ihre Leistung beim letzten Termin war, Sie können sich immer verbessern. Damit Sie sich verbessern können, müssen Sie wissen, wie Sie beim letzten Verkaufsbesuch abgeschnitten haben. Stellen Sie sich die folgenden Fragen, oder fragen Sie einen Kollegen Ihres Teams, der bei dem Verkaufsgespräch anwesend war, oder den Käufer, den Sie besucht haben.

	✓	Anmerkungen
1. Habe ich mit dem Käufer eine Vorabsprache getroffen, um gegenseitige Erwartungen und eine Tagesordnung festzulegen? (CL 56)	☐	
2. War ich geistig und körperlich vorbereitet? (CL 2, 3)	☐	
3. Habe ich mich auf die für den Verkaufsbesuch avisierten Ziele konzentriert?	☐	
4. Habe ich eher für einen Erfolg gesorgt oder einen Mißerfolg verhindert?	☐	
5. Habe ich den Filter, durch den der Käufer die Welt wahrnimmt, richtig eingeschätzt? (CL 49)	☐	
6. Habe ich den Kommunikationsstil des Käufers richtig eingeschätzt? (CL 48, 64 – 66)	☐	
7. Habe ich meinen Kommunikationsstil an den Filter und den Kommunikationsstil des Käufers angeglichen? (CL 60–66)	☐	
8. Habe ich die Probleme des Käufers sondiert? (CL 72, 73)	☐	
9. Habe ich die Probleme des Käufers richtig zusammengefaßt, so daß er zufrieden war?	☐	
10. Verpflichtete sich der Käufer, die finanziellen Kosten für seine Probleme anzuerkennen?	☐	
11. Habe ich sorgfältig genug Informationen über das Budget des Käufers eingeholt? (CL 53)	☐	
12. Habe ich genau festgestellt, wann, wo, wie und von wem die Kaufentscheidung getroffen wird? (CL 55, 83)	☐	

Checkliste **90**

20 Fragen, mit denen Sie ein Resümee Ihres Verkaufsbesuchs ziehen

☑ *Anmerkungen*

13. Habe ich meine Präsentation auf die Probleme ausgerichtet? (CL 67, 72) ☐

14. Habe ich in meiner Präsentation alle Jargonausdrücke in eine allgemein verständliche Sprache übersetzt? (CL 80) ☐

15. Habe ich vom Käufer eine definitive Antwort (ein Ja oder Nein) erhalten? ☐

16. Wenn die Antwort nein war, habe ich nach den Gründen geforscht? ☐

17. Habe ich die 70-30%-Regel befolgt? Habe ich Fragen gestellt und den Käufer dazu gebracht, länger zu sprechen (70 Prozent) als ich (30%)? (CL 68 – 71) ☐

18. Habe ich Haltung bewahrt und auf Druck mit Fragen und Antworten reagiert? (CL 74, 76, 78) ☐

19. Habe ich die Führung übernommen, indem ich den Käufer den Verkaufsprozeß kontrollieren ließ? ☐

20. Was habe ich aus diesem besonderen Verkaufsbesuch gelernt, das mir bei meinem nächsten Termin helfen wird? ☐

91 Checkliste
6 Möglichkeiten, um den Wert eines Kundengeschäfts zu erhöhen

Niemand kann auf lange Sicht einen Profit aus der Herstellung eines Produkts erzielen, wenn der Kunde, der das Produkt verwendet, keinen Profit erzielt.

Samuel Pettingill

Angeblich kostet es fünfmal mehr, einen neuen Kunden zu gewinnen, als einen gegenwärtigen zu behalten. Tun Sie genügend für die Zufriedenheit Ihrer Kunden, so daß ihnen nicht im Traum einfällt, einen anderen Lieferanten zu suchen? Haben Sie Ihre Kunden überzeugt, daß ihre Geschäfte darunter leiden würden, wenn sie sich einen anderen Lieferanten suchten? Diese Frage werden Sie mit Ja beantworten, wenn Sie den Blick von traditionellen Verkaufszielen abgewandt haben. Wenn Sie erst einmal Ihre Zielsetzung, dem Kunden die besten Produkte und Dienstleistungen zu liefern, erweitert haben, um dem Kundenunternehmen zusätzliche Werte zu bieten, werden Sie unersetzlich werden. Und hier zeigen wir Ihnen, wie Sie das tun:

	✓	Anmerkungen

1. **Steigern Sie die Einnahmen des Kunden, verringern Sie seine Kosten, oder tun Sie, wenn möglich, beides.**

   Geschäftliche Entscheidungen hängen vom tatsächlichen Gewinn ab. Dokumentieren Sie Ihren Beitrag zum Gewinn des Kunden.

2. **Verbessern Sie die Profitabilität.**

   Finanzielle Zusammenhänge sind die Sprache der Wirtschaft. Machen Sie sich mit den betreffenden Zahlen vertraut, und zeigen Sie dem Kunden, daß Sie in den letzten 12 Monaten oder über die letzten 12 Jahre hinweg eine oder mehrere dieser Relationen verbessert haben:

   ⇨ ROA (Return on Assets/Betriebsrendite)
   ⇨ ROE (Return on Equity/Eigenkapitalrendite)
   ⇨ ROI (Return on Investment/Gesamtkapitalrendite)

3. **Langfristige strategische betriebliche Ziele**

   Jede erfolgreiche Organisation besitzt eine Strategie, wie sie langfristig Erfolg erzielt. Zeigen Sie, welche Bereiche Sie positiv beeinflußt haben:

Checkliste **91**

6 Möglichkeiten, um den Wert eines Kundengeschäfts zu erhöhen

Anmerkungen

- ⇨ gesteigerter Marktanteil
- ⇨ gesteigerter Kundenanteil
- ⇨ gesteigerte Fähigkeit, sich dem Konkurrenzdruck anzupassen
- ⇨ verbesserte interne Betriebseffizienz
- ⇨ verbesserte Produktqualität
- ⇨ verbesserter Kundendienst
- ⇨ Erreichen von TQM-Zielen (Total Quality Management)

4. Langfristige strategische Ziele im Bereich Humanressourcen

Ganz gleich, was Sie verkaufen – Sie haben das Potential, um

- ⇨ die Arbeitsplatzsicherheit zu erhöhen
- ⇨ Reklamationen zu reduzieren
- ⇨ Fluktuation zu verringern
- ⇨ die Fähigkeit für die Anwerbung hochqualifizierter neuer Arbeitskräfte zu steigern
- ⇨ die Fähigkeiten von Angestellten zu verbessern
- ⇨ die Produktivität von Angestellten zu erhöhen
- ⇨ die Zufriedenheit mit dem Arbeitsplatz und die Arbeitsmoral zu steigern

5. Verbesserung immaterieller Werte

Wenn Sie die immateriellen Attribute eines Kundenprodukts verbessern, dann haben Sie eines oder mehrere der oben genannten Ziele erreicht. Immaterielle Merkmale umfassen beispielsweise Ästhetik, Prestige für den Käufer des Produkts, Zuverlässigkeit. (CL 77)

6. Sorgen Sie dafür, daß ein traditionell innerbetrieblicher Vorgang besser, schneller und billiger durchgeführt wird.

Beim sogenannten Outsourcing wird ein interner Betriebsvorgang an eine Person oder Firma außerhalb des Unternehmens abgegeben. So verlagern Unternehmen ganze Aufgabenbereiche wie Design und

IX. Die Kundenbetreuung

91 Checkliste

6 Möglichkeiten, um den Wert eines Kundengeschäfts zu erhöhen

☑ *Anmerkungen*

Druck, Schulung, audiovisuelle Unterrichtsmittel, Lohnlisten, Warenlager, Vertrieb, Verkauf und bestimmte Aufgaben im Personalbereich nach außen. Wickeln Sie einen solchen Vorgang besser ab, als ihn Ihr Kunde abwickeln kann, und Sie haben wirklich eine Werterhöhung herbeigeführt. (CL 92)

Checkliste **92**

5 Gründe, warum der Kunde Interesse an Ihrem Produkt oder Ihrer Dienstleistung hat

Erwartungen sind von entscheidender Bedeutung, wenn Sie dem Kunden dienen. Erfüllen Sie sie, und Ihr Kunde ist zufrieden. Übertreffen Sie sie, und Ihr Kunde liebt Sie. Setzen Sie unrealistische Bedingungen fest – Versprechungen, die Sie nie werden einhalten können –, und Ihr Kunde wird Sie verachten.

Robert A. Peterson

Kunden knüpfen an das gelieferte Produkt oder an die Dienstleistung bestimmte Erwartungen. Lernen Sie Ihre Kunden so gut kennen, daß Sie und Ihre Kundenbetreuer ihre Erwartungen nicht nur erfüllen, sondern auch übertreffen.

Anmerkungen

1. **Schnelligkeit**

   Käufer warten nicht gern. Ihre Zeit ist wertvoll, und sie wollen sie nicht verschwenden. Ihre Bedürfnisse existieren jetzt. Bestimmten Kunden können tatsächlich Kosten für jede Stunde oder jeden Tag entstehen, die Sie sie warten lassen. Selbst Kunden, die durch Ihre Verspätung kein Geld verlieren, werden Unannehmlichkeiten haben und verärgert sein. Die Kultur, in der wir leben, hat für die verspätete Zufriedenstellung eines Kunden kein Verständnis.

2. **Garantieverpflichtungen**

   Kunden erwarten, daß Ihr Produkt wie versprochen funktioniert. Sie verlassen sich auf Ihre Dienstleistung, um damit den vorhergesagten Gewinn zu erzielen. Sie verlangen Qualität, Zuverlässigkeit und Funktionalität. Sie erwarten, daß Sie Ihre Garantieverpflichtungen einhalten. Sie wollen sich nicht mit Rücksendungen oder Mehrfachlieferungen herumschlagen, bis sie endlich ein Produkt erhalten, das funktioniert.

3. **Ein günstiger Preis**

   Wir sind eine Volk von Schnäppchenjägern. Dennoch geht es anspruchsvollen Kunden darum, die Gesamtkosten zu minimieren, nicht unbedingt den Preis für das einzelne Produkt. Sie wollen nicht niedrige Einführungspreise für Produkte bezahlen, die sie langfri-

92 Checkliste

5 Gründe, warum der Kunde Interesse an Ihrem Produkt oder Ihrer Dienstleistung hat

Anmerkungen

stig wegen ständiger Reparaturkosten teuer zu stehen kommen. Ebensowenig entscheiden sie sich für preisgünstige Dienstleistungen, wenn sie sich nicht genauso Mark für Mark auszahlen wie die teuren, aber höherwertigen Dienstleistungen. (CL 29)

4. Einfachheit

Kunden wollen keinen Hindernislauf absolvieren, um Ihr Produkt oder Ihre Dienstleistung zu kaufen. Sie sind nicht erfreut, wenn sie umfangreiche Formulare ausfüllen müssen. Sie schätzen es nicht, von einem Angestellten zum nächsten weitergereicht zu werden, damit sie bekommen, was sie wollen. Sie möchten lieber nicht durch die ganze Stadt fahren. Und sie können es sich nicht leisten, nochmal studieren zu gehen, nur damit sie Ihr Produkt oder Ihre Dienstleistung verstehen und wirtschaftlich einsetzen können.

5. Personalisierung

Heutzutage sind immer mehr Kunden bereit, für ein wenig mehr Aufmerksamkeit und persönlichen Service mehr zu bezahlen. Es schmeichelt ihnen, wenn der Portier an der Hotelrezeption sich ihren Namen merkt. Sie freuen sich, wenn sie die Standardpläne für ein Haus, das sie bauen, ändern können. Sie erkennen den Wert maßgeschneiderter Kleidung. Sie zahlen mehr fürs Parken, wenn sie damit vermeiden, von einem abgelegenen Parkplatz noch ein paar Schritte zu Fuß gehen zu müssen. Die Kunden möchten, daß Sie ihnen das Gefühl geben, etwas Besonderes zu sein.

Checkliste **93**

15 Fragen, durch die Sie alles über Ihre wichtigsten Kunden erfahren

Wir dürfen nicht dort stehen bleiben, wo wir sind, und stets tun, was wir zuletzt getan haben, sonst bleiben wir im Schlamm stecken.

George Bernard Shaw

Wenn Sie die Zahl Ihrer Verkäufe steigern wollen, nehmen Sie sich am besten erst einmal Ihren Kundenstamm vor. Machen Sie aber nicht den Fehler, zu schnell mit dem Geschäftsumfang zufrieden zu sein, den Ihnen Ihre Kunden bieten. Stellen und beantworten Sie die folgenden Fragen, um bei jedem wichtigen Kunden festzustellen, ob die Möglichkeit für weitere Aufträge besteht.

☑ *Anmerkungen*

1. **Welches Verkaufspotential besitzt jedes Produkt und jede Dienstleistung angesichts der Größe des Kunden?** ☐

    Wie lukrativ ist dieser Kunde potentiell? Gibt es noch Spielraum für Wachstum? Wieviel? Die Antworten sagen Ihnen, welche Maßnahmen für eine weitere Entwicklung des Kunden gerechtfertigt sind.

2. **Welchen Anteil am Geschäft haben Sie in jedem Bereich?** ☐

    Bis zu welchem Ausmaß haben Sie Ihr Potential bei dem Kunden bereits ausgeschöpft?

3. **Wieviel Kosten verursacht der Kunde?** ☐

    Wieviel Zeit und Kosten sind normalerweise für diesen Kunden nötig? Steht der Zeitaufwand für den Kunden im richtigen Verhältnis zu den erzielten Profiten? Erfordert die Vergrößerung der Geschäfte mit diesem Kunden mehr oder weniger Aufwand als üblich? Die Antworten darauf geben Aufschluß, wie hoch die Erträge tatsächlich ausfallen, wenn Sie diesem Kunden mehr Aufmerksamkeit schenken.

4. **Wie profitabel ist dieser Kunde für Sie?** ☐

    Kauft dieser Kunde tendenziell Produkte und Dienstleistungen mit der geringsten Gewinnspanne oder Produkte und Dienstleistungen mit der höchsten Gewinnspanne? Kann der Produktmix gewinnbringender gestaltet werden?

IX. Die Kundenbetreuung

93 *Checkliste*

15 Fragen, durch die Sie alles über Ihre wichtigsten Kunden erfahren

☑ *Anmerkungen*

5. Wie erfolgreich ist dieser Kunde auf seinem Markt?

Ein Kunde, der gegenwärtig hohe Gewinne macht, ist reif, nicht nur sein Auftragsvolumen zu vergrößern, sondern auch höherwertigere Produkte zu kaufen. (CL 26)

6. Wie gut ist die Beziehung zum Kunden?

Je mehr Befürworter Sie haben und je besser die Beziehung zum Kunden ist, desto einfacher ist es, Wachstumschancen zu nutzen.

7. Warum und wie kamen Sie mit dem Kunden ins Geschäft?

Kam der Kunde aufgrund einer Empfehlung zu Ihnen, oder haben Sie ihn sich aus einer Liste potentieller Kunden ausgewählt? Wie lange hat es gedauert, bis das Geschäft unter Dach und Fach war? Und war dazu ein Team nötig, oder genügte ein einzelner Verkäufer?

8. Welche Faktoren beeinflussen das Kaufverhalten des Kunden?

Handelt es sich um einen *preissensitiven* Kunden, der zwischen Kaufpreis und Wartungskosten schwankt? Handelt es sich um einen *servicesensitiven* Kunden, der mehr auf Lieferbarkeit, Zuverlässigkeit bei Service und Wartung, Kundendienst und ähnliches achtet? Oder handelt es sich um einen *technologiesensitiven* Kunden, für den eine technologische Spitzenposition wichtig ist? (CL 53, 92)

9. Wer wirkt bei der Entscheidungsfindung mit? Einkäufer, Anwender, einflußnehmende Personen und Entscheidungsträger?

Diese Personengruppen schließen einander nicht unbedingt aus, und obgleich vielleicht nur eine Person die Entscheidung trifft, können doch alle beteiligten Personen sie beeinflussen. Welche Rolle spielen

Checkliste **93**

15 Fragen, durch die Sie alles über Ihre wichtigsten Kunden erfahren

Anmerkungen

diese Personen, und was benötigt jede einzelne, um ihre Rolle zu Ihrem Vorteil zu spielen? (CL 55, 83)

10. **Auf welche Weise wirken sich die kurzfristigen und langfristigen Ziele des Kunden auf Ihre Produkte und Dienstleistungen aus?**

    Ist das Unternehmen im Begriff, sich umzustrukturieren, Personal abzubauen oder ein Reengineering durchzuführen? Kauft es andere Firmen auf, oder wird es durch eine Fusion zu einem größeren Unternehmen? Sucht man in der Firma nach Möglichkeiten, Personalkosten durch Outsourcing zu reduzieren? Erwartet das Unternehmen eine gravierende Sanierungsaktion? Nutzen Sie Ihre Kenntnisse über gegenwärtige und künftige Prioritäten, um dem Kunden ein Partner zu sein.

11. **Wo liegen Ihre Stärken und Schwächen in bezug auf die Ziele und Prioritäten des Kunden?**

    Wie gut paßt Ihr Angebot zu den Zielen und Prioritäten des Kunden? Wo müssen Sie sich verändern, verbessern oder expandieren, um eine langfristige Partnerschaft zu erhalten? Können Sie solche Veränderungen in Betracht ziehen, oder sind sie zu gravierend, um sie für einen einzelnen Kunden durchzuführen?

12. **In welchem Umfang betreibt der Kunde Geschäfte mit Ihrer Konkurrenz?**

    Mit welchem Ihrer Konkurrenten arbeitet der Kunde zusammen, und welche Produkte und Dienstleistungen betrifft das? Sticht die Konkurrenz Sie mit besseren Produkten und Dienstleistungen aus? In welchen Bereichen kann die Konkurrenz Ihnen nicht das Wasser reichen? Bemüht sich die Konkurrenz durch größere Anstrengungen im Verkauf um Geschäftsbereiche, die eigentlich Sie abdecken wollen? Erkennen Sie ähnliche Trends bei anderen Kunden? Wie sollten Sie darauf reagieren? (CL 25)

93 Checkliste

15 Fragen, durch die Sie alles über Ihre wichtigsten Kunden erfahren

☑ *Anmerkungen*

13. In welchen Bereichen haben Sie gegenüber der Konkurrenz einen Vorsprung? ☐

Auf welchen Gebieten sind Sie entschieden stärker? Was müssen Sie machen, um an der Spitze zu bleiben? Vernachlässigt die Konkurrenz Märkte, die Sie bedienen? Sollten Sie daraus eine Lehre ziehen?

14. Was werden Sie tun, um einem Angriff der Konkurrenz abzuwehren? ☐

Wie reagieren Sie bei einem bestimmten Kunden, wenn die Konkurrenz versucht, auf Ihre Kosten die Möglichkeiten für Geschäfte auszuloten? (CL 102)

15. Wie jagen Sie der Konkurrenz mehr Aufträge ab? ☐

Die erste Frage lautet: *Wollen* Sie? Wenn ja, dann wäre die nächste Frage: Wie schwierig ist es, mit diesem Kunden noch mehr Aufträge abzuwickeln? Wie lukrativ ist dieser Kunde im Vergleich zu anderen? Und wie wollen Sie es bewerkstelligen, mehr Aufträge von diesem Kunden zu bekommen? (CL 112)

Checkliste **94**

15 Visionen für den Kundendienst

Wenn Sie davon träumen können, dann können Sie es auch tun.

Walt Disney

Ein alter Werbespruch von General Electric lautete: „Wir verlassen Sie nicht, nachdem wir geliefert haben." Wenn Sie den Auftrag bekommen haben, dann möchten Sie, daß die Kundendienstmitarbeiter den Kunden ebenso gut behandeln wie Sie, als Sie sich um ihn bemühten. Das wird sehr viel eher geschehen, wenn Ihre Firma im Service eine Vision hat – einen Auftrag an die Angestellten und ein Versprechen für die Kunden, wie man sie behandeln wird. Im dem Buch *Marktführerschaft: Wege zur Spitze* empfehlen Michael Treacy und Fred Wiersema, sich auf drei „Marktdisziplinen" zu konzentrieren. In der Disziplin der Kostenführerschaft streben Unternehmen danach, hohe Qualität zu niedrigen Preisen, Zuverlässigkeit, Pünktlichkeit und Bequemlichkeit zu bieten. In der Disziplin der Produktführerschaft streben die Firmen danach, qualitativ sehr hochwertige Produkte oder Dienstleistungen anzubieten, indem sie sich auf Innovation und Produktentwicklung konzentrieren. Unternehmen, die die Disziplin der Kundenpartnerschaft favorisieren, machen sich weniger Sorgen um effiziente betriebliche Abläufe und fortschrittliche Produkte; sie kümmern sich mehr darum, umfassende Kenntnisse über die Bedürfnisse der Kunden zu erlangen und alles Nötige zu tun, um diese Bedürfnisse zu befriedigen. Ihre Verkaufsstrategie muß mit der Vision Ihres Unternehmens übereinstimmen, damit Ihnen der Kunde auf lange Sicht erhalten bleibt. Welche der folgenden Servicevisionen kommt Ihrer am nächsten?

	✓	Anmerkungen

Visionen im Bereich Kostenführerschaft:

1. Wir wollen in unserer Branche die beste Leistung bieten. ☐
2. Wir wollen auf unserem Markt den niedrigsten Preis anbieten. ☐
3. Wir wollen in unserer Branche der bevorzugte kostengünstige Lieferant sein. ☐
4. Wir wollen schneller beim Kunden sein als die Konkurrenz. ☐
5. Wir wollen, daß die Kunden am Telefon nicht länger als drei Minuten warten müssen. ☐

Visionen im Bereich Produktführerschaft:

6. Wir wollen in unserer Branche die innovativsten Produkte anbieten. ☐

IX. Die Kundenbetreuung

94 Checkliste
15 Visionen für den Kundendienst

☑ *Anmerkungen*

7. Wir wollen für die Probleme unserer Kunden die modernsten Lösungen bereithalten. ☐

8. Wir wollen die Erwartungen unserer Kunden übertreffen. ☐

9. Wir wollen bei unserer Produktlinie die niedrigste Rücklaufquote haben. ☐

10. Wir wollen dafür bekannt sein, daß wir bei unserer Produktlinie die höchste Qualität haben. ☐

Visionen im Bereich Kundenpartnerschaft:

11. Wir wollen ein Partner des Kunden sein und ihm kundengerechte Problemlösungen anbieten, die seine Probleme sofort beheben. ☐

12. Wir wollen unsere Kunden in die Lage versetzen, die Wünsche ihrer Kunden besser zu erfüllen. ☐

13. Wir wollen einen freundlichen Service und eine persönliche Beratung bieten. ☐

14. Wir wollen als vertrauenswürdiger Wirtschaftsberater angesehen werden. ☐

15. Wir wollen als Unternehmen gelten, das sich besonders intensiv um seine Kunden kümmert. ☐

Checkliste **95**

18 Fragen zur Qualität Ihres Kundenservices

Unsere Kunden können es sehen, sie können darauf gehen, es in den Händen halten, es hören, es betreten, es riechen, es tragen, darüber hinwegsteigen, es berühren, es benutzen, und sie können es sogar schmecken – sie fühlen es und sie spüren es –, das ist Kundenservice.

SuperAmerica, Tankstellen- und Nahrungsmittelkette

Wie entwickelt sich Ihr Kundenservice? Lassen Sie in diesem Bereich die Konkurrenz hinter sich, oder hat die Konkurrenz Sie abgehängt? Sind Ihre Kunden von Ihrem Service begeistert und beeindruckt? Oder sind sie enttäuscht und abgeschreckt? Das müssen Sie wissen. Im folgenden finden Sie Fragen, die Sie sich selbst stellen können, um den Stand der Dinge zu ermitteln. Wie viele Fragen können Sie mit einem uneingeschränkten „Ja" beantworten?

☑ *Anmerkungen*

1. **Vision**

    Haben Sie für Ihre Servicevision einen ehrgeizigen, inspirierenden Spruch, der klar zum Ausdruck bringt, wie sehr Sie Kunden wertschätzen und wie wichtig es Ihnen ist, ihnen zu dienen? Kennen Ihre Angestellten diese Vision? Haben sie die Vision verinnerlicht? (CL 94)

2. **Führung**

    Werden Ihre Angestellten so gut behandelt und so behutsam, motivierend und einfühlsam geführt, daß sie als *Partner* des Managements handeln und einen wirklich außergewöhnlichen Kundenservice bieten? Oder handeln sie eher wie *Hilfskräfte*, die die Arbeit tun, um Geld zu verdienen? Haben Ihre Mitarbeiter das starke Gefühl, an Ihren hohen Servicezielen emotional beteiligt zu sein? (CL 113)

3. **Managementaktionen**

    Weiß das Management, was die Serviceleute tun? Handelt es in Übereinstimmung mit der Servicevision? Unterstützt es uneingeschränkt die Bemühungen der Mitarbeiter, eine qualitativ hochwertige Betreuung zu bieten? Steht den Mitarbeitern alles zur Verfügung, was sie benötigen, um die Kundenerwartungen übertreffen zu können?

IX. Die Kundenbetreuung

95 *Checkliste*

18 Fragen zur Qualität Ihres Kundenservices

Anmerkungen

4. Anwerbung und Auswahl von Personal

Bemühen Sie sich sehr darum, Mitarbeiter einzustellen, die emotional, kulturell und intellektuell in der Lage sind, den hochwertigen Service zu bieten, den Ihre Kunden erwarten und verdienen?

5. Leistungserwartungen

Wissen Ihre Mitarbeiter genau, welches Verhalten Sie von ihnen in verschiedenen Situationen erwarten? Das reicht von dem Annahme von Telefonaten bis zur Abwicklung von Kundenreklamationen. Liegen die Erwartungen dem Personal in schriftlicher Form vor?

6. Orientierung und Schulung

Sind Ihre neuen Mitarbeiter ganz in Ihre Servicekultur eingetaucht? Haben Sie sie gründlich in Ihre Kundendienstvision eingewiesen, bevor Sie sie das erste Mal zu einem Kunden schickten? Sorgen Sie dafür, daß Ihre Mitarbeiter die Vision stets vor Augen haben? Ermöglichen Sie ihnen, Ihre Erwartungen zu erfüllen, indem Sie sie in allen Teilbereichen umfassend schulen?

7. Verantwortlichkeit

Sind Ihre Mitarbeiter dafür verantwortlich, daß sie die Servicevision verinnerlichen und die erwartete Leistung erbringen? Erhalten sie regelmäßig Leistungsnachweise und andere Formen von Feedback – positiv wie negativ –, damit sie auf diesem Weg bleiben?

8. Kontinuierliche Verbesserung

Sind Sie permanent dabei, Ihren Kundenservice zu verbessern? Bittet das Management die Mitarbeiter um Ideen, wie Kunden besser und schneller bedient werden könnten? Hört sich jemand diese Ideen an und sorgt dafür, daß die durchführbaren umgesetzt werden?

Checkliste **95**

18 Fragen zur Qualität Ihres Kundenservices

Anmerkungen

9. Das kommunikative Verhältnis zum Kunden

Sprechen und agieren Ihre Mitarbeiter am Telefon oder im persönlichen Gespräch so, daß eine Beziehung zum Kunden entsteht? Vermeiden sie Ausdrucks- und Verhaltensweisen, die Kunden möglicherweise beleidigen oder abschrecken? (CL 98)

10. Offenheit

Sind Sie aufrichtig gegenüber den Kunden? Informieren Sie sie? Ermöglichen Sie ihnen, vorteilhafte Entscheidungen zu treffen? Vermeiden Sie es, Ihre Kunden irrezuführen, zu manipulieren oder zu täuschen? Sind Ihre Informationen vollständig und umfassend? Oder verbrennen sich die Kunden manchmal die Finger, weil sie das Kleingedruckte nicht gelesen oder einen Hinweis falsch interpretiert haben?

11. Schnelle und umfassende Reaktion

Müssen Kunden ihren Wunsch mehr als einmal äußern, bevor Ihr Team aktiv wird? Fühlt sich jeder Mitarbeiter, sobald er von einem Kundenwunsch erfährt, persönlich dafür verantwortlich, daß der Wunsch erfüllt wird? Mußten Ihre Kunden jemals für erstklassigen Service auch nur den kleinen Finger rühren? Führen Sie das Telefonat, füllen Sie das Formular aus, prüfen Sie die Unterlagen, korrigieren Sie den Fehler, und engagieren Sie sich auch sonst über das erforderliche Maß hinaus, um den Kunden zufriedenzustellen?

12. Die Sache richtig machen

Werden die von Kunden vorgebrachten Reklamationen schnell, verantwortungsbewußt, kompetent, freundlich und kulant abgewickelt? Wenn Sie es das erste Mal nicht richtig machen, sind Sie sich dann sicher, es beim zweiten Mal richtig – sogar mehr als richtig – zu machen? (CL 100)

IX. Die Kundenbetreuung

95 Checkliste
18 Fragen zur Qualität Ihres Kundenservices

Anmerkungen

13. Nicht nur Produkte und Dienstleistungen

Begreifen Ihre Mitarbeiter, und handeln sie auch in diesem Sinne, daß Kunden nicht Ihre Produkte und Dienstleistungen kaufen? (Sie kaufen Problemlösungen, die Beseitigung von Problemen, Chancen für persönlichen Gewinn, die Befriedigung von Bedürfnissen, Erfüllung ihrer Herzenswünsche, Realisierung von Zielen oder eine Gewinnerhöhung.) Sind Ihre Mitarbeiter erst dann mit sich zufrieden, wenn der Kunde zufriedengestellt ist?

14. Aufeinander aufpassen

Behandeln Ihre Mitarbeiter die „internen Kunden" ebenso professionell, verantwortungsbewußt und freundlich wie die externen Kunden? Werden die Bedürfnisse der verschiedenen Abteilungen untereinander rasch und vollständig befriedigt?

15. Seien Sie immer auf der Hut.

Handeln Sie täglich so, als würde mit jedem neuen Tag der Verlust aller Kunden drohen? Behandeln Sie sie herzlich, freundlich, rücksichtsvoll und respektvoll? Finden Sie genügend Beweise dafür, daß Ihre Mitarbeiter die Kunden wirklich schätzen?

16. Beeindruckte Kunden

Liefern Sie mehr, als Sie versprechen? Übertreffen Sie die Erwartungen der Kunden bei jeder Gelegenheit mit kleinen Dingen, die viel bedeuten? Ist Ihr Service persönlich und kundenorientiert? Glauben die Kunden, Sie hätten ihre einzigartigen Bedürfnisse befriedigt? (CL 96)

17. Resonanz

Hören Sie den Kunden auf jede nur erdenkliche Weise zu, damit Sie verstehen, was sie von Ihnen wollen und wie Sie ihren Wünschen entsprechen können? Richten Sie sich genau nach den Forderun-

Checkliste **95**

18 Fragen zur Qualität Ihres Kundenservices

Anmerkungen

gen der Kunden, damit sie noch bessere Erfahrungen mit Ihnen machen können? (CL 97)

18. Partnerschaft

Sind Ihre Kunden für Sie ein „Partner"? Handeln Sie „kundenorientiert" und „kundenharmonisch"? Haben Sie sich informiert, welche Ziele die Kunden anstreben, und ihnen geholfen, diese Ziele zu erreichen, statt ihnen Produkte und Dienstleistungen aufzudrängen? (CL 91)

Checkliste 96

10 Gebote für einen außergewöhnlichen Kundenservice

Talent, Intelligenz, eine wunderbare Ausbildung – nichts davon garantiert den Erfolg. Dafür ist etwas anderes nötig: die Sensibilität, zu verstehen, was andere Menschen wollen, und die Bereitschaft, es ihnen zu geben.

John Luther

Wenn Sie und Ihre Kundenbetreuer die Wünsche Ihrer Kunden erfüllen, sollten Sie sich an zehn Prinzipien halten. Setzen Sie diese Prinzipien im Umgang mit Ihren Kunden um, und die Kunden wären dumm, wenn sie Ihnen weglaufen würden.

	✓	Anmerkungen
1. **Behandeln Sie jeden Kunden, als wäre er der erste Kunde des Tages.** Bleiben Sie enthusiastisch, energiegeladen und positiv, ganz gleich, was eben noch mit einem anderen Kunden vorgefallen sein mag.	☐	
2. **Behandeln Sie alle Kunden gleich.** Lassen Sie sich nicht von Kleidung, Alter, Geschlecht, Rasse, Akzent, Nationalität oder der Größe eines Kunden beeinflussen.	☐	
3. **Lernen Sie die Namen Ihrer Kunden.** Nennen Sie Ihren Kunden beim Namen, wenn Sie ihn begrüßen und wenn Sie sich für einen Auftrag bedanken. Achten Sie darauf, daß Sie den Namen richtig aussprechen und richtig schreiben. Gehen Sie nicht davon aus, daß Sie Ihre Kunden mit Vornamen anreden können.	☐	
4. **Seien Sie mit Kunden geduldig.** Seien Sie besonders tolerant im Umgang mit Kunden, die Fehler machen, die langsam denken und sich langsam bewegen oder die Sie nicht sofort verstehen. Sie haben das, was der Kunde sich anschaut, wahrscheinlich schon viele Male gesehen. Aber für ihn ist es jedesmal das erste Mal.	☐	

Checkliste **96**

10 Gebote für einen außergewöhnlichen Kundenservice

☑ *Anmerkungen*

5. Kommunizieren Sie rücksichtsvoll. ☐

Seien Sie charmant, und geben Sie Ihrer Stimme einen hilfsbereiten Klang. Plazieren Sie Hinweise und schriftliche Anweisungen dort, wo der Kunde sie *zu dem Zeitpunkt wahrnimmt, an dem er die Information benötigt*, nicht dort, wo es für Sie praktisch und angenehm ist.

6. Reagieren Sie sofort. ☐

Beheben Sie jedes Problem eines Kunden, wenn es zum ersten Mal angesprochen wurde; lassen Sie nicht zu, daß ein Kunde ein Anliegen Ihnen oder einem anderen Angestellten gegenüber ein zweites Mal vorbringen muß.

7. Seien Sie höflich. ☐

Zeigen Sie sich von Ihrer besten Seite. Wenn Sie einen Kunden verlassen müssen, um einen Wunsch dieses Kunden zu erfüllen, dann bitten Sie um Erlaubnis. Erklären Sie, was Sie gleich für den Kunden tun werden. Wenn Sie zurückkommen, danken Sie dem Kunden für seine Geduld. „Können Sie einen Moment warten, während ich das für Sie überprüfe? ... Vielen Dank für Ihre Geduld."

8. Lassen Sie keinen Kunden stehen, um sich einem anderen zuzuwenden. ☐

Lassen Sie den zweiten Kunden warten. Noch besser ist, dem zweiten Kunden eine Beschäftigung zu geben, während er wartet, oder einen anderen Mitarbeiter herbeizuholen, damit er sich um den neuen Kunden kümmert.

9. Zeigen Sie Verständnis, wenn mehrere Kunden warten. ☐

Zeigen Sie Einfühlungsvermögen und Wertschätzung gegenüber jeder Person, die gewartet hat. Widmen Sie jedem Wartenden gleichviel Aufmerksamkeit. Kümmern Sie sich nicht hektisch um die ganz vorne

IX. Die Kundenbetreuung

96 *Checkliste*

10 Gebote für einen außergewöhnlichen Kundenservice

☑ *Anmerkungen*

stehenden Kunden, nur um zu den weiter hinten Wartenden zu gelangen. Fragen Sie nicht: „Wer ist der nächste?", sondern passen Sie selbst auf, wer an der Reihe ist.

10. Übernehmen Sie die volle Verantwortung für die Betreuung der Kunden.

Für einen außergewöhnlichen Kundenservice sollten nicht die Kunden sich abstrampeln. Sie rufen an, Sie prüfen die Unterlagen, und Sie machen den Umweg, um den Kunden zufriedenzustellen.

Checkliste **97**

14 Schritte zu einer Umfrage über Kundenzufriedenheit

Der beste Kunde, den man haben kann, ist der Kunde, den man schon hat.

Dick Shaaf

Vor einigen Jahren fand eine Kommission des Weißen Hauses heraus, daß weniger als 4% aller unzufriedenen Kunden ihre Enttäuschung auch zum Ausdruck bringen. Anders ausgedrückt: Sie hören nicht annähernd die Zahl von Beschwerden, die Sie eigenlich hören müßten. Kommt Ihnen das lächerlich vor? Nicht, wenn Sie bedenken, was diese stummen Unzufriedenen tun. Durchschnittlich erzählt einer von ihnen zehn anderen Leuten Schlechtes über Sie, das diese wiederum fünf anderen weitererzählen. Letztlich springen 90% der unzufriedenen Kunden ab und suchen sich einen anderen Lieferanten. Es ist sinnvoll, jeden Tag zu überprüfen, wie gut Ihre Firma die Erwartungen von Kunden erfüllt. Das ist die beste Möglichkeit, diese unausgesprochene Unzufriedenheit an den Tag zu bringen.

Achtung: Der Zweck dieser Umfrage besteht darin, Informationen über die Zufriedenheit der Kunden zu sammeln. Diese Informationen sollen Ihnen dann ermöglichen, Ihre Position bei dem Kunden zu festigen. Verkaufen Sie nicht während einer Umfrage zur Kundenzufriedenheit.

☑ *Anmerkungen*

Vorbereitungen für die Durchführung der Umfrage:

1. **Wählen Sie die Kunden für die Umfrage aus.** ☐

    Diese Umfrage kann bei allen Ihren Kunden durchgeführt werden. Vielleicht wollen Sie sich zunächst auf die größten und etabliertesten Kunden konzentrieren.

2. **Entscheiden Sie, ob Sie die Umfrage persönlich oder telefonisch durchführen.** ☐

    Die Umfrage zeigt die größte Wirkung, wenn sie vor Ort durchgeführt wird. Sie werden aber möglicherweise nicht die Zeit haben, jeden Kunden aufzusuchen. Ihre größten Kunden sollten Sie jedoch unbedingt persönlich befragen.

3. **Entwerfen Sie die Fragen für Ihre demoskopische Untersuchung.** ☐

    Verwenden Sie unsere Empfehlungen, um ein Konzept in Ihren eigenen Worten zu entwerfen.

IX. Die Kundenbetreuung

97 Checkliste

14 Schritte zu einer Umfrage über Kundenzufriedenheit

☑ *Anmerkungen*

4. Setzen Sie einen eigenen Termin für die Befragung fest. ☐

Verbinden Sie die Befragung nicht mit einem Verkaufsbesuch. Zeigen Sie dem Kunden, daß Ihr einziges Ziel darin besteht, den Service zu verbessern.

Durchführung der Umfrage:

5. Bitten Sie den Kunden um Auskunft, welcher Bereich des Kundenservices ihm am wichtigsten ist. ☐

Sie: „Für uns ist es besonders wichtig, die Verbindung zu Ihrer Firma weiter auszubauen und zu gewährleisten, daß Sie alles von uns bekommen, was Sie benötigen. Ich habe eine Frage an Sie. Welches sind für Sie die fünf wichtigsten Dinge, die Sie von uns erwarten? Welche fünf Wünsche haben Sie, die wir vollständig erfüllen können, um Sie hundertprozentig zufriedenzustellen?"

Kunde: „Darüber habe ich so noch gar nicht nachgedacht. Für uns sind sicherlich Ihre Reaktionszeit wichtig und Ihre Zuverlässigkeit sowie Ihr technisches Fachwissen." (Notieren Sie die Antworten.) (CL 92)

6. Bitten Sie, wenn nötig, um weitere Auskünfte. ☐

Sie: „Das sind drei Punkte. Was sonst noch?"

Kunde: „Nun ... Niedrige Kosten und persönliches Interesse an unseren Bedürfnissen." (Notieren Sie die Antworten.)

7. Fassen Sie zusammen, was Sie gehört haben. ☐

„Lassen Sie mich mal sehen ... Sie haben mir Reaktionszeit, Zuverlässigkeit, technisches Fachwissen, niedrige Kosten und persönliches Interesse genannt."

Checkliste 97

14 Schritte zu einer Umfrage über Kundenzufriedenheit

Anmerkungen

8. **Bitten Sie den Kunden, die genannten Bereiche zu bewerten.**

    Sie: „Wie würden Sie diese fünf Bereiche vom Wichtigkeitsgrad her einordnen?"

    Kunde: „Das ist gar nicht so leicht. Ich würde sagen, am wichtigsten ist die Reaktionszeit, dann kommen Zuverlässigkeit, niedrige Kosten, technisches Fachwissen und persönliches Interesse." (Notieren Sie die Rangfolge.)

9. **Fragen Sie nach einer abschließenden Einstufung.**

    „Ich lese Ihnen jetzt diese fünf Bereiche in der von Ihnen genannten Reihenfolge vor. Bitte bewerten Sie jeden Bereich mit einer Punktzahl zwischen 0 und 5, wobei 0 katastrophal und 5 hervorragend bedeutet. Reaktionszeit …?" (Notieren Sie die Einstufungen.)

10. **Fragen Sie nach Einstufungen Ihrer direkten Konkurrenten.**

    „Ich möchte sicher sein, daß wir für Sie bessere Leistungen erbringen als sonst jemand. Sie haben mir gesagt, daß Sie hin und wieder mit ACME zusammenarbeiten. Darf ich fragen, wie Sie ACME in den genannten Bereichen einstufen? Reaktionszeit …?" (Notieren Sie die Einstufungen für die Firma ACME.)

11. **Reagieren Sie auf die unterschiedlichen Bewertungen.**

    „Es freut mich, daß wir im Bereich Reaktionszeit und technisches Fachwissen so gute Arbeit leisten. Sie haben uns in beiden Bereichen einen ganzen Punkt mehr gegeben als ACME. Mit den Werten für Zuverlässigkeit und persönliches Interesse bin ich aber nicht zufrieden."

IX. Die Kundenbetreuung

97 *Checkliste*

14 Schritte zu einer Umfrage über Kundenzufriedenheit

Anmerkungen

12. Fragen Sie nach Verbesserungsvorschlägen.

„Sie haben uns vier Punkte für den Bereich Zuverlässigkeit gegeben. Was müssen wir tun, um fünf Punkte zu bekommen? Und auch wenn persönliches Interesse für Sie am wenigsten wichtig ist, so sind die drei Punkte, die wir bekommen haben, nicht akzeptabel. Wie können wir uns auf fünf Punkte verbessern?" (Notieren Sie, was der Kunde Ihnen empfiehlt.)

13. Danken Sie dem Kunden, und handeln Sie sofort.

„Ich weiß es zu schätzen, daß Sie sich die Zeit genommen haben, um mir diese wichtigen Informationen zu geben. Ich werde dafür sorgen, daß unsere Fahrer und die Leute in der Auslieferung an diese Probleme sofort herangehen."

14. Fragen Sie kurze Zeit später nach, ob die vorgenommenen Verbesserungen den gewünschten Erfolg zeigen.

„Nach unserem Telefonat letzten Monat haben unser Auslieferungsteam und die Serviceabteilung mehrere Anregungen umgesetzt, um die Bereiche Zuverlässigkeit und persönliches Interesse zu verbessern. Welche Verbesserungen haben Sie in diesen beiden Bereichen unseres Kundenservices festgestellt?" (Reagieren Sie entsprechend auf die Antwort des Kunden.)

Checkliste **98**

17 Begegnungen mit Kunden, die nach einer freundlichen Reaktion verlangen

Ich und mein Publikum verstehen uns sehr gut: Es hört nicht, was ich sage, und ich sage nicht, was es hören will.

Karl Kraus

Von Ihrer Sprache hängt es ab, ob Sie eine Bindung zu Kunden aufbauen oder ob Sie sie beleidigen. Wenn Sie sich Ihrem Kunden gegenüber positiv, optimistisch und aufmerksam verhalten, dann werden Sie oft das Richtige in der richtigen Art und Weise sagen. Wenn Sie nicht begeistert und rücksichtsvoll sind, dann laufen Sie Gefahr, eine Sprache zu sprechen, die Ihre Kunden befremdet. In den nachfolgend beschriebenen Verkaufssituationen ist jeweils eine Antwort aufgeführt, die Sie vermeiden sollten, und eine Antwort, die Sie ausprobieren sollten. Lernen Sie die richtigen Antworten für Situationen auswendig, in denen Sie sonst vielleicht das Falsche sagen.

☑ *Anmerkungen*

1. **Begrüßung des Kunden** ☐

    Vermeiden Sie „Hallo" oder „Ja bitte?" (Die erste Begrüßung ist unprofessionell, die zweite wirkt distanziert.)

    Versuchen Sie es mit „Guten Morgen" oder „Guten Tag".

2. **Ein Kunde betritt Ihr Geschäft.** ☐

    Vermeiden Sie „Kann ich Ihnen helfen?" (Nervt Kunden und führt in der Regel zu einer Antwort wie „Nein danke, ich schaue mich nur um.")

    Versuchen Sie es mit „Besuchen Sie unser Geschäft zum ersten Mal?" (Lautet die Antwort ja, können Sie fragen: „Was hat Sie zu uns geführt?" Lautet die Antwort nein, können Sie fragen: „Vielen Dank, daß Sie uns wieder aufgesucht haben. Was hat Sie diesmal zu uns geführt?")

3. **Ein Kunde bittet um Hilfe. Sie können sich aber nicht sofort um ihn kümmern.** ☐

    Vermeiden Sie es, den Kunden zu ignorieren oder ihm zu sagen: „Sie müssen einen Moment warten."

IX. Die Kundenbetreuung

98 *Checkliste*

17 Begegnungen mit Kunden, die nach einer freundlichen Reaktion verlangen

☑ *Anmerkungen*

Versuchen Sie es mit „Es wird mir ein Vergnügen sein, Sie als nächsten Kunden zu bedienen. Machen Sie es sich bequem, oder schauen Sie sich bis dahin ruhig um."

4. **Ein Kunde bittet um Hilfe, und Sie können sich sofort um ihn kümmern.** ☐

   Vermeiden Sie ein „Okay" oder „Natürlich". (Obwohl diese unprofessionellen Antworten in wenigen, ganz bestimmten Situationen ganz gut ankommen.)

   Versuchen Sie es mit „Das tue ich gerne für Sie."

5. **Sie müssen einen Kunden allein lassen, um etwas nachzuschauen.** ☐

   Vermeiden Sie es, den Kunden stehenzulassen, ohne etwas zu sagen, aber sagen Sie auch nicht einfach: „Ich bin gleich zurück." (Das ist zu schroff, und der Kunde hat keine Ahnung, ob Sie ihm behilflich sein oder kurz etwas essen wollen.)

   Versuchen Sie es mit „Könnten Sie vielleicht ein paar Minuten warten, während ich das für Sie überprüfe?"

6. **Sie kommen zurück, nachdem Sie für einen Kunden etwas überprüft haben.** ☐

   Vermeiden Sie „Das hier habe ich herausgefunden."

   Versuchen Sie es mit „Vielen Dank für Ihre Geduld. Das hier habe ich herausgefunden."

7. **Der Kunde muß ein Formular ausfüllen.** ☐

   Vermeiden Sie „Sie müssen dieses Formblatt ausfüllen."

   Versuchen Sie es mit „Ich muß Sie leider bitten, dieses Formblatt auszufüllen, damit ich für Sie …" (Formulieren Sie einen persönlichen Wunsch, und begründen Sie ihn.)

Checkliste **98**

17 Begegnungen mit Kunden, die nach einer freundlichen Reaktion verlangen

☑   *Anmerkungen*

8. Sie werden gefragt, warum ein beliebter Artikel nicht lieferbar ist.   ☐

Vermeiden Sie „Sie [das Management] haben eine solche Nachfrage nach diesem Artikel nicht erwartet." (Verwenden Sie niemals das Wort *sie*, wenn Sie von Ihrer Firma reden.)

Versuchen Sie es mit „Dieser Artikel ist sehr beliebt. Ich kann Ihnen einen anderen gleichwertigen Artikel zeigen. Aber ich kann Ihre Bestellung bei unserer nächsten Lieferung auch gerne vorrangig behandeln."

9. Ein Kunde fragt nach einer Dienstleistung, die Sie nicht anbieten, oder nach einem Produkt, das Sie nicht führen.   ☐

Vermeiden Sie ein „Nein." (Dies ist ein Wort, das Kunden niemals hören sollten.)

Versuchen Sie, den Kunden zu fragen, wozu er das Produkt braucht. Dann sagen Sie, welche Produkte und Dienstleistungen Sie anbieten können, die denselben Zweck erfüllen. Oder Sie sagen, aus welchen Gründen Sie den Wunsch des Kunden nicht erfüllen können.

10. Ein Kunde verlangt etwas, das nicht möglich ist.   ☐

Vermeiden Sie „Das ist nicht möglich."

Versuchen Sie es mit „Ich hätte eine andere Idee, wie wir das für Sie verwirklichen können." (Damit machen Sie taktvoll klar, daß Sie es auf Ihre Weise bewerkstelligen werden.)

11. Der Kunde täuscht sich oder er lügt.   ☐

Vermeiden Sie „Sie irren sich." Oder: „Das glaube ich nicht."

Versuchen Sie es mit „Lassen Sie mich Ihnen bitte zeigen, warum diese Informationen unzutreffend

IX. Die Kundenbetreuung

Checkliste

17 Begegnungen mit Kunden, die nach einer freundlichen Reaktion verlangen

Anmerkungen

sind." (Die Fakten, nicht Ihre Worte, sollen den Kunden überzeugen.)

12. Der Kunde muß etwas tun, und Sie müssen ihn dazu veranlassen.

Vermeiden Sie „Sie müssen …"

Versuchen Sie es mit „Darf ich Sie fragen, ob Sie mir bei etwas behilflich sein können?" (Die Antwort auf diese Frage lautet gewöhnlich „Ja" oder „Um was handelt es sich?" Beide Antworten eröffnen Ihnen einen Weg, Ihren Wunsch zu äußern.)

13. Ein Kunde bittet Sie um etwas, das eigentlich in den Zuständigkeitsbereich eines anderen Angestellten des Büros oder des Ladens fällt.

Vermeiden Sie „Dafür bin ich nicht zuständig" oder „Damit kenne ich mich nicht aus."

Versuchen Sie es mit „Wenn Sie kurz hier warten, hole ich jemanden, der Ihnen hilft." (Und *Sie erklären* Ihrem Kollegen den Wunsch des Kunden, damit der Kunde sein Anliegen nicht wiederholen muß.)

14. Ein Kunde bittet Sie, die Bearbeitung einer Bestellung zu beschleunigen.

Vermeiden Sie „Wir tun unser Bestes!" (Eine oft in verzweifeltem Ton geäußerte Bemerkung.)

Versuchen Sie es mit „Wir können Ihnen versichern, daß wir Ihrer Bestellung die höchste Priorität einräumen." Oder: „Da wir Ihrer Bestellung die höchste Priorität eingeräumt haben, müßten die Artikel bis zum … ausgeliefert sein."

15. Sie haben Schwierigkeiten, einen Kunden zu verstehen.

Vermeiden Sie „Können Sie etwas deutlicher sprechen?" Oder: „Sie sind schwer zu verstehen." (Kriti-

Checkliste **98**

17 Begegnungen mit Kunden, die nach einer freundlichen Reaktion verlangen

Anmerkungen

sieren Sie den Kunden nicht, auch wenn er das Problem verursacht.)

Versuchen Sie es mit „Entschuldigen Sie, das habe ich nicht richtig verstanden. Könnten Sie bitte wiederholen, was Sie eben gesagt haben?"

16. Der Geschäftsabschluß nähert sich dem Ende.

Vermeiden Sie, nichts zu sagen.

Versuchen Sie es mit „Vielen Dank für den Auftrag." Oder: „Vielen Dank für die Möglichkeit, Ihnen zu Diensten zu sein." (Zeigen Sie, daß Sie das ehrlich meinen und es nicht nur so dahin gesagt haben.)

17. Ein Kunde dankt Ihnen oder lobt Sie für den Service.

Vermeiden Sie „Kein Problem." Oder: „Das ist mein Job."

Versuchen Sie es mit „Ist mir ein Vergnügen", „Gerne", oder: „Es war mir ein Vergnügen, Ihnen zu Diensten zu sein." Nennen Sie den Kunden am Ende jeder Antwort beim Namen.

99 Checkliste
9 Strategien, um einen Rückzieher des Käufers zu verhindern

Nur die Narren und die Toten ändern niemals ihre Meinung.

James Russel Lowell

Verkäufer entdecken sehr rasch eine alles überragende Wahrheit in bezug auf das menschliche Verhalten: Menschen sind wankelmütig. Ein Kunde mag in dem Moment, in dem er kauft, Ihnen und Ihrem Produkt gegenüber felsenfeste Loyalität bekunden, eine Woche später aber Sie und Ihr Produkt verfluchen. Dieser Stimmungsumschwung, bekannt als Nachkaufdissonanz, ist eine Gefahr, mit der Sie bei jedem Verkauf erneut konfrontiert sind. Mit den folgenden Strategien minimieren Sie Ihr Risiko.

☑ *Anmerkungen*

1. **Stellen Sie fest, ob sich das Produkt für den Käufer eignet.** ☐

   Eignet sich der Käufer für das Produkt, das Sie ihm verkaufen? Verkaufen Sie Unterricht im Drachenfliegen nicht an unter Höhenangst leidende Menschen, Wildbret nicht an Vegetarier und wollene Anzüge nicht an Menschen, die auf Bali leben. Stellen Sie sicher, daß es zwischen dem Käufer und dem Produkt eine Übereinstimmung gibt. (CL 26, 27, 53, 54, 73)

2. **Verkaufen Sie Ihr Produkt, aber preisen Sie es nicht an.** ☐

   Liefern Sie mehr, als Sie versprechen, nicht umgekehrt. Selbstverständlich dürfen Sie Ihr Produkt loben, aber keinesfalls mit einer Fistelstimme. Noch besser ist es, wenn Sie nach dem in diesem Buch beschriebenen System verkaufen, so daß der Käufer die Lobeshymnen anstimmen kann.

3. **Klären Sie kritische Fragen vor dem Verkauf, nicht danach.** ☐

   Viele Verkäufer fürchten sich davor, bei neuen Kunden mit Telefonanrufen nachzuhaken, weil sie Angst vor kritischen Fragen haben. Dabei erhöhen kritische Fragen vor dem Geschäftsabschluß die Wahrscheinlichkeit, daß der Kunde später wirklich zufrieden ist. Stellen Sie vor Vertragsabschluß sicher, daß alles

Checkliste **99**

9 Strategien, um einen Rückzieher des Käufers zu verhindern

Anmerkungen

☑

geklärt und gelöst ist, was einen Käufer später verärgern könnte.

4. **Binden Sie den Käufer emotional ein.** ☐

   Je stärker ein Käufer persönlich und emotional an einem Kauf beteiligt ist, um so weniger wird er seine Entscheidung bedauern. Schaffen Sie eine emotionale Beteiligung, indem Sie die Probleme des Käufers feststellen und darlegen, wie Ihr Produkt zur Behebung dieses Problems beitragen wird. (CL 67, 72, 73)

5. **Sorgen Sie nicht nur für eine Bestellung, sondern für eine bindende Vereinbarung.** ☐

   Ein Vertrag ohne eine bindende Vereinbarung ist der erste Schritt zu einer Nachkaufdissonanz. Ermuntern Sie neue Kunden, den Vertrag erst zu unterzeichnen, wenn sie mit ihrer Entscheidung vollkommen zufrieden sind. Stellen Sie nach dem Geschäftsabschluß Fragen, die auf die Verpflichtung des Käufers abzielen und darauf, was Sie tun können, um sie zu verstärken. Beispiel: „Können Sie sagen, warum Sie sich zu dem Kauf entschieden haben? Welche Zweifel, wenn überhaupt, hatten Sie?" (CL 74, 78)

6. **Helfen Sie dem Käufer, einen Rückzieher zu antizipieren.** ☐

   Verdrängen Sie eine Nachkaufdissonanz nicht, bringen Sie sie vielmehr offen zur Sprache. Helfen Sie dem Kunden, eine Strategie zu entwickeln. Beispiel: „Es passiert nicht selten, daß man einen Kauf in Frage stellt, kaum daß der Vertrag unterschrieben ist. Das ist menschlich. In unser beider Interesse möchte ich sichergehen, daß wir alle künftigen Bedenken prüfen, die Sie hinsichtlich des eben unterzeichneten Vertrags haben könnten. Was werden Sie tun, wenn Sie an Ihrer Entscheidung zweifeln, und was kann ich jetzt tun, um sicherzugehen, daß das nicht geschieht?" (CL 99)

IX. Die Kundenbetreuung

99 Checkliste

9 Strategien, um einen Rückzieher des Käufers zu verhindern

Anmerkungen

7. Treffen Sie eine Vereinbarung für den Fall, daß der Käufer seine Entscheidung bereut.

Vereinbaren Sie mit Ihrem Kunden vertraglich, was er tun wird, wenn er seine Entscheidung bereut. Er sollte sich wenigstens mit Ihnen darauf einigen, Sie umgehend anzurufen.

8. Beschreiben Sie dem Käufer, was passiert, wenn der Vertrag unterschrieben ist.

Käufer, aus denen Kunden geworden sind, müssen genau wissen, was passiert, wenn Sie ihr Büro verlassen haben. Wenn Sie bis zu diesem Punkt gute Arbeit geleistet haben, dann haben Sie das bereits geschildert; allerdings handelte es dabei um einen „Käufer". Jetzt haben Sie einen „Kunden" vor sich, der sich möglicherweise an vieles nicht mehr erinnert, was Sie in der Verhandlungsphase der Geschäftsbeziehung gesagt haben. Stellen Sie sicher, daß es keine Überraschungen und kein böses Erwachen gibt.

9. Follow-up

Verwenden Sie E-Mails, Telefonanrufe, Postkarten, Briefe, und besuchen Sie Ihre Kunden. Lassen Sie sich von Ihren Erfahrungen mit Ihrem Produkt und vielleicht auch mit diesem Kunden leiten, um Probleme schon im Vorfeld zu bereinigen.

Checkliste **100**

11 Antworten, falls der Kunde glaubt, er sei betrogen worden

Zufriedenheit garantiert, oder doppelte Müllmenge zurück.

Aufschrift auf einem Müllaster in Cambridge, Massachusetts

Die meistgefürchteten Telefonanrufe kommen von verstimmten Kunden, die glauben, ihr Vertrauen in Sie und Ihre Firma sei enttäuscht worden. Sie haben sich auf Sie verlassen, und jetzt haben Sie sie im Stich gelassen. In Wirklichkeit haben Ihre Kunden jetzt zwei Probleme: das, von dem sie annahmen, Sie würden es beheben, und den „unehrlichen, hinterlistigen und verlogenen" Verkäufer, den sie jetzt „feuern" wollen. Im folgenden zeigen wir Ihnen, wie Sie mit einem solchen Anruf umgehen und ihn möglicherweise sogar in einen Vorteil ummünzen.

	✓	*Anmerkungen*

1. **Unterbrechen Sie zornige Kunden nicht.**

   Verärgerte Kunden brauchen ein Ventil und wollen, daß Sie hören, was sie zu sagen haben. Wenn eine solche emotionale „Explosion" Sie trifft, dann nehmen Sie das einfach hin. Egal, ob die Schimpfkanonade nun eine Minute oder zehn Minuten dauert, hören Sie zu, und unterbrechen Sie den Kunden nicht. Wenn er Ihnen eine Frage stellt, dann verzichten Sie auf eine direkte Antwort. Sondieren Sie statt dessen die Emotionen des Kunden: „Für mich ist jetzt das Wichtigste, daß Sie mir sagen, was Sie empfinden, und daß ich verstehe, was schiefgelaufen ist." Je mehr Sie die Lage sondieren, desto mehr erfahren Sie. Und je mehr der Kunde spricht, desto schneller beruhigt er sich. Wenn der Kunde verstummt, Sie aber noch mehr hören wollen, wiederholen Sie einen Satz vom Ende seines Monologs als Aussage oder Frage. Zu einem Kunden, der sich beschwert, daß ein Produkt nicht funktioniere, könnten Sie sagen: „Sie meinen, es funktioniert nicht?" Erwarten Sie eine Antwort wie: „Natürlich funktioniert es nicht! Der rote Knopf klemmt, und..." Stellen Sie auch indirekte Fragen wie „Wirklich?", „Und?", „Was sonst noch?", „Wer sonst noch?" und „Was passierte dann?" (CL 71)

2. **Bleiben Sie ruhig und beherrscht.**

   Sie dürfen wegen verärgerter und aggressiver Kunden nicht die Beherrschung verlieren. Sie können mit

Checkliste 100

11 Antworten, falls der Kunde glaubt, er sei betrogen worden

Anmerkungen

den Kunden nicht vernünftig reden, wenn *Sie* die Beherrschung verlieren. Sie können Ihre Arbeit nicht machen, wenn Sie sich von Gefühlen leiten lassen und sich verteidigen. Ihre Arbeit *können* Sie machen, wenn Sie sich auf Ihren Verstand verlassen und analytisch und sachlich mit dem zur Debatte stehenden Thema umgehen. Es hilft Ihnen auch, sich bewußtzumachen, daß der Kunde ja nicht Sie angreift, sondern aus einem der folgenden fünf Gründe verärgert ist:

⇨ Er fühlt sich von Ihnen oder einem Ihrer Kollegen angegriffen.
⇨ Er glaubt, Sie wollten nicht vernünftig mit ihm reden, deshalb müsse er schwere Geschütze auffahren, um überhaupt zu Ihnen durchzudringen.
⇨ Es mangelt ihm an Kompetenz im zwischenmenschlichen Verhalten; Wut ist der einzige Weg, seiner Enttäuschung Ausdruck zu verleihen.
⇨ Er fühlt sich verletzt und unbehaglich.
⇨ Er ist ängstlich und zutiefst verunsichert. (CL 76)

3. **Danken Sie dem Kunden für seinen Anruf.**

   Zeigen Sie sich dankbar für die Gelegenheit, den Fehler zu korrigieren. Wenn Sie vereinbart hatten, daß Sie als erster über Probleme informiert werden, dann danken Sie dem Kunden, daß er sich an die Vereinbarung gehalten hat. Ganz gleich, wie negativ das Gespräch bis zu diesem Punkt verlaufen ist: Geben Sie ihm durch Ihren Dank und Ihre ruhige und gelassene Stimme eine positive Wendung.

4. **Zeigen Sie dem Kunden, daß Sie zugehört haben.**

   Wenn Sie glauben, daß der Kunde sich abreagiert hat, dann paraphrasieren Sie, was er gesagt hat. Damit zeigen Sie, daß Ihnen sehr daran gelegen ist, genau zuzuhören, und daß Sie das Problem gut genug verstanden haben, um es zu lösen. Wenn Sie nicht richtig paraphrasiert oder etwas vergessen haben, dann fragen Sie den Kunden, ob er Ihnen behilflich sein kann.

Checkliste **100**

11 Antworten, falls der Kunde glaubt, er sei betrogen worden

Anmerkungen

Sie: „Nun lassen Sie mal sehen. Sie sagen, die Software sei korrekt auf Ihrem Computer gespeichert worden, tauche aber jetzt nicht in Ihrem Programmverzeichnis auf?"

Kunde: „Genau das habe ich gesagt."

5. Bestätigen Sie den Kunden.

Zeigen Sie Einfühlungsvermögen: „Ich verstehe, warum Sie sich so fühlen." Oder: „Ich an Ihrer Stelle würde das genauso empfinden." Beachten Sie, daß dies nicht bedeutet, daß Sie den Behauptungen des Kunden zustimmen. Ihre Aussagen zeigen nur, daß Sie dem Kunden zugehört haben, und Sie bestätigen ihm, daß seine Gefühle ganz legitim sind. Der Zweck dieses Schrittes besteht darin, daß Sie die Kundenreklamation genauso abwickeln, wie Sie das Problem des Kunden lösen. Wenn der Kunde vor allem über eine emotionale Erfahrung spricht, dann sind einfühlsame Aussagen manchmal das richtige Mittel, um ihn sowohl zu bestätigen als auch zu ermutigen, noch mehr zu erzählen. Versuchen Sie es mit: „Das muß [eine heikle Sache/unangenehm/schwierig/schrecklich] für Sie sein!"

6. Entschuldigen Sie sich.

Entschuldigen Sie sich für die Unannehmlichkeiten, aber machen Sie niemanden für den Fehler verantwortlich. Sagen Sie beispielsweise: „Da haben wir Sie wirklich im Stich gelassen. Geben Sie uns bitte die Chance, die Sache für Sie in Ordnung zu bringen." Weichen Sie nicht aus, und suchen Sie nicht nach einem Sündenbock. Sie sind Ihren Verpflichtungen nicht nachgekommen. Geben Sie das zu. Es mag Gründe geben, warum Sie die Erwartungen des Kunden nicht erfüllen konnten. Der Kunde hat Sie jedoch dafür bezahlt, daß Sie seine Erwartungen erfüllen. Sie wurden für Ergebnisse bezahlt, nicht für Entschuldigungen. Wenn Sie dem Kunden mit Ausreden kommen, könnte ihn das noch mehr verärgern.

IX. Die Kundenbetreuung

100 *Checkliste*

11 Antworten, falls der Kunde glaubt, er sei betrogen worden

Anmerkungen

7. **Besorgen Sie sich alle notwendigen Informationen.**

    Einige Kunden erklären Ihnen genau, wo das Problem liegt, andere nicht. Stellen Sie Fragen, bis Sie sicher sind, die Ursache des Fehlers verstanden zu haben. Außerdem müssen Sie das von dem Fehler verursachte Problem kennen und wissen, wie das Problem behoben und der Kunde zufriedengestellt werden kann.

8. **Bieten Sie eine Lösung für das Problem an.**

    Wenn Sie einen Kunden verärgert haben, dann korrigieren Sie den Fehler schnell, freundlich und großzügig. Ihr Kunde weiß, daß Sie nicht immer alles beim ersten Mal richtig machen können. Er erwartet jedoch, daß Sie Ihren Fehler sofort korrigieren, ohne sich zu beklagen, und daß damit eventuell auch eine kleine Entschädigung für seine Unannehmlichkeiten einhergeht. Überlegen Sie beispielsweise, was geschieht, wenn sich ein Gast in einem erstklassigen Restaurant über ein ungenießbares Gericht beschwert. Die neue Bestellung wird in der Küche mit höchster Priorität behandelt, und der Gast erhält möglicherweise einen Gutschein für ein kostenloses Essen. Und selbstverständlich wird sich der Manager des Restaurants beim Kunden entschuldigen. (CL 92, 96)

9. **Seien Sie höflich, aber entschlossen im Umgang mit Kunden, die Ihnen unrecht tun.**

    Wenn Sie glauben, daß die Behauptungen von Kunden auf einem Irrtum beruhen oder falsch sind, wählen Sie eine der folgenden Verhaltensweisen:

    ⇨ Überprüfen Sie die Fakten nochmals im Beisein des Kunden, damit sich das Problem von selbst erledigt. („Schauen wir uns diese Rechnung an. Vielleicht finden wir, was Sie irritiert hat.")
    ⇨ Gehen Sie den Behauptungen des Kunden auf den Grund. Vielleicht hat der Kunde sich nur

Checkliste **100**

11 Antworten, falls der Kunde glaubt, er sei betrogen worden

Anmerkungen

    undeutlich ausgedrückt. („Sie haben damit möglicherweise recht, aber ich habe die Aussage Ihres Mitarbeiters anders interpretiert. Könnten Sie mir bitte noch einmal schildern, wie es zu dieser Situation gekommen ist?")

⇨ Nutzen Sie die Gelegenheit, den Kunden zu belehren, ohne dabei herablassend zu wirken. („Ich bin froh, daß Sie mich darauf hingewiesen haben. Die von Ihnen benötigte Information findet sich auf Seite 3. Es ist oft schwierig, in einer Bedienungsanleitung etwas auf Anhieb zu finden, wenn man sie das erste Mal liest.")

10. Behandeln Sie uneinsichtige Kunden mit höflicher Entschlossenheit.

Wenn Sie Ihren Kunden mit nichts zufriedenstellen können, dann versuchen Sie es mit einer der folgenden Fragen:

⇨ „Was soll ich für Sie tun?"
⇨ „Mit was wären Sie zufrieden?"
⇨ „Wenn Sie die ideale Lösung für Ihr Problem herbeizaubern könnten, wie sähe diese aus?"
⇨ „Um was würden Sie bitten, wenn es ganz nach Ihnen ginge?"

Wenn Sie den vom Kunden geäußerten Wunsch erfüllen können, dann tun Sie das sofort. Wenn nicht, dann sagen Sie dem Kunden, aus welchen Gründen das nicht geht. Sagen Sie ihm auch, was Sie tun *können*. Wenn er Sie unter Druck setzt, greifen Sie auf die Taktik der „hängengebliebenen Schallplatte" zurück: „Ich weiß, daß ich für Sie ... erledigen soll, ich kann aber nur ... anbieten."

11. Gewinnen Sie das Vertrauen und die Loyalität des Kunden zurück.

Es gibt Ehepaar, die sich nach einem Seitensprung eines Partners weiterentwickeln und die Beziehung stabilisieren. Andere leben entweder mit dem entstandenen Riß, oder sie reichen die Scheidung ein.

IX. Die Kundenbetreuung

Checkliste

11 Antworten, falls der Kunde glaubt, er sei betrogen worden

☑ *Anmerkungen*

Überzeugen Sie den Kunden davon, daß eine „Scheidung" beiden Parteien schaden würde. Das Problem lösen und um Vertrauen und Verzeihung bitten, ist ein guter Anfang, aber nicht die Lösung. Verhalten Sie sich, als würden Sie wirklich verdienen, daß man Ihnen vertraut und Ihnen verzeiht. Kümmern Sie sich besonders intensiv um solche wiederhergestellten geschäftlichen Beziehungen. Achten Sie darauf, daß Ihre Lösung funktioniert und daß der Kunde Ihnen gegenüber nicht nachtragend ist. (CL 19)

Checkliste **101**

12 Strategien, um Ihre Kunden zu halten

Gib einen alten Freund nicht auf; denn ein neuer hält nicht zu dir. Neuer Freund, neuer Wein: Nur alt trinkst du ihn gern.

Sirach 9,10

Mit jedem Tag, an dem Sie einen Kunden halten, rückt der Tag näher, an dem Sie diesen Kunden verlieren. Das ist die schlechte Nachricht. Und nun die gute: Sie können diesen unglückseligen Tag weit in die Zukunft schieben, vielleicht sogar, bis Sie in Rente gehen. Im folgenden zeigen wir Ihnen einige Möglichkeiten, wie Sie das bewerkstelligen.

☑ *Anmerkungen*

1. **Behandeln Sie jeden Kunden wie einen Käufer.** ☐

   Achten Sie genauso sorgfältig auf Bedürfnisse und Eigenheiten Ihrer Kunden wie am ersten Tag, an dem Sie sie besuchten.

2. **Legen Sie für jeden Kunden eine Akte an.** ☐

   Stellen Sie eine Liste mit den Interessen und Hobbys des Kunden zusammen. Wenn Sie auf einen Artikel stoßen, der Ihren Kunden interessieren könnte, dann schicken Sie ihm den Artikel. (CL 54)

3. **Streicheleinheiten für die Kunden** ☐

   Die meisten Menschen bekommen zu wenig Streicheleinheiten. Verhalten Sie sich Ihren Kunden gegenüber aufmerksam, und schmeicheln Sie ihnen: „Vielen Dank für die Aufträge, die wir gemeinsam abwickeln", „Das weiß ich wirklich zu schätzen", „Glückwunsch zu Ihrem Preis; keiner hätte ihn mehr verdient als Sie." (CL 57)

4. **Halten Sie sich viele Sympathisanten warm.** ☐

   Suchen Sie sich in jedem Unternehmen, das zu Ihren Kunden zählt, mindestens zwei Personen, die Ihnen Respekt entgegenbringen und die von Ihren Produkten oder Dienstleistungen vollkommen überzeugt sind, und halten Sie engen Kontakt zu ihnen. Vergrößern Sie Ihre Truppe bei jeder sich bietenden Gelegenheit. Niemand bleibt für immer an derselben Stelle.

IX. Die Kundenbetreuung

101 Checkliste

12 Strategien, um Ihre Kunden zu halten

☑ *Anmerkungen*

5. Beachten Sie die drei Phasen, die jeder Neukunde durchläuft. ☐

Alle neuen Kunden durchlaufen drei Phasen, wenn sie sich zu einem Geschäft mit Ihnen entschieden haben:

⇨ In der „Anfangsphase" sind die Kunden begeistert von der künftigen Geschäftsbeziehung mit Ihnen.
⇨ In der „Lernphase" sind sie damit beschäftigt, Ihr Produkt oder Ihre Dienstleistung in die Betriebsabläufe und die Unternehmenskultur zu integrieren.
⇨ Am Schluß läuft in der „Ergebnisphase" alles zusammen, und die Kunden erleben die positiven Auswirkungen auf den Gewinn.

Machen Sie sich möglichst wertvoll, und übertreffen Sie den vom Kunden erwarteten Service. Das ist besonders wichtig, solange der Kunde in der „Lernphase" ist.

6. Sorgen Sie für klare Verhältnisse. ☐

Wenn Sie den Auftrag bekommen haben, dann sagen Sie Ihrem Kunden genau, was er von Ihnen erwarten kann und was Sie von ihm benötigen, um einen exzellenten Service zu gewährleisten. Es ist eine gute Idee, diese Pflichten und Verantwortung in schriftlicher Form festzuhalten.

7. Stellen Sie fest, was passieren müßte, daß Sie den Kunden verlieren. ☐

Stellen Sie zu Beginn einer neuen Geschäftbeziehung dem Kunden mindestens einmal diese Frage: „In welchem Fall würden Sie sich für einen anderen Lieferanten entscheiden?" Sie können hinzufügen: „Wenn Ihnen ein anderer schnellere Lieferung, einen niedrigeren Preis, einen besseren Service, ein Produkt mit höherer Qualität bietet?"

Checkliste **101**

12 Strategien, um Ihre Kunden zu halten

☑ *Anmerkungen*

8. **Besprechen Sie mit dem Kunden, wie er auf Angebote der Konkurrenz reagieren soll.** ☐

   Sagen Sie dem Kunden, welche Fragen er stellen und mit welchen Aussagen er auf Anrufe von Konkurrenten reagieren soll – insbesondere wenn die Konkurrenten versuchen, Ihren Preis zu unterbieten. Sagen Sie dem Kunden beispielsweise, er solle fragen, ob die für ihn entscheidenden Kriterieren – Kriterien, von denen Sie wissen, daß sie von Preisbrechern nicht angeboten werden können – im Preis enthalten sind. (CL 99, 102)

9. **Vereinbaren Sie, wie mit potentiellen Problemen umgegangen wird.** ☐

   Aufgrund Ihrer Erfahrungen kennen Sie die potentiellen Fehlerquellen in Ihrem Produkt und Ihrer Dienstleistung oder die potentiellen Probleme in Ihrer Kundenbeziehung. Bewegen Sie den Kunden dazu, in einer ganz bestimmten vereinbarten Art und Weise auf die von Ihnen antizipierten potentiellen Probleme und generell auf Probleme zu reagieren. Beschaffen Sie sich beispielsweise die Zusage des Kunden, daß er eine bestimmte Telefonnummer wählt, wenn eine Warensendung mehr als 15 Minuten zu spät eintrifft. (CL 56)

10. **Treffen Sie eine Vorabsprache bezüglich des Supports.** ☐

    Vereinbaren Sie mit Ihrem Kunden, wie er sich verhält, wenn es Probleme gibt und Sie selbst nicht erreichbar sind. Stellen Sie sicher, daß Ihnen ein Kollege zur Verfügung steht, der Sie bei allen Eventualitäten unterstützt.

11. **Sorgen Sie dafür, daß der Kunde in Ihrer Schuld steht.** ☐

    Viele Verkäufer engagieren sich sehr für ihre Kunden, ohne daß der Kunde sich dessen bewußt ist. Stellen Sie sich vor, ein Kunde ruft an und bittet um eine vorgezogene Lieferung der für nächste Woche

101 Checkliste

12 Strategien, um Ihre Kunden zu halten

Anmerkungen

geplanten Warensendung. Sagen Sie nicht einfach „Kein Problem" und sorgen dafür, daß der Auftrag wunschgemäß abgewickelt wird – auch wenn es wirklich kein Problem ist. Versuchen Sie es statt dessen mit: „Ich würde Ihnen liebend gern behilflich sein, aber ich glaube, die Termine für die Auslieferungen in der nächsten Woche sind bereits festgelegt. [Pause] Kann ich Sie in ein paar Minuten zurückrufen? Die Leute in der Auslieferung müssen begreifen, daß wir für unsere besten Kunden die Spielregeln gelegentlich ein wenig lockern. Ich will sehen, was ich tun kann." Rufen Sie den Kunden eine halbe Stunde später zurück, um ihm zu sagen, daß alles planmäßig verläuft. Sie haben dem Kunden damit gerade einen großen Gefallen getan und sich einen Pluspunkt gesichert.

12. Befolgen Sie „Emersons Gesetz der Kompensation".

Nach „Emersons Gesetz der Kompensation" bekommen Sie um so mehr, je mehr Sie geben. Notieren Sie am Ende jeder Woche in einer Liste alles, was Sie über das verlangte Maß hinaus für Ihre Kunden getan haben. Sorgen Sie dafür, daß jeder wichtige Kunde mindestens einmal auf der Liste erscheint. Was werden Sie nächste Woche auf die Liste schreiben?

Checkliste **102**

6 Schritte, damit Sie keinen gefährdeten Kunden verlieren

Wenn Ihr Kunde besonders ängstlich ist, dann müssen Sie Ihr Bestes geben – so kompetent, zuversichtlich, ruhig und so beherrscht wie möglich.

Chip R. Bell

Was würden Sie tun, wenn Sie erfahren, daß sich die Konkurrenz entschlossen um einen Ihrer besten Kunden bemüht? Viele Verkäufer würden einen von drei Fehlern machen. Fehler Nummer 1: Sie haben so viel Vertrauen in die Geschäftsbeziehung mit diesem Kunden, daß Sie gar nichts unternehmen. Fehler Nummer 2: Sie gehen mit dem Kunden zum Angeln und fragen ihn: „Sind Sie zufrieden mit uns?" Eine solche Frage ist in vielerlei Hinsicht problematisch. Das augenfälligste Problem besteht darin, daß der Kunde mit Ihnen zufrieden ist, der Konkurrent aber verspricht, besser zu sein als Sie. Fehler Nummer 3: Sie bereiten Ihrem Kunden Unbehagen, indem Sie ihm gegenüber offen über Ihren Verdacht sprechen. Ihr Kunde streitet möglicherweise ab, daß es irgendwelche Aktivitäten dieser Art gibt.

Wir schlagen Ihnen eine Vorgehensweise vor, die es Ihrem Kunden erleichtert, offen und ehrlich mit Ihnen zu reden, und die Ihnen die Möglichkeit gibt, Ihren Kunden zu halten.

	✓	*Anmerkungen*
1. **Gehen Sie mit dem Kunden zum Essen.** Suchen Sie mit dem Kunden sein Lieblingsrestaurant auf.	☐	
2. **Streicheleinheiten für den Kunden** Leiten Sie das Gespräch mit einer Unterhaltung über die Lieblingsthemen Ihres Kunden ein – Golf, Sport, Kinder, Aktien – oder was den Kunden sonst bewegt. Warten Sie den passenden Moment ab, und sagen Sie dann: „Ich habe Sie zum Essen eingeladen, um Ihnen zu sagen, wie gern wir mit Ihnen zusammenarbeiten, und wie sehr ich selbst unsere persönliche und geschäftliche Beziehung schätze." Sie können noch einige Details hinzufügen, tragen Sie aber nicht zu dick auf. (CL 59)	☐	
3. **Zeigen Sie Einfühlungsvermögen.** „Ich weiß, daß unsere Konkurrenz sich gelegentlich bei Ihnen meldet. Ihre Versprechungen und Angebote setzen Sie sicher sehr unter Druck. Vielleicht werden Sie von Kollegen, die sich von diesen Angeboten	☐	

IX. Die Kundenbetreuung

102 Checkliste

6 Schritte, damit Sie keinen gefährdeten Kunden verlieren

Anmerkungen

beeindrucken lassen, aufgefordert, den Lieferanten zu wechseln oder zumindest einen Teil der Aufträge anderweitig zu vergeben."

4. **Bringen Sie Ihren Kunden zum Reden.**

   „Wie gehen Sie damit um, wenn andere Lieferanten oder Ihre Kollegen Sie drängen, den Geschäftspartner zu wechseln?" Wenn Sie Ihren Kunden so fragen, wird er Ihnen wahrscheinlich ehrlich sagen, was momentan vorgeht. (CL 71)

5. **Bestärken Sie den Kunden, der sich seiner Sache sicher ist.**

   Kunde: „Machen Sie sich da mal keine Sorgen. Ich habe die Sache sehr gut im Griff."

   Sie: „Das höre ich gern. Aber wie könnte ich Ihnen die Sache noch erleichtern?"

6. **Halten Sie den Kunden fest, der Ihnen zu entgleiten droht.**

   Kunde: „Ehrlich gesagt wird es jeden Tag schwerer, den Angeboten zu widerstehen."

   Sie: „Und das heißt?"

   Kunde: „Das heißt, daß ich lange darüber nachgedacht habe. Aber ich werde ACME 50% der Aufträge geben, um festzustellen, wie sie sich machen."

   Sie: „Angenommen, sie machen sich hervorragend. Was passiert dann?"

   [Der Kunde antwortet.]

   Sie: „Und angenommen, sie machen sich nicht so gut. Was passiert dann?"

   [Der Kunde antwortet.]

   Sie: „Darf ich Sie mal ganz direkt etwas fragen? Wie konnte es so weit kommen?"

Checkliste 102

6 Schritte, damit Sie keinen gefährdeten Kunden verlieren

☑   *Anmerkungen*

[Lassen Sie den Kunden nachdenken und antworten. Lassen Sie auch eine Pause zu, um zu sehen, ob er noch mehr zu sagen hat.]

Sie: „Ist das wirklich das Problem?"

[Der Kunde antwortet.]

Sie: „Ich möchte einen Weg finden, damit wir für Sie weiterhin die erste Wahl bleiben. Geben Sie mir die Chance, das gerade von Ihnen genannte Problem zu lösen und die Geschäftsbeziehung zu erhalten. Und damit Sie nicht ACME auf gut Glück ausprobieren müssen, möchte ich Ihnen zeigen, was ich für Sie tun kann." [Machen Sie präzise Angaben zu Zugeständnissen, die Sie für den Fall, daß die Lage wirklich schlecht sein sollte, für diese Besprechung vorbereitet haben.] (CL 74)

X. Verkaufsstrategien für das nächste Jahrtausend

In den beiden ersten Kapiteln dieses Buches haben wir uns auf die physische, geistige, emotionale, berufliche und spirituelle Vorbereitung für das Verkaufen konzentriert. Dann haben wir Techniken in den Mittelpunkt gerückt, die für den gesamten Verkaufsprozeß nützlich sind: die Suche nach Käufern, mit denen Sie sich zusammensetzen und unterhalten können, um mehr über deren Probleme zu erfahren, die Präsentation Ihrer Lösungsvorschläge und die Garantie, daß der Kunde den besten Service und die beste Betreuung erhält. In diesem letzten Kapitel wenden wir uns einer Verkaufsarena zu, die hohe persönliche Anforderungen an Sie stellt: dem globalen Markt. Das neue Jahrtausend konfrontiert uns mit nie dagewesenen Gefahren und Chancen. Wenn Sie die in diesem Kapitel genannten Ratschläge in die Praxis umsetzen, verwandeln Sie Gefahren in Chancen und schließen die besten Geschäfte ab, die Sie je gemacht haben.

103 Checkliste
10 Eigenschaften, die Verkäufer im nächsten Jahrtausend benötigen

In einer von Konkurrenz bestimmten Welt haben Sie zwei Möglichkeiten. Sie verlieren. Oder Sie verändern sich.

Lester Thurow

Wie alle tiefgreifenden Veränderungen hält auch das neue Jahrhundert Gefahren und Chancen für uns bereit. Einige Verkäufer sehen nur die Gefahren und schirmen sich psychisch gegen sie ab. Sie überleben vielleicht. Andere sehen die Chancen und haben Erfolg. Die folgenden Persönlichkeitsmerkmale grenzen die „Erfolgreichen" von den „Überlebenden" ab.

☑ *Anmerkungen*

1. **Sie betrachten Veränderungen opportunistisch, nicht fatalistisch.**

   Rechnen Sie mit Veränderung, heißen Sie sie willkommen, und nehmen Sie sie bereitwillig an. Meiden Sie Menschen, die sich an den Status quo klammern, die Veränderungen als etwas betrachten, das ihnen Unbehagen bereitet, und die sich nach den guten alten Zeiten zurücksehnen. (CL 104)

2. **Sie schätzen kulturelle und demographische Vielfalt.**

   Mitglieder Ihres Teams, Käufer und Kunden werden in zunehmendem Maße Menschen sein, die einer anderen Nation als Sie angehören und die andere Wertvorstellungen und Lebensweisen haben. Lehnen Sie Vorurteile ab, und seien Sie tolerant. Lassen Sie frühere Überzeugungen hinter sich. Lernen Sie von den Menschen, die anders sind als Sie. Hegen und pflegen Sie Diversität, und erkennen Sie die Vorteile, die sie Ihnen, Ihrem Team und Ihren Kunden bringt.

3. **Sie lernen ein Leben lang.**

   Viele Checklisten in diesem Buch geben Ihnen Tips, wie Sie mit Trends Schritt halten und sich neue Fähigkeiten aneignen. Erfolgreiche Verkäufer unterscheiden sich von den Verkäufern, die sich gerade so durchwursteln, dadurch, daß sie Neues gestalten, daß sie sich fortbilden und daß sie immer wieder neue Energien mobilisieren. (CL 4, 12)

Checkliste **103**

10 Eigenschaften, die Verkäufer im nächsten Jahrtausend benötigen

☑   *Anmerkungen*

4. Sie besitzen unerschütterliche moralische Grundsätze. ☐

Moderne Technologien und Produktentwicklung, verschiedene Unternehmensallianzen, neue Unternehmensloyalität und ein veränderter Konkurrenzdruck haben eine Situation geschaffen, die vor einem Jahrzehnt noch nicht vorstellbar war. Erteilen Sie der zunehmend populären Vorstellung einer „situativen" Ethik und einer eingeschränkten Moral eine Absage. Unerschütterliche Integrität ist der moralische Kompaß, der Sie sicher durch alle Schwierigkeiten leitet. (CL 9, 19, 116)

5. Sie sind bereit, im Team zu arbeiten. ☐

Das Verkaufen im Team ist keine vorübergehende Modeerscheinung. Komplexe Geschäfte erfordern diese Methode. Morgen noch mehr als heute werden Sie mit der Herausforderung konfrontiert sein, in Ihrem Verkäuferteam Konsens und Geschlossenheit herzustellen. (CL 109)

6. Sie gewöhnen sich an Präsentationen vor Käuferteams. ☐

Immer mehr Käufer stellen fest, wie vorteilhaft es ist, Entscheidungen in einem Team zu treffen. Bei größeren Auftragsvolumen werden Verkaufsgespräche mit einem einzelnen Einkäufer immer seltener. Immer beliebter sind dagegen „Einkaufsgremien". Sie treten in Aktion, wenn ein Unternehmen Käufe tätigt, an denen verschiedene Firmen und Abteilungen an unterschiedlichen Orten beteiligt sind. (CL 83, 84)

7. Sie entwickeln kreative Problemlösungen. ☐

Sie können die Probleme von morgen nicht mit Lösungen von gestern beheben. Das neue Jahrtausend stellt Ihre Fähigkeit auf die Probe, neue, komplexe und unerwartete Probleme zu lösen, die Sie mit Ihren in der Vergangenheit gemachten Erfahrungen nicht lösen können. Sie werden mehr technische

103 *Checkliste*

10 Eigenschaften, die Verkäufer im nächsten Jahrtausend benötigen

☑ *Anmerkungen*

Fachkenntnisse und eine große Auswahl an Ressourcen brauchen, um die optimalen Entscheidungen herbeizuführen, die Ihre Käufer fordern.

8. **Sie müssen lokal agieren, aber global denken.** ☐

   Da die Geschäftswelt zunehmend von wechselseitigen Abhängigkeiten geprägt ist, kann sich ein Ereignis auf der anderen Seite des Globus auf Ihre Kunden hier zu Hause auswirken. Obwohl Ihre Entscheidungen lokale Entscheidungen sind, werden sie im Kontext international wirkender Kräfte getroffen. Sie müssen viel über die weltweiten Märkte wissen, um diese Kräfte zu verstehen.

9. **Sie müssen sich an die Forderungen der Kunden anpassen.** ☐

   Mit jeder Erdumdrehung erwarten die Kunden mehr. Was einst schnell genug, gut genug und günstig genug war, ist es heute nicht mehr. Erwarten Sie nicht, daß Ihre Kunden in Zukunft weniger kritisch sind und weniger verlangen als heute. In den achtziger Jahren verlangten sie *mehr für weniger*. In den neunziger Jahren verlangten sie *noch mehr für noch weniger*. Mit Beginn des Jahres 2000 werden sie *alles für überhaupt nichts* verlangen. (CL 24)

10. **Sie müssen kundenorientiert verkaufen.** ☐

    Im neuen Jahrtausend werden Kundenbeziehungen als ein Prozeß gesehen, der von der Suche nach den geeignetsten Kunden bis hin zur Betreuung dieser Kunden mit uneingeschränkter Aufmerksamkeit für ihre wachsenden Bedürfnisse reicht. Beim kundenorientierten Verkaufen liegt die Betonung auf den Begriffen „am geeignetsten" und „uneingeschränkte Aufmerksamkeit". Wegen der abnehmenden Gewinnspannen wird es für Sie teurer als je zuvor, wenn Sie Ihren Kunden schlecht gewählt haben. Und wachsender Konkurrenzdruck bedeutet einfach, daß es viel mehr Rivalen gibt, die Ihnen das Geschäft wegschnappen wollen. (CL 91)

Checkliste **104**

9 Möglichkeiten, um Zeiten der Veränderung besser zu überstehen

Kinder lernen beim Viedeospiel vor allem eines: Stillhalten tötet schneller als alles andere.

Jinx Milea und Pauline Little

Früher war Verkaufen fast wie Angeln in einem See. Wenn Sie nicht gerade einen Köder am Haken befestigten, die Leine auswarfen und wieder einholten, konnten Sie sich ausruhen. Sie kannten die Tücken des Sees. Die besten Angelplätze waren bekannt, das Seeufer war vertraut, und das Wasser war so klar, daß Sie fast auf den Grund sahen. Das Boot zu steuern war ein Kinderspiel. Doch eines Tages kräuselte sich das Wasser, und bald schäumten die Wellen. Ohne Vorwarnung befanden Sie sich mitten in einer Stromschnelle, die das Boot hin- und herwarf und es gegen die Felsen zu schleudern oder zu versenken drohte. Plötzlich wurde das Angeln zur größten Herausforderung, die nur noch übertroffen wurde von dem Wunsch zu überleben.

Die Erschütterungen in Ihrem Vertrieb sind vielleicht auf technologische Neuerungen, eine uneinheitliche Belegschaft, Umstrukturierungen im Unternehmen, staatliche Verordnungen, Marktverlagerungen, Forderungen von Kunden oder kulturelle Evolution zurückzuführen. Aber unabhängig davon, welche Ursache die Erschütterungen haben, finden Sie im folgenden einige Anregungen, wie Sie erfolgreich mit ihnen umgehen.

Anmerkungen

1. **Rechnen Sie mit der Zukunft.**

   Wenn Sie sich über zukunftsorientierte Entwicklungen kontinuierlich informieren, können Sie vorhersagen, wie die Zukunft aussehen wird. Dann sind Sie nicht bestürzt, wenn sie vor Ihrer Tür steht. Halten Sie sich mit der für Ihr Fachgebiet relevanten Literatur (Bücher, Zeitschriften, Mitteilungsblätter) auf dem laufenden. Wenn Sie in einer großen Firma arbeiten, dann finden Sie heraus, was das obere Management plant. Memorieren Sie den Strategieplan. Hören Sie den Reden hochrangiger Manager aufmerksam zu, und lesen Sie ihre Beiträge in Jahresberichten und anderen Quellen. (CL 24)

2. **Kaufen Sie die Zukunft.**

   Bleiben Sie mit Ihrem Handwerkszeug technologisch auf dem neuesten Stand. Legen Sie sich als erster unter Ihren Kollegen die neueste Version Ihrer Computersoftware zu. Rüsten Sie Ihren Computer auf, sobald der Prozessor nur noch die halbe Kapazität des neuesten Modells aufweist. (CL 105)

104 Checkliste

9 Möglichkeiten, um Zeiten der Veränderung besser zu überstehen

Anmerkungen

3. Verkehren Sie mit Menschen, die optimistisch in die Zukunft blicken.

Sprechen Sie mit Mitarbeitern in Ihrer Firma und mit Kollegen in Ihrem Berufsfeld, die als Pioniere gelten. Stellen Sie fest, was diese Leute tun. Verbringen Sie viel Zeit mit kreativen Menschen und mit Menschen, die an neuesten Entwicklungen beteiligt sind. Freunden Sie sich mit Trendsettern an, meiden Sie Menschen, die sich der Zukunft verweigern.

4. Stellen Sie sich die Vorteile zukünftiger Entwicklungen vor.

Vielleicht steht in Ihrem Leben in Kürze eine Veränderung an, die bedrohlich auf Sie wirkt. Wenn ja, dann spielen Sie im Kopf durch, wie sich diese Veränderung bis zu einem Jahr in die Zukunft auswirken wird. Nehmen Sie an, daß Sie schon so lange mit ihr leben. Die Einsicht, daß selbst die unattraktivsten Veränderungen letztlich irgendeinen Vorteil bieten, wirft die Frage auf, wie dieser Vorteil konkret aussieht. Wie verbessert er Ihr Leben? Können Sie in einer frühen Phasen der Veränderung etwas tun, um diese Vorteile sogar noch zu verbessern?

5. Stellen Sie sich vor, welche Verluste in der Zukunft zu befürchten sind.

Sie wehren sich gegen etwas Neues oder Fremdartiges, wenn Sie befürchten, daß es einen Verlust von irgend etwas zur Folge haben wird. Üblicherweise fürchten Sie sich vor einem Verlust von Kontrolle, von Prestige, Selbstachtung, Ordnung, Freiheit, Komfort, Einkommen, kostbarem Besitz oder einer wichtigen Beziehung. Welchen Verlust befürchten Sie in Verbindung mit einer bevorstehenden Veränderung? Ist es nicht sehr wahrscheinlich, daß Sie ein Jahr nach der Veränderung zurückblicken und feststellen, daß der Verlust gar nicht eingetreten ist, oder daß er gar nicht so schlimm war, oder daß er durch einen unerwarteten Gewinn mehr als wettgemacht wurde?

Checkliste **104**

9 Möglichkeiten, um Zeiten der Veränderung besser zu überstehen

☑   *Anmerkungen*

6. **Stellen Sie sich vor, welche Chancen Ihnen in der Zukunft entgehen könnten.** ☐

    Stellen Sie fest, welche Rückschläge Sie in Kauf nehmen müssen, wenn Sie sich nicht verändern. Welche zukünftigen Chancen werden Sie verpassen, wenn Sie sich der Situation nicht anpassen? Welche negativen Folgen wird es haben, wenn Sie die Probleme nicht lösen oder den Anforderungen nicht genügen? Was kostet Sie mehr, die Veränderung oder der Status quo?

7. **Akzeptieren Sie die Zukunft als etwas Unausweichliches.** ☐

    Die meisten Handlungen, für die wir uns noch nicht bereit glauben, sind notwendig. Sie sind die wesentlichen Bausteine für persönliches Wachstum und eine organisatorische Erneuerung. Daher ist kontinuierliche Veränderung natürlich und unverzichtbar, wenn wir wachsen und uns verbessern wollen.

8. **Beurteilen Sie die Zukunft nicht vorschnell.** ☐

    Die wichtigste Ursache für den Widerstand gegen Veränderung liegt darin, daß man voreilig das Schlimmste vermutet. Urteilen Sie nicht vorschnell, ob Dinge und Menschen gut oder schlecht sind. Sammeln Sie zunächst Informationen. Halten Sie Ihre gewohnheitsmäßigen Reaktionen im Zaum. Geben Sie neuen Dingen und Menschen eine Chance, ihre wahre Natur zu zeigen, bevor Sie sie beurteilen. Geben Sie der Veränderung eine Chance, damit Sie sie unvoreingenommen prüfen können.

9. **Heißen Sie die Zukunft willkommen.** ☐

    Erweitern Sie Ihren Horizont. Nehmen Sie eine oder mehrere der folgenden Aktivitäten in Angriff, damit Sie sich auf die Zukunft freuen können:

    ⇨ Melden Sie sich bei einem Seminar für Vertriebsmanagement an.

X. Verkaufsstrategien für das nächste Jahrtausend

104 Checkliste

9 Möglichkeiten, um Zeiten der Veränderung besser zu überstehen

☑ *Anmerkungen*

⇨ Besuchen Sie als Gasthörer ein Philosophieseminar.
⇨ Fangen Sie eine Unterhaltung mit jemandem an, der nicht aus Ihrer Familie stammt und mindestens 20 Jahre jünger oder älter ist als Sie.
⇨ Lernen Sie eine Fremdsprache, oder besuchen Sie ein fremdes Land.
⇨ Planen Sie Ihren Urlaub an einem Ort, wo Sie nie zuvor waren.
⇨ Beobachten Sie einen sehr kompetenten Kollegen bei einem Verkaufsbesuch.
⇨ Besuchen Sie einen Einkäufer, der Ihr Produkt auf keinen Fall gebrauchen kann.
⇨ Räumen Sie Ihr Büro um.
⇨ Schauen Sie sich im Kino einen Film an, der Sie Ihrer Ansicht nach normalerweise nicht interessiert.
⇨ Nehmen Sie in einer Kirche an dem Gottesdienst einer anderen Konfession teil.
⇨ Probieren Sie eine neue Zahnpasta, Seife oder ein neues Shampoo aus.
⇨ Lesen Sie eine andere Zeitung oder Zeitschrift, und schauen Sie sich die Fernsehnachrichten auf einem anderen Kanal an als üblich.
⇨ Gehen Sie die nächsten fünf Male in einem Restaurant essen, wo Sie bislang noch nie waren.

Checkliste **105**

15 Anregungen, wie Sie Informationstechnologie besser nutzen können

Ein Computer macht aus einem schlechten Manager keinen guten Manager. Durch ihn wird ein guter Manager schneller besser und ein schlechter Manager schneller schlechter.

Edward Esher

Willie Loman, die Hauptfigur in *Der Tod eines Handlungsreisenden*, brauchte nur einen Kalender, ein Auftragsbuch und ein Telefon, um seine Geschäfte zu machen. Die modernen Willie Lomans fühlen sich nackt ohne Laptops, Mobiltelefone, Piepser und Internet. Aber daß Ihnen die neueste Technologie zur Verfügung steht, heißt noch lange nicht, daß Sie erfolgreicher sind als die Konkurrenz oder auch nur mit ihr Schritt halten können. Sie müssen lernen, die Technologie und die damit verbundenen großen Vorteile zu *nutzen* und so Ihre Fähigkeiten im Verkauf zu verbessern.

☑ *Anmerkungen*

1. **Halten Sie Schritt mit den auf dem Markt erhältlichen Produkten.**

   Ständig kommen neue Produkte mit größerer Leistungskapazität und mehr Funktionsmerkmalen auf den Markt. Besorgen Sie sich aus Magazinen der verschiedenen Fluglinien, PC-Zeitschriften und Fachzeitschriften Informationen über die neueste Technologie. Rufen Sie, bevor Sie etwas kaufen, den Hersteller an, und bringen Sie den Termin für die nächste technische Verbesserung des Produkts in Erfahrung. Achten Sie auf Sonderangebote. Das ist häufig ein Anzeichen, daß eine neue und verbesserte Version kurz vor der Markteinführung steht.

2. **Kaufen Sie stets die modernste Technologie, die erhältlich ist.**

   Sagen Sie nie zu sich oder dem Verkäufer im Geschäft: „Soviel Leistung brauche ich nicht." Bei Computerprozessoren verdoppelt sich die Rechnergeschwindigkeit etwa alle 18 Monate. Wenn Sie nicht das schnellste Produkt kaufen, dann haben Sie bald das langsamste.

3. **Kaufen Sie den neuesten Laptop oder einen Mini-PC.**

   Warten Sie nicht. Ein tragbarer Computer transportiert alle Ihre Informationen, ermöglicht Ihnen den

105 *Checkliste*

15 Anregungen, wie Sie Informationstechnologie besser nutzen können

☑ *Anmerkungen*

Zugriff auf Internet und E-Mail und verbindet Sie mit jedem Computer, der an das Netzwerk in Ihrem Unternehmen angeschlossen ist. Wählen Sie ein Modell, das mit dem PC auf Ihrem Schreibtisch kompatibel ist. Nehmen Sie Ihren tragbaren Computer immer mit, und bewachen Sie ihn mit Argusaugen, besonders auf Flughäfen.

4. **Lernen Sie den Umgang mit einem elektronischen Verwaltungssystem.** ☐

Ein gutes elektronisches Managementprogramm wird Ihren Tagesablauf organisieren, Ihre Woche planen, Ihnen mitteilen, wann Sie anläßlich von Jubliäen persönliche Karten verschicken sollen, über jeden Käufer sehr wichtige Notizen abspeichern, ein Verzeichnis Ihrer Telefon- und Faxnummern sowie der E-Mail-Adressen führen, Ihnen helfen, Ihre Arbeit mit anderen in Ihrer Firma zu koordinieren etc.

5. **Halten Sie wichtige Gedanken mit einem zuverlässigen Notizsystem fest.** ☐

Gute Gedanken, Gedächtnisstützen und kreative Ideen kommen häufig zu einem Zeitpunkt, an dem Sie sie nicht gebrauchen können. Sie müssen diese Geistesblitze festhalten. Ob Sie nun ein kleines Notebook, einen Mini-PC oder ein Diktiergerät benutzen, bleibt Ihnen überlassen, solange das System funktioniert. Das System, auf das Sie sich nicht verlassen dürfen, ist Ihr Gedächtnis.

6. **Lernen Sie den Umgang mit einer Präsentationssoftware.** ☐

Einige Kunden wollen computeranimierte Grafiken sehen und entsprechende Töne dazu hören. Andere begnügen sich mit den wesentlichen Fakten auf einem Blatt Papier. Arbeiten Sie an einer Möglichkeit, mit der Maus durch eine elektronische Diashow zu klicken, wenn das nötig ist, um den Auftrag zu bekommen. (CL 106)

Checkliste **105**

15 Anregungen, wie Sie Informationstechnologie besser nutzen können

Anmerkungen

7. **Verwenden Sie Ihr Voice-Mail-System, um persönliche Anmerkungen aufzuzeichnen.**

   Ein Voice-Mail-System ist Ihr Privatsekretär. Hinterlassen Sie für sich selbst detaillierte Nachrichten, Anweisungen und Notizen.

8. **Wenn Sie in der Voice-Mail eines Kunden landen, dann hören Sie sich Ihre Nachricht nochmals an, bevor Sie sie freigeben.**

   Voice-Mail-Systeme bieten häufig die Option an, Nachrichten nochmals abzuhören, bevor man sie abschickt oder löscht. Haben Sie sich erst einmal angewöhnt, alle Nachrichten vor dem Verschicken nochmals abzuhören, dann werden Sie feststellen, daß Sie über die Hälfte Ihrer Nachrichten neu aufnehmen und dadurch Ihr Image bei den Kunden verbessern.

9. **Entwickeln Sie eine für Sie nützliche elektronische Ablage.**

   Für einige Menschen bedeutet ein elektronisches Ablagesystem lediglich, daß ihnen schneller Dateien verlorengehen. Im Verlauf der Zeit erhöht sich die Zahl Ihrer Kontakte, Angebote und Produkte, und ebenso wird sich die Zahl Ihrer Dateien erhöhen. Entwickeln Sie ein System, mit dem Sie sofort finden, was Sie suchen.

10. **Wenn Sie einem Verkäuferteam angehören, dann erklären Sie den Kollegen Ihr Ablagesystem.**

    Ablagesysteme spiegeln die Eigenarten der Menschen wider, die sie sich ausgedacht haben. Was müssen die Mitglieder Ihres Teams tun, wenn sie in Ihrer Abwesenheit auf eine Ihrer Dateien zugreifen wollen? (CL 109)

105 Checkliste

15 Anregungen, wie Sie Informationstechnologie besser nutzen können

☑ *Anmerkungen*

11. Vergewissern Sie sich, daß sich von anderen vorbereitete Dateien auf Ihrem Laptop oder Desktop-Computer öffnen lassen.

Möglicherweise müssen Sie die Dateien konvertieren, um sie in Ihrem Programm öffnen zu können. Es darf nicht passieren, daß auf dem Bildschirm eine Fehlermeldung auftaucht, wenn Sie im Büro eines Einkäufers sitzen.

12. Verteilen Sie vor einer Video- oder Telekonferenz eine Tagesordnung.

Für eine Besprechung auf elektronischer Ebene ist eine Tagesordnung noch viel wichtiger als für eine persönliche Besprechung. Beantworten Sie die folgenden Fragen:

⇨ Wann beginnt die Besprechung?
⇨ Wann endet sie?
⇨ Wer wird teilnehmen?
⇨ Welche Titel führen die Teilnehmer, zu welcher Firma gehören sie?
⇨ Welche Themen werden erörtert?
⇨ In welcher Reihenfolge werden die Themen diskutiert?
⇨ Zu welchem Ergebnis soll die Besprechung führen? Zu welcher Aktivität sollten das Telefonat oder die Konferenz führen? (CL 83)

13. Blockieren Sie das Faxgerät eines Kunden nicht mit einem langen, unangemeldeten Fax.

Wenn Sie umfangreiche Unterlagen haben, dann schicken Sie sie per Kurier. Je mehr Papier Sie verbrauchen, desto mehr stellen Sie die Geduld des Kunden auf die Probe.

14. Schalten Sie alles ab, was während einer Verkaufspräsentation piepsen könnte.

Der Käufer sollte nie denken, er sei weniger wichtig als die Person, die sich über den Piepser oder das Mobiltelefon meldet. Auch wenn Sie den Anruf nicht

Checkliste **105**

15 Anregungen, wie Sie Informationstechnologie besser nutzen können

☑ *Anmerkungen*

entgegennehmen, stellt er eine unnötige und störende Unterbrechung dar.

15. **Richten Sie sich eine nützliche Internetseite ein.** ☐

Entwickeln Sie Internetseiten, die Käufern und Kunden interessante Informationen über Sie und Ihre Produkte und Dienstleistungen bieten. Sorgen Sie für einen Link zu allen archivierten Daten und aktuellen Informationen, die dazu beitragen, daß Sie an Ihre Kunden verkaufen und sie betreuen können. Versorgen Sie Ihre Kunden mit nützlichen Aktualisierungen. Fragen Sie sie, welche Links sie gerne auf Ihrer Internetseite vorfinden würden. (CL 107)

Checkliste 106
11 Hinweise für die Verwendung einer Präsentationssoftware

Wir alle hungern und dürsten nach greifbaren Bildern.

Salvador Dali

Eine Präsentationssoftware ist ein hervorragendes Hilfsmittel. Sie werten Ihre Präsentation auf, wenn Sie die auf Displays befindlichen Informationen von Ihrem Computer auf eine Leinwand projizieren. Was sonst eine langweilige Liste von Waren wäre, wird auf diese Weise lebendig. Eine monotone Zahlentabelle verwandelt sich in ein mehrfarbiges Balkendiagramm. Sie brauchen sich nicht mehr darum zu kümmern, daß jedes Dia perfekt auf die Mitte der Leinwand ausgerichtet ist. Wenn Sie eine solche Software verwenden, betonen Sie Ihre technischen Fähigkeiten. Möglicherweise verringert die Software auch Ihr Lampenfieber, weil sich das Publikum mehr auf die Leinwand konzentriert als auf Sie. Wenn Sie die folgenden Hinweise beachten, werden Sie Ihre Präsentationssoftware wirklich effektiv einsetzen.

Anmerkungen

1. **Nutzen Sie das Medium sinnvoll.**

    Befolgen Sie diese Richtlinien bei der Vorbereitung der Bilder:

    ⇨ Richten Sie sie auf die horizontale Achse aus. Dies ist die „Landschafts"-Option des Computers und die einzige für Präsentationssoftware angebotene Ausrichtungsoption.
    ⇨ Begrenzen Sie jedes Bild auf sieben Textzeilen pro Seite zuzüglich der Überschrift; lassen Sie breite Ränder stehen.
    ⇨ Benutzen Sie Groß- und Kleinbuchstaben (nicht durchgehend Großbuchstaben) in einer 24-Punkt-Groteskschrift oder größer.
    ⇨ Verwenden Sie für den Text entweder eine weiße oder gelbe Schrift auf schwarzem Hintergrund oder eine schwarze Schrift auf einem hellen (vorzugsweise gelben) Hintergrund.
    ⇨ Statt Sätzen und Textabsätzen benutzen Sie lieber eine mit Punkten markierte Liste.
    ⇨ Statt Zahlentabellen verwenden Sie lieber Balken- und Kuchendiagramme.
    ⇨ Verwenden Sie Illustrationen und Cartoons.

Checkliste **106**

11 Hinweise für die Verwendung einer Präsentationssoftware

☑ *Anmerkungen*

2. **Testen Sie Ihre Ideen.** ☐

   Testen Sie, wenn Sie Farben und Layout festgelegt haben, zwei oder drei Dias mit denselben Geräten und, falls möglich, im selben Raum, in dem die Präsentation stattfinden wird. Ein Kollege sollte anwesend sein und seine Meinung sagen. Ist alles gut lesbar und sichtbar? Ergänzt Ihre Auswahl das Thema der Präsentation?

3. **Lassen Sie das Licht an.** ☐

   Eine Präsentation soll erhellend auf das Publikum wirken. Gewährleisten Sie, daß es mit Ihrem Projektionssystem und in dem Raum, in dem Sie die Präsentation durchführen werden, möglich ist, Dias zu projizieren, ohne den Raum abdunken zu müssen. Versuchen Sie, ein ausgewogenes Verhältnis zwischen Lesbarkeit und Raumbeleuchtung zu finden, statt nur auf Lesbarkeit Wert zu legen.

4. **Seien Sie vorbereitet.** ☐

   Zu viele softwareunterstützte Präsentationen verzögern sich zu Beginn, da die Präsentatoren noch damit beschäftigt sind, die richtigen Kabel in die richtigen Steckdosen zu stecken und die Verbindung zwischen ihren Computern und den Projektoren herzustellen. Fangen Sie rechtzeitig mit dem Aufbau an, und zögern Sie nicht, um Hilfe zu bitten.

5. **Seien Sie auf Probleme vorbereitet.** ☐

   Für wichtige Präsentationen sollten Sie eine gedruckte Fassung Ihrer Präsentation und Reservedias parat haben. Murphy liebt an Laptops angeschlossene Projektoren mehr als jede andere Technologie.

6. **Werfen Sie Ihre Notizen nicht weg.** ☐

   Viele Leute glauben, daß eine Präsentationssoftware Notizen überflüssig macht. Deshalb stehen sie neben der Leinwand und schauen die meiste Zeit die Leinwand an. Sprechen Sie zu Ihrem Publikum und nicht

Checkliste

11 Hinweise für die Verwendung einer Präsentationssoftware

Anmerkungen

zur Leinwand. Wenn Sie kurz auf die Leinwand schauen, dann nur, um Ihr Publikum dazu zu veranlassen, sich gemeinsam mit Ihnen auf einen besonders interessanten Punkt zu konzentrieren. (CL 84)

7. Positionieren Sie die Leinwand geschickt.

Sorgen Sie dafür, daß weder Sie noch sonst jemand den Blick des Publikums auf die Leinwand verstellt. Stellen Sie die Leinwand so auf, daß sie nur ein Minimum an Streulicht reflektiert.

8. Drehen Sie keine Pirouetten.

Üben Sie mit Ihren Dias, so daß Sie die Reihenfolge genau kennen. Drehen Sie sich dann *nicht* jedesmal um, wenn Sie ein neues Dia einlegen, um sich zu vergewissern, daß es auch richtig auf der Leinwand erscheint. Sie wollen Ihr Publikum sicher nicht nervös machen.

9. Beleidigen Sie Ihr Publikum nicht.

Ihr Publikum kann lesen. Sie brauchen nicht jedes Wort auf jedem Dia zu wiederholen. Vertrauen Sie darauf, daß es mindestens die Hälfte ohne Ihre Hilfe lesen wird. Lesen Sie den Rest nicht ab, sondern paraphrasieren Sie.

10. Gönnen Sie dem Publikum eine Pause.

Sehr viele Leute übertreiben es mit dem Einsatz einer Präsentationssoftware. Die Folge ist eine Diashow statt einer Präsentation. Hin und wieder *dürfen* Sie eine leere Leinwand zeigen, so daß sich das Publikum auf das konzentrieren kann, was Sie sagen.

11. Behalten Sie die Fäden in der Hand.

Zu viele Redner haben sich von computerunterstützter Technologie zu Statisten degradieren lassen. Es ist beinahe so, als seien sie die Bauchredner und die Computer ihre Puppen. Stehen Sie auf, und sprechen Sie!

Checkliste **107**

18 Tips für den Verkauf im Internet

Für eine Führung durch unsere Fabrik klicken Sie einfach auf die Tür.

Hinweis auf der Webseite eines Produktionsunternehmens

Die Zeiten, in denen Sie allein durch eine Website Wettbewerbsvorteile hatten, sind vorbei. Heute müssen Sie, nur um konkurrenzfähig zu bleiben, im Internet präsent sein. Manche Käufer wollen nichts mit Ihnen zu tun haben, wenn Sie eine solche Internetpräsenz nicht vorweisen können. Egal, ob Sie bereits auf bemerkenswerte Weise im virtuellen Raum vertreten sind oder gerade erst planen, in diesen einzutreten – die folgenden Tips werden das Potential Ihrer Seite erhöhen.

1. **Legen Sie bestimmte strategische Ziele für die Website fest.**

   Integrieren Sie die Internetpräsenz in Ihre strategischen Marketingziele und -pläne. Was möchten Sie mit der Site erreichen? Überlegen Sie folgende Möglichkeiten:

   ⇨ Bieten Sie eine technische Unterstützung an.
   ⇨ Bieten Sie umfassende Produktinformationen an.
   ⇨ Bieten Sie umfassende Informationen über das Unternehmen an.
   ⇨ Bieten Sie Produkt-Updates an.
   ⇨ Zeigen Sie anhand von Referenzen die Zufriedenheit gegenwärtiger Kunden.
   ⇨ Bemühen Sie sich um die Meinungen und Fragen von Kunden.
   ⇨ Beantworten Sie die Fragen von Kunden.
   ⇨ Bauen Sie Kundenloyalität auf.
   ⇨ Verschaffen Sie sich Leads.
   ⇨ Nehmen Sie Bestellungen und Aufträge entgegen.
   ⇨ Setzen Sie elektronischen Zahlungsverkehr ein.
   ⇨ Steigern Sie Ihr Prestige, und verbessern Sie Ihr Image.

107 *Checkliste*
18 Tips für den Verkauf im Internet

☑ *Anmerkungen*

2. **Beauftragen Sie einen professionellen Entwickler für Websites.** ☐

   Die Technik und die Kunst, eine Website zu entwikkeln, verändern sich in schwindelerregendem Tempo. Investieren Sie in einen Berater, der die neuesten Entwicklungen kennt.

3. **Beauftragen Sie einen professionellen Internet-Provider.** ☐

   Ein Internet-Provider stellt die Hardware und Software bereit, um Ihren Internetauftritt zu realisieren. Er ist der wichtigste Ansprechpartner für alle Ihre Internetaktivitäten. Holen Sie verschiedene Angebote ein, und verlangen Sie, daß Sie bei gegenwärtigen Kunden des Providers Auskünfte einholen dürfen.

4. **Unterstützen Sie die Site mit Marketingmaterial.** ☐

   Was bringt eine Website, wenn niemand von ihr weiß? Eine Website ist nur eine Komponente Ihrer Marketingbemühungen. Unterstützen Sie die Site mit gedrucktem Material. Erwähnen Sie die Internetadresse auf Marketingmaterial, Visitenkarten, in Briefköpfen, auf den Titelseiten von Angeboten, Rechnungen, Deckblättern von Faxnachrichten, Mitteilungsblättern und Jahresberichten.

5. **Tragen Sie Ihre Web-Adresse in Internetverzeichnisse ein.** ☐

   Ihre Organisation kann in die Verzeichnisse von Handelsverbänden, Industrie- und Handelskammern, Netzwerkgruppen usw. aufgenommen werden.

6. **Verbinden Sie Ihre Site mit Suchmaschinen.** ☐

   Suchmaschinen ähneln Telefonbüchern oder Zettelkatalogen in Bibliotheken. Sie helfen den Kunden (Anwendern), das zu finden, was sie suchen. Tragen Sie Ihre Firma, Ihre Website und Schlüsselbegriffe Ihrer Branche in alle Suchmaschinen ein, die Sie finden können. Fragen Sie Ihren Internetberater oder Provider nach Empfehlungen.

Checkliste **107**

18 Tips für den Verkauf im Internet

☑︎   *Anmerkungen*

7. Fügen Sie wichtige Links in Ihre Seite ein. ☐

Finden Sie heraus, welche Unternehmen und Handelsverbände in Ihrer Branche oder verwandten Branchen ähnliche Interessen haben wie Sie. Vielleicht wollen Sie ihre Sites mit Ihrer Site verbinden, wenn Sie ihnen zeigen können, daß Ihre Website für sie auch von Nutzen ist.

8. Gestalten Sie eine interaktive Seite. ☐

Ihre Website kann Kommunikation in einer Richtung, Kommunikation in zwei Richtungen oder in Echtzeit ablaufende Kommunikation in zwei Richtungen ermöglichen. In die letzte Kategorie fallen die sogenannten Chat-Rooms. Die Kosten steigen in dem Maße, wie die Interaktivität der Site steigt, aber so steigt auch ihre Attraktivität. Websites, die sich um Käufer und Kunden bemühen, sind nützlicher als Websites, die wenig mehr sind als Reklametafeln im Cyberspace.

9. Sorgen Sie dafür, daß die Site anwenderfreundlich ist. ☐

Ist ein Käufer oder Kunde erst einmal auf Ihrer Website gelandet, dann muß er einfache, klare und deutliche Anweisungen erhalten. Wenn der Besucher umfangreiche Texte lesen oder umständliche Anweisungen befolgen muß, um entweder an Informationen zu kommen oder sie weiterzugeben, dann schadet Ihre Site Ihnen mehr, als sie nützt.

10. Gestalten Sie die Site attraktiv. ☐

Kein anderes Werbemedium erlaubt Ihnen mehr Kreativität als das Internet. Bringen Sie die Notwendigkeit, Ihren Kunden zu informieren, in ein Gleichgewicht mit Ihrem Interesse, seine Aufmerksamkeit zu erregen und ihn zu fesseln. Ein professioneller Website-Entwickler wird Ihnen helfen, dieses Ziel zu erreichen.

107 *Checkliste*

18 Tips für den Verkauf im Internet

Anmerkungen

11. Sichern und schützen Sie Ihre Site.

Man verliert zwar eher eine Empfangsbestätigung auf Papier, als daß eine Kreditkartennummer bei einem Online-Geschäft abhanden kommt, dennoch zahlen viele Kunden nicht übers Internet oder geben vertrauliche Informationen nicht weiter, wenn sie Ihre Site nicht für absolut sicher halten. Bauen Sie Sicherheitsmaßnahmen in Ihre Site ein, beschreiben Sie sie, und bürgen Sie für die Sicherheit. Ihr Internet-Provider besitzt die Software, mit der Sie für Sicherheit sorgen.

12. Vergewissern Sie sich, daß alle Werbetexte richtig und sprachlich korrekt sind.

Befindet sich Ihre Botschaft erst einmal im virtuellen Raum, kann sie weltweit jeder lesen. Überprüfen Sie den Werbetext so genau, als würden Sie den Text für eine Reklametafel am Times Square verfassen.

13. Überwachen Sie die Anwendung und Wirkung Ihrer Site.

Sie können Daten über Ihre Website sammeln, die Ihnen sagen, wer die Site nutzt und wie lange sich Besucher auf der Site aufhalten. Mit diesen Informationen können Sie die Site modifizieren und anpassen, um die speziellen Bedürfnisse Ihrer Käufer und Kunden zu befriedigen. Halten Sie sich an die Verordnungen des Datenschutzes, wenn Sie solche Informationen auswerten.

14. Bieten Sie den Besuchern Ihrer Seite etwas von Wert.

Verkaufen Sie auf der Website nicht nur Produkte. Sie sollte mehr enthalten als Informationen über Sie bzw. Ihre Firma. Zeigen Sie Käufern und Kunden, wie sie Ihre Produkte einsetzen können. Geben Sie den Kunden nützliche Ratschläge. Berücksichtigen Sie die folgenden Ideen für eine „heiße" Internetsite:

Checkliste **107**

18 Tips für den Verkauf im Internet

☑ *Anmerkungen*

⇨ ein Kunden-Newsletter
⇨ ein Chat-Room für Kunden
⇨ Managementtips
⇨ Wartungstips
⇨ Fortschritte im Bereich Forschung und Entwicklung, die sich auf Ihre Produkte oder Dienstleistungen auswirken
⇨ ein Schwarzes Brett für Kunden
⇨ Preisausschreiben, Lotterien, Gratisangebote, Sonderangebote
⇨ kostenlose Produkte und Dienstleistungen, die sich durch ihren Werbewert mehr als bezahlt machen

15. Ermöglichen Sie einen leichten Zugriff auf Ihre Site.

Eine Internetsite mit viel Farbe, Animation und langen Textpassagen kann einen älteren Computer zum Absturz bringen. Selbst Käufer und Kunden mit schnellen Prozessoren werden ungeduldig, wenn sie warten müssen, bis ihr Rechner eine komplexe Seite heruntergeladen hat.

16. Passen Sie auf, daß Ihre Website nicht veraltet.

Versprechen Sie nicht, daß neues Material zu einem bestimmten Zeitpunkt auf der Seite erscheint. Mit Ihren Plänen Schritt zu halten ist schwieriger für Sie, als Sie denken. Überprüfen Sie gelegentlich das Datum der letzten Aktualisierung, das sich am unteren Rand Ihrer Seiten findet. Achten Sie darauf, daß das Datum auf allen Seiten nicht länger zurückliegt als sechs Monate, damit die Seite aktuell erscheint.

17. Basteln Sie kontinuierlich an Ihrer Site herum.

Fügen Sie Links hinzu, oder löschen Sie sie, verbessern Sie die Grafiken, fügen Sie Audio- und Videokomponenten hinzu, oder löschen Sie sie, und verändern Sie die werterhöhenden Merkmale der Seite. Betrachten Sie Ihre Internetsite nicht als ein fertiges

107 *Checkliste*
18 Tips für den Verkauf im Internet

Anmerkungen ☑

Produkt, sondern als etwas, das im Entstehen begriffen ist.

18. Seien Sie bereit, die Site jederzeit zu korrigieren. ☐

Gehen Sie davon aus, daß sich auf der Site Defekte, Fehler und andere Mucken des elektronischen Zeitalters einschleichen. Wenn das passiert, dann beheben Sie die Fehler sofort. Eine Internetsite, auf die Ihre Kunden nicht zugreifen können, ist schlechter als gar keine Internetsite. Bitten Sie Ihren Provider, in den Vertrag mit Ihnen Wartungs- und Reparaturgarantien aufzunehmen.

Checkliste **108**

11 Prinzipien der E-Mail-Etikette

Wir müssen lernen, welche Konventionen wir nach Belieben brechen können und welche wir nie brechen dürfen, wenn wir mit unseren Mitmenschen zivilisiert zusammenleben wollen.

Amy Vanderbilt

Ist E-Mail nicht wunderbar? Sie sitzen einen Augenblick vor einem Computerbildschirm, tippen auf Ihrer Tastatur ein paar Worte, klicken auf „Senden", und Ihre Nachricht taucht in wenigen Minuten auf dem Bildschirm des Empfängers auf. Sie können Dokumente aus der Zwischenablage Ihres Textverarbeitungsprogramms direkt in den E-Mail-Text kopieren oder ganze Dateien an die Mail anhängen, damit die Anlage beim Empfänger heruntergeladen werden kann. Sie sparen Zeit, wenn Sie Angebote per E-Mail verschicken, Sie können dieselbe Nachricht binnen Sekunden an viele verschiedene Adressaten versenden und so eng wie nie zuvor mit Ihren Kunden kommunizieren. Sie können sogar Worte farbig hervorheben. Wie praktisch das ist! Aber die Sache hat einen Haken: E-Mail ist so praktisch, daß sie uns zu nachlässiger und schlampiger Kommunikation verführt. Befolgen Sie die unten aufgelisteten Ratschläge, damit die elektronische Trägheit für Sie keine Falle darstellt.

☑ *Anmerkungen*

1. **Verschicken Sie keine E-Mail-Nachricht, wenn ...**

   ⇨ ein einfacher Telefonanruf ausreicht
   ⇨ Sie jemanden disziplinieren oder negatives Feedback weitergeben
   ⇨ Sie Arbeitsaufgaben delegieren
   ⇨ Ihre Nachricht eine emotionale Komponente enthält, die durch Stimme und Körpersprache verstärkt werden muß
   ⇨ Sie sich nicht trauen, es persönlich zu sagen

2. **Schreiben Sie richtig.**

   Benutzen Sie Groß- und Kleinbuchstaben. Eine ganz in Groß- oder Kleinbuchstaben geschriebene Nachricht ist schwer zu lesen und spricht nicht gerade für Ihre Professionalität. Achten Sie auf korrekte Grammatik und Schreibweise. Viele E-Mail-Programme überprüfen Ihre Dokumente nicht auf Grammatik und Orthographie. Beschränken Sie Absätze auf fünf bis sieben Zeilen. Ordnen Sie Ihre Gedanken im voraus, um die Nachricht kurz zu halten. Vermeiden Sie Symbole wie Smileys und Emoticons, die Sie mit Strichpunkten, Klammern und anderen Zeichen der Tastatur gestalten können. Sie sind kein Ersatz für gutes Deutsch in geschäftlicher Kommunikation. (CL 45)

108 *Checkliste*

11 Prinzipien der E-Mail-Etikette

Anmerkungen

3. Benutzen Sie das Standardformat beim Versenden von Daten.

Wenn Sie ein Angebot, Produktpreise oder Seiten voller Verkaufszahlen verschicken, können das Format und das Layout, das Sie auf Ihrem Bildschirm sehen, anders sein als auf dem Bildschirm des Empfängers. Zahlenkolonnen und Tabellenspalten kommen beim Adressaten vielleicht als Zahlen- und Buchstabensalat an. Sie müssen formatsensible Dateien der E-Mail als Anlage beifügen. Vergewissern Sie sich, daß der Empfänger dieselbe Softwareversion benutzt wie Sie, damit er die Dateien öffnen kann. Das Standardformat für den Datenaustausch in der Windows-Textverarbeitung ist das „Rich Text"-Format (Extension: rtf).

4. Sie müssen den Empfänger kennen.

Die Menschen haben unterschiedliche Vorstellungen, auf welche Weise sie E-Mails einsetzen und schreiben. Für alle Empfänger gilt: Finden Sie ihre Präferenzen heraus, und respektieren Sie ihre Wünsche. Seien Sie, wenn Sie die andere Person nicht kennen, eher zurückhaltend, und riskieren Sie nicht, den anderen vor den Kopf zu stoßen. Seien Sie vorsichtig mit salopper Umgangssprache, Dialekten und anderen ungewöhnlichen Ausdrucksformen, es sei denn, Sie wissen, daß der Empfänger Sinn dafür hat.

5. Respektieren Sie den Empfänger.

Meinen Sie nicht, Sie müßten sich wegen der scheinbaren Anonymität von E-Mails nicht an die üblichen Umgangsformen halten. Achten Sie auf Ihre Sprache. Verwenden Sie zum Zweck der Betonung nicht zu viele Großbuchstaben. Der Leser hat sonst den Eindruck, permanent angeschrien zu werden.

6. Schreiben Sie für die ganze Welt.

Gehen Sie beim Verfassen Ihrer Nachricht davon aus, daß sie durch viele Hände gehen wird. Alles, was Sie in einer E-Mail-Nachricht schreiben, kann mit weni-

Checkliste **108**

11 Prinzipien der E-Mail-Etikette

Anmerkungen

☑

gen Mausklicken gespeichert, gedruckt und an andere Empfänger weitergeleitet werden. In vielen Unternehmen werden E-Mails als Firmeneigentum angesehen und überprüft. E-Mail ist nicht sicher. Schreiben Sie nichts, was Sie später bedauern könnten.

7. **Verschicken Sie keine überflüssigen E-Mails.** ☐

    Viele E-Mail-Dienste ermöglichen Ihnen, E-Mails, die Sie von anderen erhalten haben, weiterzuversenden oder nachzusenden. Setzen Sie diese Funktion nicht zu häufig ein. Falls Sie jemandem die Kopie einer Nachricht schicken, dann informieren Sie den Empfänger des „Originals", daß andere dieselbe Nachricht erhalten werden.

8. **Stellen Sie sich vor, und nennen Sie das Thema Ihrer E-Mail.** ☐

    Nennen Sie zu Beginn Ihrer E-Mail den Grund für Ihre Nachricht. Füllen Sie die Betreffzeile aus. Schreiben Sie am Anfang eine Anrede und am Schluß einen Gruß.

9. **Formulieren Sie Ihre Antwort verständlich.** ☐

    Wenn Sie eine Nachricht beantworten, denken Sie daran, daß der Absender möglicherweise nicht mehr weiß, was er ursprünglich geschrieben hat. Deshalb ist es hilfreich, die Betreffzeile nicht zu ändern bzw. an deren Ende nur „Meine Antwort" hinzuzufügen. Außerdem kann man wichtige Passagen aus der ursprünglichen Nachricht in die Antwort-Mail einfügen und Fragen auf diese Weise direkt beantworten. Beantworten Sie Fragen nie mit einem Ja oder Nein, ohne sich dabei auf die Frage zu beziehen. Wenn sich Ihre Antwort auf eine andere Angelegenheit bezieht, dann ändern Sie die Betreffzeile.

X. Verkaufsstrategien für das nächste Jahrtausend

108 *Checkliste*

11 Prinzipien der E-Mail-Etikette

Anmerkungen

10. Vermeiden Sie, die Funktion „Empfangsbestätigung" einzusetzen.

Wenn Ihnen Ihr E-Mail-Dienst ermöglicht, einen Nachweis darüber zu erhalten, daß Ihre Nachrichten tatsächlich gelesen werden, benutzen Sie die Funktion nur, wenn Sie wirklich eine Bestätigung benötigen. Viele Menschen könnten diese Funktion als ein Zeichen von Mißtrauen betrachten.

11. Lesen Sie Ihre E-Mail-Nachrichten mindestens zweimal am Tag.

Für viele Menschen ist es wichtig, daß ihre Nachrichten Sie noch am Absendetag erreichen. Wenn Sie das Medium E-Mail einsetzen wollen, dann nutzen Sie es verantwortungsvoll.

Checkliste **109**

14 Tips für einen erfolgreichen Teamverkauf

Wenn ein Team besser wird als das einzelne Mitglied und lernt, Vertrauen in das Team zu setzen, dann wird es Hervorragendes leisten.

Joe Paterno

Die vielleicht größte Veränderung in modernen Unternehmen besteht darin, daß Unabhängigkeit ersetzt wird durch wechselseitige Abhängigkeit und individuelle Leistung durch die Arbeit im Team. Teamarbeit wirkt sich sehr stark auf das Verkaufen aus. Heute nutzen viele Unternehmen den Synergieeffekt von Teams und setzen für den Verkaufsbesuch bei einem Kunden zwei oder drei Teammitglieder ein. Das gilt besonders dann, wenn es sich um große Kunden mit hohem Umsatz handelt oder wenn das Team mit Zusatzverkäufen verschiedene Produkte verkaufen soll. Wenn Sie einen Verkaufspartner mit ins Geschäft nehmen wollen oder wenn ein Verkäuferteam gebildet wird, dann berücksichtigen Sie folgende Anregungen.

☑ *Anmerkungen*

Stellen Sie das Team zusammen:

1. **Suchen Sie sich Leute, deren Fähigkeiten und Eigenschaften sich ergänzen.**

    Der wesentliche Vorteil eines Verkäuferteams besteht darin, daß – gleichgültig, welche Frage gestellt wird, welches Problem auftaucht oder welche Situation sich ergibt – immer irgend jemand aus dem Team die Sache regeln kann.

2. **Wählen Sie Teammitglieder aufgrund ihrer besonderen Talente und Verbindungen zu bestimmten Käufern aus.**

    Sie können eine Person für Ihr Team auswählen, die bislang nicht im Vertrieb tätig war, aber auf derselben Hochschule wie der Einkäufer einen Abschluß in Maschinenbau gemacht hat. Oder Sie wählen jemanden aus, der konzessionierter Steuerberater ist, weil der Einkäufer denselben Beruf ausübt und alle Entscheidungen mit Hilfe von Tabellenkalkulation trifft. Sie können auch jemanden zum Teammitglied machen, der die Probleme des Einkäufers aus erster Hand kennt, weil er in derselben Branche gearbeitet hat. Oder Sie nehmen eine Person mit großem Stehvermögen in das Verkaufsteam auf, weil der Einkäu-

109 Checkliste
14 Tips für einen erfolgreichen Teamverkauf

☑ *Anmerkungen*

fer sehr vorsichtig ist und Verkaufsverhandlungen sehr lange dauern werden.

3. Schließen Sie alle aus, die Stars sein wollen. ☐

Sie brauchen eine Gruppe von Mannschaftsspielern. Der Schlüssel zu guter Teamarbeit liegt darin, daß sich alle Spieler aufeinander abstimmen, wobei jeder seinen Teil dazu beiträgt. Wer nicht bereit ist, sich und sein Bedürfnis, ein Star zu sein, dem Team unterzuordnen, schadet dem ganzen Team. Adler fliegen nicht im Schwarm.

4. Wählen Sie einen Teamchef. ☐

Vor und nach dem Verkaufsbesuch ist Gleichberechtigung wunderbar, doch während der Verhandlungen führt eine Person das Team, und zwar die Person, die den Kunden am besten in das Geschäft einführen kann und zugleich Führungsqualitäten hat. Der Teamchef umreißt die für das Meeting festgelegten Verträge und unterstreicht die die bisherige Geschäftsbeziehung. Er stellt verschiedene „Was-wäre-wenn"-Szenarios zur Diskussion und die vom Team erarbeiteten Reaktionsmöglichkeiten. Je größer die Befugnisse des Verkäuferteams sind, desto angemessener ist es, daß das Team seinen Chef selbst wählt. (CL 113)

5. Stellen Sie klare Regeln auf. ☐

Jedes Teammitglied muß mit den folgenden Punkten einverstanden sein:

⇨ Es gibt nur einen Teamchef.
⇨ Es spricht immer nur einer.
⇨ Es gibt keine Abweichungen von den eingeübten Vorgaben, es sei denn, der Teamchef initiiert sie.
⇨ Teammitglieder hören zu und richten sich nach den nonverbalen Botschaften des Teamchefs.
⇨ Die Gesprächsbeteiligung ist ausgewogen – weder Grabesstille noch rücksichtsloses An-sich-reißen des Gesprächs.

Checkliste **109**

14 Tips für einen erfolgreichen Teamverkauf

☑ *Anmerkungen*

Vor dem Verkaufsbesuch:

6. Sprechen Sie über Erwartungen. ☐

Wenn Sie im Verkauf mit einem Partner zusammenarbeiten, vergewissern Sie sich, daß Sie beide eine klare Vorstellung von Erwartungen, Rollen und Pflichten haben. Es ist besonders wichtig, sich darüber zu verständigen, wer welche Rolle bei dem Verkaufsbesuch spielt. Legen Sie die Grundregeln fest. Wer ist beispielsweise der Teamchef, wer macht Notizen, wer spricht über welches Thema, wer beantwortet welche Art von Fragen, wer stellt welche Art von Fragen und so weiter.

7. Entwickeln Sie eine einheitliche „Verkaufsstimme" und Verkaufsphilosphie. ☐

Nehmen Sie keinen Partner ins Team, der Ihre Verkaufsphilosphie nicht versteht oder respektiert. Setzt zum Beispiel nur einer von Ihnen das in diesem Buch beschriebene Verkaufssystem um, reden Sie aneinander vorbei. Das gleiche gilt für größere Teams. Die Gruppe muß mit einer Stimme sprechen.

8. Bauen Sie Vertrauen auf. ☐

Das wichtigste Ergebnis von Punkt 1 und 2 besteht darin, Vertrauen zueinander aufzubauen. Reden Sie offen über Ihre Bedenken hinsichtlich des Teamverkaufs. Das können Sie beispielsweise in einer Teambesprechung tun, bei der Sie die Antworten erörtern, die jeder von Ihnen auf folgende Frage gibt: Welches sind Ihre größten Bedenken in Hinsicht auf den Erfolg, den diese Gruppe bei Verkaufsbesuchen haben wird? Ein andere Strategie wäre, daß jedes Mitglied des Teams den anderen eine Sache nennt, die es bleiben lassen sollte oder besser machen kann, um die Leistung des Teams zu verbessern. Das hört sich vielleicht hart an, aber es kann schließlich um Zehntausende von DM gehen, die noch in der Schwebe sind.

X. Verkaufsstrategien für das nächste Jahrtausend

109 Checkliste
14 Tips für einen erfolgreichen Teamverkauf

☑ *Anmerkungen*

9. Üben Sie. ☐

Teilen Sie neuen Teammitgliedern ihre Aufgaben zu, und prüfen Sie die besonderen Verkaufstechniken, die das Team mittlerweile anwendet. Üben Sie, wie Sie die größten Herausforderungen bewältigen, die der Käufer für Sie darstellen könnte.

Während des Verkaufsbesuchs:

10. Der Teamchef bestimmt die Tagesordnung und führt durch sie hindurch. ☐

Der Teamchef ist dafür zuständig, daß er die Gruppe zum Verkaufsziel führt. Der Chef wird auf jeden Fall:

⇨ Teammitglieder vorstellen
⇨ den Käufer bitten, alle vor dem Meeting erfolgten Diskussionen über Probleme zusammenzufassen
⇨ den Käufer bitten, alle bislang erreichten Vereinbarungen darzustellen
⇨ die Diskussion leiten
⇨ mit Hilfe des „verbalen Taktstocks" einem Teammitglied das Gespräch übergeben: „Herr Schmidt, Sie haben heute auf der Herfahrt zwei Fragen aufgeworfen, die ACME betreffen. Würden Sie uns mehr darüber erzählen?"
⇨ durch Blickkontakt ein Teammitglied dazu auffordern, eine Frage des Käufers zu beantworten oder als nächster das Wort zu ergreifen
⇨ zusammenfassen und eine Schlußfolgerung ziehen

Nach dem Verkaufsbesuch:

11. Der Teamchef bespricht den Verkaufsbesuch mit dem Team. ☐

Stellen und beantworten Sie folgende Fragen. Hat das Verkäuferteam sein Ziel erreicht? Bekam der Käufer, was er wollte? Was hätte besser laufen kön-

Checkliste **109**

14 Tips für einen erfolgreichen Teamverkauf

Anmerkungen

nen und warum? Was kann sofort unternommen werden, um aus einem Erfolg Nutzen zu ziehen oder um etwas, unabhängig von der Größe des Schadens, wieder in Ordnung zu bringen? Wer sollte bei wem und auf welche Weise nachfassen? (CL 90)

12. **Bewerten Sie den Status des Kunden bzw. Einkäufers und Ihre Vorgehensweise.**

    Sind Sie dort, wohin Sie mit dem Kunden kommen wollten? Sollten Sie bei diesem Käufer weiterhin im Team verkaufen? Was werden Sie bei Ihrem nächsten Verkaufsbesuch anders machen? Beziehen Sie in diese Analyse das gesamte Team ein.

13. **Der Teamchef lenkt Einkäuferfragen und die Antworten des Teams.**

    Gehen Sie davon aus, daß Einkäufer mit Teammitgliedern direkt Kontakt aufnehmen, ohne den Teamchef einzubeziehen. Das Teammitglied sollte seine Antwort mit dem Teamchef abklären, es sei denn, es handelt sich um ein harmloses Thema, oder die Antwort ist klar und eindeutig.

14. **Der Teamchef reagiert auf Versuche, das Team zu spalten.**

    Einige Einkäufer werden versuchen, die Teammitglieder gegeneinander auszuspielen oder auf andere Weise innerhalb des Teams Zwietracht zu stiften. Sie glauben, sie könnten ihre Position dadurch stärken, daß sie den Zusammenhalt des Teams schwächen. Der Teamchef muß auf diese Strategie des „Teile und herrsche" vorbereitet sein. Er kann beispielsweise den streitenden Teammitgliedern die Strategie erläutern oder sich direkt an den Einkäufer wenden und auf diplomatische Weise darauf bestehen, daß er sein Verhalten ändert.

X. Verkaufsstrategien für das nächste Jahrtausend

110 Checkliste
13 Regeln für multikulturelles Verkaufen

Die Japaner haben 19 Möglichkeiten, nein zu sagen – was die große Finesse zeigt, mit der ihre Sprache die Klippen des Konflikts umschifft und sie, wenn möglich, meidet.

Richard Pascale

Im Jahr 1984 kaufte Präsident Reagan während seiner Chinareise ein Souvenir, bezahlte den Ladenbesitzer in Landeswährung und meinte: „Behalten Sie den Rest." Der Ladenbesitzer rannte Reagan hinterher und gab ihm, beschämt und demütig, das Wechselgeld zurück. Zu dieser Zeit war in China die Annahme von Trinkgeldern gesetzlich verboten. Wenn schon der Präsident der Vereinigten Staaten bei der Begegnung mit Menschen anderer Kulturen Fehler macht, wie stehen dann die Chancen für einen Verkäufer, der nicht auf die Experten des Außenministeriums zurückgreifen kann? Die folgende Checkliste verwandelt Sie nicht in einen brillanten internationalen Botschafter, aber sie verhindert, daß Sie sich lächerlich machen, wenn Sie auf der ganzen Welt tätig sind.

	✓	Anmerkungen

1. **Besorgen Sie sich einen persönlichen Führer oder Trainer.**

   Verschaffen Sie sich so schnell wie möglich einen Einblick in die Kultur. Sie können sich nicht den Luxus leisten, erst Fehler zu machen und dann aus ihnen zu lernen. Lassen Sie sich von jemandem beraten, der die Kultur aus erster Hand kennt. Wenn Sie in Ihrer Firma keine geeignete Person finden, nehmen Sie Kontakt zu Ihrer Botschaft, einem internationalen Übersetzerdienst oder einer nahegelegenen kosmopolitischen Universität auf.

2. **Arbeiten Sie mit einem Dolmetscher Ihres Vertrauens, wenn Sie und der Käufer keine gemeinsame internationale Sprache sprechen.**

   Wenden Sie sich an eine professionelle Dolmetscher- bzw. Übersetzeragentur. Lernen Sie den Dolmetscher vor dem Meeting kennen, um Vertrauen aufzubauen, ein Gefühl für seinen „Stil" zu entwickeln und ihm zu ermöglichen, sich mit Ihrer Sprache vertraut zu machen. (CL 111)

Checkliste **110**

13 Regeln für multikulturelles Verkaufen

☑ *Anmerkungen*

3. **Setzen Sie sich für den Verkaufsbesuch realistische Ziele.** ☐

   Ein Deutscher, der an einen Deutschen verkauft, kann im ersten Gespräch zur Sache kommen und direkt nach einem Vertrag fragen. Verkaufen Sie in anderen Kulturen, dann brauchen Sie oft bedeutend mehr Zeit, um eine Bindung und eine Beziehung zum Käufer aufzubauen. Bereiten Sie sich darauf vor, daß Sie mehrere Meetings benötigen, um eine Basis für eine Geschäftsbeziehung aufzubauen.

4. **Sie müssen verstehen, welche Rolle der Kontext für die Bedeutung von Worten in verschiedenen Kulturen hat.** ☐

   In einigen Kulturen spielen Nuance, Subtilität, Ort und nonverbale Kommunikation eine große Rolle, wenn es um die Bedeutung von Worten geht. Das sind die sogenannten hochkontextuellen Kulturen. In anderen Kulturen spielen diese Faktoren eine geringere Rolle. Sie werden als geringkontextuelle Kulturen bezeichnet. In der folgenden Checkliste sind elf Sprachen in der Reihenfolge der Bedeutung aufgelistet, die der Kontext für die Bedeutung der Worte in diesen Sprachen hat:

   ⇨ Japanisch (Kontext hat die höchste Bedeutung)
   ⇨ Arabisch
   ⇨ Griechisch
   ⇨ Spanisch
   ⇨ Italienisch
   ⇨ Englisch
   ⇨ Französisch
   ⇨ Amerikanisch
   ⇨ Skandinavisch
   ⇨ Deutsch
   ⇨ Schweizerdeutsch (Kontext hat die geringste Bedeutung)

110 Checkliste
13 Regeln für multikulturelles Verkaufen

Anmerkungen

5. **Sprechen Sie einfach, aber nicht einfältig.**

    Sie reden mit ausländischen Erwachsenen, nicht mit ausländischen Kindern. Vermitteln Sie keinesfalls den Eindruck, daß Sie sie von oben herab behandeln oder sie für weniger kultiviert und intelligent halten.

6. **Je nach kulturellem Kontext bedeutet „Nein" nicht unbedingt immer „Nein", „Ja" nicht immer „Ja" und „Vielleicht" nicht immer „Vielleicht".**

    In hochkontextuellen Kulturen (Japan, arabische Länder, Griechenland) äußern die Menschen Zustimmung oder Ablehnung nicht offen, weil sie ihre Gefühle nicht zeigen bzw. die Gefühle anderer nicht verletzen wollen. Bestätigen Sie, was Sie verstanden haben, damit Sie genau wissen, was akzeptiert und was abgelehnt wurde. Interpretieren Sie Einmütigkeit oder Herzlichkeit nie als eindeutige Akzeptanz Ihres Angebots. „Wir werden alles tun, was wir können" kann bedeuten: „Das wird nichts für uns sein."

7. **Vertrauen Sie einem Menschen nicht, nur weil er Ihre Muttersprache spricht, und mißtrauen Sie einem Menschen nicht, nur weil er Ihre Sprache nicht spricht.**

    Einige Käufer werden Ihre Muttersprache oder Englisch als zweite oder dritte Fremdsprache sprechen. Andere Käufer sprechen nur ihre Muttersprache. Gehen Sie keinesfalls davon aus, daß Sie Ihrem Gegenüber vertrauen können, nur weil er dieselbe Sprache spricht wie Sie. Aber mißtrauen Sie ihm auch nicht, nur weil Sie beide nicht dieselbe Sprache sprechen. Lügen kann man in jeder Sprache.

8. **Werden Sie nicht informeller, als für die jeweilige Kultur angemessen ist.**

    Den Mantel ablegen, die Krawatte lockern, die Ärmel hochkrempeln oder Ihr Gegenüber beim Vornamen nennen – all das ist in einigen Ländern tabu, es sei denn, man bittet Sie ausdrücklich darum. Bleiben Sie im Zweifelsfall lieber ein wenig zu förmlich.

Checkliste **110**

13 Regeln für multikulturelles Verkaufen

Anmerkungen

9. **Beschränken Sie die Verhandlungen auf die wichtigen Fragen und den Vertrag.**

   Übrlassen Sie die Einzelheiten Ihren „Statthaltern" bzw. Anwälten. Multikulturelle Verhandlungen sind mit geopolitischen „Wenns", „Unds" und „Abers" befrachtet. Ihre Mitarbeiter oder Rechtsanwälte sollen die Verträge ausarbeiten, wenn Sie und der Einkäufer beschlossen haben, das Geschäft miteinander zu machen.

10. **Wenn Sie mit Grafiken arbeiten, müssen Sie darauf achten, daß ihr Inhalt der jeweiligen Kultur angemessen ist.**

    Sie sollten möglichst alle Texte übersetzen lassen, um multikulturelles Verständnis zu ermöglichen. Achten Sie darauf, daß alle Zeichnungen, Cartoons und Grafiken angemessen sind. Was für Sie lustig ist, könnte in anderen Kulturen als beleidigend empfunden werden. Am besten lassen Sie Ihre Grafiken vor dem Verkaufsbesuch von einem Dolmetscher oder Einheimischen prüfen.

11. **Lernen Sie mindestens die folgenden drei Worte in der Sprache des Käufers: „Guten Tag", „Auf Wiedersehen" und „Danke".**

    Dies sind Wörter, die eine Verbindung zum Angesprochenen herstellen und zeigen, daß Sie der Kultur des Einkäufers Respekt entgegenbringen. Vergewissern Sie sich, daß die Aussprache tadellos ist. Je mehr Vokabeln Sie in der Sprache des Einkäufers parat haben, desto mehr Respekt zeigen Sie.

12. **Achten Sie auf Ihre Körpersprache.**

    Passen Sie den Klang, die Lautstärke und die Sprechgeschwindigkeit dem Sprechmuster der anderen Kultur an. Achten Sie darauf, daß die Körpersprache angemessen ist (Haltung, Bewegung, Gesten, Händeschütteln, Blickkontakt, Wahl der Sitzmöglichkeiten in Büros und PKWs, Kleidung und der Umgang mit Visitenkarten). (CL 59)

X. Verkaufsstrategien für das nächste Jahrtausend

110 *Checkliste*
13 Regeln für multikulturelles Verkaufen

Anmerkungen

13. Geben Sie dem Einkäufer Ihre zweisprachige Visitenkarte.

Auf der einen Seite Ihrer Visitenkarte steht der Text auf Deutsch bzw. Englisch, auf der anderen Seite in der Muttersprache des Einkäufers. Beauftragen Sie einen professionellen Übersetzer und eine Druckerei, die Erfahrung mit zweisprachigen Druckaufträgen hat.

Checkliste **111**

9 Tips, wie Sie mit Hilfe eines Dolmetschers verkaufen

Mit einem Dolmetscher zu arbeiten ist so ähnlich, wie sich mit einer Feder einen Weg durch den Urwald zu bahnen.

James Evans

Es ist schon hart genug, ein Produkt oder eine Dienstleistung zu verkaufen, wenn Sie und der Einkäufer dieselbe Sprache sprechen. Wenn Sie verschiedene Sprachen sprechen, vervielfachen sich die Schwierigkeiten. Aber im neuen Jahrtausend tritt das „globale Dorf" an die Stelle des Tante-Emma-Ladens, und der internationale Handel regiert unangefochten. Selbst kleinste Firmen machen Geschäfte mit der ganzen Welt. Wenn Ihr Gegenüber eine andere Sprache spricht, können die nachfolgend aufgelisteten Faktoren über Erfolg oder Mißerfolg Ihrer Verhandlungen entscheiden.

☑ *Anmerkungen*

1. **Entscheiden Sie, ob Sie einen gemeinsamen Dolmetscher wählen oder einen persönlichen Dolmetscher für jeden Gesprächspartner.**

   Wenn Sie und die andere Partei sich vollkommen vertrauen und die Verhandlungen nicht kompliziert sind, ist ein gemeinsamer Dolmetscher die richtige Wahl. Wenn Sie der Ansicht sind, es werde trickreich verhandelt, oder wenn ein gewisses gegenseitiges Mißtrauen besteht, dann sollte jeder Verhandlungspartner einen eigenen Dolmetscher beauftragen.

2. **Entscheiden Sie sich für einen objektiven und unvoreingenommenen Dolmetscher.**

   Möchten Sie, daß der Sekretär des Einkäufers als Dolmetscher fungiert? Oder glauben Sie, dem Einkäufer würde es etwas ausmachen, wenn Sie Ihren zweisprachigen Schwager mitbringen? Ein Dolmetscher, der kein persönliches Interesse an den Verhandlungen hat, eignet sich am besten.

3. **Beauftragen Sie einen Profi.**

   Auch wenn viele Menschen, die zwei Sprachen sprechen, Gedanken aus einer Sprache in eine andere übertragen können, heißt das noch lange nicht, daß sie das beruflich tun können. Bei geschäftlichen Verhandlungen eignet sich ein anerkannter geprüfter oder von einer Agentur empfohlener Dolmetscher am besten für beide Parteien. Gehen Sie das Telefon-

111 *Checkliste*
9 Tips, wie Sie mit Hilfe eines Dolmetschers verkaufen

☑ *Anmerkungen*

buch durch, oder wenden Sie sich an die örtliche Universität, das Außenministerium oder die Industrie- und Handelskammer.

4. **Wenn die Beschreibung eines Produkts oder einer Dienstleistung technisches Wissen voraussetzt, beauftragen Sie einen Dolmetscher mit entsprechenden Kenntnissen.**

   Professionelle Agenturen vermitteln Ihnen Dolmetscher mit Spezialkenntnissen. Ein Experte für die französische Literatur des 18. Jahrhunderts ist nicht geeignet, Fachbegriffe für Maschinenbau zu dolmetschen.

5. **Setzen Sie den Dolmetscher als kulturellen Trainer ein.**

   Ein Dolmetscher ist eine vorzügliche Quelle für Informationen über eine Kultur. Er sollte in der Lage sein, Ihnen rasch einen Überblick darüber zu geben, was man in der jeweiligen Kultur tut bzw. nicht tut.

6. **Halten Sie Blickkontakt mit dem Einkäufer, nicht mit dem Dolmetscher.**

   Sie verkaufen nicht an den Dolmetscher, sondern an den Einkäufer. Erwecken Sie den Eindruck, als sei der Dolmetscher gar nicht da.

7. **Verzichten Sie auf idiomatische Wendungen oder Slang.**

   Ganz gleich, wie gut und wie erfahren der Dolmetscher ist, bei Redewendungen wie den folgenden geht in der Übersetzung etwas verloren:

   ⇨ Das können wir für Sie *in Null Komma nichts* produzieren.
   ⇨ Er kennt diesen Bereich *wie seine Westentasche*.
   ⇨ Dieses Projekt ist ein *Volltreffer*.
   ⇨ Auf diesem Markt hatten wir mit der Konkurrenz *ein leichtes Spiel*.

Checkliste **111**

9 Tips, wie Sie mit Hilfe eines Dolmetschers verkaufen

☑ *Anmerkungen*

⇨ Wir sollten in diesem Punkt *auf dem Teppich bleiben*.

8. **Achten Sie darauf, daß das, was Ihnen der Dolmetscher sagt, durch das nonverbale Verhalten des Einkäufers bestätigt wird.**

   Beobachten Sie das nonverbale Verhalten des Einkäufers: Blickkontakt, Gesichtsausdruck, Gestik, Haltung und Klang der Stimme. Zusammengenommen vermitteln diese Merkmale einen Gesamteindruck. Sollte dieser Eindruck im Widerspruch zu dem stehen, was Ihnen der Dolmetscher sagt, dann erbitten Sie eine Klarstellung.

9. **Kalkulieren Sie zweimal soviel Zeit ein wie üblich, wenn Sie mit Hilfe eines Dolmetschers verhandeln.**

   Der Dolmetscher muß alles, was Sie sagen, wiederholen, ebenso das, was der Einkäufer sagt. Planen Sie genügend Zeit ein.

112 Checkliste
10 Möglichkeiten, um den Kundenanteil zu erhöhen

Betrachten Sie jeden Kunden als einen kostbaren Vermögenswert.

Tom Peters

Unternehmen sind ständig damit beschäftigt, ihren Marktanteil zu vergrößern, das heißt, den Prozentsatz des Gesamtvolumens ihrer Geschäfte auf einem bestimmten Markt zu erhöhen. Um dieses Ziel zu erreichen, versuchen die meisten Firmen, neue Kunden zu gewinnen oder der Konkurrenz Kunden abzujagen. Eine modernere Methode besteht darin, mehr an einen vorhandenen Kundenstamm zu verkaufen, statt sich ausschließlich auf die Akquisition neuer Kunden zu konzentrieren. Diese Methode wird als Erhöhung des Kundenanteils bezeichnet. Wenn Sie diese Methode übernehmen, reduzieren sich die Vertriebskosten, weil es rund fünfmal mehr kostet, einen neuen Kunden zu gewinnen, als einem bestehenden Kunden mehr zu verkaufen. Machen Sie sich die folgenden Vorschläge zunutze, und konzentrieren Sie sich stärker auf den Kundenanteil.

Anmerkungen

1. **Konzentrieren Sie sich nicht auf kurzfristige, sondern auf langfristige Kundenbeziehungen.**

   Wenn Sie vor allem daran interessiert sind, das Geschäft sofort und heute abzuschließen, dann setzen Sie auf kurzfristige Kundenbeziehungen. Bauen Sie eine Beziehung zu Ihren Kunden auf, die sich langfristig für Sie und den Käufer auszahlt. Beim beziehungsorientierten Verkaufen gilt der Kunde als bedeutender Vermögenswert der Firma, der gepflegt und vergrößert werden muß.

2. **Stellen Sie das Interesse der Kunden an Problemlösungen über Ihr Interesse an finanziellem Gewinn.**

   Sie bekommen immer wieder neue Aufträge, wenn der Kunde überzeugt davon ist, daß Sie in der Vergangenheit seine Erwartungen erfüllt und seine Interessen über Ihre Interessen gestellt haben.

3. **Befassen Sie sich intensiv mit der Branche des Kunden und dem Konkurrenzdruck, dem er ausgesetzt ist.**

   Je mehr Sie über die Probleme des Kunden wissen, desto besser sind Sie in der Lage, für die Probleme Lösungen vorzuschlagen. Gehen Sie einen Kilometer

Checkliste **112**

10 Möglichkeiten, um den Kundenanteil zu erhöhen

☑ *Anmerkungen*

in den Sandaletten, Freizeitschuhen, Sicherheitsschuhen oder Stöckelschuhen Ihrer Kunden. (CL 26, 91)

4. **Bieten Sie wichtigen Kunden Rabatte, Prämien und Sonderkonditionen an.** ☐

So stoßen Sie Ihre Stammkunden bestimmt vor den Kopf: Sie beteuern unablässig, daß sie etwas ganz Besonderes sind, aber bieten Neukunden bessere Konditionen an als Ihren Stammkunden.

5. **Bleiben Sie immer in Kontakt mit Ihren Kunden.** ☐

Halten Sie Kontakt zu Ihren Kunden, und zwar konstant und regelmäßig, nicht nur, wenn Sie mit ihnen etwas besprechen müssen. Rufen Sie an, nur um zu sagen: „Ich habe gerade an Sie gedacht."

6. **Die Kunden nur zufriedenzustellen reicht nicht.** ☐

Von jetzt an setzen Sie sich leidenschaftlich, uneingeschränkt und engagiert für Ihre Kunden ein und beeindrucken sie mit einem atemberaubenden Service. Lediglich ihre Bedürfnisse zu befriedigen, reicht nicht aus, um sie vor den Klauen der Konkurrenz zu schützen. (CL 94–96)

7. **Bitten Sie die Kunden um einen Wunschzettel.** ☐

Was wünschen sich Ihre Kunden in ihren kühnsten Träumen von Ihnen? Finden Sie es heraus, und suchen Sie eine Möglichkeit, diese Wünsche zu erfüllen.

8. **Machen Sie Ihre Kunden zu Beratern.** ☐

Wenn Kunden mit Ihnen über den Zustand Ihres Unternehmens beraten, dann haben sie ein persönliches Interesse daran, daß Sie erfolgreich bleiben. (CL 28)

9. **Bilden Sie strategische Allianzen.** ☐

Kunden betrachten Sie heutzutage als eine Ressource, die sie nutzen, um die Bedürfnisse ihrer

112 *Checkliste*

10 Möglichkeiten, um den Kundenanteil zu erhöhen

Anmerkungen

Endverbraucher zu befriedigen. Werden Sie zu einem unersetzlichen Zahnrad im Produktionsgetriebe Ihrer Kunden, und Ihre Kunden werden die Beziehung zu Ihnen intensivieren. (CL 112)

10. Erwarten Sie nicht, daß das Verhältnis zum Kunden immer gleich bleibt.

Kontrollieren Sie, wie stark die Bindung zu Ihren Kunden ist, und suchen Sie nach Möglichkeiten, die Bindung zu festigen. Beobachten Sie die interne Situation bei Ihren Kunden. Suchen Sie nach Wegen, wie Sie ein noch wichtigerer Lieferant werden, da sich solche Verhältnisse verändern und weiterentwickeln können. (CL 101, 102)

Checkliste **113**

14 Bereiche, die für Sie als Chef eines Verkäuferteams wichtig sind

Der Preis für Größe ist Verantwortung.

Winston Churchill

Der gute Teamchef arbeitet sowohl mit formaler Verantwortlichkeit als auch mit moralischer Verpflichtung. *Formale Verantwortlichkeit* bedeutet, daß die Mitglieder des Teams die volle Verantwortung für die Ergebnisse ihrer Arbeit übernehmen. *Moralische Verpflichtung* bedeutet, daß die Mitglieder des Teams sich emotional uneingeschränkt für die Ziele und Interessen Ihrer Organisation engagieren. Sie können mit Ihrer Führungskompetenz dafür sorgen, daß Sie in Ihrem Verkäuferteam beides haben, und zwar für alle im folgenden genannten wichtigen Bereiche des Verkaufsmanagements.

☑ *Anmerkungen*

1. **Vision** ☐

   Verantwortlichkeit: Legen Sie sich eine klar umrissene Vision für Ihr Verkäuferteam zu – eine erwünschte Zukunft, ein Ziel.

   Verpflichtung: Beteiligen Sie an Ihrer Vision die Menschen, die Ihnen helfen müssen, diese Vision mit Leben zu füllen, und bemühen Sie sich darum, daß sie Ihre Vision akzeptieren.

2. **Erwartungen** ☐

   Verantwortlichkeit: Sagen Sie klar und deutlich, welche Leistung Sie von Ihren Mitarbeitern erwarten.

   Verpflichtung: Fragen Sie Ihre Mitarbeiter, welche Erwartungen sie an Ihre Führung stellen.

3. **Beurteilung** ☐

   Verantwortlichkeit: Geben Sie Ihren Mitarbeitern mindestens einmal im Jahr eine formale, auf Ihren Erwartungen basierende Beurteilung ihrer Leistungen.

   Verpflichtung: Bitten Sie Ihre Mitarbeiter um eine Beurteilung Ihrer Leistung als Teamchef. Antworten Sie konstruktiv auf das, was man Ihnen sagt.

113 Checkliste

14 Bereiche, die für Sie als Chef eines Verkäuferteams wichtig sind

☑   *Anmerkungen*

4. Feedback ☐

Verantwortlichkeit: Üben Sie konstruktive Kritik an Mitarbeitern, die den Erwartungen nicht gerecht werden, und ziehen Sie notfalls Konsequenzen.

Verpflichtung: Loben und belohnen Sie die Mitarbeiter, die Ihre Leistungserwartungen erfüllen.

5. Kommunikation ☐

Verantwortlichkeit: Sprechen Sie deutlich, energisch und bestimmt. (CL 10)

Verpflichtung: Hören Sie sich die Wünsche, Fragen, Antworten, Reaktionen, Sorgen, Ängste, Vorschläge, Interessen, Argumente und Ideen Ihrer Mitarbeiter an. (CL 71)

6. Managing by Wandering Around ☐

Verantwortlichkeit: Halten Sie Augen und Ohren offen, damit Sie merken, was um Sie herum vorgeht, wenn Sie diese Art von Führungsstil praktizieren.

Verpflichtung: Helfen Sie Ihren Mitarbeitern, und zeigen Sie Interesse an ihrer Arbeit.

7. Weiterbildung ☐

Verantwortlichkeit: Machen Sie Ihren Mitarbeitern deutlich, daß sie selbst für ihr berufliches Fortkommen und ihre berufliche Entwicklung verantwortlich sind.

Verpflichtung: Nutzen Sie jede Gelegenheit, Ihre Mitarbeiter zu schulen, zu betreuen, zu beraten, ihnen zu helfen und ihnen Empfehlungen zu geben. (CL 4)

8. Veränderung ☐

Verantwortlichkeit: Führen Sie Ihre Mitarbeiter durch Zeiten der Veränderung, und weisen Sie unab-

Checkliste **113**

14 Bereiche, die für Sie als Chef eines Verkäuferteams wichtig sind

☑ *Anmerkungen*

lässig auf die Chancen hin, die sich durch organisatorische und persönliche Weiterentwicklung ergeben.

Verpflichtung: Beteiligen Sie Ihre Mitarbeiter an Entscheidungen und Plänen für Veränderungen, und helfen Sie ihnen, mit der Bedrohung fertigzuwerden, die Veränderungen für sie darstellen.

9. Kontinuierliche Verbesserung

Verantwortlichkeit: Fordern Sie hervorragende Leistungen, hundertprozentige Qualität und stetige Verbesserung von allen Mitgliedern Ihres Verkäuferteams.

Verpflichtung: Gestehen Sie Fehler ein, die Sie selbst gemacht haben, und arbeiten Sie unentwegt an sich selbst.

10. Ideen

Verantwortlichkeit: Verkaufen Sie Ihre Ideen wirkungsvoll an Vorgesetzte, Kollegen und Untergebene. (CL 17, 18)

Verpflichtung: Bitten Sie Ihre Mitarbeiter, ihre Ideen zu äußern. Nutzen Sie diese Anregungen, wann immer es möglich ist, und loben Sie sie dafür.

11. Besprechungen

Verantwortlichkeit: Sorgen Sie für eine straffe Führung bei Besprechungen, in denen wichtige Angelegenheit erledigt und gute Entscheidungen getroffen werden. (CL 16)

Verpflichtung: Halten Sie Besprechungen ab, in denen sich die Teilnehmer ehrlich und konstruktiv äußern können.

12. Konflikt, Ärger und Feindseligkeit

Verantwortlichkeit: Lösen Sie Konflikte *mit* anderen offen, direkt und konstruktiv, und konzentrieren Sie

113 Checkliste

14 Bereiche, die für Sie als Chef eines Verkäuferteams wichtig sind

☑ *Anmerkungen*

sich dabei stets auf eine zukunftsorientierte Lösung. (CL 100)

Verpflichtung: Lösen Sie Konflikte *zwischen* anderen offen, direkt und konstruktiv, und konzentrieren Sie sich dabei auf eine zukunftsorientierte Lösung.

13. Kontrolle ☐

Verantwortlichkeit: Führen Sie das Team selbstbewußt, und treffen Sie notwendige Entscheidungen entschlossen. (CL 6)

Verpflichtung: Delegieren Sie Verantwortung und Macht, und beteiligen Sie Ihre Mitarbeiter an Entscheidungen, die sie beteffen.

14. Teamarbeit ☐

Verantwortlichkeit: Bestehen Sie darauf, daß das Team zusammenarbeitet, und informieren Sie Ihre Mitarbeiter, welche Ansprüche Sie an die Teamarbeit stellen. (CL 109)

Verpflichtung: Seien Sie selbst ein Teamplayer.

Checkliste **114**

9 Richtlinien für ein Vergütungssystem für Verkäufer

Der Wille zu gewinnen, ist nichts wert, wenn man nicht dafür bezahlt wird.

Reggie Jackson

Zahlen sind der Motor des Verkäufers. Wie umfangreich war Ihre Kaltakquisition in der letzten Woche? Wie viele Verträge haben Ihre Einkäufer unterzeichnet? Wie viele Kundenkontakte haben Sie initiiert? Auf wie viele haben Sie reagiert? Und die vielleicht wichtigste Zahl: Wieviel Geld haben Sie verdient? Mit dem Eintritt in ein neues Jahrtausend wollen Sie und Ihre Kollegen alle Möglichkeiten ausschöpfen, wie Verkaufserfolge auf neue und kreative Weise vergütet werden. Sie sind vielleicht nicht Verkaufsmanager und haben deshalb keinen Einfluß auf das Vergütungssystem, aber die Informationen in der folgenden Checkliste geben Ihnen eine Vorstellung davon, wie ein solches Vergütungssystem entsteht. Vielleicht finden Sie auch ein paar Ideen, die Sie Ihrem Chef vorschlagen könnten.

Anmerkungen

1. **Setzen Sie sich strategische Verkaufsziele.**

    Das wichtigste Ziel des Verkaufens besteht darin, die Erträge zu erhöhen. Bevor dieses monetäre Ziel erreicht werden kann, müssen bestimmte strategische Ziele erreicht werden. Verkäufer werden bezahlt, wenn sie eines oder mehrere der folgenden Ziele erreichen:

    ⇨ den Marktanteil auf einem bestimmten Sektor erhöhen
    ⇨ mehr Produkte einer bestimmten Produktlinie verkaufen
    ⇨ den Umsatz eines Kunden steigern
    ⇨ die Zahl der abwandernden Kunden verringern
    ⇨ die Zahl der Verkäufe an frühere Kunden erhöhen

2. **Setzen Sie sich strategische Ziele im Bereich Humanressourcen.**

    Ihr wichtigstes Ziel in diesem Bereich besteht darin, eine motivierte Verkäufermannschaft aufzustellen und zu halten. Dieses Ziel beinhaltet jedoch noch eine Reihe anderer Ziele. Zum Beispiel:

    ⇨ sicherzustellen, daß die Vergütung auf dem Markt wettbewerbsfähig ist

114 Checkliste
9 Richtlinien für ein Vergütungssystem für Verkäufer

☑ *Anmerkungen*

⇨ sicherzustellen, daß die Vergütung intern nach fairen Prinzipien erfolgt
⇨ sicherzustellen, daß Ihre Verkäufer mit ihren Kenntnissen und Fähigkeiten auf dem neuesten Stand sind

3. **Setzen Sie sich strategische Ziele, die die Unternehmenskultur und -philosophie unterstützen.**

   Ihr Hauptziel in diesem Bereich besteht darin, eine „Familie von Mitarbeitern" zu schaffen, die sich gegenseitig unterstützen und sich für das langfristige Überleben des Unternehmens einsetzen. Mitarbeiter könnten dafür belohnt werden, wenn sie strategische Ziele in diesem Bereich erreichen. Beispiele:

   ⇨ eine Prämie für jeden Angestellten, der auf einen potentiellen Kunden hinweist
   ⇨ eine Prämie für jeden Angestellten, dessen Hinweis einen Verkauf zur Folge hat
   ⇨ eine Prämie für die Präsentationen von Verkäuferteams
   ⇨ eine Prämie für Mitarbeiter, die für das Unternehmen besondere Leistungen erbracht haben
   ⇨ eine Prämie für Angestellte im Produktionsbereich, die bei einer Bestellung außergewöhnliche Leistungen erbracht haben

4. **Achten Sie darauf, daß der Plan keine widersprüchlichen Ziele enthält.**

   Sie beabsichtigen vielleicht, die Teamarbeit unter Ihren Verkäufern zu fördern und zugleich die Zahl der Verkäufe zu erhöhen. Wenn jedoch zwei Verkäufer strikt auf einer Provisionsbasis bezahlt werden und diese Provision einen Großteil des Gesamtgehalts ausmacht, dann könnten sie gegeneinander arbeiten, wenn sie im selben Bereich verkaufen.

Checkliste **114**

9 Richtlinien für ein Vergütungssystem für Verkäufer

Anmerkungen

5. **Stellen Sie ein wettbewerbsfähiges Paket von Zusatzleistungen bereit.**

   Krankenversicherung, Pensionen, Urlaubstage, Krankheitstage und Fortbildung sind inzwischen Standardleistungen. Wenn Sie sich von anderen abheben und die besten und intelligentesten Köpfe für sich gewinnen wollen, müssen Sie mit größeren Anreizen aufwarten: Kinderbetreuung, zinslose Darlehen, kostenlose Benutzung firmeneigener Freizeitanlagen für Familienurlaube usw.

6. **Vergessen Sie nicht das „seelische Einkommen".**

   An Ihre anerkennenden Worte, ein Schulterklopfen oder ein aufrichtiges Dankeschön erinnern sich Ihre Mitarbeiter, auch wenn der Bonusscheck längst eingelöst ist.

7. **Setzen Sie in einem Verkäuferwettbewerb familienorientierte Preise aus.**

   Verkäufer opfern häufig ihre Freizeit mit der Familie, um Verkaufsquoten zu erfüllen. Ziehen Sie folgende Möglichkeiten der „Rückerstattung" in Betracht:

   ⇨ Wochenendkurzurlaub für die ganze Familie
   ⇨ bezahlte Urlaubsreisen
   ⇨ kostenloses Babysitting oder eine sechsmonatige Betreuung für Familienangehörige
   ⇨ Renovierung einer Küche oder eines Badezimmers
   ⇨ eine Haushaltshilfe für sechs Monate (eine Superprämie für Familien, in denen beide Elternteile berufstätig sind)

8. **Berücksichtigen Sie die Zufriedenheit Ihrer Kunden.**

   Verkäufer, die für eine meßbar höhere Zufriedenheit der Kunden verantwortlich sind, sollten belohnt werden. (CL 97)

114 *Checkliste*

9 Richtlinien für ein Vergütungssystem für Verkäufer

☑ *Anmerkungen*

9. **Zahlen Sie einen Teil der Vergütung in Abgängigkeit von der Leistung des Teams oder des Unternehmens.**

   Nehmen Sie sich den Profisport zum Vorbild: Die Superstars bekommen ein Grundgehalt mit Prämien, die an die Leistung der ganzen Mannschaft geknüpft sind. Motivieren Sie die Mitglieder des Teams, sich gegenseitig zu unterstützen, indem Sie die Leistungen des ganzen Teams als ein Kriterium für individuelle Prämien oder Leistungszulagen nehmen. Stellen Sie niemals einen hohen Prämienscheck an ein oder zwei Mitarbeiter aus, wenn Sie gerade Konkurs angemeldet haben.

Checkliste **115**

10 Aussichten, falls Ihre Firma fusioniert

Betrügen Sie sich nicht selbst, schrauben Sie Ihre Erwartungen an das Glück einer Ehe nicht zu hoch. Eine Ehe ist nicht wie der Gipfel des Olymps, klar und wolkenlos.

Thomas Fuller

Was passiert, wenn Ihre Firma fusioniert oder aufgekauft wird? Die folgende Checkliste zeichnet ein realistisches Bild dieses Vorgangs. Falls – oder vielleicht sollten wir sagen, *sobald* – Ihr Arbeitgeber eine Firmenübernahme durchmacht, werden Sie feststellen, ob Sie der Lage gewachsen sind. Machen Sie sich folgende Gedanken zu eigen, und Sie werden mehr sein als nur ein Überlebender. Helfen Sie sich und Ihren Kollegen, gestärkt aus der Verbindung mit einer anderen Firma hervorzugehen, auch wenn deren Unternehmenskultur Ihnen möglicherweise völlig fremd ist.

Anmerkungen

1. **Keine Firma ist gegen Fusionen und Übernahmen gefeit.**

   Fusionen und Übernahmen sind an der Tagesordnung; verschwenden Sie deshalb keine Zeit mit der Frage: „Warum ausgerechnet wir?" Erwarten Sie nicht, daß Sie verstehen, warum es gerade Ihre Firma getroffen hat. Fusionen und Firmenaufkäufe erscheinen denen, die sie nicht verhandelt haben, nicht immer sinnvoll.

2. **Rechnen Sie damit, daß Ihre Kollegen sich merkwürdig benehmen.**

   Es werden Ungewißheit und Unklarheit herrschen. Von anderen getroffene Entscheidungen, die Sie sofort benötigen, verzögern sich um Monate oder gar Jahre. Unter den Angestellten werden Mißtrauen und Argwohn vorherrschen, weil sie verunsichert sind und sich betrogen fühlen. Selbsterhaltung dominiert. Mehr als je zuvor werden die Menschen nur an sich selbst denken.

3. **Rechnen Sie damit, daß Sie sich selbst merkwürdig benehmen.**

   Gestatten Sie es sich, richtig zu trauern. Rechnen Sie damit, daß Sie ungläubig reagieren, wenn die Entscheidung verkündet wird. Sie werden bestürzt sein und vielleicht sogar betäubt. Als nächstes werden Sie

115 Checkliste
10 Aussichten, falls Ihre Firma fusioniert

☑ *Anmerkungen*

Wut empfinden, verbittert sein und sich hintergangen fühlen. Sie werden das Management dafür verantwortlich machen, daß die Fusion notwendig war, daß es die Fusion zugelassen oder die ganze Sache vermasselt hat. Dann setzt der Schmerz ein. Sie werden grübeln, deprimiert sein und sogar Schuldgefühle haben. Sie werden versuchen, mit Ihrem Problem fertigzuwerden, indem Sie die Vergangenheit liebevoll verklären und alarmiert in die Zukunft schauen.

4. **Rechnen Sie damit, daß Mitarbeiter von Bord gehen.** ☐

   Wer andere Möglichkeiten hat, betrachtet die Fusion als günstige Gelegenheit, sie zu ergreifen. Seien Sie nicht bestürzt, wenn Ihr Chef oder Ihr bester Freund zu dieser Gruppe zählt.

5. **Rechnen Sie damit, daß die Kommunikation zusammenbricht.** ☐

   Erwarten Sie nicht, daß Sie rechtzeitig genaue oder ausreichende Informationen erhalten. Die Menschen haben Angst, ehrlich zu sein, und noch mehr Angst, mit dem höheren Management nicht übereinzustimmen. Bei Fusionen kocht die Gerüchteküche, und Übertreibungen werden auf die Spitze getrieben.

6. **Rechnen Sie damit, daß Moral und Produktivität leiden.** ☐

   Angestellte sehen, wie ihre Kollegen die Firma verlassen. Die Menschen sind enttäuscht. Schlechte Kommunikation führt zu geringerer Produktivität. Die Menschen verbringen ihre Zeit damit, sich über die Situation zu unterhalten und sich Sorgen zu machen, wie es weitergeht. Sie haben Angst, Risiken einzugehen. Sie gehen auf Nummer Sicher und verhalten sich abwartend. Auch Sie werden versucht sein, sich weniger anzustrengen.

Checkliste **115**

10 Aussichten, falls Ihre Firma fusioniert

Anmerkungen

7. **Rechnen Sie damit, daß Teamarbeit und Kooperation flötengehen.**

   Alle denken nur noch an sich selbst. In der Unternehmenspolitik schlagen die Wellen hoch. Machtkämpfe brechen aus. Das Team verliert die Bedeutung, die es früher hatte. (CL 109)

8. **Rechnen Sie nicht damit, daß die Fusion das versprochene Ergebnis bringt.**

   Nur knapp die Hälfte aller Fusionen erreichen ihr volles Potential. Meist mißlingen sie entweder völlig, oder die erhofften Ergebnisse bei Kosteneinsparung, Produktivitätssteigerung oder Ausweitung der Marktposition werden nicht annähernd erzielt. Die vom höheren Management getroffenen Entscheidungen, die Kooperation der übriggebliebenen Belegschaft und unvorhersehbare Marktbedingungen spielen eine entscheidene Rolle dabei, welche Ergebnisse die Fusion bringt.

9. **Rechnen Sie damit zu überleben.**

   Sie werden nicht nur überleben. Sie werden wahrscheinlich *aufblühen*. Viele Menschen betrachten die Fusion ihres Unternehmens rückblickend als das Beste, das ihnen je passiert ist – und zwar unabhängig davon, wie erfolgreich die Fusion verlief. Im folgenden lesen Sie, wie Sie das für sich realisieren können:

   ⇨ Nehmen Sie sich zusammen, und bewahren Sie sich Ihren Sinn für Humor. Auch wenn Ihnen nicht alles an der Fusion gefällt, machen Sie so engagiert mit, daß Ihre Vorgesetzten und Ihr Team Sie dafür preisen. (CL 20)

   ⇨ Tolerieren Sie die unausbleiblichen Fehler des Managements. Es war in der Vergangenheit nicht unfehlbar; warum sollte es jetzt unfehlbar sein?

   ⇨ Lassen Sie sich von Veränderungen nicht unterkriegen. Sie waren unter den alten Verhältnissen

115 Checkliste

10 Aussichten, falls Ihre Firma fusioniert

☑ *Anmerkungen*

    erfolgreich – akzeptieren Sie auch die neuen. Entschließen Sie sich, mit den neuen Regeln noch erfolgreicher zu sein. (CL 104)
⇨ Informieren Sie sich über das andere Unternehmen. Lernen Sie möglichst viele Menschen kennen, und freunden Sie sich mit ihnen an.
⇨ Nutzen Sie die Fusion zu einer persönlichen Verbesserung. Übernehmen Sie einen neuen Tätigkeitsbereich, oder eignen Sie sich neue Fähigkeiten an.
⇨ Entwickeln Sie einen Plan, wie Sie mit Ihren Belastungen umgehen. (CL 22)
⇨ Machen Sie Ihre Arbeit weiterhin so gut wie bisher, eher noch besser. (CL 21, 104)

10. Rechnen Sie mit weiteren Fusionen. ☐

Nur weil Sie einmal ausgeraubt wurden, heißt das nicht, daß Ihnen das nie wieder passiert. Rechnen Sie damit, bis zu Ihrer Rente wenigstens noch eine Fusion, wenn nicht sogar eine feindliche Übernahme zu erleben.

Checkliste **116**

10 Regeln, um nicht mit dem Gesetz in Konflikt zu geraten

Es ist keine Sünde, gelegentlich ein Gesetz anzuknacksen, solange man es nicht bricht.

Mae West

Verkaufen ist ein Drahtseilakt zwischen dem Anspruch, das Geschäft abzuschließen, und dem Anspruch, nichts Falsches zu tun, um an das Geschäft heranzukommen, und das in einer Gesellschaft, die immer mehr Prozesse führt. Wenn Sie die nachfolgend genannten Regeln befolgen, werden Sie niemals Bekanntschaft mit einem Gerichtssaal machen und immer auf der richtigen Seite stehen, wenn Sie Ihrem Gewerbe nachgehen.

	✓	*Anmerkungen*

1. **Beschreiben Sie die Leistung Ihres Produkts oder Ihrer Dienstleistung wahrheitsgemäß.**

    Alle Aussagen, die Sie einem Käufer oder Kunden gegenüber machen, müssen richtig sein. Wenn Sie etwas als Fakt bezeichnen, dann muß es Fakt sein. (CL 79)

2. **Beschreiben Sie Ihre Konkurrenz und deren Produkte wahrheitsgemäß.**

    Gelegentlich macht es sich bezahlt, sich selbst gut darzustellen, indem man die Konkurrenz schlechtmacht. Vergewissern Sie sich, daß die von Ihnen hervorgehobenen Mängel tatsächlich bestehen und allgemein bekannt sind.

3. **Machen Sie auf Warnhinweise und Bedienungsanleitungen aufmerksam.**

    Schriftliche Warnhinweise sollen Unfälle, Verletzungen und Haftungsansprüche vermeiden. Bedienungsanleitungen sagen dem Kunden, wie er das Produkt am wirtschaftlichsten nutzt. Sie dürfen die Bedeutung von Warnhinweisen und Bedienungsanleitungen nicht herunterspielen. Im Gegenteil: Wenn Sie der Ansicht sind, daß schriftliche Hinweise nicht ausreichend oder Anleitungen nicht klar genug formuliert sind, ergänzen Sie sie, um Ihre Kunden zu schützen.

116 *Checkliste*

10 Regeln, um nicht mit dem Gesetz in Konflikt zu geraten

☑ *Anmerkungen*

4. **Der Kunde darf ein Produkt nicht zweckentfremden.**

   Wenn durch den Mißbrauch eines Produkts Schäden oder Verletzungen entstehen, werden Sie unter Umständen haftbar gemacht. Erwähnen Sie niemals, wie ein Produkt möglicherweise zweckentfremdet werden könnte.

5. **Treffen Sie Produktions- und Preisentscheidungen selbst.**

   Besprechen Sie solche Entscheidungen nicht mit Konkurrenten. Sie könnten der Preisabsprache verdächtigt werden. (CL 29)

6. **Reichen Sie Preisangebote unabhängig ein.**

   Es gibt Firmen, die sich mit Konkurrenten darauf einigen, abwechselnd niedrige Angebote einzureichen, um gerechte Marktanteile zu garantieren. Das ist ein weiteres Beispiel für Preisabsprache. Was Sie vielleicht als „informelle Diskussion" bezeichnen, nennt die Regierung eine „betrügerische Absprache".

7. **Veröffentlichen Sie Preislisten unabhängig.**

   Konkurrenten einigen sich manchmal darauf, Preise am selben Tag bekanntzugeben, um negative Auswirkungen auf Aktienpreise oder auf Kunden zu vermeiden. Auch dies ist eine potentielle Preisabsprache.

8. **Gehen Sie zu Ihrem Rechtsanwalt, wenn Sie Ärger vermeiden wollen, und nicht nur, wenn er Sie rausboxen muß.**

   Es ist einfacher, rechtliche Probleme zu vermeiden, als sie zu lösen. Gehen Sie zu Ihrem Rechtsanwalt, damit er:

   ⇨ alle Verträge prüft
   ⇨ Fragen der Produkthaftung klärt

Checkliste **116**

10 Regeln, um nicht mit dem Gesetz in Konflikt zu geraten

Anmerkungen

⇨ rechtliche Worst-Case- und Best-Case-Szenarios für ein geplantes Joint-Venture mit einer anderen Firma entwirft – insbesondere, wenn diese Firma ein Konkurrent ist

9. **Bleiben Sie ständig in Kontakt mit Ihren Kunden.**

   Sie können viele rechtliche Probleme vermeiden, indem Sie einfach erreichbar sind und Fragen klären, bevor aus ihnen rechtliche Streitfälle werden. Denken Sie daran, daß es immer angenehmer ist, Probleme in einem Restaurant zu erörtern als vor Gericht. (CL 95–97, 101, 102)

10. **Achten Sie darauf, daß jeder, der in Ihrem Namen handelt, mit Kunden moralisch einwandfrei und legal kommuniziert.**

    Mehr als ein Unternehmen ist schon verklagt worden, weil ein Handelsvertreter oder Techniker die Firmenpolitik oder Eigenschaften eines Produkts falsch dargestellt hat. Wenn einer Ihrer Angestellten (ein „Handlungsbevollmächtigter") spricht, dann sprechen Sie.

Braucht Ihr Verkäuferteam Hilfe?

Wenn Sie aus der Lektüre des Buches noch mehr machen wollen, nehmen Sie Kontakt auf zu Sam Deep und Lyle Sussman.

Motivation

Sam Deep und Lyle Sussman bieten in den USA kundenspezifische Präsentationen über viele in diesem Buch behandelte Themen an. Wenn Sie für Ihre Firma oder Ihr Verkäuferteam eine Fortbildung planen, nehmen Sam Deep und/oder Lyle Sussman gerne teil.

Managementtraining

Sam Deep und Lyle Sussman leiten viele verschiedene Seminare und Workshops sowie anregende Präsentationen zu den Themen Führung, Teambildung, Konfliktlösungen, Veränderungen im Management, Kundenservice, interpersonelle Eigenschaften und wirkungsvolles Präsentieren. Die Seminare stützen sich auf professionell entwickelte Arbeitsbücher, mit deren Hilfe Sie die Lernerfahrung vertiefen können.

Teambetreuung

Sam Deep und Lyle Sussman helfen Ihnen, folgende Fragen in Zukunft mit Nein statt mit Ja zu beantworten

⇨ Fehlt es Ihrem Team an Geschlossenheit?
⇨ Muß Ihre Abteilung effektiver werden?
⇨ Gibt es in Ihrem Unternehmen Konflikte zwischen einzelnen Abteilungen?
⇨ Gibt es bei Ihnen zwei Manager, die nicht kooperieren?
⇨ Sind zu viele Ihrer Angestellten mittelmäßige Teamplayer?
⇨ Halten sich Ihre eigenverantwortlich geführten Teams nicht an ihre Zusagen?

Schreiben Sie an Sam Deep und Lyle Sussman. Sam Deep, 1920 Woodside Road, Glenshaw, PA 15116. Oder schicken Sie uns eine E-Mail: deepsam@aol.com. Besuchen Sie unsere Webseite: www.samdeep.com.

Haben Sie Probleme beim Verkaufen?

Möchten Sie und Ihr Verkäuferteam die in diesem Buch dargestellten Konzepte noch besser in Ihre Verkaufsprozesse integrieren? Das Sandler Sales Institute bietet viele verschiedene Seminare an, die auf die Bedürfnisse von Verkäufen zugeschnitten sind. Mit mehr als 30 Jahren Erfahrung als Schulungseinrichtung für Verkaufstraining weiß das SSI, was nötig ist, um in der heutigen Welt erfolgreich zu verkaufen.

Sandler bietet kontinuierlich und umfassend Schulung, Training sowie eine professionelle Kontaktbörse an, aber auch ein- oder zweitägige Seminare über wichtige Themen. Ganz gleich, für was Sie sich entscheiden, Sie verschaffen sich ein Instrumentarium nützlicher Fähigkeiten, die sich in Wachstum und Einkommen umsetzen lassen.

Wenn Sie für eine Verkäufergruppe verantwortlich sind, dann werden Sie sich für unser „Strategisches Seminar für Verkaufsleiter" interessieren. Das ist die nächsthöhere Ebene des Verkaufstrainings, wo Sie mit einer bewährten Methode an die Aufgaben einer Führungsposition herangeführt werden. Informationen über das Sandler Sales Institute und Dozenten erhalten Sie bei Sandler Systems Inc., 10411 Stevenson Road, Stevenson, MD 21153. Verweisen Sie auf *Close the Deat,* und wir werden Ihnen kostenlos die Broschüre *Why Salespeople Fail (WarumVerkäufer Mißerfolge haben)* zuschicken. Sie können uns auch im Internet unter der Adresse www.sandler.com besuchen.

Stichwortverzeichnis

A

Absage, 163-166
Absatzplan, erfolgreicher, 63ff.
Absatzprognose, Entwicklung einer, 127f.
-Computeranalysen, statistische, 129
-Testmärkte, 128
-Trendanalyse, 127f.
-Umfrage im Verkaufsstab, 127
Akquisition vorbereiten, 159-162
Angebote
-eines anderen Verkäufers, 329f.
-Erfolg der, 313-316
Arbeiten, zielorientiertes, 60
Aufgaben, Hinausschieben bestimmter, 43ff.
-24-Stunden-Regel, 43
-Ängste, 44
Ausgangspunkte für Leads, 134f.
Ausgeglichenheit, persönliche, 88-91
-Ehe, 89
-Gehalt, 89
-Hilfssystem, 90
-Rollenmodelle, 90
-Urlaub, 90
-Werte, eigene, 88

B

Betrug, 379-384
Bonmots, die besten, 16
Briefen, Interesse wecken an Ihren, 185ff.

C

Checklisten-Format, 13

D

Dolmetschers, Hilfe eines, 429ff.
Dumpingpreis, inakzeptabler, 331ff.

E

Eindruck, guter erster, 27ff.
-Blickkontakt, 28
-Briefe, grammatikalisch korrekte, 27
-Drei-Meter-Regel, 28
-Händedruck, 29
-Informationsmaterial, 29
-Namen, ungewöhnliche, 27
--Aussprache, korrekte, 27
-Pünktlichkeit, 27f.

E-Mail-Etikette, 415-418
Empfangspersonal am Telefon, 141-144
Energiesteigerung, 40ff.
-Atmen, 40
-Drogen, legale, 42
-Essen, 40
-Krankheit, 41
-Optimismus, 41
-Schlafen, 40
-Sport, 40
-Streßmanagement, 41
-Trinken, 41
Entscheidungsfindung, 218f.
Erfolg, Vorbereitung auf den, 19

F

Fähigkeiten und Techniken, Verbesserung der, 51ff.
-Bibliothek, persönliche, 51
-Expertengruppe, 52
-Fachzeitschriften, 51
-Kassetten, 51
-Seminare, 53
-Trainer, persönlicher, 53
-Weiterbildungen, 52
-Wirtschaftszeitschriften, 51
Fragen als wirkungsvollste Verkaufswerkzeuge, 264f.
-Bumerangfragen, 281-290
-Fragetypen, 266ff.
-Wirkung, 269ff.
Fragen, unangenehme, 305f.
Fusion, 443-446

G

Gebiete, Betreuung großer, 66-69
Geschäfte abzulehnen, Gründe um, 343f.
Geschäftsabschluß, 297
Gewinn, mehr, 13

H

Handlungen - Grundwerte, 46

I

Image, professionelles, 23-26
-Kleidung, 23ff.
-Körperpflege, 25
-Make-up, 26
-Schuhe, 24
-Selbstvertrauen, 26
Informationsquellen, 110-113

-Berichte der Bundesregierung, 112
-Branchenpublikationen, 112
-Die Bundesweiten Gelben Seiten, 112
-Datenbank, unternehmenseigene, 113
-Gelbe Seiten der Region, 111
-Handelsblatt, 112
-Handelskammer, 110
-Jahresberichte, 111
-Kongreßzentren, 110
-Lokales Handelsblatt, 111
-Lokalzeitungen, 111
-Programme zur Wirtschaftsförderung, 110
-Wirtschaftsförderungsbüro der Universität oder Fachhochschule, 111
Informationstechnologie, 401-405
Integrität, 86f.
Interessengemeinschaft, 61
Internet, Verkauf im, 409-414

J

Jargon, technischer, 310ff.

K

Kaltakquisition vorbereiten, 159-162
Kauf, Rückzieher vom, 376ff.
Käufer(s), 216f.
-Analyse des, 189
-Ängste des, 203
-Budget der, 212-215
-gute Beziehung zum, 221
-interpersoneller Stil des, 196ff.
-Motive der, 262f.
Kollegen, schwirige, 73-78
-Allwissender, 77
-Drückeberger, 74
-Ellenbogenmensch, 76
-Gerüchtekoch, 75
-Nörgler, 78
-Scheinheiliger, 76
-Schwätzer, 77
-Vielredner, 75
Kommunikationsstrategien, 47ff.
-Bilder, 49
-nonverbale, 50
-Optimismus, 50
-Sprache ohne Klischees, 49
-Ziele, 47
-Zuhörer, 47
Konkurrenzanalyse, 107ff.
-Aktien, 107
-Ausschnittdienst, 108
-Besuche, 108

-Informationen, grundlegende, 107
-Inserate und Werbeprospekte, 108
-Produkte, 109
-Web-Sites, 108
Kunden(-)
-anteils, Erhöhung des, 432ff.
-Begegnungen mit, 371-375
-beirats, Gründung eines, 117ff.
-betreuung, 345
-die wichtigsten, 353-356
-dienst, Visionen für den, 357f.
-geschäfts, Wert eines, 348ff.
-interesse, Gründe für das
--an dem Produkt, 351f.
--an der Dienstleistung, 351f.
-namen merken, 156ff.
-pflege, 385-388
--bei gefährdeten Kunden, 389ff.
-service(s)
--10 Gebote für einen außergewöhnlichen, 360ff.
--Qualität des, 359-363
-System zur Suche nach potentiellen, 62
-zufriedenheit, Umfrage über, 367-370

L

Legalität, 447ff.
Leistungsbeurteilung, 36
Liefertermin, unmöglicher, 331ff.

M

Marketingkampagne, erfolgreiche, 179-184
-Adreßlisten, 180
-AIDA-Formel, 181
-Angebot, 181
-Ergebnisse, 180
-Gestaltung, 182, 184
-Mailing-Liste, 180
-Marktanalysen, 179
Markt, Trends am, 104ff.
-Fachverbandstreffen, 105
-Fachzeitschriften, 104
-Informationsdienste, 105
-Internetdienste, 104
-Kunden, 106
-Mitteilungsblätter, 105
-Trendbeobachtungssitzung, monatliche, 105
-Vertriebsleute, 105
Marktbestimmung, Faktoren zur, 114ff.
Meeting, 70ff.
-Beiträge, wertvolle, 70
-Pünktlichkeit, 70
-Tagesordnung, 70f.

-Teilnahme, aktive, 70
-Todsünden, sieben, 72
-Zukunft, 71
Meistertips, 55
Messe(-), 167-178
-Arbeit auf einer, 176ff.
-Evaluation, 173
-richtige, 167
-stand, 167
--Design, 169
--Personal, 171
--Platz, guter, 169
--Transport, 170
-Teilnahme bekanntmachen, 168
-Ziele, realistische, 169
Mühe, weniger, 13

N

Nachkauf-Dissonanz, 376ff.
Nettoeinnahmen steigern, 136-140

P

Pendeltechnik, 298-304
Persönlichkeitstypen, Kategorien für, 194f.
-Beeinflusser, 194
-Beziehungsorientierter, 195
-Dominanter, 194
-Nachgiebiger, 195
Prämien, Eigenschaften attraktiver, 124ff.
-Auffälligkeit, 124
-Brauchbarkeit, 124
-Einzigartigkeit, 125
-Originalität, 124
-Wiederverwendbarkeit, 124
-Zeitlosigkeit, 125
Präsentation(s-)
-software, Verwendung einer, 406ff.
-vor Ausschüssen und Teams, 317-322
-vor großem Publikum, 323-328
Preisgestaltung, 120-123
-Anschaffungskosten, 122
-Anschaffungspreis, 120
-Ermäßigungen, 122
-Gratisleistungen, 120
-Marktorientierung, 122
-Preisbündelung, 121
-Prestigepreise, 123
-Produkteinführungen, 123
-Zusatzkosten, 122
-Zusatzprodukte, 121
Prinzipien, psychologische, 190-193
Problem-
-analyse, 261
-sondierung, 279f.
Produkt-
-kenntnisse, 307ff.
-merkmale, immaterielle, 294ff.
--Pulverfaß

R

Rückmeldung, 36

S

Sandler, David, 16ff.
Sandler-Verkaufssystem, 14f.
Schwierigkeiten, Mutmacher bei, 92ff.
-Ablenken, 93
-Hilfe annehmen, 93
-Trauern, 92
-Vertrauen, 92
Selbstbewußtsein, gesundes, 61
Software für Präsentationen, 406ff.
Stimmungsumschwung, 376ff.
Streß, Mittel gegen, 95-99
-Automatisieren, 98
-Delegieren, 98
-Entlastung, 97
-Hobby, 96
-Pausen, kurze, 96
-Urlaub, erholsamer, 96
-Verhandeln, 99
System zur Suche nach potentiellen Kunden, 62

T

Tag, schwerer, 38
Tagebuch, 61
Teamverkauf, Tips für einen erfolgreichen, 419-423
Termine mit Einkäufern, 145-152
-Ausflüchte parieren, 150
-Hinhaltemanöver, 151
-Interesse steigern, 149
-Problembereiche ermitteln, 145, 147
-Telefonat, ausführliches, 147
-Vereinbarungen, 146, 149
Trainer, persönlicher, 35

V

Veränderungen, 397-400
Vergütungssystem, Richtlinien für ein, 439-442
Verhandlungen, Win-Win-Strategien für, 338-342
Verhandlungsblockaden seitens des Käufers, 334-337

Verkauf(s-)
-besuch, 291ff.
--Resümee, 346f.
-fachtagung, 30-34
-gespräche durch
--Artikulation, 227-230
--Körpersprache, 231-230
-im Internet, 409-414
-Karriere im, 20ff.
--Bedürfnisbefriedigung, 20
--Berufswege, andere, 22
--Empowerment, 21
--Gewinn, 22
--Kommunikation, 22
--Potentialgrenzen, 20
--Problemlösung, 20
--Rückmeldung, 21
-präsentation, Abstimmung auf die, 199-202
-strategien für das nächste Jahrtausend, 393
-system, 62
-und Werbekampagnen, Wirkung von, 129f.
-werkzeuge, Fragen als wirkungsvollste, 264f.
--Bumerangfragen, 281-290
--Fragetypen, 266ff.
--Wirkung, 269ff.
Verkäufe an den
-auditiven Einkäufer, 252-255
-Beeinflusser, 240ff.
-beziehungsorientierten Typ, 243f.
-dominanten Typ, 237ff.
-kinästhetischen Einkäufer, 256-259
-nachgiebigen Kunden, 245ff.
-visuellen Einkäufer, 248-251
Verkaufen, multikulturelles, 424-428
Verkäufer(n/-)
-im nächsten Jahrtausend, 394ff.
-negative Auffassungen über, 206ff.
-Respekt gegenüber den, 209ff.
-Richtlinien für ein Vergütungssystem für, 439-442
-teams, wichtige Bereiche für den Chef eines, 435-438
-Ziele erfolgreicher, 100ff.
--Anerkennung, 102
--Aufmerksamkeit der Einkäufer, 101
--Berichte, 101
--Konkurrenz, 100, 102
--Kunden persönlich treffen, 100
--Markt, 100
--Zusammenarbeit, 102
Verschleppungstaktik, 43ff.
Videoaufnahme, 35
Vorabsprachen, 222-226

Vorgesetzte, schwierige, 79-85
-Angsthase, 83
-Arbeitsvermeider, 82
-Heuchler, 84
-Kleintierhalter, 83
-Perfektionist, 85
-Rätselhafter, 80
-Taube, 84
-Theatralischer, 81
-Turbochef, 81
-Tyrann, 81
-Verschlossener, 83
-Vogel Strauß, 82

W

Wege, kreative, 153ff.
Win-Win-Strategien, 338-342

Z

Zeitmanagement, 56-59
-Gesundheit, 58
-Kalender, 58
-Leistungshoch, 57
-Post, elektronische, 57
-Routineaufgaben, 57
-Termin- und Zeitplansystem, umfassendes, 56
-Unordnung, 58
-Zeit, wertvolle, 59
-Ziele stecken, 56
Ziele eines erfolgreichen Verkäufers, 100ff.
-Anerkennung, 102
-Aufmerksamkeit der Einkäufer, 101
-Berichte, 101
-Konkurrenz, 100, 102
-Kunden persönlich treffen, 100
-Markt, 100
-Zusammenarbeit, 102
Zuhörer, aufmerksame, 272-276
-Entschlossenheit, 272
-Haltung, 274
-Kompetenz, 273
-Merkmale, nonverbale, 275
-Notizen, 274
-Resonanz, 273
-Vorbereitung, 274
-Zielsetzung, 274